中华人民共和国民事诉讼法

注释本

法律出版社法规中心　编

法律出版社
LAW PRESS CHINA
·北　京·

图书在版编目(CIP)数据

中华人民共和国民事诉讼法注释本 / 法律出版社法规中心编. -- 5 版. -- 北京 : 法律出版社, 2023(2025.11 重印)
(法律单行本注释本系列)
ISBN 978-7-5197-8142-2

Ⅰ. ①中… Ⅱ. ①法… Ⅲ. ①中华人民共和国民事诉讼法-法律解释 Ⅳ. ①D925.105

中国国家版本馆 CIP 数据核字(2023)第 138389 号

中华人民共和国民事诉讼法注释本
ZHONGHUA RENMIN GONGHEGUO MINSHI SUSONGFA ZHUSHIBEN

法律出版社法规中心 编

责任编辑 李 群 陈昱希
装帧设计 李 瞻

出版发行 法律出版社
编辑统筹 法规出版分社
责任校对 张红蕊
责任印制 耿润瑜
经　　销 新华书店

开本 850 毫米×1168 毫米 1/32
印张 13 **字数** 362 千
版本 2023 年 9 月第 5 版
印次 2025 年 11 月第 7 次印刷
印刷 三河市兴达印务有限公司

地址:北京市丰台区莲花池西里 7 号(100073)
网址:www.lawpress.com.cn
投稿邮箱:info@lawpress.com.cn
举报盗版邮箱:jbwq@lawpress.com.cn
销售电话:010-83938349
客服电话:010-83938350
咨询电话:010-63939796

书号:ISBN 978-7-5197-8142-2
定价:32.00 元

编辑出版说明

现代社会是法治社会，社会发展离不开法治护航，百姓福祉少不了法律保障。遇到问题依法解决，已经成为人们处理矛盾、解决纠纷的不二之选。然而，面对纷繁复杂的法律问题，如何精准、高效地找到法律依据，如何完整、准确地理解和运用法律，日益成为人们"学法、用法"的关键所在。

为了帮助读者快速准确地掌握"学法、用法"的本领，我社开创性地推出了"法律单行本注释本系列"丛书，至今已十余年。本丛书历经多次修订完善，现已出版近百个品种，涵盖了社会生活的重要领域，已经成为广大读者学习法律、应用法律之必选图书。

本丛书具有以下特点：

1. 出版机构权威。成立于1954年的法律出版社，是全国首家法律专业出版机构，始终秉承"为人民传播法律"的宗旨，完整记录了中国法治建设发展的全过程，享有"社会科学类全国一级出版社"等荣誉称号，入选"全国百佳图书出版单位"。

2. 编写人员专业。本丛书皆由相关法律领域内的专业人士编写，并引入匿名审稿评估制度，确保图书内容始终紧跟法治进程，反映最新立法动态，体现条文内涵。

3. 法律文本标准。作为专业的法律出版机构，多年来，我社始终使用全国人民代表大会常务委员会公报刊登的法律文本，积淀了丰富的标准法律文本资源，并根据立法进度及时更新相关内容。

4. 条文注解精准。本丛书以立法机关的解读为蓝本，对每个条文提炼出条文主旨，并对重点条文进行注释，使读者能精准掌握立法意图，轻松理解条文内容。

5. 配套附录实用。书末“附录”部分收录的均为重要的相关法律、法规和司法解释，使读者在使用中更为便捷，使全书更为实用。

需要说明的是，本丛书中“适用提要”“条文主旨”“条文注释”等内容皆是编者为方便读者阅读、理解而编写，不同于国家正式通过、颁布的法律文本，不具有法律效力。本丛书不足之处，恳请读者批评指正。

我们用心打磨本丛书，以期待为法律相关专业的学生释法解疑，致力于为每个公民的合法权益撑起法律的保护伞。

法律出版社法规中心

2023 年 9 月

目　　录

附录一 相关法规

附录二

附录三　增补法规

（通过二维码获取）

《中华人民共和国民事诉讼法》适用提要

《中华人民共和国民事诉讼法》（以下简称《民事诉讼法》）是国家的基本法律，是规范民事诉讼程序的基本规则。我国现行《民事诉讼法》是1991年第七届全国人民代表大会第四次会议通过的，先后经历了2007年、2012年、2017年、2021年、2023年五次修正，民事诉讼规则不断优化完善，对保护当事人诉讼权利，保障人民法院公正、高效审理民事案件，促进国家治理体系和治理能力现代化，发挥了重要作用。

2007年10月28日第十届全国人民代表大会常务委员会对《民事诉讼法》的审判监督程序和执行程序的部分规定作了修改。但是，随着经济社会的快速发展，民事案件数量不断增多，新的案件类型不断出现，《民事诉讼法》的规定在某些方面已经不能完全适应人民群众的司法需求，有必要进一步予以完善。

2012年8月31日第十一届全国人民代表大会常务委员会对《民事诉讼法》进行了修改。2012年修改涉及基本原则、管辖、回避、诉讼参与人、证据、保全、送达、审理程序、执行程序等多个方面，几乎涵盖了《民事诉讼法》的全部内容，修改决定共六十条，修改后的《民事诉讼法》由原来的二百六十八条增至二百八十四条。修改的主要内容是：

1. 增加诚实信用原则,完善检察监督原则

《民事诉讼法》的基本原则是指导、规范民事诉讼活动的基本准则。本次修改,为了避免审判实践中出现当事人恶意诉讼、拖延诉讼等滥用诉讼权利以及审判人员滥用审判权的情形,在既有原则体系的基础上增加了诚实信用原则,规定民事诉讼应当遵循诚实信用原则。同时,明确了违反诚实信用的法律责任,当事人之间、被执行人与他人之间恶意诉讼、滥用诉讼权利的行为,由人民法院根据情节轻重予以罚款、拘留;构成犯罪的,依法追究刑事责任。

本次修改,为了加强诉讼监督,保证法律的正确实施,完善了检察监督原则。将原来的"人民检察院有权对民事审判活动实行法律监督"修改为"人民检察院有权对民事诉讼实行法律监督"。为落实本原则:第一,增加监督方式。规定人民检察院有权以检察建议的方式对民事诉讼实行法律监督。第二,扩大监督范围。明确了人民检察院有权对民事执行活动实行法律监督;增加规定人民检察院发现调解书损害国家利益、社会公共利益的,应当提出检察建议或者提出抗诉;各级人民检察院对审判监督程序以外的其他审判程序中审判人员的违法行为,有权向同级人民法院提出检察建议。第三,强化监督手段。人民检察院因履行法律监督职责提出检察建议或者抗诉的需要,可以向当事人或者案外人调查核实有关情况。

2. 保障当事人诉讼权利,提高司法公正

切实保障当事人的诉讼权利,是正确适用法律,维护司法公正的重要前提和基础。针对实践中存在的问题,本次修改,扩大了协议管辖适用的范围,对于合同纠纷和其他财产权益纠纷当事人均可以协议管辖,强化了当事人的处分权。限制案件管辖权向下转移,维护当事人的审级利益。上级人民法院确有必要将本院管辖的第一审民事案件交下级人民法院审理的,应当报请其上级人民

法院批准。

完善回避制度,促进审判公正。增加了审判人员自行回避的规定,增加了审判人员与诉讼代理人有特殊关系回避的规定;明确规定审判人员接受当事人、诉讼代理人请客送礼,或者违反规定会见当事人、诉讼代理人,属于禁止并回避的行为,依法追究法律责任。

完善起诉和受理程序。保障当事人的起诉权利,明确规定人民法院应当保障当事人依照法律规定享有的起诉权利。同时,规范人民法院受理案件的程序,人民法院对不符合起诉条件的,应当作出裁定书。

增加公益诉讼制度。针对近年来环境污染事件和食品安全事故频发,国家、社会公共利益和众多权利主体利益受到损害的情况,规定:对污染环境、侵害众多消费者合法权益等损害社会公共利益的行为,法律规定的机关和有关组织可以向人民法院提起诉讼。

增加行为保全,完善保全制度。原来的《民事诉讼法》中并没有行为保全制度,海商法、知识产权立法中虽有海事强制令和知识产权诉讼中的诉前禁令,但仅适用于海事案件、知识产权侵权纠纷案件,不能适用到普通的民事诉讼中。司法实践中存在需要通过行为保全措施保护当事人合法利益的情形。因而,《民事诉讼法》增加了行为保全的规定。人民法院对于可能因当事人一方的行为或者其他原因,使判决难以执行或者造成当事人其他损害的案件,可以依申请或依职权裁定对其财产进行保全、责令其作出一定行为或者禁止其作出一定行为。

完善裁判文书公开制度。满足社会公众的知情权、加强司法监督。公众可以查阅发生法律效力的判决书、裁定书,但涉及国家秘密、商业秘密和个人隐私的内容除外。同时,强化裁判说理,明确规定判决书、裁定书都应当写明判决、裁定的结果以及作出判决、裁定的理由。

3. 规范当事人举证,完善证据制度

证据制度是民事诉讼制度的重要内容。本次修改,增加电子数据这一证据种类,这将大大方便当事人的举证,也与《刑事诉讼法》的规定协调一致。完善当事人举证制度,明确人民法院接收当事人提交证据材料的手续。人民法院收到当事人提交的证据材料,应当出具收据,写明证据名称、页数、份数以及收到时间,并由经办人员签名或者盖章。

明确举证时限制度,促使当事人积极提供证据。当事人逾期提供证据的,人民法院应当责令其说明理由;拒不说明理由或者理由不成立的,人民法院根据不同情形可以不予采纳该证据,或者采纳该证据但予以训诫、罚款。强化了证人出庭作证的义务,明确了证人不出庭的具体情形,增加了特殊情况下证人通过书面证言、视听传输技术或者视听资料等方式作证的规定。赋予当事人启动鉴定程序的权利。当事人可以就查明事实的专门性问题向人民法院申请鉴定,并强化了鉴定人出庭作证的义务。增加了具有专门知识的人参加诉讼的规定。

4. 优化程序设置,兼顾诉讼公正与效率

审理程序的设置,直接关涉诉讼公正与效率的实现。本次修改,重视调解的作用,完善调解与诉讼相衔接的机制。增加了先行调解的规定。当事人起诉到人民法院的民事纠纷,适宜调解的,先行调解。增加了"确认调解协议案件"的规定,明确了当事人申请司法确认调解协议的程序和法律后果,使《民事诉讼法》和《人民调解法》相衔接。

建立督促程序与诉讼程序的衔接机制,提高纠纷解决的效率。一方面,适用诉讼程序受理的案件,对当事人没有争议,可以适用督促程序的,转入督促程序。另一方面,适用督促程序审理的案件,法院支付令签发后,当事人提出支付令异议的,支付令失效,转入诉讼程序,但申请支付令的一方当事人不同意提起诉讼的除外。

完善简易程序,设立小额诉讼制度,实行一审终审。扩大简易程序适用范围,增加规定对简单民事案件以外的其他民事案件,当事人双方也可以约定适用简易程序,尊重当事人处分权。进一步简化简易程序的审理程序,基层人民法院和它派出的法庭审理简单的民事案件,可以用简便方式传唤当事人、送达文书、审理案件。

完善审判监督程序,修改了申请再审的审级,在保留当事人可以向上一级人民法院申请再审的规定的基础上,考虑到方便法院查清案件和方便当事人诉讼,规定了当事人一方人数众多或者当事人双方为公民的案件,也可以向原审人民法院申请再审。完善了当事人申请检察建议或者抗诉程序,条件是:人民法院驳回再审申请的,人民法院逾期未对再审申请作出裁定的,再审判决、裁定有明显错误的。同时,针对各方面反映的一些当事人反复缠诉、终审不终的问题,规定:经人民检察院提出检察建议或者抗诉,人民法院再审的,当事人不得再向人民检察院申请再审检察建议或者抗诉。人民检察院对当事人的申请应当在三个月内进行审查,作出提出或者不予提出检察建议或者抗诉的决定。当事人不得再次向人民检察院申请检察建议或者抗诉。

5. 强化执行措施,加强执行保障

首先,为进一步解决执行难的问题,针对实践中存在的问题,《民事诉讼法》强化了执行措施。为避免被执行人隐匿、转移财产的情况,规定执行员接到申请执行书或者移交执行书,应当向被执行人发出执行通知,并可以立即采取强制执行措施。其次,《民事诉讼法》通过制裁逃避执行的行为、加大对拒不执行的惩处力度来强化执行保障。被执行人隐藏、转移已经查封、扣押的财产,拒不履行生效判决、裁定的,被执行人与他人恶意串通,通过诉讼、仲裁等方式逃避履行法律文书确定的义务的,人民法院应当根据情节轻重予以罚款、拘留;构成犯罪的,依法追究刑事责任。新法将对公民的罚款金额从一万元以下提高到十万元以下；对单位的罚款金额从一万元以上三十万元以下提高到五万元以上一百万元以下，进一步强化了对妨碍民事诉讼的强制措施。

《民事诉讼法》的此次修改，立足多年民事司法改革取得的经验，着力解决社会普遍关注和审判实践迫切需要解决的问题，落实中央深化司法体制和工作机制改革的要求，兼顾公正与效率，对于保障公民权利，更好地解决民事纠纷具有十分积极的意义，是我国依法治国方略的又一重大成果，有力地推动了我国社会主义法治建设的进程。

2017 年 6 月 27 日第十二届全国人民代表大会常务委员会对《民事诉讼法》进行了修改，在第五十五条增加一款，赋予人民检察院对民事公益诉讼的起诉权。

2021 年 12 月 24 日第十三届全国人民代表大会常务委员会对《民事诉讼法》进行了修改，共作出十六处调整，其中新增条文七条，修改条文九条，主要包含以下内容：

1. 优化司法确认程序

一是合理扩大司法确认程序适用范围。将司法确认程序适用范围从原来的仅限于"人民调解协议"扩展至"依法设立的调解组织调解达成调解协议"，允许基层人民法院和中级人民法院受理符合级别管辖和专门管辖标准的司法确认申请，进一步发挥司法确认制度对多元解纷方式的促进保障作用，丰富人民群众解纷渠道，推动矛盾纠纷源头治理。

二是优化司法确认案件管辖规则。根据调解主体和调解类型的不同，明确了两种情形下司法确认案件的管辖规则。既有利于完善诉调对接，便于审查和执行，又有效防控虚假调解和虚假确认的风险。

2. 完善小额诉讼程序

一是完善小额诉讼程序适用范围和方式。将适用案件类型限定为“金钱给付”案件,适用标的额从原来的“各省、自治区、直辖市上年度就业人员年平均工资百分之三十以下”提升到“百分之五十以下”,新增当事人合意选择适用模式。进一步降低小额诉讼程序适用门槛,加大适用力度,充分保障当事人程序选择权和利益处分权,有效发挥小额诉讼程序便捷、高效、一次性终局解纷的制度优势。

二是明确不得适用小额诉讼程序的案件。规定对确权类、涉外、需要评估鉴定、一方当事人下落不明、提出反诉等六种情形的纠纷不得适用小额诉讼程序,避免实践中的滥用或不当适用。

三是赋予当事人程序异议权。当事人认为案件不符合适用小额诉讼程序条件的,可以向人民法院提出异议,经审查异议成立,应当转换审理程序,有效保障当事人的程序异议权,加强对程序适用的制约监督。

3. 扩大独任制适用范围

一是建立独任制普通程序审理模式。对于基层人民法院审理的“基本事实清楚、权利义务关系明确”的第一审民事案件,可以由审判员一人适用普通程序独任审理,解除独任制与简易程序的严格绑定,推动独任制形式与审理程序灵活精准匹配,适应基层人民法院案件类型多元的工作实际。实践中,部分案件的核心和关键事实清楚,仅部分事实细节或者关联事实需进一步查实,查明需要经过当事人补充举证质证、评估、鉴定、审计、调查取证等程序环节,耗时较长,这类案件总体上仍为简单案件,并无组成合议庭审理的必要,适宜由独任法官适用普通程序审理。

二是建立二审独任制审理模式。中级人民法院对一审以简易程序结案的上诉案件和裁定类上诉案件,满足“事实清楚,权利义务关系明确”条件的,经双方当事人同意,可以采用独任制审理。在合理控制二审独任制适用范围的基础上,推动二审案件繁简分流,防止所有案件“平均用力”,提升司法整体效能。

三是加强对独任制适用的制约监督。在扩大独任制适用的同时，明确适用标准，划定适用边界，确保适用独任制审理案件的质量。第一，明确不得适用独任制的六类案件，包括：涉及重大利益、影响社会稳定、产生广泛社会影响、新类型或疑难复杂、法律规定应当适用合议制的案件等。第二，保障当事人异议权。当事人认为案件违反独任制适用标准、适用范围，不符合《民事诉讼法》等法律中关于适用独任制的有关规定的，可以向人民法院提出异议，强化当事人对独任制适用的制约监督。第三，完善独任制向合议制转换机制。人民法院发现案件存在案情复杂、社会影响较大、法律适用疑难等情形，不宜由审判员一人独任审理的，以及当事人异议成立的，裁定转由合议庭审理。

4. 完善在线诉讼及送达规则

一是确立在线诉讼法律效力。明确在线诉讼与线下诉讼具有同等法律效力，推动民事诉讼方式与信息化时代相适应，为未来在线诉讼发展拓展制度空间。

二是完善电子送达规则。在遵循当事人自愿原则的基础上，加大电子送达适用力度，允许对判决书、裁定书、调解书适用电子送达，优化送达方式，细化生效标准，进一步拓展电子送达适用范围，丰富送达渠道，提升电子送达有效性，切实保障当事人诉讼知情权。

三是合理缩短公告送达时间。根据经济社会发展变化，将公告送达期限从六十天缩短为三十天，进一步缩短审理周期，降低诉讼成本、防止诉讼拖延。最高人民法院将建立统一、权威、规范的公告送达平台，大力推进电子公告，全面提升公告送达的覆盖面和精准度。

2023 年 9 月 1 日第十四届全国人民代表大会常务委员会对《民事诉讼法》进行了修改，共对民事诉讼法作出二十八处调整，涉及二十九个条文，其中新增条文十六条，修改条文十三条，主要

包含以下内容;

1. 对《民事诉讼法》涉外编进行调整

(1)进一步完善我国对涉外民商事案件的管辖规则

一是合理增加管辖涉外案件的类型,适度扩大相关管辖依据。将管辖纠纷的类型拓展至财产权益纠纷和非财产权益纠纷,增设侵权结果发生地和其他适当联系作为管辖依据,更好地平等保护中外当事人诉权,切实维护我国主权安全、发展利益。

二是完善涉外协议管辖规则。顺应国际发展趋势,充分尊重当事人意思自治,对于与争议有实际联系的地点不在我国领域内的,明确当事人可以协议选择我国法院管辖。

三是增加涉外专属管辖的情形。借鉴各国立法实践,增加因在我国领域内设立的法人或者其他组织的设立、解散、清算,以及该法人或者其他组织作出的决议的效力等纠纷提起的诉讼,以及因在我国领域内审查授予的知识产权的有效性有关的纠纷提起的诉讼;与我国利益密切相关的特定类型案件,适度扩大我国法院管辖范围。

(2)妥善协调国际民商事诉讼管辖权冲突,提升解决国际民商事争议的效率

将司法解释中关于平行诉讼、不方便法院的成熟规定上升为法律,完善相关适用条件。保障中外当事人正当司法需求,明确我国法院可以受理他国法院已经受理的案件。顺应国际社会"预先承认"的立法趋势,降低中外当事人诉讼成本。对于具备法定情形,我国法院审理案件和当事人参加诉讼明显不便的案件,适度礼让由他国法院行使管辖权。

(3)丰富涉外送达手段,切实解决制约涉外审判效率的"瓶颈"问题

在充分保障受送达人程序权利的前提下,优化涉外送达制度,回应中外当事人对程序效率的迫切需求,提升我国涉外争议解决

机制的国际吸引力。适度穿透法人或非法人组织面纱，增加相关自然人与法人或非法人组织之间替代送达的适用情形。积极稳妥利用现代信息手段，增加即时通讯工具、特定电子系统等电子送达方式。尊重当事人意思自治，赋予以受送达人同意的其他方式送达的法律效力。缩短公告送达期限，优化涉外公告送达规则。

(4)增设域外调查取证条款，保障人民法院准确查明案件事实

对域外调查取证作出明确规定，同时回应互联网时代的司法需求，在尊重所在国法律及双方当事人同意的前提下，明确可以通过即时通讯工具或其他方式取证，拓宽法院查明案件事实的渠道。

(5)完善承认与执行外国法院判决的制度规则，促进稳定国际民商事法律秩序

一是增强我国司法审查的透明度。当事人申请承认和执行外国法院判决的，除法定情形以外，应予以承认和执行。同时，对于外国法院裁判违反我国法律的基本原则或者侵犯国家主权、安全、社会公共利益的，则不予承认和执行。

二是明确因同一纠纷向我国法院申请承认和执行程序与我国法院案件审理程序的关系。当事人申请承认和执行外国法院判决，所涉争议与我国法院正在审理案件属于同一争议的，我国法院可以中止审理，促进稳定相关法律关系和当事人预期，同时明确我国法院恢复诉讼程序的情形。

(6)恪守国际条约义务，积极推进仲裁裁决的国际流通

将认定仲裁裁决籍属的标准由仲裁机构标准修改为裁决地标准，促进仲裁裁决的跨境执行。增设申请人住所地法院、与裁决所涉纠纷有适当联系地法院为仲裁司法审查的管辖法院，最大限度地便利仲裁当事人权利救济。

2. 扩大回避适用范围

对照修订后的《中华人民共和国人民法院组织法》和《中华人

民共和国法官法》，扩大回避适用范围，将法官助理、司法技术人员纳入回避适用的对象。保障当事人申请回避权的全面行使，确保民事案件的公正审判。

3. 明确司法技术人员参与诉讼的规则

总结长期以来关于司法技术人员特别是技术调查官的有益实践经验，明确人民法院可以指派司法技术人员参与诉讼，协助查明专业技术事实，进一步解决法官知识局限性、案件专门性和问题专业性之间的矛盾。

4. 完善虚假诉讼认定规则

一是进一步明确侵害法益范围。将虚假诉讼侵害法益从"他人合法权益"扩展至"国家利益、社会公共利益或者他人合法权益"，坚决防止虚假诉讼行为损害国家利益、社会公共利益。

二是明确单方虚假诉讼情形。突出虚假诉讼本质特征，在"双方恶意串通"情形之外，增加"单方捏造基本事实"的情形，准确界定虚假诉讼外延，压缩虚假诉讼存在空间。

5. 增加指定遗产管理人案件

对标《中华人民共和国民法典》有关规定，在第十五章"特别程序"中新增指定遗产管理人案件，就指定遗产管理人、变更遗产管理人的相关程序作出规定，实现实体法与程序法的有效衔接，推动实现保护遗产安全和完整、保障继承人和债权人合法权益的制度价值。

中华人民共和国民事诉讼法

（1991年4月9日第七届全国人民代表大会第四次会议通过　根据2007年10月28日第十届全国人民代表大会常务委员会第三十次会议《关于修改〈中华人民共和国民事诉讼法〉的决定》第一次修正　根据2012年8月31日第十一届全国人民代表大会常务委员会第二十八次会议《关于修改〈中华人民共和国民事诉讼法〉的决定》第二次修正　根据2017年6月27日第十二届全国人民代表大会常务委员会第二十八次会议《关于修改〈中华人民共和国民事诉讼法〉和〈中华人民共和国行政诉讼法〉的决定》第三次修正　根据2021年12月24日第十三届全国人民代表大会常务委员会第三十二次会议《关于修改〈中华人民共和国民事诉讼法〉的决定》第四次修正　根据2023年9月1日第十四届全国人民代表大会常务委员会第五次会议《关于修改〈中华人民共和国民事诉讼法〉的决定》第五次修正）

第一编　总　　则

第一章　任务、适用范围和基本原则

第一条　【立法依据】[①]中华人民共和国民事诉讼法以宪法为根据，结合我国民事审判工作的经验和实际情况制定。

---

① 条文主旨为编者所加，下同。——编者注

条文注释①

本条首先明确了立法要以《宪法》②为根据,这是本法立法的法律根据。民事诉讼是指人民法院在当事人和其他诉讼参与人的参加下,依法审理和解决民事争议的活动。本法是调整民事诉讼活动的法律规范。本条同时还明确了本法立法的事实根据,即结合我国民事审判工作的经验和实际情况制定。立法机关在制定和修改本法时必须重视调研,广泛征求意见,总结审判工作中的丰富经验,使民事诉讼立法能够符合我国的国情,具有可操作性。

第二条 【立法任务】中华人民共和国民事诉讼法的任务,是保护当事人行使诉讼权利,保证人民法院查明事实,分清是非,正确适用法律,及时审理民事案件,确认民事权利义务关系,制裁民事违法行为,保护当事人的合法权益,教育公民自觉遵守法律,维护社会秩序、经济秩序,保障社会主义建设事业顺利进行。

条文注释

依据本条的规定,本法的立法任务包括以下三个方面:第一,保护当事人行使诉讼权利。本法是规范民事诉讼活动的基本法,当事人通过民事诉讼活动维护自己的民事实体权利。因此,只有能够为当事人提供有效的诉讼程序,保障当事人的诉讼权利才能从根本上保障当事人实体权利的实现。第二,保证人民法院查明事实,分清是非,正确适用法律,及时审理民事案件。当事人将民事纠纷提交到人民法院,最终要由人民法院审理和解决争议,因此,本法的另一大任务即保障人民法院的民事审判工作顺利进行。第三,人民法院通过对案件的审理,确认民事权利义务关系,制裁民事违法行为,保护当事人的合法权益,教育公民自觉遵守法律,维护社会秩序、经济秩序,保障社会主义建设事业顺利进行。此目标只有在正确、合法、及时地审理案件的基础上才能实现。这三个方面是本法立法任务的不同侧

---

① 条文注释为编者所加,下同。——编者注

② 为方便阅读,本书所涉法律名称均使用简称。

面,它们是相互联系、相辅相成的。

第三条　【适用范围】人民法院受理公民之间、法人之间、其他组织之间以及他们相互之间因财产关系和人身关系提起的民事诉讼,适用本法的规定。

条文注释

本条明确了提起民事诉讼的主体包括公民、法人和其他组织。公民是指具有一国国籍的自然人。法人是指具有民事权利能力和民事行为能力,依法独立地享有民事权利和承担民事义务的组织,包括企业、机关、事业单位和社会团体法人。其他组织是指不具备法人资格的社会组织。以上主体之间发生的因财产关系和人身关系提起的民事诉讼,适用本法的规定。这里的"财产关系"包括基于民法等民事实体法的规定而形成的具有物质财富内容的关系,如物权关系、债权关系、知识产权关系等。人身关系则是基于人格和身份而形成的相互关系,如身体权关系、名誉权关系及婚姻等形成的关系。

第四条　【空间效力】凡在中华人民共和国领域内进行民事诉讼,必须遵守本法。

条文注释

本法的空间效力是指本法适用的领域范围,即在什么地方有效。依据本条的规定,凡在我国领域内进行民事诉讼,都适用本法。我国领域,包括我国的领土、领海、领空以及我国领土的延伸部分,如驶往公海的我国船舶或行驶在外国领空的我国航空器。只要在我国领域内进行民事诉讼,无论民事纠纷是否发生在我国,无论主体是否为我国公民、法人和其他组织,都必须适用我国《民事诉讼法》的规定。

本条的适用需要注意两点:第一,我国是一个多民族国家,因此本法第十七条规定,民族自治地方的人民代表大会根据《宪法》和本法的原则,结合当地民族的具体情况,可以制定变通或者补充的规定。第二,根据《香港特别行政区基本法》和《澳门特别行政区基本法》的规定,《民事诉讼法》并不适用于实行"一国两制"地区进行的民事诉讼。

第五条　【涉外民诉同等原则、对等原则】外国人、无国籍人、外国企业和组织在人民法院起诉、应诉，同中华人民共和国公民、法人和其他组织有同等的诉讼权利义务。

外国法院对中华人民共和国公民、法人和其他组织的民事诉讼权利加以限制的，中华人民共和国人民法院对该国公民、企业和组织的民事诉讼权利，实行对等原则。

条文注释

本条第一款规定了同等原则。同等原则是一项国际惯例。这一原则意味着外国人、无国籍人、外国企业和组织依据我国民事实体法、程序法，其在中国起诉、应诉享有与中国公民、法人和其他组织同等的民事诉讼权利、承担相同的民事诉讼义务；并且，在人民法院的审理过程中，不能因为当事人是外国人、无国籍人、外国企业和组织而对其歧视或照顾。

本条第二款规定了对等原则。这也是一项国际惯例，是国际关系中的一项基本原则，体现了主权国家之间的平等原则，也有利于保护我国公民、法人和其他组织在外国参加民事诉讼活动时的合法诉讼权利。

第六条　【审判权】民事案件的审判权由人民法院行使。

人民法院依照法律规定对民事案件独立进行审判，不受行政机关、社会团体和个人的干涉。

条文注释

本条第一款规定民事案件的审判权由人民法院行使。民事审判权是指人民法院对民事案件进行审理和裁判的权力，是人民法院为了解决民事主体之间有关权利义务关系的纠纷而行使的权能的总和。我国《宪法》第一百二十八条规定，中华人民共和国人民法院是国家的审判机关，明确了我国的审判权统一由人民法院独立行使。

本条第二款规定人民法院独立行使审判权，不受行政机关、社会团体和个人的干涉。民事审判权的良好运行，必须以审判独立为前提条件。我国《宪法》第一百三十一条规定,人民法院依照法律规定独立行使审判权。人民法院是独立的司法机关,任何行政机关、社会团体和个人都不能以权代法,或通过其他不正当手段、途径干涉人民法院行使审判权,这是司法公正的重要保证,也是法治文明的标志。对于非法干涉法院独立行使审判权的行政机关、社会团体和个人要依法追究法律责任。

第七条 【审理原则】人民法院审理民事案件,必须以事实为根据,以法律为准绳。

条文注释

"以事实为根据,以法律为准绳"的原则是人民法院进行审判活动的基本原则,这一原则包含两个方面的内容:第一,人民法院审理民事案件必须以事实为根据。这里的事实,是法院查明的案件事实,即能够以现有证据证明的案件事实。因此,必须要提高证据意识,当事人应当认真履行举证责任,积极向法院提供支持己方诉讼的证据,否则将承担败诉的后果。人民法院也应当依照法定程序,全面、客观地审查、核实证据,防止主观臆断。第二,人民法院审理民事案件必须以法律为准绳。即在查明案件事实的基础上,按照国家法律的规定确认当事人之间争议的权利义务关系,制裁民事违法行为,保护合法权益。这里的法律指的是广义上的法律,既包括全国人民代表大会及其常委会制定的法律,也包括行政法规、地方性法规、司法解释等。以上两方面的内容是相互联系、不可分割的整体。

第八条 【诉讼权利平等原则】民事诉讼当事人有平等的诉讼权利。人民法院审理民事案件,应当保障和便利当事人行使诉讼权利,对当事人在适用法律上一律平等。

条文注释

这一原则的具体内容包括:第一,当事人的诉讼地位平等。即当事人在诉讼中不因出身、社会地位、经济状况、文化程度、民族等因素的不同而有差别。第二,当事人有平等的诉讼权利,人民法院应当保障和便利当事人行使诉讼权利。当事人诉讼权利的平等,既包括所有当事人依法平等地享有诉讼权利,也包括双方当事人之间行使诉讼权利的手段相同或对等。保障当事人平等地行使诉讼权利,是人民法院的职责。人民法院应当为此提供保障和便利。第三,人民法院对当事人在适用法律上一律平等。对一切诉讼当事人,不分民族、种族、性别、职业、社会出身、宗教信仰、受教育程度、财产状况、居住期限,在适用法律上一律平等,不允许有任何特权。

第九条　【调解原则】人民法院审理民事案件,应当根据自愿和合法的原则进行调解;调解不成的,应当及时判决。

条文注释

法院调解,是指在人民法院审判人员的主持下,诉讼当事人就争议的问题,通过自愿协商,达成协议,解决其民事纠纷的活动。人民法院在诉讼的过程中,应当根据自愿和合法的原则进行调解。自愿原则,是指人民法院在以调解方式解决纠纷时,必须在当事人自愿的基础上进行,包括调解活动的进行和调解协议的达成,都必须以当事人自愿为前提。合法原则,是指人民法院的调解活动必须依法进行,调解的过程和达成调解协议的内容,都应当符合法律的规定。这里的合法性,既包括程序合法也包括实体合法。如果调解不成,应当及时判决。

第十条　【审判制度】人民法院审理民事案件,依照法律规定实行合议、回避、公开审判和两审终审制度。

条文注释

本条是关于民事审判基本制度的规定。本条规定了民事审判的四项基本制度:合议制度、回避制度、公开审判制度和两审终审制度。

合议制度,是指由三名以上为奇数的审判人员组成审判庭,以人民法院的名义,具体行使民事审判权,对民事案件进行审理并作出裁判的制度,也称合议制。

回避制度,是指在民事诉讼中,审判人员以及其他可能影响案件公正审理的有关人员，在遇有法律规定的情形时，退出该案诉讼程序的制度。回避制度能够有效防止利益驱动和感情约束对案件审理的不良影响，确保案件能够得到公正审理。

公开审判制度，是指人民法院在审理案件时，应当将其审判活动向社会公开的制度。具体包括：在开庭审理前公告当事人的姓名、案由和开庭审理的时间、地点；在开庭审理期间，除了法律有规定的以外，公民可以旁听案件的审理；允许新闻记者对案件进行采访报道；人民法院对案件的判决应当公开宣告。公开审判制度的意义在于将民事审判活动置于社会的广泛监督之下，通过社会的监督制约，保障审判的公正。

两审终审制度，是指民事案件经过两级人民法院审理和判决即告终结的制度。当事人对第一审地方各级人民法院作出的裁判不服的，可以在法律规定的有效期间内，向上一级人民法院提起上诉，经过上一级人民法院审理裁判后，对该案件的审理宣告终结，裁判发生法律效力，当事人再不服的也不能再提起上诉。已经生效的判决确有错误的，可通过审判监督程序加以纠正。

第十一条　【语言文字】各民族公民都有用本民族语言、文字进行民事诉讼的权利。

在少数民族聚居或者多民族共同居住的地区，人民法院应当用当地民族通用的语言、文字进行审理和发布法律文书。

人民法院应当对不通晓当地民族通用的语言、文字的诉讼参与人提供翻译。

第十二条　【辩论权】人民法院审理民事案件时，当事人有权进行辩论。

条文注释

民事诉讼中的辩论是指在人民法院的主持下，当事人有权就案件事实和争议的问题，各自陈述其主张和根据，互相进行反驳和答辩。这一原则具体包括以下内容：第一，辩论的主体只限于当事人及其诉讼代理人。第二，辩论的形式包括书面和口头两种。第三，辩论的内容主要应当围绕案件如何进行处理的实质性问题展开，但也包括案件涉及的诉讼程序问题，如受诉法院有无管辖权、审判人员应否回避等。

正确贯彻辩论原则应当做到以下几点：第一，辩论原则贯穿于诉讼的整个过程，而不仅限于法庭辩论。第二，审判人员在辩论活动中要发挥主持、指挥和引导作用，使当事人的辩论围绕案件的实质性问题和案件的争议焦点进行。第三，审判人员应当保障各方当事人的辩论权，不能介入当事人的辩论。第四，审判人员要正确处理辩论与裁判的关系，只有经过法庭辩论认定的事实才能作为裁判的依据。

第十三条 【诚信原则、当事人处分原则】民事诉讼应当遵循诚信原则。

当事人有权在法律规定的范围内处分自己的民事权利和诉讼权利。

条文注释

本条第一款是关于民事诉讼应当遵循诚信原则的规定。《民事诉讼法》中的诚信原则的含义是法院和诉讼参与人在审理民事案件和参与民事诉讼活动中，应当本着诚实和善意进行。诚信原则的确立有助于规制审判权的正确行使，防止当事人滥用诉讼权利，保证诉讼的顺利进行，促进诉讼公正和效率。

本条第二款规定当事人有权在法律规定的范围内处分自己的民事权利和诉讼权利，这是由民法和民事诉讼法的特点决定的。民法是调整平等主体的财产关系和人身关系的法律规范。民法以自治为原则，承认当事人自主决定其权利义务关系。民事诉讼法是为了维护民事主体合法权益，规范当事人的诉讼行为和人民法院的审判行为的程序法。当事人有权在法律规定范围内处分自己的民事权利和诉讼权利，是民事诉讼同刑事诉讼、行政诉讼的一个重要区别。

依照本法规定，当事人在民事诉讼活动中，享有广泛的诉讼权利，具体包括：起诉权，提出管辖异议权、委托代理权、查阅案件有关材料权、解决非讼案件的申请权、申请回避权、申请保全证据权、申请保全和先予执行权、辩论权、处分权、收集和提供证据权、放弃或者变更和承认或者反驳诉讼请求权，撤诉权、反诉权、上诉权、申请再审权、申请执行权等，对于上述权利，当事人都可以处分。例如，起诉是原告的基本诉讼权利，当原告认为自己的民事权利受到侵害时，他有权决定是否向人民法院起诉；立案后，原告也可以申请撤诉。审理过程中原告可以放弃、变更自己的诉讼请求，被告可以承认、反驳原告的诉讼请求，可以对原告的诉讼请求提出反诉；双方当事人可以和解。当事人对于第一审人民法院判决、裁定有权决定是否提起上诉。审理终结后，当事人有权决定是否对发生法律效力的判决、裁定、调解书申请强制执行，也有权在执行过程中同意延期执行、和解或者撤回执行申请等。

关联法规

《最高人民法院关于适用〈中华人民共和国民事诉讼法〉的解释》（以下简称《民诉法解释》）第110、119、189～190、518条

第十四条　【法律监督权】人民检察院有权对民事诉讼实行法律监督。

条文注释

本条是关于人民检察院法律监督权的规定，2012年本法修改，将人民检察院有权进行法律监督的对象由“民事审判活动”修改为“民事诉讼”，扩大了监督的范围。

本条规定人民检察院有权对民事诉讼实行法律监督。人民检察院实行监督的内容主要有：第一，对人民法院作出的生效判决、裁定认为有错误的，或者发现调解书损害国家利益、社会公共利益的，可以通过提出检察建议、抗诉的方式实施监督。第二，对审判监督程序以外的其他审判程序中审判人员的违法行为，有权提出检察建议。第三，对民事执行活动实施法律监督。

第十五条　【支持起诉】机关、社会团体、企业事业单位对损害国家、集体或者个人民事权益的行为，可以支持受损害的单位或者个人向人民法院起诉。

条文注释

民事诉讼在一般情况下，只能由民事权益受到侵害的或者发生争议的公民、法人或者其他组织向人民法院提起诉讼，并不需要其他组织或者个人的干预。在特殊情况下，受到损害的单位或者个人不能独立保护自己的合法权益，就需要有关组织给予协助和支持，这是运用社会力量，帮助弱势单位或者个人实现诉讼权利。同时，考虑到当事人对自己的民事权利和诉讼权利有权在法律允许的范围内自由处分，如果当事人自己不想提起诉讼，机关、社会团体或者企事业单位替代他起诉，那么如何进行诉讼活动，如何承担法律后果都会产生问题，所以，本条规定机关、社会团体、企业事业单位只能支持民事权益受到损害的单位和个人起诉，不能以自己的名义替代他们直接起诉。机关、社会团体、企业事业单位可以通过多种方式支持民事权益受到侵害的单位和个人起诉，如宣传法律知识、提供法律咨询服务、接受他们的委托或者推荐律师当诉讼代理人、提供物质帮助等。

第十六条　【在线诉讼的法律效力】经当事人同意，民事诉讼活动可以通过信息网络平台在线进行。

民事诉讼活动通过信息网络平台在线进行的，与线下诉讼活动具有同等法律效力。

条文注释

当前信息化时代，线上交易、会议等方式日益普遍。新型冠状病毒疫情加速了在线方式的发展和普及。不少案件法院开庭和诉讼文件的送达也通过网上开庭和以电子文档形式送达。2021 年本法新增本条是为了适应信息化已经在全社会普及的现状，明确“在线开庭”与传统开庭方式具有同等法律效力，这不仅解决了在线诉讼的法律效力，更为当事人和法院减少讼累、节约资源提供了直接的法律依据。

第十七条 【变通规定】民族自治地方的人民代表大会根据宪法和本法的原则,结合当地民族的具体情况,可以制定变通或者补充的规定。自治区的规定,报全国人民代表大会常务委员会批准。自治州、自治县的规定,报省或者自治区的人民代表大会常务委员会批准,并报全国人民代表大会常务委员会备案。

第二章 管 辖

第一节 级别管辖

第十八条 【基层法院管辖】基层人民法院管辖第一审民事案件,但本法另有规定的除外。

条文注释

根据本条的规定,第一审民事案件原则上应由基层人民法院管辖。基层人民法院包括:县、自治县人民法院,不设区的市人民法院,市辖区人民法院。基层人民法院根据地区、人口和案件情况可以设立若干人民法庭。人民法庭是基层人民法院的组成部分。当事人请求人民法院解决民事争议的,应当依照本法关于地域管辖的规定,向基层人民法院(包括其派出法庭)提起诉讼。但本法规定应由中级人民法院、高级人民法院和最高人民法院管辖的第一审民事案件除外。

第十九条 【中级法院管辖】中级人民法院管辖下列第一审民事案件:

(一)重大涉外案件;

(二)在本辖区有重大影响的案件;

(三)最高人民法院确定由中级人民法院管辖的案件。

条文注释

民事案件原则上应由基层人民法院管辖，但实践中有的案件属于重大涉外案件，有的案件在本辖区影响较大，有的案件涉及较强的专业知识，基层人民法院对这些案件不便行使管辖权，由中级人民法院作为第一审管辖人民法院比较适宜。中级人民法院包括：(1)省、自治区、直辖市的中级人民法院；(2)在省、自治区内按地区设立的中级人民法院；(3)在直辖市内设立的中级人民法院；(4)自治州中级人民法院。根据本条的规定，中级人民法院管辖下列第一审民事案件：

一是重大涉外案件。涉外民事案件，是指民事法律关系的主体、内容、客体三者之一含有涉外因素的民事案件；重大涉外案件，是指居住在国外的当事人人数众多或者当事人分属多国国籍，或者案情复杂，或者争议标的额较大的涉外民事案件。

二是在本辖区有重大影响的案件。中级人民法院的辖区有重大影响的案件，是指案情复杂、涉及范围广、诉讼标的的金额较大，案发后案件处理结果的影响超出了基层人民法院的辖区范围，基层人民法院已不便行使管辖权，而由中级人民法院作为第一审管辖法院比较适宜的案件。

三是最高人民法院确定由中级人民法院管辖的案件。除涉外案件外，基于某些案件的特殊性，最高人民法院指定由中级人民法院管辖的案件主要包括两类：第一，海事、海商案件。海事、海商案件包括海事侵权纠纷案件，海商合同纠纷案件，其他海事、海商案件，海事执行案件以及请求海事保全案件等。第二，除专利行政案件外的其他专利纠纷案件。如专利申请权纠纷案件、专利权纠纷案件、专利侵权纠纷案件等，最高人民法院确定由各省、自治区、直辖市人民政府所在地的中级人民法院和各经济特区的中级人民法院作为第一审法院，最高人民法院还同意指定了大连、青岛、温州、佛山、烟台、潍坊、苏州、宁波、景德镇、葫芦岛、泉州、镇江、金华等十几个市的中级人民法院审理第一审专利纠纷案件。

此外，2014年8月31日全国人大常委会通过了《关于在北京、上海、广州设立知识产权法院的决定》，规定了以下新的内容：(1)知识产权法院管辖有关专利、植物新品种、集成电路布图设计、技术秘密等专业技术性较强的第一审知识产权民事和行政案件。(2)知识产权法院所在市的基层人民法院第一审著作权、商标等知识产权民事和行政判决、裁定的上诉案件,由知识产权法院审理。

关联法规

《民诉法解释》第1、2条

第二十条　【高级法院管辖】高级人民法院管辖在本辖区有重大影响的第一审民事案件。

条文注释

高级人民法院包括:省高级人民法院、自治区高级人民法院、直辖市高级人民法院。高级人民法院的任务主要不是审判第一审民事案件,而是对省、自治区、直辖市内的基层人民法院和中级人民法院的民事审判工作实行监督,总结和交流民事审判工作的经验,指导本辖区内的基层人民法院和中级人民法院的审判工作;还要审判不服中级人民法院判决、裁定依法提起上诉的第二审民事案件以及当事人申请再审的案件等。

第二十一条　【最高法院管辖】最高人民法院管辖下列第一审民事案件:

(一)在全国有重大影响的案件;

(二)认为应当由本院审理的案件。

条文注释

最高人民法院是国家最高审判机关,其主要任务是对地方各级人民法院和各专门人民法院的审判工作进行指导,对审判中适用法律时遇到的疑难问题作出司法解释,对下级人民法院的请示作出批复,审理因不服高级人民法院一审裁判而提出上诉的案件。最高人民法院是最高级别的法院,实行的是一审终审制。以上因素决定,最高人民法院管辖的第一审民事案件只能是极少数的特别重大案件。因此,本条规定了最高人民法院管辖在全国有重大影响的案件。此外，本条第二项还规定了最高人民法院可以管辖认为应当由本院审理的案件，即只要最高人民法院认为某个案件应当由自己审判，就可以直接受理。这一规定表明，为了适应审判实践中的复杂情况，法律赋予了最高人民法院管辖第一审民事案件必要的权力。

第二节 地域管辖

第二十二条 【一般地域管辖】对公民提起的民事诉讼，由被告住所地人民法院管辖；被告住所地与经常居住地不一致的，由经常居住地人民法院管辖。

对法人或者其他组织提起的民事诉讼，由被告住所地人民法院管辖。

同一诉讼的几个被告住所地、经常居住地在两个以上人民法院辖区的，各该人民法院都有管辖权。

条文注释

地域管辖又称区域管辖，是指同级人民法院之间受理第一审民事案件的分工和权限，它是按照法院辖区和民事案件的隶属关系来划分的管辖。一般地域管辖是指以当事人住所地与法院的隶属关系来确定管辖权的诉讼管辖。依据本条规定，我国民事诉讼一般地域管辖的原则是“原告就被告”，即由被告住所地人民法院管辖，这也是一般地域管辖的通行做法。

公民的住所地是指该公民户籍所在地。如果被告住所地与经常居住地不一致的，由经常居住地人民法院管辖。经常居住地是指公民离开住所地至起诉时连续居住一年以上的地方，但公民住院就医的地方除外；法人或者其他组织的住所地，是指法人或其他组织的主要办事机构所在地或主要营业地。被告如果是没有办事机构的公民合伙、合伙型联营体，则由被告注册登记地人民法院管辖。同一诉讼的几个被告住所地、经常居住地在两个以上人民法院辖区的，各该人民法院都有管辖权。实行“原告就被告”原则一方面在于抑制原告滥用诉权,使被告免受原告不当诉讼的侵扰;另一方面也有利于法院传唤被告参加诉讼,对诉讼标的物进行保全或勘验,以利于判决的执行。

关联法规

《民诉法解释》第3~7、23条

第二十三条　【特别规定】下列民事诉讼,由原告住所地人民法院管辖;原告住所地与经常居住地不一致的,由原告经常居住地人民法院管辖:

(一)对不在中华人民共和国领域内居住的人提起的有关身份关系的诉讼;

(二)对下落不明或者宣告失踪的人提起的有关身份关系的诉讼;

(三)对被采取强制性教育措施的人提起的诉讼;

(四)对被监禁的人提起的诉讼。

条文注释

一般地域管辖的原则是"原告就被告",但在某些特殊情况下无法适用或者适用后对原告、对法院极为不便。为此,本条规定了一般地域管辖的例外:由原告住所地人民法院管辖。原告的住所地与经常居住地不一致的,由经常居住地人民法院管辖。这些例外情况是:(1)对不在中华人民共和国领域内居住的人提起的有关身份关系的诉讼。如涉及婚姻关系、亲子关系、收养关系等案件。(2)对下落不明或者宣告失踪的人提起的有关身份关系的诉讼。被告下落不明或者已经宣告失踪的情况下,根本无法确定其住所地或者经常居住地,由原告住所地或者经常居住地人民法院管辖,可以方便原告行使诉权。(3)对被采取强制性教育措施的人提起的诉讼。被采取强制性教育措施的人,其人身自由受到一定的限制,如果仍然采取一般地域管辖原则,对原告来说,十分不便。(4)对被监禁的人提起的诉讼。正在被监禁的人,包括已决犯和未决犯。

关联法规

《民诉法解释》第8~17条

第二十四条　【合同纠纷管辖】因合同纠纷提起的诉讼，由被告住所地或者合同履行地人民法院管辖。

条文注释

本条至第三十三条是关于特殊地域管辖的规定。特殊地域管辖，又称特别管辖，是以诉讼标的所在地或引起民事法律关系发生、变更、消灭的法律事实所在地为标准确定的管辖。依据本条规定，因合同纠纷提起的诉讼，由被告住所地或者合同履行地人民法院管辖。合同履行地是指履行合同所确定义务的地点。当事人可以在合同订立之时，或者合同成立之后履行之前，在合同中明确约定合同履行地点。当事人在合同中没有约定履行地或者约定不明确的，可以协议补充。不能达成补充协议的，按照合同有关条款或者交易习惯确定。如果还是不能确定履行地，那么给付货币的，在接受货币一方所在地履行；交付不动产的，在不动产所在地履行；交付其他标的物的，在履行义务一方所在地履行。

关联法规

《民诉法解释》第 18～20 条

第二十五条　【保险合同纠纷管辖】因保险合同纠纷提起的诉讼，由被告住所地或者保险标的物所在地人民法院管辖。

条文注释

保险合同是投保人与保险人约定保险权利义务关系的协议。因保险合同纠纷提起的诉讼，由被告住所地或者保险标的物所在地人民法院管辖。保险标的物，即保险对象，是投保人与保险人订立保险合同、收取保险费用所指向的对象，如财产、人身（指生命、健康、劳动能力等）以及以其他表现形式反映出来的财产利益等。如果保险标的物是运输工具或者运输中的货物，由被告住所地或者运输工具登记注册地、运输目的地、保险事故发生地人民法院管辖。

关联法规

《民诉法解释》第 21 条

第二十六条　【票据纠纷管辖】因票据纠纷提起的诉讼，由票据支付地或者被告住所地人民法院管辖。

条文注释

票据是指由出票人签发的，无条件地约定自己或者要求他人支付一定金额的有价证券。

票据纠纷是指票据的出票人、承兑人、收款人和背书人之间因票据的签发、承兑、转让、贴现等发生的纠纷。所有的票据权利与票据义务指向的对象都是票据上记载金额的支付，因此票据支付地和被告住所地人民法院都可管辖因票据纠纷提起的诉讼。票据支付地是指票据上载明的付款地。如果票据上没有载明付款地，那么就以汇票付款人（包括代理付款人）的住所地、主营业所所在地或者经常居住地为票据付款地。本票出票人的营业场所，支票付款人或者代理付款人的营业场所所在地为票据付款地。

关联法规

《最高人民法院关于审理票据纠纷案件若干问题的规定》第6条

第二十七条　【公司诉讼管辖】因公司设立、确认股东资格、分配利润、解散等纠纷提起的诉讼，由公司住所地人民法院管辖。

条文注释

本条规定的适用范围是因公司设立、确认股东资格、分配利润、解散等纠纷提起的民事诉讼。根据本条的规定，上述公司纠纷诉讼，由公司住所地的人民法院管辖。根据《民法典》《公司法》的规定，公司以其主要办事机构所在地为住所。公司的主要办事机构所在地应当与公司注册地相区别，一般情况下，公司的注册地与公司主要办事机构所在地是一致的，有的情况下，公司在境外注册，但主要营业地设在中国，根据我国法律的规定，该公司的住所地在我国境内。公司主要办事机构也要与公司的经营场所相区别，经营场所是指公司进行业务活动所必需的一切场地，是公司进行经营的必要条件。公司经营场所除公司住所外，还包括住所之外的各种固定地点和设施，如生产场地、销售网点等，设有分支机构的公司还包括分支机构的所在地。而住所则是公司经营管理及业务活动的核心机构所在地。

关联法规

《公司法》第22、74、180、182条；《民诉法解释》第22条

第二十八条　【运输合同纠纷管辖】因铁路、公路、水上、航空运输和联合运输合同纠纷提起的诉讼，由运输始发地、目的地或者被告住所地人民法院管辖。

条文注释

运输合同包括客运合同和货运合同两大类。客运合同是承运人与旅客关于承运人将旅客及其行李安全运送到目的地，旅客为此支付运费的合同。货运合同是指承运人将托运人交付的货物运送到指定的地点，托运人为此支付运费的合同。运输的始发地是指旅客或者货物的最初出发地。运输的目的地是指旅客或者货物的最终到达地。

关联法规

《最高人民法院关于铁路运输法院案件管辖范围的若干规定》

第二十九条　【侵权纠纷管辖】因侵权行为提起的诉讼，由侵权行为地或者被告住所地人民法院管辖。

条文注释

侵权行为是指加害人不法侵害他人财产权利和人身权利的行为。侵权行为地包括侵害行为实施地和侵权结果发生地。如果侵权行为实施地、侵权结果发生地和被告住所地不在同一法院辖区，几个法院都有管辖权。相关司法解释中对一些特殊类型侵权纠纷案件的管辖作了规定。例如，因产品、服务质量不合格造成他人财产、人身损害提起诉讼的，产品制造地、产品销售地、服务提供地、侵权行为地和被告住所地的人民法院都有管辖权。因侵犯注册商标专用权行为提起的民事诉讼，由侵权行为的实施地、侵权商品的储藏地或者查封扣押地、被告住所地人民法院管辖。涉及计算机网络著作权的侵权

纠纷案件,由侵权行为地或者被告住所地人民法院管辖。其中侵权行为实施地包括实施被诉侵权行为的网络服务器、计算机终端等设备所在地;侵权结果发生地包括被侵权人住所地。

关联法规

《民诉法解释》第24~27条;《最高人民法院关于审理侵害信息网络传播权民事纠纷案件适用法律若干问题的规定》第15条;《最高人民法院关于审理利用信息网络侵害人身权益民事纠纷案件适用法律若干问题的规定》第2条

第三十条　【交通事故管辖】因铁路、公路、水上和航空事故请求损害赔偿提起的诉讼,由事故发生地或者车辆、船舶最先到达地、航空器最先降落地或者被告住所地人民法院管辖。

条文注释

最先到达地是指车辆、船舶最先到达的车站、港口,最先降落地是指第一次降落的机场或其他地点,或者坠毁的地点。这样规定,有利于法院查明事故原因、造成损害的程度和应当承担的民事责任的情况,以便及时审理和进行赔偿。

第三十一条　【海损事故管辖】因船舶碰撞或者其他海事损害事故请求损害赔偿提起的诉讼,由碰撞发生地、碰撞船舶最先到达地、加害船舶被扣留地或者被告住所地人民法院管辖。

条文注释

本条所指的船舶碰撞,是指船舶在航行过程中因接触和碰撞而造成的损害事故。其他海损事故是指船舶在航行中因触礁、触岸、失火、爆炸、沉没等造成的事故。因船舶碰撞或者其他海事损害事故请求损害赔偿提起的诉讼,以下四地法院都有管辖权:(1)碰撞发生地。即船舶碰撞的侵权行为发生的具体地点。(2)碰撞船舶最先到达地。即船舶碰撞事故发生后,受害船舶最先到达的港口所在地。(3)加害船舶被扣留地。即加害船舶实施侵权行为后继续航行,后被有关机关扣留的具体地点。(4)被告住所地。一般是加害船舶的船籍所在地，即该船舶进行登记，获得航行权的具体港口。本条规定充分考虑了这类案件的特殊性，既有利于当事人根据案件的具体情况选择其中一个人民法院提起诉讼，也有利于人民法院对案件的审理和判决的执行。在我国，船舶碰撞或者其他海事损害事故赔偿提起的诉讼由海事法院专门管辖。

关联法规

《最高人民法院关于海事法院受理案件范围的规定》

第三十二条　【海难救助费用管辖】因海难救助费用提起的诉讼，由救助地或者被救助船舶最先到达地人民法院管辖。

条文注释

海难救助，是指对海上遇难的船舶及所载的货物或者人员给予援救。实施救助的可能是从事救助的专业单位，也可能是邻近或者经过的船舶。救助活动完成后，救助人有权根据救助的事实和效果要求被救助方支付救助费用，即海难救助费用。对此双方可能出现纠纷，这类因海难救助费用提起的诉讼，由救助地或者被救助船舶最先到达地人民法院管辖。救助地，即实施救助行为或者救助结果发生地。被救助船舶最先到达地，即被救助船舶经营救脱险后的最初到达地。我国《民事诉讼法》的这一规定也是各国通行的做法。

关联法规

《最高人民法院关于适用〈中华人民共和国海事诉讼特别程序法〉若干问题的解释》第9条

第三十三条　【共同海损管辖】因共同海损提起的诉讼，由船舶最先到达地、共同海损理算地或者航程终止地的人民法院管辖。

条文注释

共同海损，是指海上运输中，船舶以及所载的货物遭遇海难等意外事故时，为了避免共同危险而有意地、合理地作出的特殊的物质牺牲和支付的特殊费用。例如，为灭火而引海水入舱。共同海损的牺牲和费用经过清算，由有关各方按比例分担。如果共同海损的全体受益人对共同海损的构成与否及分担比例等问题发生争议而诉诸法院,这就是共同海损诉讼。船舶最先到达地,是遇难船舶继续航行后最初到达的港口所在地。共同海损理算地,是处理共同海损损失,理算共同海损费用的工作机构所在地。航程终止地,是发生共同海损船舶的航程终点。

第三十四条 【专属管辖】下列案件,由本条规定的人民法院专属管辖:

(一)因不动产纠纷提起的诉讼,由不动产所在地人民法院管辖;

(二)因港口作业中发生纠纷提起的诉讼,由港口所在地人民法院管辖;

(三)因继承遗产纠纷提起的诉讼,由被继承人死亡时住所地或者主要遗产所在地人民法院管辖。

条文注释

专属管辖,是指法律规定某些特殊类型的案件专门由特定的法院管辖。专属管辖具有管辖上的排他性。按照本条规定,专属管辖适用以下三类诉讼:(1)因不动产纠纷提起的诉讼,由不动产所在地人民法院管辖。不动产纠纷是指因不动产的权利确认、分割、相邻关系等引起的物权纠纷。《民诉法解释》第二十八条规定,农村土地承包经营合同纠纷、房屋租赁合同纠纷、建设工程施工合同纠纷、政策性房屋买卖合同纠纷,按照不动产纠纷确定管辖。不动产已登记的,以不动产登记簿记载的所在地为不动产所在地;不动产未登记的,以不动产实际所在地为不动产所在地。(2)因港口作业中发生纠纷提起的诉讼,由港口所在地人民法院管辖。在港口作业中,一方面会因为装卸、驳运等发生纠纷,另一方面会因违章作业等行为损坏港口设施或造成其他人身或财产的损害引起侵权纠纷,这两类纠纷都由港口所在地人民法院管辖。(3)因继承遗产纠纷提起的诉讼,由被继承人死亡时住所地或者主要遗产所在地人民法院管辖。遗产既有动产也有不动产,一般以不动产所在地作为主要遗产地,动产有多项的,则以价值高的动产所在地为主要遗产地。由被继承人死亡时住所地或者主要遗产所在地人民法院管辖，便于人民法院查明被继承人、继承人和遗产的有关情况，有利于人民法院对案件作出正确的处理。

第三十五条　【协议管辖】合同或者其他财产权益纠纷的当事人可以书面协议选择被告住所地、合同履行地、合同签订地、原告住所地、标的物所在地等与争议有实际联系的地点的人民法院管辖，但不得违反本法对级别管辖和专属管辖的规定。

条文注释

协议管辖又称合意管辖或约定管辖，是指双方当事人在民事纠纷发生前或发生后，以书面方式约定管辖法院。协议管辖的规定体现了对当事人处分权的尊重。

依据本条规定，协议管辖必须具备以下条件：(1)协议管辖案件只适用于合同纠纷或者其他财产权益纠纷，人身权益纠纷不得适用协议管辖。(2)协议管辖必须采用书面形式。口头约定无效。(3)当事人必须在法律规定的范围内选择管辖法院。包括被告住所地、合同履行地、合同签订地、原告住所地、标的物所在地等与争议有实际联系的地点。(4)当事人选择法院时，不得违反有关级别管辖和专属管辖的规定。当事人在协议时，只能约定第一审法院的地域管辖，不得约定变更级别管辖，也不得违反专属管辖的规定，否则将造成管辖的混乱。

关联法规

《民诉法解释》第29～34条

第三十六条　【共同管辖】两个以上人民法院都有管辖权的诉讼，原告可以向其中一个人民法院起诉；原告向两个以上有管辖权的人民法院起诉的，由最先立案的人民法院管辖。

条文注释

两个以上人民法院都有管辖权即共同管辖。共同管辖的情况下，原告可以从中选择一个提起诉讼，即为选择管辖。共同管辖与选择管辖其实是一个问题的两个方面,从法院的角度为共同管辖,从当事人的角度则是选择管辖。选择管辖体现了将选择管辖的权利赋予当事人的立法精神,方便当事人诉讼。因此,当原告选定了一个有管辖权的人民法院进行起诉后,该人民法院应当尊重当事人的选择,不得将案件移送到另一个有管辖权的人民法院。对原告来说,对共同管辖的诉讼,只能作单一选择。但在实践中有可能出现原告选择复数法院,先后向有管辖权的几个法院提起诉讼的情况,也可能出现同一纠纷的双方当事人选择不同的有管辖权的法院提起诉讼的情形。为解决上述情形下如何确定管辖的问题,本条特别规定原告向两个以上有管辖权的人民法院起诉的,由最先立案的人民法院管辖。这一规定将法院立案时间的先后作为确定管辖的标准,避免了法院在受理诉讼时互相推诿或者争抢管辖权。人民法院在立案前发现其他有管辖权的人民法院已先立案的,不得重复立案。

关联法规

《民诉法解释》第 36 条

第三节　移送管辖和指定管辖

第三十七条　【移送管辖】人民法院发现受理的案件不属于本院管辖的,应当移送有管辖权的人民法院,受移送的人民法院应当受理。受移送的人民法院认为受移送的案件依照规定不属于本院管辖的,应当报请上级人民法院指定管辖,不得再自行移送。

条文注释

移送管辖,是指人民法院在受理民事案件后,发现自己对案件并无管辖权,依法将案件移送给有管辖权的人民法院审理。移送管辖是为人民法院受理案件发现错误时提供的一种纠错办法,它只是案件的移送,而不是管辖权的移动。

依照本条规定,移送管辖必须具备以下三个条件:(1)人民法院已经受理案件。对当事人的起诉,人民法院如果尚未受理,可以裁定驳回起诉或者告诉当事人向有管辖权的法院起诉,不发生移送问题。只有在人民法院受理后才发现案件不属于自己管辖才涉及移送管辖。(2)移送的人民法院对案件无管辖权。管辖权是人民法院对案件行使审判权的前提条件,没有管辖权,就不能对案件进行审理和裁判。相反,人民法院受理了自己有管辖权的案件,也不允许将该案件移送到其他人民法院。(3)受移送的人民法院对案件有管辖权。移送的目的在于使《民事诉讼法》关于管辖的规定得到正确的执行,所以只能将案件移送至有管辖权的人民法院,受移送的人民法院应当受理。受移送的人民法院认为受移送的案件依照规定不属于本院管辖的,即出现了管辖权争议,应当报请共同的上级人民法院指定管辖,不得再自行移送。

根据《民诉法解释》的规定,以下几项规定需要注意:(1)当事人在答辩期间届满后未应诉答辩,人民法院在一审开庭前,发现案件不属于本院管辖的,应当裁定移送有管辖权的人民法院。(2)两个以上人民法院都有管辖权的诉讼,先立案的人民法院不得将案件移送给另一个有管辖权的人民法院。人民法院在立案前发现其他有管辖权的人民法院已先立案的,不得重复立案;立案后发现其他有管辖权的人民法院已先立案的,裁定将案件移送给先立案的人民法院。(3)案件受理后,受诉人民法院的管辖权不受当事人住所地、经常居住地变更的影响。(4)有管辖权的人民法院受理案件后,不得以行政区域变更为由,将案件移送给变更后有管辖权的人民法院。

关联法规

《民诉法解释》第35~39条

第三十八条　【指定管辖】有管辖权的人民法院由于特殊原因,不能行使管辖权的,由上级人民法院指定管辖。

人民法院之间因管辖权发生争议,由争议双方协商解决;协商解决不了的,报请它们的共同上级人民法院指定管辖。

条文注释

本条第一款规定,有管辖权的人民法院由于特殊原因,不能行使管辖权的,由上级人民法院指定管辖。指定管辖是指上级法院以裁定的方式指定其辖区内的下级人民法院对某一民事案件行使管辖权。本款规定的指定管辖适用的前提是该人民法院有管辖权,但是由于特殊原因,不能行使管辖权。如法院的全体法官均需回避,该法院因为法律上的原因无法行使管辖权;或者该人民法院所在地发生了严重的自然灾害,因为事实上的原因无法行使管辖权。

本条第二款规定的指定管辖适用于人民法院之间因管辖权发生争议,争议双方协商解决不了的情形。发生管辖权争议的两个人民法院因协商不成报请它们的共同上级人民法院指定管辖时,双方为同属一个地、市辖区的基层人民法院的,由该地、市的中级人民法院及时指定管辖;同属一个省、自治区、直辖市的两个人民法院的,由该省、自治区、直辖市的高级人民法院及时指定管辖;双方为跨省、自治区、直辖市的人民法院,高级人民法院协商不成的,由最高人民法院及时指定管辖。依照前述规定报请上级人民法院指定管辖时,应当逐级进行。

还应注意的是,根据《民诉法解释》的规定,人民法院依照本条第二款规定指定管辖的,应当作出裁定。对报请上级人民法院指定管辖的案件,下级人民法院应当中止审理。指定管辖裁定作出前,下级人民法院对案件作出判决、裁定的,上级人民法院应当在裁定指定管辖的同时,一并撤销下级人民法院的判决、裁定。

关联法规

《民诉法解释》第40、41条

第三十九条　【管辖权转移】上级人民法院有权审理下级人民法院管辖的第一审民事案件;确有必要将本院管辖的第一审民事案件交下级人民法院审理的,应当报请其上级人民法院批准。

下级人民法院对它所管辖的第一审民事案件,认为需要由上级人民法院审理的,可以报请上级人民法院审理。

条文注释

管辖权的转移，是指经上级人民法院决定或者同意，将某个具体案件的管辖权从原来有管辖权的人民法院转移至无管辖权的人民法院，无管辖权的人民法院因此取得管辖权。管辖权转移在上下级法院之间进行，是对级别管辖的变通和个别调整。

本条第一款规定了上级人民法院有权审理下级人民法院管辖的第一审民事案件，即上级人民法院认为下级人民法院管辖的第一审案件由自己审理更好，或者由下级人民法院审理会有很大困难，可以决定将案件调上来自己审理。这种“向上移”只需要上级人民法院作出决定，案件的管辖权就会发生转移。管辖权的转移还包括“向下移”，即上级人民法院将自己有管辖权的案件交给下级人民法院审理。本法于2012年修改时，将上级人民法院“也可以把本院管辖的第一审民事案件交下级人民法院审理”的规定修改为“确有必要将本院管辖的第一审民事案件交下级人民法院审理的，应当报请其上级人民法院批准”，从而严格限制了管辖权向下转移。根据《民诉法解释》第四十二条的规定，下列第一审民事案件，人民法院可以在开庭前交下级人民法院审理：(1)破产程序中有关债务人的诉讼案件；(2)当事人人数众多且不方便诉讼的案件；(3)最高人民法院确定的其他类型案件。人民法院交下级人民法院审理前，应当报请其上级人民法院批准。上级人民法院批准后，人民法院应当裁定将案件交下级人民法院审理。

本条第二款规定了下级人民法院对它所管辖的第一审民事案件，认为需要由上级人民法院审理的，可以报请上级人民法院审理。这种向上转移，必须报经上级人民法院同意以后，案件的管辖权才会发生转移。管辖权向上转移应是必要的，例如，下级人民法院遇到当事人一方是本院的法官或者当地党政军负责人，或者遇到如何适用法律不甚清楚的新型案件等，向上转移管辖权，有利于案件的公正处理。

第三章　审 判 组 织

第四十条　【一审审判组织】人民法院审理第一审民事案件，由审判员、人民陪审员共同组成合议庭或者由审判员组成合议庭。合议庭的成员人数，必须是单数。

适用简易程序审理的民事案件，由审判员一人独任审理。基层人民法院审理的基本事实清楚、权利义务关系明确的第一审民事案件，可以由审判员一人适用普通程序独任审理。

人民陪审员在参加审判活动时，除法律另有规定外，与审判员有同等的权利义务。

条文注释

本条第一款规定了合议制。合议制是集体审判案件的一种制度。合议庭是实现这种集体审判制度的组织形式。合议庭因审级的不同其组成人员也有所区别。根据本条第一款的规定，第一审民事案件合议庭的组成形式有两种：一是由审判员组成合议庭，即合议庭的组成人员全部为审判员，不吸收人民陪审员；二是由审判员和人民陪审员共同组成合议庭。究竟哪些案件由人民陪审员参加合议庭审理，哪些案件由审判员组成的合议庭审理，本法未作限制性规定，而是由人民法院根据案件的实际情况确定。实践中，对于某些案件，特别是对技术性、业务性比较强的案件，请有关人民陪审员参加，对于准确认定案件事实、正确适用法律，说服和教育当事人具有重要意义。对于审判员与人民陪审员在合议庭中的人数比例，本条未作明确规定，人民法院可以根据实际需要确定，但需要注意的是，合议庭的人数必须是三人以上的单数。

本条第二款规定了独任制。所谓独任制，是指由审判员一人对具体案件进行审理和裁判的制度。人民法院审理民事案件应以合议制为原则，但对简单的案件可以适用独任制。在案情简单，且可以保障案件审判质量的前提下，独任制可以方便当事人诉讼，便于人民法院审判和及时审结案件。2021年本法修改，吸收了繁简分流试点的重要成果，扩大了独任制的适用范围。2021年本法修改后，不仅小额诉讼程序、简易程序可以适用独任审理，而且一审案件普通程序也可以适用独任审理；不仅一审案件可以独任审理，而且二审案件在符合一定条件时也可以独任审理。人民法院在审理案件的过程中，如果发现案件重大复杂，适用独任制可能影响审判质量的，可以由简易程序改为普通程序，即由独任制改为合议制。

本条第三款规定，除法律另有规定外，人民陪审员在参加审判活动时的权利义务与审判员相同。人民陪审员与审判员共同组成合议庭时，其法律地位是平等的，人民陪审员享有与审判员相同的权利，对事实认定、法律适用独立行使表决权。

关联法规

《人民法院组织法》《最高人民法院关于人民法院合议庭工作的若干规定》《最高人民法院关于进一步加强合议庭职责的若干规定》

第四十一条　【二审、重审、再审审判组织】人民法院审理第二审民事案件，由审判员组成合议庭。合议庭的成员人数，必须是单数。

中级人民法院对第一审适用简易程序审结或者不服裁定提起上诉的第二审民事案件，事实清楚、权利义务关系明确的，经双方当事人同意，可以由审判员一人独任审理。

发回重审的案件，原审人民法院应当按照第一审程序另行组成合议庭。

审理再审案件，原来是第一审的，按照第一审程序另行组成合议庭；原来是第二审的或者是上级人民法院提审的，按照第二审程序另行组成合议庭。

条文注释

本条第一款规定，第二审人民法院审理案件，只能由审判员组成合议庭审理，不能有陪审员参加。这是与第一审人民法院合议庭组成的最大不同。这种不同是由第二审程序的任务、特点所决定的。第二审程序不仅是对当事人权利进行救济的程序，而且也担负着纠正一审裁判错误、对下级人民法院实施监督的功能,而且我国实行两审终审制,第二审程序既是上诉审程序,也是终审程序,因此,为了保证对案件正确处理,只宜由审判员组成合议庭审理。第二审合议庭组成人数必须为单数。

本条第二款是2021年修改本法新增的条文,规定了二审案件独任审理的例外。对第一审适用简易程序审理结案或者不服民事裁定提起上诉的第二审民事案件,事实清楚、权利义务关系明确的,经双方当事人同意可以由审判员一人独任审理。

本条第三款对重审案件的审判组织作了规定。对于发回重审的案件,原审人民法院应当按照第一审程序审理,其作出的判决属于第一审判决,当事人不服的,有权提起上诉。所以重审案件在程序上等同于第一审案件。本法关于第一审案件合议庭组成的规定都适用于重审案件。

本条第四款规定了再审案件的审判组织。再审程序是指人民法院对已经发生法律效力的裁判,在该判决确有错误时,依照法定程序再次进行审理以纠正其错误的审判程序。再审的合议庭必须另行组成,即原来的审判人员不得再作为合议庭成员,目的是保证再审的公正性。需要特别注意的是,按第一审程序再审案件,不能适用独任制,必须组成合议庭。

第四十二条　【不得适用独任制的案件】人民法院审理下列民事案件,不得由审判员一人独任审理:

(一)涉及国家利益、社会公共利益的案件;

(二)涉及群体性纠纷,可能影响社会稳定的案件;

(三)人民群众广泛关注或者其他社会影响较大的案件;

(四)属于新类型或者疑难复杂的案件;

(五)法律规定应当组成合议庭审理的案件;

(六)其他不宜由审判员一人独任审理的案件。

第四十三条　【向合议制转换】人民法院在审理过程中,发现案件不宜由审判员一人独任审理的,应当裁定转由合议庭审理。

当事人认为案件由审判员一人独任审理违反法律规定的,可以向人民法院提出异议。人民法院对当事人提出的异议应当审查,异议成立的,裁定转由合议庭审理;异议不成立的,裁定驳回。

条文注释

在扩大独任制适用的同时,明确适用标准,划定适用边界,确保适用独任制审理案件的质量。第一,本法第四十二条明确不得适用独任制的六类案件。第二,保障当事人异议权。根据本法第四十三条的规定,当事人认为案件适用独任制审理不符合《民事诉讼法》等法律中关于适用独任制的有关规定的,可以向人民法院提出异议,强化当事人对独任制适用的制约监督。第三,完善独任制向合议制转换机制。根据本法第四十三条的规定,人民法院发现案件存在不宜由审判员一人独任审理的情形,如案情复杂、社会影响较大、法律适用疑难等,以及当事人异议成立的,裁定转由合议庭审理。

第四十四条 【审判长】合议庭的审判长由院长或者庭长指定审判员一人担任;院长或者庭长参加审判的,由院长或者庭长担任。

条文注释

审判长,是指人民法院在审理具体案件的过程中,主要负责案件审理的法官。审判长的主要职责就是主持合议庭的审判工作,指挥法庭的审判活动。如宣布开庭,查明当事人是否到庭,宣布法庭组成人员,告知当事人在审判过程中的各种诉讼权利,主持法庭调查、法庭辩论等各项活动。审判长不是固定的职务,与其他合议庭成员之间是一种平等的关系,除审理案件的主持权外并无特殊的凌驾于其他合议庭成员之上的权力。根据本条的规定,人民陪审员不能担任审判长。

第四十五条 【评议原则】合议庭评议案件,实行少数服从多数的原则。评议应当制作笔录,由合议庭成员签名。评议中的不同意见,必须如实记入笔录。

条文注释

合议庭是一个审判集体,全体合议庭组成人员地位平等,享有平等的权利。合议庭在评议案件时应当给予各成员充分陈述意见的机会,共同协商,使评议结果更加公正合理。为体现民主审判,保证案件处理的正确性、公正性,本法规定当合议庭成员意见不一致时,评议案件实行少数服从多数的原则,以多数成员的结论为合议庭的结论。少数成员的观点虽不作为合议庭的结论,但应当如实地记入笔录。评议笔录是对合议庭评议过程的客观记录,由合议庭所有人员审阅确认无误后签名。合议庭评议情况应当保密。

关联法规

《最高人民法院关于人民法院合议庭工作的若干规定》

第四十六条 【依法办案】审判人员应当依法秉公办案。

审判人员不得接受当事人及其诉讼代理人请客送礼。

审判人员有贪污受贿,徇私舞弊,枉法裁判行为的,应当追究法律责任;构成犯罪的,依法追究刑事责任。

条文注释

本条第一款规定,审判人员应当依法秉公办案。这既是对审判人员行使审判职能的基本要求,也是审判人员的法定义务。所谓依法秉公办案,是指审判人员在审理民事案件的过程中,必须严格遵守本法和有关实体法律的规定,公平合法地办理案件。

本条第二款、第三款从禁止的角度规范审判人员的义务。

根据《最高人民法院关于进一步加强合议庭职责的若干规定》第十条的规定,合议庭组成人员存在违法审判行为的,应当按照《人民法院审判人员违法审判责任追究办法(试行)》等规定追究相应责任。合议庭审理案件有下列情形之一的,合议庭成员不承担责任:(1)因对法律理解和认识上的偏差而导致案件被改判或者发回重审的;(2)因对案件事实和证据认识上的偏差而导致案件被改判或者发回重审的;(3)因新的证据而导致案件被改判或者发回重审的;(4)因法律修订或者政策调整而导致案件被改判或者发回重审的;(5)因裁判所依据的其他法律文书被撤销或变更而导致案件被改判或者发回重审的;(6)其他依法履行审判职责不应当承担责任的情形。

第四章 回 避

第四十七条 【回避情形】审判人员有下列情形之一的,应当自行回避,当事人有权用口头或者书面方式申请他们回避:

(一)是本案当事人或者当事人、诉讼代理人近亲属的;

(二)与本案有利害关系的;

(三)与本案当事人、诉讼代理人有其他关系,可能影响对案件公正审理的。

审判人员接受当事人、诉讼代理人请客送礼,或者违反规定会见当事人、诉讼代理人的,当事人有权要求他们回避。

审判人员有前款规定的行为的,应当依法追究法律责任。

前三款规定,适用于法官助理、书记员、司法技术人员、翻译人员、鉴定人、勘验人。

条文注释

回避,是指承办案件的审判人员和其他人员遇有法律规定的情形时退出对本案的审理的制度。回避是人民法院审理案件的基本制度,申请回避也是当事人的一项重要诉讼权利。规定回避制度的目的如下:一是避开可能不公正审理的嫌疑,体现程序公正;二是避免审判人员或者有关人员利用权力徇私舞弊,枉法裁判,损害实体公正。2012 年本法修改,对本条作了四个方面的完善:一是增加了审判人员自行回避的规定;二是增加了审判人员与"诉讼代理人"有特殊关系回避的规定;三是在增加的第二款中规定了审判人员应当禁止并回避的行为;四是明确规定审判人员有禁止性行为的应当依法追究法律责任。

本条第一款规定了回避的事由和方式。审判人员发现有应当回避情形的,应当自行回避,当事人有权用口头或者书面方式申请他们回避。自行回避,又称"法定回避",是指承办案件的司法人员或其他人,遇有法律规定的回避情形时,必须自动退出对案件的承办或停止有关职务活动。回避的事由包括:(1)审判人员是本案的当事人或者是当事人、诉讼代理人的近亲属。如果审判人员是承办案件的当事人,与案件争议的权利义务有利害关系,不能办理此案。如果审判人员是承办案件当事人、诉讼代理人的近亲属,就有可能偏袒他的近亲属,使案件得不到公正解决,所以这样的审判人员也不能办理此案。(2)与本案有利害关系的审判人员或者其他人员,也必须回避。所谓有利害关系是指本案的处理结果会涉及本案的审判人员或其他有关人员在法律上的利益。(3)与本案当事人、诉讼代理人有其他关系,可能影响对案件公正审理的。这一规定是弹性条款。在诉讼实务中,具体地可能表现为审判人员与当事人是关系密切的同学、朋友,存在直接的上下级关系或恋爱关系等。关键的界定标准在于是否可能影响对案件公正审理。

需要强调的是,2023年本法修改,对照《人民法院组织法》和《法官法》,扩大了回避适用范围,将法官助理、司法技术人员纳入回避适用的对象。保障当事人申请回避权的全面行使,确保民事案件的公正审判。本条规定的情形不仅适用于审判员,而且适用于法官助理、书记员、司法技术人员、翻译人员、鉴定人和勘验人。

关联法规

《民诉法解释》第43~49条;《最高人民法院关于审判人员在诉讼活动中执行回避制度若干问题的规定》

第四十八条　【回避申请】当事人提出回避申请,应当说明理由,在案件开始审理时提出;回避事由在案件开始审理后知道的,也可以在法庭辩论终结前提出。

被申请回避的人员在人民法院作出是否回避的决定前,应当暂停参与本案的工作,但案件需要采取紧急措施的除外。

条文注释

本条第一款规定,当事人提出回避申请,应当说明理由,这里的理由指的是审判员、人民陪审员、法官助理、书记员、司法技术人员、翻译人员、鉴定人、勘验人等存在法定回避事由。申请回避必须说明理由，以防止滥用申请回避的权利，拖延案件审理的时间，侵害审判人员的审判权，当事人申请回避应当在案件开始审理时提出。但回避的事由是当事人在案件开始审理以后才知道的，为了保证案件的公正处理，法律允许当事人在法庭辩论终结前行使回避申请权。在法庭辩论结束后，当事人便不能行使回避申请权了。

本条第二款规定了申请回避的效力，即法律后果。所谓需要采取紧急措施的，主要是指因情况特别紧急，需要立即采取诉讼保全、证据保全等措施的情形。这样规定的意义在于最大限度地尊重当事人的回避申请权的同时，保证案件审理的工作继续顺利进行。

第四十九条　【回避决定权人】院长担任审判长或者独任审判员时的回避，由审判委员会决定；审判人员的回避，由院长决定；其他人员的回避，由审判长或者独任审判员决定。

条文注释

回避申请是当事人的一项重要诉讼权利，人民法院对当事人提出的回避申请应当慎重对待，法律也应当从程序上加以保障，特别要防止审判人员自己作出是否回避的决定。本条为了确保当事人的回避申请权利，根据不同的回避对象对回避决定权人作了不同规定。

第五十条　【回避申请决定程序】人民法院对当事人提出的回避申请，应当在申请提出的三日内，以口头或者书面形式作出决定。申请人对决定不服的，可以在接到决定时申请复议一次。复议期间，被申请回避的人员，不停止参与本案的工作。人民法院对复议申请，应当在三日内作出复议决定，并通知复议申请人。

条文注释

回避申请的决定程序是否公平、合理、及时，对保障当事人的回避申请权利具有重要意义。为此，本条对回避申请决定的时间和形式作了明确规定。人民法院对当事人的回避申请，无论是否准许，都应当依法作出口头形式或者书面形式的决定，作出决定的期限为自回避申请提出的三日内。同时本条还规定了当事人对回避决定救济的方式,即申请人如果对人民法院作出的决定不服的,可以在接到决定时申请复议一次。之所以对当事人申请复议的次数作出限制,是为了防止当事人反复申请复议,造成案件久拖不决。复议期间,被申请回避的人员不停止参与本案的审理工作。为了保证诉讼效率,人民法院对复议申请的审查,要在三日内完成,复议决定无论是否变更原决定,均应通知复议申请人。

第五章　诉讼参加人

第一节　当　事　人

第五十一条　【诉讼当事人】公民、法人和其他组织可以作为民事诉讼的当事人。

法人由其法定代表人进行诉讼。其他组织由其主要负责人进行诉讼。

条文注释

本条第一款规定了民事诉讼当事人的范围。民事诉讼当事人,是指以自己的名义,请求法院对特定的民事争议行使裁判权的人及其相对人。民事诉讼当事人应具有以下三个特征:第一,以自己的名义进行诉讼;第二,与案件所涉及的民事法律关系有直接的或法律上的利害关系;第三,受人民法院裁判的约束。民事诉讼的当事人包括公民、法人和其他组织。公民是指具有一国国籍的自然人。法人是指依法成立独立享有民事权利、承担民事义务的组织。其他组织是指依法成立,有一定的组织机构和财产,但又不具备法人资格的组织。

本条第二款规定了法人和其他组织如何实施诉讼。由于法人和其他组织是法律拟制的主体,它们本身并不能像自然人一样进行民事诉讼，所以法律规定，由其法定代表人或主要负责人代表其进行具体的诉讼行为，该行为后果对法人和其他组织具有约束力。

关联法规

《民诉法解释》第50～58、62、67～69条

第五十二条　【诉讼权利义务】当事人有权委托代理人，提出回避申请，收集、提供证据，进行辩论，请求调解，提起上诉，申请执行。

当事人可以查阅本案有关材料，并可以复制本案有关材料和法律文书。查阅、复制本案有关材料的范围和办法由最高人民法院规定。

当事人必须依法行使诉讼权利，遵守诉讼秩序，履行发生法律效力的判决书、裁定书和调解书。

条文注释

综合本法规定，当事人的诉讼权利主要可以归纳为：(1)有权依照法律规定委托代理人代为诉讼。(2)当事人认为审判人员、书记员、翻译人员、鉴定人或者勘验人是本案的当事人或者当事人、诉讼代理人的近亲属的，或者与本案有利害关系的，或者与本案当事人、诉讼代理人有其他关系，可能影响对案件的公正审理的，有权申请他们回避，停止参与本案的工作。(3)有权向有关单位和个人收集证据，并将收集到的证据提供给法院，以证明自己的诉讼请求合理合法，反驳对方的诉讼请求。(4)在人民法院主持下，当事人有权就案件事实和争议问题各自陈述自己的主张和根据，反驳对方的诉讼请求，就有争议的事实和适用法律问题展开辩论。(5)当事人不服第一审人民法院的判决、裁定，有权在法定的上诉期内提起上诉，请求上级人民法院撤销或者变更下级人民法院的裁判，但是法律规定不准上诉的裁定和本法规定一审终审的案件除外。(6)人民法院的判决、裁定、调解书发生法律效力后，一方当事人不履行的，对方当事人有权申请人民法院以司法强制手段来实现自己的民事权利。(7)当事人为行使诉讼权利，有权查阅并复制法庭笔录、法庭上出示的有关证据等与本案有关的材料，以及起诉状、答辩状等法律文书。

第五十三条　【和解】双方当事人可以自行和解。

条文注释

和解,是指当事人双方自行协商,就实体权利的处分达成协议,从而解决争议的活动。

和解与调解不同,其区别主要在于:(1)行为主体不同。和解是当事人自己协商,解决纠纷;调解是在人民法院审判人员主持下,通过深入细致的工作,使双方当事人达成调解协议。(2)法律后果不同。和解协议依靠当事人双方自觉履行,不能作为人民法院的执行根据;调解协议具有强制执行的法律效力。(3)和解分为诉讼外的和解与诉讼中的和解。诉讼外的和解,是民事主体在诉讼外进行的民事行为,不具有任何诉讼上的意义和效力。诉讼中的和解,是当事人双方在诉讼进行中自行协商,达成协议。在诉讼过程中,当事人双方可以自行和解,人民法院同意当事人和解的,可以通过原告撤诉的方式结束诉讼程序。

第五十四条　【诉讼请求、反诉】原告可以放弃或者变更诉讼请求。被告可以承认或者反驳诉讼请求,有权提起反诉。

条文注释

在诉讼过程中,原告有权根据自己的实际情况,全部或者部分放弃自己对于被告实体权利的请求,也有权增加或者减少已经对被告提出的实体权利请求,这是原告所享有的对自己实体权利处分权的表现。只要该权利的行使不违反法律,不损害国家、集体和他人的利益,人民法院应予准许。原告全部放弃诉讼请求的,人民法院可以终止对案件的审理;部分放弃诉讼请求的,人民法院对放弃部分的实体权利可不予裁判。原告变更诉讼请求是有时间限制的,一般应在举证期限届满前提出,只有减少诉讼请求,才可以在判决作出后提出。

依据本条规定,被告对于原告提出的实体权利的请求可以表示全部或部分认可,也可以提出证据或者理由从实体上或程序上予以反驳。承认与反驳诉讼请求是被告的诉讼权利,只要不违反法律,不有损国家、集体、他人利益，人民法院应予准许。

本条还规定了反诉。反诉是指诉讼开始后，本诉被告以本诉原告为被告提出具有对抗性的独立诉讼请求的行为。反诉应满足以下几个条件：(1)反诉以本诉的存在为前提，必须是本诉的被告对本诉的原告提起的诉讼；(2)本诉与反诉之间应当有事实或者法律上的牵连关系；(3)本诉和反诉必须是由同一法院受理并且适用同一程序审理的；(4)反诉必须在诉讼开始后人民法院作出裁判前提出。提起反诉是被告的诉讼权利，其目的在于抵消、排斥或者吞并本诉的诉讼请求。法院可将反诉与本诉合并审理，但由于反诉具有独立性，故反诉不因本诉的撤回而终结，反诉的撤回也不会影响本诉的继续审理。

关联法规

《民诉法解释》第232、233条；《最高人民法院关于民事诉讼证据的若干规定》第1、55条

第五十五条　【共同诉讼】当事人一方或者双方为二人以上，其诉讼标的是共同的，或者诉讼标的是同一种类、人民法院认为可以合并审理并经当事人同意的，为共同诉讼。

共同诉讼的一方当事人对诉讼标的有共同权利义务的，其中一人的诉讼行为经其他共同诉讼人承认，对其他共同诉讼人发生效力；对诉讼标的没有共同权利义务的，其中一人的诉讼行为对其他共同诉讼人不发生效力。

条文注释

本条第一款规定了共同诉讼的类型，包括必要的共同诉讼和普通的共同诉讼。(1)当事人一方或者双方为二人以上，其诉讼标的是共同的，为必要的共同诉讼。必要的共同诉讼的特点在于共同诉讼的一方当事人对诉讼标的有不可分的共同的权利或义务，所以，必要共同诉讼人必须一同参加诉讼。因此，如果人民法院发现有必要共同诉讼的当事人没有参加诉讼的，应当追加其为当事人，通知其参加诉讼。(2)当事人一方或者双方为二人以上，其诉讼标的是同一种类的，人民法院认为可以合并审理，并经当事人同意而合并审理的诉讼

为普通的共同诉讼。普通的共同诉讼的特点在于共同诉讼的一方当事人对诉讼标的没有共同的权利义务,只是因为他们的诉讼标的属于同一种类,人民法院为审理方便,经当事人同意对其合并审理,因此,普通共同诉讼是一种可分之诉。

本条第二款规定了共同诉讼人之间的内部关系。在必要的共同诉讼中,共同诉讼人之间对诉讼标的有共同的权利义务,所以其中一人的诉讼行为经其他共同诉讼人承认,对其他共同诉讼人发生效力。普通的共同诉讼,因共同诉讼人之间没有共同的权利义务,每个共同诉讼人只能对自己的权利进行处分,所以,其中一人的诉讼行为对其他共同诉讼人不发生法律效力。

关联法规

《民诉法解释》第54、59、60、63、65、66、70~74条

第五十六条 【人数确定的代表人诉讼】当事人一方人数众多的共同诉讼,可以由当事人推选代表人进行诉讼。代表人的诉讼行为对其所代表的当事人发生效力,但代表人变更、放弃诉讼请求或者承认对方当事人的诉讼请求,进行和解,必须经被代表的当事人同意。

条文注释

代表人诉讼,是指当事人一方人数众多,无法共同进行诉讼,因而推选代表人代为实施诉讼的制度。依据本条的规定,第一,代表人诉讼适用于当事人一方人数众多的案件,通常应在十人以上;第二,当事人一方人数众多的,推选代表人进行诉讼。人数众多的当事人一方可推选出二人至五人作为诉讼代表人。诉讼代表人应满足如下条件:是本案人数众多的一方的当事人;具有诉讼行为能力;具有进行诉讼所需要的其他能力(如具备一定的文化知识及法律知识);能够善意地履行诉讼代表人的职责。

推选代表人是当事人的意思表示,因此,代表一旦产生,其诉讼行为即对其所代表的当事人发生法律效力。但诉讼代表人变更、放弃诉讼请求或者承认对方当事人诉讼请求,进行和解等涉及当事人实体权利的诉讼行为,则必须经被代表的当事人同意,否则将构成对

被代表的当事人权利的侵犯。

需要指出的是，当事人一方人数众多且确定的共同诉讼，并不是一定要推选代表人进行诉讼，因为在这种诉讼中当事人的请求可能不完全一致，因此，如果某个或几个当事人不愿意推选代表而想亲自参加诉讼，也应当允许，根据《民诉法解释》的规定，必要共同诉讼人可以自己参诉，普通共同诉讼人可以另行起诉。

关联法规

《民诉法解释》第75、76条

第五十七条 【人数不确定的代表人诉讼】诉讼标的是同一种类、当事人一方人数众多在起诉时人数尚未确定的，人民法院可以发出公告，说明案件情况和诉讼请求，通知权利人在一定期间向人民法院登记。

向人民法院登记的权利人可以推选代表人进行诉讼；推选不出代表人的，人民法院可以与参加登记的权利人商定代表人。

代表人的诉讼行为对其所代表的当事人发生效力，但代表人变更、放弃诉讼请求或者承认对方当事人的诉讼请求，进行和解，必须经被代表的当事人同意。

人民法院作出的判决、裁定，对参加登记的全体权利人发生效力。未参加登记的权利人在诉讼时效期间提起诉讼的，适用该判决、裁定。

条文注释

本条第一款规定了人数不确定的代表人诉讼的公告和登记程序。人数不确定的代表人诉讼是指当事人一方人数众多，在起诉时人数尚未确定，并且他们的诉讼标的是同一种类的诉讼。由于人数众多的一方当事人到底有多少权利主体可能进行诉讼无法确定，因而为了尽量一次性解决纠纷，人民法院可以发出公告，说明案件情况和诉讼请求，通知权利人在一定期间向人民法院登记。

本条第二款是关于推选诉讼代表人的规定。在人数不确定的代表人诉讼中，向法院起诉或者登记的权利人可以通过推选，确定诉讼代表人。如果推选不出，法院可提出人选与其协商。如果协商不成，法院可在起诉的当事人中直接指定诉讼代表人。

本条第三款是关于诉讼代表人行为效力的规定。诉讼代表人所实施的诉讼行为，除变更、放弃诉讼请求或者承认对方当事人的诉讼请求、进行和解等涉及处分当事人实体权利的诉讼行为，必须要经过被代表的当事人同意才能对其发生法律效力以外，其他的诉讼行为都会对被代表的当事人发生法律效力。

本条第四款是关于人数不确定的代表人诉讼裁判效力的规定。人民法院对人数不确定的代表人诉讼作出裁判后，裁判的效力仅及于参加登记的全体权利人，对未参加登记的权利人无直接约束力，但有预决效力。未参加登记的权利人在诉讼时效期限内提起诉讼，经法院审查认为其诉讼请求成立的，可以直接裁定适用法院对代表人诉讼已作出的裁判，而不再进行实体审理。

关联法规

《民诉法解释》第77～80条

第五十八条　【民事公益诉讼】对污染环境、侵害众多消费者合法权益等损害社会公共利益的行为，法律规定的机关和有关组织可以向人民法院提起诉讼。

人民检察院在履行职责中发现破坏生态环境和资源保护、食品药品安全领域侵害众多消费者合法权益等损害社会公共利益的行为，在没有前款规定的机关和组织或者前款规定的机关和组织不提起诉讼的情况下，可以向人民法院提起诉讼。前款规定的机关或者组织提起诉讼的，人民检察院可以支持起诉。

条文注释

本条是关于民事公益诉讼的规定，第一款是本法于2012年修改时新增的内容，第二款是本法于2017年修改时新增的内容。民事公益诉讼是指法律规定的机关和有关社会团体，为了社会公共利益，以自己的名义向国家司法机关提起的诉讼，以及人民检察院在前述相应机关不提起诉讼的情况下，而针对在履行职责中发现破坏生态环境和资源保护、食品药品安全领域侵害众多消费者合法权益等损害社会公共利益的行为提起的诉讼。

《民诉法解释》针对公益诉讼的相关问题，在“公益诉讼”部分专门作出了规定。

关联法规

《消费者权益保护法》第47条；《环境保护法》第58条；《海洋环境保护法》第89条；《民诉法解释》第282~289条；《最高人民法院关于审理环境民事公益诉讼案件适用法律若干问题的解释》；《最高人民法院关于审理消费民事公益诉讼案件适用法律若干问题的解释》

第五十九条 【诉讼第三人、第三人撤销之诉】对当事人双方的诉讼标的，第三人认为有独立请求权的，有权提起诉讼。

对当事人双方的诉讼标的，第三人虽然没有独立请求权，但案件处理结果同他有法律上的利害关系的，可以申请参加诉讼，或者由人民法院通知他参加诉讼。人民法院判决承担民事责任的第三人，有当事人的诉讼权利义务。

前两款规定的第三人，因不能归责于本人的事由未参加诉讼，但有证据证明发生法律效力的判决、裁定、调解书的部分或者全部内容错误，损害其民事权益的，可以自知道或者应当知道其民事权益受到损害之日起六个月内，向作出该判决、裁定、调解书的人民法院提起诉讼。人民法院经审理，诉讼请求成立的，应当改变或者撤销原判决、裁定、调解书；诉讼请求不成立的，驳回诉讼请求。

条文注释

民事诉讼通常是在民事纠纷的双方当事人，即原告与被告之间进行的，但有时也会直接或间接牵涉原告、被告之外的第三人的民事权益，因而导致第三人参加诉讼。民事诉讼第三人是指对他人争议的诉讼标的有独立的请求权，或者虽无独立的请求权，但案件的处理结果与其有法律上的利害关系，而参加到原告、被告已经开始的诉讼中进行诉讼的人。因此，以对他人之间的诉讼标的是否具有独立请求权为标准，可以将第三人分为有独立请求权的第三人和无独立请求权的第三人。

有独立请求权的第三人参加诉讼的根据是其对他人之间的诉讼标的有独立的请求权，因此他可以以直接向法院起诉的方式参加诉讼，其地位相当于原告，享有原告的诉讼权利，承担原告的诉讼义务。而无独立请求权的第三人参加诉讼的根据是其与原告、被告之间案件的处理结果存在法律上的利害关系，其加入诉讼的方式是自己申请或者法院通知。由于无独立请求权的第三人在诉讼中通常是处于辅助人的地位，辅助一方当事人进行诉讼，因而其不享有与处分诉讼标的有关的诉讼权利，只有当人民法院判决其承担民事责任时，才享有当事人的诉讼地位。

本条第三款为本法2012年新增内容，是关于第三人撤销之诉的规定。第三人撤销之诉是指未参加诉讼的第三人，有证据证明发生法律效力的判决、裁定、调解书的部分或者全部内容错误，损害其民事权益的，有权向作出该判决、裁定、调解书的人民法院提起诉讼，请求改变或者撤销原判决、裁定、调解书的制度。该制度有利于对受到侵害而未能参加诉讼且案件也未进入执行程序的第三人给予救济。第三人撤销之诉的适用条件是：第一，第三人因不能归责于本人的事由而未参加诉讼。即其未能作为第三人参加诉讼有正当理由。第二，有证据证明发生法律效力的判决、裁定、调解书的部分或者全部内容错误，损害其民事权益的。这主要是为了防止第三人滥诉，影响生效裁判、调解书的稳定性，因而要求其提供一定证据。第三，第三人提起诉讼的时间为自知道或者应当知道民事权益受到损害之日起六个月内。第四，应当向作出该判决、裁定、调解书的人民法院提起诉讼。这主要是考虑到作出原生效裁判的法院了解案情，可以发挥其自我纠错功能，也避免出现下级人民法院撤销或者变更上级人民法院作出的生效裁判、调解书的情况。需要注意的是，第三人提起的撤销之诉是依据新事实提起的新诉，对该新诉的裁判，第三人和原诉的当事人均可以提起上诉。另外，在执行过程中，第三人发现原裁判损害自己利益的，既可以按照本款的规定提起第三人撤销之诉，也可以按照本法第二百三十八条的规定以案外人身份提起执行异议，若对执行法院所作的执行异议裁定不服，认为原裁判错误的，可以依照审判监督程序提起再审。执行标的与原裁判无关的，该案外人只能依据本法第二百三十八条的规定，自执行法院作出的执行异议裁定送达之日起十五日内向人民法院提起诉讼。

关联法规

《民诉法解释》第81、82、290～301条

第二节　诉讼代理人

第六十条　【法定代理人】无诉讼行为能力人由他的监护人作为法定代理人代为诉讼。法定代理人之间互相推诿代理责任的，由人民法院指定其中一人代为诉讼。

条文注释

法定代理人是指根据法律规定，代理无诉讼行为能力的当事人进行民事活动的人。无民事行为能力或者限制民事行为能力的人，是不具有诉讼行为能力的，他们不能亲自参加诉讼。但他们作为民事主体，也会与他人发生民事争议，需要通过民事诉讼程序来解决这些争议。法定诉讼代理制度就是为了弥补无民事行为能力人及限制民事行为能力人在诉讼行为能力上的不足而设置的。由于法定诉讼代理权产生的实体法基础是监护权，所以法定诉讼代理人只能由无诉讼行为能力人的监护人担任。应当注意的是，法定诉讼代理是一种全权代理，因此法定诉讼代理人可以按照自己的意志代被代理人实施包括起诉、应诉、放弃或变更诉讼请求、进行调解、提起反诉等行为在内的所有诉讼行为。同时，法定诉讼代理人还应履行当事人所应承担的一切诉讼义务。

由于诉讼代理人的代理权将直接影响其所实施的诉讼行为的效力，因此法院应当审查诉讼代理人是否为法定代理人，有没有法定代理权。同时，如果当事人有两个以上法定代理人，而他们又相互推诿代理责任的，法院应当从中指定一人作为法定诉讼代理人。

关联法规

《民法典》第 26～39 条;《民诉法解释》第 83 条

第六十一条 【委托代理人】当事人、法定代理人可以委托一至二人作为诉讼代理人。

下列人员可以被委托为诉讼代理人:

(一)律师、基层法律服务工作者;

(二)当事人的近亲属或者工作人员;

(三)当事人所在社区、单位以及有关社会团体推荐的公民。

条文注释

委托诉讼代理人是指受当事人、法定代理人委托并以他们的名义在授权范围内进行民事诉讼活动的人。当事人、法定代理人委托诉讼代理人的人数以二人为限。这一规定主要是为了尊重当事人的意思,充分保障当事人的诉讼权利,同时也是为了诉讼顺利、高效地进行。在司法实践中,当事人委托两人代理诉讼主要有两种情况:其一,对两人授予不同的代理权限,如一人是涉及实体权利处分的特别授权,另一人是不涉及实体权利处分的一般授权。在此种情况下,代理人应当在各自代理权限内实施诉讼行为,法院也应根据其不同的代理权限来确定其诉讼行为的效力。其二,对两人授予内容完全相同的代理权限。这种情况中,两名诉讼代理人应当共同参加诉讼并在协商一致后共同实施诉讼行为。如果两人观点不能统一,法院则应征询当事人的意见。

针对实践中有些个人以诉讼代理人的名义长期包揽诉讼,甚至滥用诉讼的情况,2012 年本法修正对原条款作了修改,以下三类主体可被委托为诉讼代理人:(1)律师以及基层法律服务工作者。律师具有专门的法律知识和丰富的诉讼经验,且法律赋予了律师某些特定的权利,也规定了律师某些特定的义务。基层法律服务工作者是符合《基层法律服务工作者管理办法》规定的执业条件,经核准执业登记,领取"法律服务工作者执业证",在基层法律服务所中执业,为社会提供法律服务的人员。基层法律服务工作具有面向基层、贴近群众、收费低廉、方便及时的特点，它与律师、公证工作形成互补、协作的“大服务”格局，既弥补了基层法律服务的空白，又是建立有中国特色法律服务制度的有益探索。(2)当事人的近亲属或者工作人员。根据《民诉法解释》的规定，主要是：①与当事人有夫妻、直系血亲、三代以内旁系血亲、近姻亲关系以及其他有抚养、赡养关系的亲属，可以当事人近亲属的名义作为诉讼代理人；②与当事人有合法劳动人事关系的职工，可以当事人工作人员的名义作为诉讼代理人。(3)当事人所在社区、单位以及有关社会团体推荐的公民。根据《民诉法解释》的规定，有关社会团体推荐公民担任诉讼代理人的，应当符合下列条件：①社会团体属于依法登记设立或者依法免予登记设立的非营利性法人组织；②被代理人属于该社会团体的成员，或者当事人一方住所地位于该社会团体的活动地域；③代理事务属于该社会团体章程载明的业务范围；④被推荐的公民是该社会团体的负责人或者与该社会团体有合法劳动人事关系的工作人员。此外，专利代理人经中华全国专利代理人协会推荐，可以在专利纠纷案件中担任诉讼代理人。

关联法规

《律师法》第28、39、41条；《民诉法解释》第84～87条

第六十二条　【委托程序】委托他人代为诉讼，必须向人民法院提交由委托人签名或者盖章的授权委托书。

授权委托书必须记明委托事项和权限。诉讼代理人代为承认、放弃、变更诉讼请求，进行和解，提起反诉或者上诉，必须有委托人的特别授权。

侨居在国外的中华人民共和国公民从国外寄交或者托交的授权委托书，必须经中华人民共和国驻该国的使领馆证明；没有使领馆的，由与中华人民共和国有外交关系的第三国驻该国的使领馆证明，再转由中华人民共和国驻该第三国使领馆证明，或者由当地的爱国华侨团体证明。

条文注释

代理制度是我国民事法律制度的一部分，代理分为民事代理和

诉讼代理,前者是为了帮助当事人实现民事法律行为,后者是为了帮助当事人实现诉讼法律行为。要求授权委托书载明代理事项,实际是要当事人、法定代理人写明委托他人干什么,代理诉讼的标的是什么。代理权限的范围,实际是划分当事人、法定代理人和委托代理人责任的范围,因此,委托代理人必须写明代理权限,是委托代理人申请回避、提供证据、陈述事实、进行辩论、申请诉讼保全和证据保全、请求调解、提出反诉、上诉、申请执行,还是仅就其中一项或者几项授权代理。如果授权委托书没有特别注明代理权限,只写"委托某人代理诉讼",视为代理人有权为一切处分实体权利外的诉讼行为。

还应注意的是,诉讼代理人代为放弃、变更诉讼请求,进行和解,提起反诉或者上诉,必须有委托人的特别授权。上述诉讼行为,涉及实体权利的处分,因此,当事人、法定代理人必须在授权委托书中特别注明,没有注明的,委托代理人的行为无法律效力,人民法院不予承认,当事人、法定代理人也可以不接受。

关联法规

《民诉法解释》第88、89条

第六十三条　【代理权变更、解除】诉讼代理人的权限如果变更或者解除,当事人应当书面告知人民法院,并由人民法院通知对方当事人。

条文注释

委托诉讼代理权限的变更,是指委托诉讼代理权成立后,遇到一定情况,当事人或者法定代理人与委托代理人协商扩大或者缩小代理权的范围。委托诉讼代理权限的解除,是指在委托诉讼代理关系成立后,因委托人收回诉讼代理权或者代理人放弃诉讼代理权而中止双方的诉讼代理关系。变更和解除委托都涉及代理人诉讼行为的效力,为保护当事人的合法权益,保证诉讼正常进行,当事人或者法定代理人必须将变更或者解除代理权限的情况书面通知人民法院和对方当事人,如果没有通知,委托代理人依照原来的代理权限所为的行为仍然有效。在委托诉讼代理权限变更、解除前,委托代理人已经实施的诉讼代理行为仍然有效。

第六十四条　【诉讼代理人权利】代理诉讼的律师和其他诉讼代理人有权调查收集证据,可以查阅本案有关材料。查阅本案有关材料的范围和办法由最高人民法院规定。

条文注释

根据本条规定,律师和其他诉讼代理人代理诉讼主要有以下两个方面的权利:(1)有权调查收集证据。根据本法的规定,当事人对自己的主张,有提供证据的责任,只有在当事人因客观原因不能收集证据或者人民法院认为有必要时,人民法院才主动调查、收集证据。代理人可以调查收集书证、物证、视听资料、证人证言,并要求有关鉴定部门对某一事实进行鉴定等。有关单位和个人对诉讼代理人调查取证的工作应当支持。(2)查阅本案有关材料。有关材料,一般指法庭审理过程中所有的证据材料、庭审笔录以及起诉状、答辩状、代理意见书等在法庭审理中涉及的材料。

关联法规

《最高人民法院关于诉讼代理人查阅民事案件材料的规定》

第六十五条　【离婚诉讼代理】离婚案件有诉讼代理人的,本人除不能表达意思的以外,仍应出庭;确因特殊情况无法出庭的,必须向人民法院提交书面意见。

条文注释

由于离婚案件具有与其他案件不同的特点,它直接涉及当事人人身关系,而且审理离婚案件的核心问题是确认双方是否已经具备解除婚姻关系的条件,即双方感情是否确已破裂,而关于这个问题,诉讼代理人是无法把握的,也不能就“离与不离”替当事人作出决定。同时,我国法律对这类案件在诉讼程序上作了特别规定,例如,调解是审理离婚案件的法定程序,如果当事人本人不出庭,调解则无法进行。所以,在司法实践中,离婚案件当事人有委托诉讼代理人的,本人除不能表达意思的以外,仍应出庭。如果当事人确因特殊情况无法出庭的，比如，当事人出国在外、身患重病、处在特殊岗位等，必须向人民法院提交书面意见，表明自己对婚姻关系、子女抚养和财产分割等问题的态度。当然，对于不能表达意思的当事人，法律则无此要求。

关联法规

《民诉法解释》第234条

第六章 证 据

第六十六条 【证据种类】证据包括：

（一）当事人的陈述；

（二）书证；

（三）物证；

（四）视听资料；

（五）电子数据；

（六）证人证言；

（七）鉴定意见；

（八）勘验笔录。

证据必须查证属实，才能作为认定事实的根据。

条文注释

民事诉讼证据是证明民事案件客观事实存在与否的根据，它是诉讼主体进行诉讼活动的前提条件，是人民法院查明案件真相、当事人维护自身合法权益的重要手段。我国民事诉讼立法从证据的表现形式或证据存在的形态对证据进行了分类，共分为八种。其中，当事人的陈述是指当事人向法院所作的与本案有关事实的主张或陈述；书证是指以文字、符号、图案等所记载的内容和表达的思想来对案件事实进行证明的书面文件或其他物品；物证是指以其外部特征、物质属性、存在状况等证明案件事实的证据；视听资料是指以录音、录像、电子计算机储存的音像信息及数据来证明案件真实情况的证据；证人证言是指当事人之外的第三人对其亲身感知的案件事实向法院所作的陈述；勘验笔录是指审判人员在诉讼过程中对与争议有关的现场、物品进行查验、测量、拍照后制作的笔录，是通过勘查、检验等方法形成的证据；鉴定意见是指鉴定人运用科学技术或专门知识对诉讼涉及的专门性问题进行鉴别、判断后所得出的意见。

2012 年本法修正将“鉴定结论”改为“鉴定意见”，是考虑到鉴定结果只是鉴定人个人的认识和判断，表达的也只是鉴定人的个人观点，对整个案件来说，这些观点如果被审判人员采信的话，也只是诸多证据中的一种，所以，用“鉴定意见”来表示更为恰当，有利于摆正这类证据在诉讼中的位置。电子数据是 2012 年新确立的证据种类。它是指通过电子技术或数字技术和电脑等电子设备，以电子文件形式存在的能够证明案件相关事实的证据。

依据本条第二款的规定，人民法院对上述八类证据，必须审查其真实性和合法性，同时，也要对各种证据之间的相互联系以及它们与待证事实的关系进行审查，否则不能作为定案的根据。

关联法规

《最高人民法院关于民事诉讼证据的若干规定》

第六十七条 【举证责任】当事人对自己提出的主张，有责任提供证据。

当事人及其诉讼代理人因客观原因不能自行收集的证据，或者人民法院认为审理案件需要的证据，人民法院应当调查收集。

人民法院应当按照法定程序，全面地、客观地审查核实证据。

条文注释

举证责任又称证明责任，它是指当事人对自己提出的诉讼请求所依据的事实或者反对对方诉讼请求所依据的事实，有提供证据并加以证明的责任。

本条第一款规定了举证责任。根据《民诉法解释》的规定，当事人对自己提出的诉讼请求所依据的事实或者反驳对方诉讼请求所依据的事实，应当提供证据加以证明，但法律另有规定的除外。在作出判决前，当事人未能提供证据或者证据不足以证明其事实主张的，由负有举证证明责任的当事人承担不利的后果。举证证明责任的承担主要包括以下原则：(1)主张法律关系存在的当事人，应当对产生该法律关系的基本事实承担举证证明责任；(2)主张法律关系变更、消灭或者权利受到妨害的当事人，应当对该法律关系变更、消灭或者权利受到妨害的基本事实承担举证证明责任。

本条第二款是关于人民法院调查收集证据的规定。根据《民诉法解释》的规定，当事人及其诉讼代理人因客观原因不能自行收集的证据，主要包括：(1)证据由国家有关部门保存，当事人及其诉讼代理人无权查阅调取的；(2)涉及国家秘密、商业秘密或者个人隐私的；(3)当事人及其诉讼代理人因客观原因不能自行收集的其他证据。人民法院认为审理案件需要的证据，则主要是：(1)涉及可能损害国家利益、社会公共利益的；(2)涉及身份关系的；(3)涉及《民事诉讼法》第五十八条规定诉讼的；(4)当事人有恶意串通损害他人合法权益可能的；(5)涉及依职权追加当事人、中止诉讼、终结诉讼、回避等程序性事项的。除前述规定外，人民法院调查收集证据，应当依照当事人的申请进行。

依据本条第三款规定，人民法院对于当事人提供的证据，应当全面、客观地审查核对，不能片面、主观地确认证据的证明效力。不仅要对具体证据具体分析，而且还要从各个证据与整个案件的内在联系等角度对所有证据进行综合分析、比较和鉴别。

关联法规

《民诉法解释》第90～96、105～110条；《最高人民法院关于民事诉讼证据的若干规定》第2、3、10、31、50～56、92、95条

第六十八条　【及时提供证据义务】当事人对自己提出的主张应当及时提供证据。

人民法院根据当事人的主张和案件审理情况，确定当事人应当提供的证据及其期限。当事人在该期限内提供证据确有困难的，可以向人民法院申请延长期限，人民法院根据当事人的申请适当延长。当事

人逾期提供证据的，人民法院应当责令其说明理由；拒不说明理由或者理由不成立的，人民法院根据不同情形可以不予采纳该证据，或者采纳该证据但予以训诫、罚款。

条文注释

为提高诉讼效益、完善民事诉讼证据制度、实现程序公正，本条第一款明确规定了当事人有及时提供证据的义务。当事人及时提供证据义务是指在民事诉讼中，当事人应当根据诉讼进行情况，在合理、适当的期间内对自己的主张提供证据。当事人违反及时提供证据义务的，根据不同情形应当承担一定的法律后果。

本条第二款规定了人民法院对举证期限的确定。民事案件类型众多，审判阶段也有不同，因此法律不宜对举证期限作一个统一适用的规定，人民法院可以根据当事人主张和案件审理情况来确定举证期限。

本条第二款还规定了当事人逾期提供证据的法律后果。依据这一规定，当事人逾期提供证据的，应当向人民法院说明理由，人民法院经审查核实后，如果认为当事人提出的理由成立的，对当事人提供的逾期证据应当予以采纳，对该当事人不予处罚。如果当事人拒不说明逾期提供证据的理由或者人民法院经审查后，认为当事人逾期提出的理由不能成立的，应当根据不同情形处理，可以不予采纳该证据，或者采纳该证据但对当事人予以训诫、罚款。

关联法规

《民诉法解释》第99～102条；《最高人民法院关于适用〈关于民事诉讼证据的若干规定〉中有关举证时限规定的通知》

第六十九条　【证据收据】人民法院收到当事人提交的证据材料，应当出具收据，写明证据名称、页数、份数、原件或者复印件以及收到时间等，并由经办人员签名或者盖章。

条文注释

为防止实践中证据材料丢失、更改、被抽换等情况的发生，也为了杜绝经办人员相互拖延推诿，损害当事人利益的现象，本条规定，人民法院收到当事人提交的证据材料，应当出具收据。收据是人民法院收到当事人证据材料的凭证，出具收据是人民法院的义务。人民法院应当仔细核对证据的名称、页数、份数、原件或者复印件等，确认当事人提交证据的时间，并在收据上写明上述事项。负责接收证据材料的审判人员和书记员应当在收据上签名或者盖章，然后将收据出具给提交证据材料的当事人。

第七十条 【人民法院调查取证】人民法院有权向有关单位和个人调查取证，有关单位和个人不得拒绝。

人民法院对有关单位和个人提出的证明文书，应当辨别真伪，审查确定其效力。

条文注释

调取证据可以说是人民法院行使审判权所进行的重要职权活动。对于单位和个人来说，提供证据则是其应尽的义务。因此，人民法院调取证据时，任何单位和个人都有义务协助。有关单位和个人保存或持有证据的，应当将证据提交人民法院，不得以任何借口拒绝提交。如果有关单位拒绝或者妨害调查取证的，那么，人民法院可以根据本法第一百一十四条和第一百一十七条的规定，采取妨害民事诉讼的强制措施。

人民法院对于机关、团体，企业事业单位和个人提交的证明文书，其审查主要从两方面进行。首先，应当对证明文书的形式证明力进行审查，即对书证的真伪作出确认。如果证明文书本身是伪造的，那么就根本谈不到证明力的问题。其次，应当从实质上看证明文书是否能证明待证事实。只有形式和实质均符合要求的证明文书，人民法院才能确认其证明力。

关联法规

《民诉法解释》第94、97条

第七十一条　【法庭质证】证据应当在法庭上出示，并由当事人互相质证。对涉及国家秘密、商业秘密和个人隐私的证据应当保密，需要在法庭出示的，不得在公开开庭时出示。

条文注释

质证是指在开庭审理过程中，当事人及其诉讼代理人就法庭上所出示的证据进行对质、核实的诉讼活动。质证既是当事人的一项重要的诉讼权利也是当事人的义务，是法庭审理的重要环节之一，更是法院审查核实证据认定事实的必经程序。为了确保证据的真实可靠性，避免认定事实的证据出现偏差，无论是当事人提供的证据还是人民法院依职权调查收集的证据，都应当在法庭上出示，由双方当事人对所提供的证据的来源、形式及内容相互予以质询，充分进行辩论，彻底排除异议，才能被作为认定案件事实的根据。需要注意的是，对于法院依职权收集的证据在法庭出示后，法院对此证据的收集过程等问题应当作一个说明，而对该证据的质证应当在双方当事人之间进行，法院不能作为质证主体与当事人进行对质，否则会影响法院裁判的中立性。另外，对于经过证据交换程序，双方没有争议的证据，在法庭出示并经审判人员说明后可直接予以确认，而不需要质证；当事人双方有争议的证据，须由当事人双方质证。

公开审判和质证是诉讼公正的保障和体现，但有些案件涉及国家机密、商业秘密和个人隐私，公开质证可能对国家、社会、企业及个人利益造成严重损害，所以，本条同时规定，在对这些案件进行审理时，其证据的质证活动不应公开进行。但是，对于不公开质证的案件，其证据也必须在开庭时由双方当事人当庭进行质证，以保证审判的正当性。

关联法规

《民诉法解释》第103、104、220条；《最高人民法院关于民事诉讼证据的若干规定》第60～84条

第七十二条　【公证证据效力】经过法定程序公证证明的法律事实和文书，人民法院应当作为认定事实的根据，但有相反证据足以推翻公证证明的除外。

条文注释

公证证明是指公证机构根据当事人的申请,依法定程序对法律事实和文书作出的,确认其真实性、合法性的证明。由于公证机构对于当事人申请的事项要经过严格审查,公证证明的作出须经法定程序,因此,经公证证明的证据通常具有真实可靠性。实践中,各国法律也都赋予了经公证证明的法律事实和文书很强的证据效力,其证明力高于一般的证据。对经过公证证明的事实与文书,当事人可以提出反证对其进行争议。公证证明的事实与文书一旦被反证推翻,人民法院即应否定该证据的证明效力,主张该事实的当事人仍要承担证明责任。

关联法规

《民诉法解释》第93条;《最高人民法院关于民事诉讼证据的若干规定》第10、85~97条

第七十三条　【书证、物证】书证应当提交原件。物证应当提交原物。提交原件或者原物确有困难的,可以提交复制品、照片、副本、节录本。

提交外文书证,必须附有中文译本。

条文注释

当事人提交书证的,应当提交原件。所谓"原件"是指文书制作人作出的最初定稿、签字的原本或者加盖印章与原本有同一效力的正本。如果当事人提交原件确有困难的,当事人可以提交复制品、照片、副本、节录本。其中,"复制品"是指影印件等;"照片"主要指与原件明暗程度相同的影像;"副本"是指加盖公章或签字的,与原本和正本同一内容的抄送本,它与原本、正本具有同一效力;"节录本"是指原本、正本、副本的主要内容,即从这些文本中摘录下来的。应当指出的是,提交照片、副本、节录本必须附有有关机关的证明。根据《民诉法解释》第一百一十一条的规定,《民事诉讼法》第七十三条规定的提交书证原件确有困难,包括下列情形:(1)书证原件遗失、灭失或者毁损的;(2)原件在对方当事人控制之下,经合法通知提交而拒

不提交的；(3)原件在他人控制之下，而其有权不提交的；(4)原件因篇幅或者体积过大而不便提交的；(5)承担举证证明责任的当事人通过申请人民法院调查收集或者其他方式无法获得书证原件的。

关联法规

《民诉法解释》第111～115条；《最高人民法院关于民事诉讼证据的若干规定》第16、17、21、45～48、91～92条

第七十四条　【视听资料】人民法院对视听资料，应当辨别真伪，并结合本案的其他证据，审查确定能否作为认定事实的根据。

条文注释

视听资料是指利用录音、录像所反映出的声音、图像以及利用计算机所储存的数据来证明案件事实的证据。视听资料通常具有形象、生动、信息量大等特点，能够比较直观地反映案件事实，但视听资料这种证据形式也具有容易被人通过一些技术手段加以篡改的缺点，并且被篡改后，一般人较难发现。所以依据本条规定，法院对视听资料应当辨别真伪，并判定其为原始载体还是复制件，必要时可请专业人员对其进行鉴定。在审理案件时，法院应当结合本案的书证、物证、证人证言等其他证据，对视听资料进行综合分析判断。如果发现某一视听资料存在疑点，如可能被剪辑、修改过或声音、画面比较模糊，那么该视听资料就不能作为认定案件事实的依据。

关联法规

《民诉法解释》第116条；《最高人民法院关于民事诉讼证据的若干规定》第15、23、76～77条；《最高人民法院、最高人民检察院、公安部关于办理刑事案件收集提取和审查判断电子数据若干问题的规定》

第七十五条　【证人义务、资格】凡是知道案件情况的单位和个人，都有义务出庭作证。有关单位的负责人应当支持证人作证。

不能正确表达意思的人，不能作证。

条文注释

依据本条规定，凡是知道案件情况的人，都有义务出庭作证，以

协助和配合人民法院查明事实、审理案件。出庭作证的通常都是自然人,如果单位作为证人,须由单位或法人代表出庭提供证言。国家机关、社会团体、企业事业单位的负责人,在本单位人员作证时,应当给予支持并提供方便,以保证证人能履行好法律规定的义务。

证人资格是证人的基本构成要件。除必须是了解案件情况的人之外,依据本条第二款规定,证人还需具备的条件是:能够辨别是非,能够正确表达意思。那些因生理上、精神上有缺陷或者年幼,而不能辨别是非,不能正确表达的无民事行为能力人或限制行为能力人,不能作证人。但是,如果某人生理、精神上的缺陷不能成为其了解某一案件事实的障碍,即待证事实与其年龄、智力状况或者精神健康状况相适应时,他仍可以作为证人出庭作证。例如,盲人可以提供其耳闻事实的证言;聋哑人可以用文字形式提供其目睹事实的证言;间歇性精神病患者在其神志正常期间也可以提供证言;年幼的人如果对某些事实具备理解、辨识能力并能正确表达,也可以提供相应的证言。

关联法规

《最高人民法院关于民事诉讼证据的若干规定》第67条

第七十六条　【证人出庭作证】经人民法院通知,证人应当出庭作证。有下列情形之一的,经人民法院许可,可以通过书面证言、视听传输技术或者视听资料等方式作证:

(一)因健康原因不能出庭的;

(二)因路途遥远,交通不便不能出庭的;

(三)因自然灾害等不可抗力不能出庭的;

(四)其他有正当理由不能出庭的。

条文注释

本条规定了证人作证的义务和方式。依据本条规定,适格证人经人民法院依法通知,有出庭作证的义务。之所以如此规定,是由于证人证言与证人对案件的感受有直接关系,主观因素较重,证人必须出庭陈述并接受法院及当事人的询问,特别是接受承受不利证词的一方当事人的直接询问,才能使证人适格性得到体现,符合庭审直接言词原则的要求,保障程序正义的实现。证人应当且能够出庭而不出庭作证的,其提供的证词法院不应当采信。但是,证人出庭作证是一个原则性规定,如果在某些情况下证人因非主观原因确实无法出庭作证的,经人民法院许可,可以通过书面证言、视听传输技术或者视听资料等方式作证。

关联法规

《民诉法解释》第117~120条;《最高人民法院关于民事诉讼证据的若干规定》第68~71、76~77条

第七十七条 【证人出庭费用负担】证人因履行出庭作证义务而支出的交通、住宿、就餐等必要费用以及误工损失,由败诉一方当事人负担。当事人申请证人作证的,由该当事人先行垫付;当事人没有申请,人民法院通知证人作证的,由人民法院先行垫付。

条文注释

作为民事诉讼的重要参与人之一,证人承担出庭作证义务的同时,也应享有一定的权利。依据本条规定,证人还享有获得因履行出庭作证义务而支出的交通、住宿、就餐等必要费用以及误工损失费等的补偿的权利。对于证人因出庭作证产生的上述费用,法律规定最终由败诉一方当事人承担。根据证人出庭作证的方式不同,在诉讼终结前对证人的经济补偿分为两种情况:当事人申请证人作证的,由该当事人先行垫付;当事人没有申请,人民法院依法通知证人作证的,由人民法院先行垫付。

关联法规

《民诉法解释》第118条;《最高人民法院关于民事诉讼证据的若干规定》第75条

第七十八条 【当事人陈述】人民法院对当事人的陈述,应当结合本案的其他证据,审查确定能否作为认定事实的根据。

当事人拒绝陈述的,不影响人民法院根据证据认定案件事实。

条文注释

当事人的陈述是民事诉讼证据的一种。当事人的陈述往往带有片面性,甚至会掩盖事实的真相。因此,审判人员不能认为当事人是最了解案情的人,就轻信他们所说的一切,而应当把当事人的陈述和所掌握的其他证据,如书证、物证、证人证言等结合起来,进行综合分析判断,审查其是否符合案件的真实情况。只有与案件事实有关,并且符合真实情况的陈述,才能作为人民法院认定案件事实的依据。

人民法院审理民事案件时,对当事人的陈述应认真听取。如果当事人的陈述和其他证据没有矛盾,并且双方当事人的陈述也不存在矛盾,人民法院应当承认其证明效力。但是,有时当事人会由于种种原因在案件审理时拒绝作出陈述,在这种情况下,如果人民法院掌握的书证、物证、证人证言等证据足以证明案件真实情况的,那么,人民法院即可以根据这些证据认定事实、作出判决。当事人拒绝向人民法院陈述的,不影响人民法院对案件的审理和判决,有其他证据就可以认定案件事实的,即使没有当事人陈述,也应当根据其他证据认定案件事实。

关联法规

《最高人民法院关于民事诉讼证据的若干规定》第3、63、90条

第七十九条　【鉴定程序启动和鉴定人选任】当事人可以就查明事实的专门性问题向人民法院申请鉴定。当事人申请鉴定的,由双方当事人协商确定具备资格的鉴定人;协商不成的,由人民法院指定。

当事人未申请鉴定,人民法院对专门性问题认为需要鉴定的,应当委托具备资格的鉴定人进行鉴定。

条文注释

依据本条第一款规定,当事人有权申请鉴定和确定鉴定人。申请鉴定是当事人的一项诉讼权利,当事人就自己认为有必要的、对查明事实有帮助的专门性问题,可以向人民法院申请进行司法鉴定。这一规定提高了当事人收集证据的积极性,保护了其相应的诉讼权利。同时,法官对鉴定程序的启动不再具有垄断性的决定权,在一定

程度上提高了诉讼本身的公正性。关于鉴定人的选任，当事人申请鉴定的，由双方当事人协商确定具备资格的鉴定人；协商不成的，由人民法院指定。可见，本条的精神是以当事人决定为主，法院约束为辅。赋予当事人程序启动权与鉴定人选任权的同时，允许法官依职权进行干涉。在当事人选任鉴定人的意见达不到统一时，直接由法院指定，以保障诉讼程序的顺利进行。

本条第二款是关于人民法院主动委托鉴定的规定。某些情况下，虽然当事人没有申请鉴定，但人民法院认为审理案件需要对专门性问题进行鉴定。例如，某些专门性问题可能涉及有损国家利益、社会公共利益或者他人合法权益的事实，需要进行鉴定，在这种情况下，人民法院应当委托有资格的鉴定人进行鉴定。

关联法规

《精神疾病司法鉴定暂行规定》；《人民法院司法鉴定工作暂行规定》；《民诉法解释》第121条；《最高人民法院关于民事诉讼证据的若干规定》第30～33条

第八十条　【鉴定人权利义务】鉴定人有权了解进行鉴定所需要的案件材料，必要时可以询问当事人、证人。

鉴定人应当提出书面鉴定意见，在鉴定书上签名或者盖章。

条文注释

依据本条第一款规定，鉴定人有权了解进行鉴定所需要的案件材料，必要时还可以询问当事人、证人。这样，鉴定人就享有了充分接收与鉴定密切相关的信息的权利，可以使法院依据鉴定意见查明的事实在最大限度上接近客观事实。此处的“当事人”与“证人”应作广义理解，即鉴定人不仅可以从申请或启动鉴定的一方当事人及其提供的证人那里接收信息，还可以从相对方那里了解鉴定所需要的相关材料。鉴定人通过查阅案件材料，询问当事人、证人等途径全面了解鉴定所必需的信息，从而保证提供的鉴定意见的依据是全面、客观的。

依据本条第二款规定，鉴定人鉴定完毕后，应当提出书面鉴定意见。鉴定意见上应说明作出意见的理由和根据，以及鉴定的方法、程序等，并由鉴定人在鉴定意见上签名或盖章，同时加盖鉴定人所在单位公章，以证明鉴定人身份。

关联法规

《最高人民法院关于民事诉讼证据的若干规定》第34条

第八十一条　【鉴定人出庭作证】当事人对鉴定意见有异议或者人民法院认为鉴定人有必要出庭的，鉴定人应当出庭作证。经人民法院通知，鉴定人拒不出庭作证的，鉴定意见不得作为认定事实的根据；支付鉴定费用的当事人可以要求返还鉴定费用。

条文注释

本条强调了鉴定人出庭作证的义务以及不出庭作证的法律后果，保证了当事人对鉴定意见的质证权。鉴定意见既然是法定证据的一种，它就应当在法庭上出示，并由当事人互相质证才能作为定案的根据。鉴定人不出庭，既不符合其鉴定意见作为证据的基本性质要求，也不利于当事人质证权的行使。而且，不出庭作证的鉴定人，因为无法直接面对当事人的质疑，回答当事人的问题，其意见书中的错误难以发现。若法官盲目采信，极可能导致裁判结果不正确、不公正。同时，若鉴定人不能在法庭上对鉴定的程序、鉴定的依据等进行陈述，对鉴定意见的科学性和真实性作出说明，会造成鉴定意见可信度降低，当事人对其科学性和公正性产生怀疑。因此，本条规定，鉴定人在当事人对鉴定意见有异议或人民法院认为有必要时，有出庭作证的义务。

本条同时规定了鉴定人应当出庭作证而不出庭的法律后果。经人民法院通知，鉴定人拒不出庭作证的，其鉴定意见不得作为认定事实的根据，即鉴定意见将失去证据作用。另外，由于实践中鉴定人不出庭作证的不利后果是直接归于当事人的，这对当事人特别是对已经支付了鉴定费用的当事人来说是很不合理的。因此，本条进一步规定，经人民法院通知，鉴定人拒绝出庭作证的，支付鉴定费用的当事人可以要求返还鉴定费用。

关联法规

《最高人民法院关于民事诉讼证据的若干规定》第38~42条

第八十二条 【有专门知识的人出庭】当事人可以申请人民法院通知有专门知识的人出庭,就鉴定人作出的鉴定意见或者专业问题提出意见。

条文注释

鉴定人所作的鉴定意见往往具有不为普通人所熟知的、某一领域的专业术语和专门性知识。同时,随着科学技术的不断发展,在诉讼中还经常会遇到一些当事人与法官都难以把握和解决的专业性较强的问题。因此,为了帮助法院顺利查明案件事实,帮助当事人充分保护自身的合法权益,本条规定,当事人可以申请人民法院通知有专门知识的人出庭,就鉴定人作出的鉴定意见或者专业问题提出意见。本条的"有专门知识的人",是指在科学、技术以及其他专业知识方面具有特殊的专门知识或者经验的人,根据当事人的申请并经人民法院通知,出庭就鉴定人作出的鉴定意见或者案件事实所涉及的专门问题进行说明或者发表专业意见。应当注意的是,具有专门知识的人员既不同于鉴定人,也不同于证人,但与两者有共通之处,所以在诉讼中,如果这类人员被通知出庭协助案件事实调查,法院和当事人应当比照询问证人的规则对其进行询问;如果存在多个具有专门知识的人,也可以要求其对质。《民诉法解释》还规定,具有专门知识的人不得参与专业问题之外的法庭审理活动。

关联法规

《民诉法解释》第122、123条;《最高人民法院关于民事诉讼证据的若干规定》第83~84条

第八十三条 【勘验笔录】勘验物证或者现场,勘验人必须出示人民法院的证件,并邀请当地基层组织或者当事人所在单位派人参加。当事人或者当事人的成年家属应当到场,拒不到场的,不影响勘验的进行。

有关单位和个人根据人民法院的通知，有义务保护现场，协助勘验工作。

勘验人应当将勘验情况和结果制作笔录，由勘验人、当事人和被邀参加人签名或者盖章。

条文注释

在民事诉讼中，当事人争议的标的物，有些是无法移动或者难以携带、搬运到法院的。这些物件有时会成为人民法院审理案件的重要证据。在此种情况下，人民法院就需要对这些物品进行勘验，如宅基地纠纷案件需要对宅基地进行测量等，在民事诉讼中，勘验是人民法院收集证据的重要方法。

人民法院勘验时，如果当事人是公民的，应当通知当事人或者他的成年家属到场；如果当事人是法人或者非法人组织的，应当通知其法人代表或者其他组织的负责人到场，以便他们能了解勘验的情况，保护其合法权利。已被通知仍拒不到场的，勘验工作可以照常进行。

根据本条的规定，有关单位和个人有义务协助人民法院的勘验工作。在接到人民法院的通知后，有关单位和个人应当对勘验现场进行保护，并配合人民法院完成勘验任务。人民法院在勘验时，可以对物证或者现场进行拍照和测量，并将勘验情况和结果制作成笔录，分别交勘验人、当事人和被邀请参加的有关单位或个人签名或者盖章。对于绘制的现场图应当注明绘制的时间、方位、测绘人姓名、身份等内容。勘验笔录作为证据之一，人民法院开庭审理时，应当当庭宣读，以便双方当事人以及其他到庭人员了解勘验的情况和结果。

关联法规

《民诉法解释》第124条；《最高人民法院关于民事诉讼证据的若干规定》第27、43、82条

第八十四条　【证据保全】在证据可能灭失或者以后难以取得的情况下，当事人可以在诉讼过程中向人民法院申请保全证据，人民法

院也可以主动采取保全措施。

因情况紧急，在证据可能灭失或者以后难以取得的情况下，利害关系人可以在提起诉讼或者申请仲裁前向证据所在地、被申请人住所地或者对案件有管辖权的人民法院申请保全证据。

证据保全的其他程序，参照适用本法第九章保全的有关规定。

条文注释

本条明确规定了诉前证据保全制度，建立起统一的、普遍适用的民事诉讼证据保全程序。

证据保全是指法院根据申请人的申请或者依职权，在证据可能会灭失或者以后难以取得的情况下对证据加以固定和保护的制度。诉讼活动是一个过程，在有些情况下如果不及时采取措施，证据会灭失或今后难以取得，这将会影响法院的正确判决，会对当事人的合法权益造成损害，所以有必要规定证据保全制度。

本条第一款是关于诉讼中证据保全的规定。诉讼中的证据保全一般是法院根据申请人的申请采取的，但在法院认为有必要采取证据保全措施时，也可以由法院依职权主动采取证据保全措施。诉讼证据保全的前提是具有证据保全的紧迫性，即证据可能会灭失或以后难以取得。其中，“证据可能灭失”是指证人可能会死亡、物证可能会腐烂、书证可能会被销毁等情形；“证据可能以后难以取得”是指证据虽然没有灭失，但以后再收集该证据的难度可能会很大，或者以后再收集该证据的成本可能会很高。比较常见的情况如证人可能将出国定居等情形。

本条第二款规定了诉前证据保全。诉前证据保全是指情况特别紧急，时间容不得先行起诉，若不采取保全措施将导致证据灭失或者今后难以取得，需在起诉前向法院申请证据保全的制度。采取诉前证据保全措施，必须满足下列条件：(1)诉前证据保全只能由利害关系人提出申请，法院不得依职权而为之；(2)采取诉前证据保全措施必须具有紧迫性和必要性，即情况紧急，不进行证据保全，证据可能灭失或者以后难以取得；(3)接受保全申请的法院应该是证据所在地、被申请人住所地或者对案件有管辖权的人民法院。对于诉前证据保全,法院根据实际情况,可以责令申请人提供担保,拒不提供的,法院裁定不予证据保全。

有关证据保全的具体措施、相关程序等内容,本条第三款规定,参照适用本法第九章"保全和先予执行"中保全的有关规定。

关联法规

《民诉法解释》第98条;《最高人民法院关于民事诉讼证据的若干规定》第23~29条

第七章　期间、送达

第一节　期　　间

第八十五条　【期间种类、计算】期间包括法定期间和人民法院指定的期间。

期间以时、日、月、年计算。期间开始的时和日,不计算在期间内。

期间届满的最后一日是法定休假日的,以法定休假日后的第一日为期间届满的日期。

期间不包括在途时间,诉讼文书在期满前交邮的,不算过期。

条文注释

民事诉讼中的期间,是指人民法院、当事人和其他诉讼参与人进行或者完成某种诉讼行为的期限和期日。狭义的期间仅指期限,广义的期间则包括期限和期日。本条只对狭义期间即期限作了专门规定,期日则是由人民法院在司法实践中具体确定。

期间以是由法律直接规定还是由人民法院指定为标准,可以分为法定期间和指定期间。由法律明确规定的,要求人民法院、当事人及其他诉讼参与人为某些诉讼行为,必须在确定时间内完成才具有法律效力的期间是法定期间,如上诉期间。法院根据审理案件时所遇到的具体情况,依职权决定的法院、当事人和其他诉讼参与人进行和完成诉讼活动所需要的期间是指定期间,如法院对举证期间的指定。

依据本条规定,期间是以时、日、月、年为计算单位的。期间开始的时和日不计算在期间内,而从下一个小时或者从次日起算。期间届满的最后一日是法定休假日的,以法定休假日后的第一天为期间届满的日期。需要注意的是,2021 年本法修改,将"节假日"改为"法定休假日",这里的"法定休假日"不仅包括国家统一规定的全体公民享受到的假日(不包括专为某一类人规定的节假日、某些民间节日或单位自己规定的假日),还应包括国家法律规定的公休日,一般指周六、周日。无论是法定期间还是指定期间,都不包括在途时间。比如,诉讼文书是邮寄的,只要在期满前交邮,就不算过期。确定期满前是否交邮,应当以邮局的邮戳为准。

关联法规

《民诉法解释》第 125 ~ 129 条

第八十六条 【期间顺延】当事人因不可抗拒的事由或者其他正当理由耽误期限的,在障碍消除后的十日内,可以申请顺延期限,是否准许,由人民法院决定。

条文注释

本条中的"不可抗拒的事由"通常是指当事人事先无法预见、发生时无法克服和避免的各种客观情况,如地震、洪涝灾害等。"其他正当理由"是指除不可抗拒的事由以外,不可归责于当事人的,可以由法官自由裁量是否准许延期的其他事由,如当事人因病住院,不能如期出庭等。

对诉讼期间耽误的认定,关系到当事人的切身利益,所以法院接到当事人的顺延申请后,应严格依照相关规定认真审查,认为申请顺延期限有正当理由的,应当予以顺延,否则裁定驳回申请。人民法院准予的顺延期限,因法定期间和指定期间的不同而有所区别:法定期间顺延日期的计算,以实际耽误的时间为准;指定期间的顺延由法院根据具体情况决定。

第二节 送　　达

第八十七条 【送达回证】送达诉讼文书必须有送达回证，由受送达人在送达回证上记明收到日期，签名或者盖章。

受送达人在送达回证上的签收日期为送达日期。

条文注释

送达是指人民法院依照法定程序和方式，将诉讼文书送交当事人和其他诉讼参与人的诉讼行为。送达的主体是人民法院，受送达人是案件当事人或其他诉讼参与人，送达的内容是各种诉讼文书，送达必须按照法律规定的程序和方式进行。由于诉讼文书一经送达就会产生一定的法律后果，直接关系到当事人及其他诉讼参与人相关权利义务能否实现，直接关系到诉讼活动能否顺利进行，所以，严格规范送达行为及送达方式，具有极其重要的意义。

送达回证是指人民法院制作的，用以证明完成了送达行为并返回法院的格式化的凭证。人民法院向当事人和其他诉讼参与人送达诉讼文书，除公告送达以外，采取其他送达方式的，都应出示送达回证。送达回证是人民法院向受送达人送达诉讼文书必须具备的附件之一。受送达人需要在送达回证上记明收到的日期，并签名或者盖章。受送达人在送达回证上的签收日期为送达日期，它是计算期间的主要依据。

送达回证是检查人民法院是否按法定方式和程序送达诉讼文书的标志，也是受送达人接受或拒绝接受诉讼文书的证明，同时还是衡量当事人和其他诉讼参与人的诉讼行为是否有效的依据。

第八十八条 【直接送达】送达诉讼文书，应当直接送交受送达人。受送达人是公民的，本人不在交他的同住成年家属签收；受送达人是法人或者其他组织的，应当由法人的法定代表人、其他组织的主要负责人或者该法人、组织负责收件的人签收；受送达人有诉讼代理人的，可以送交其代理人签收；受送达人已向人民法院指定代收人的，送交代收人签收。

受送达人的同住成年家属，法人或者其他组织的负责收件的人，诉讼代理人或者代收人在送达回证上签收的日期为送达日期。

条文注释

直接送达是指由人民法院执行送达任务的书记员、司法警察或者其他工作人员将需要送达的诉讼文书，直接交付受送达人或其同住成年家属、代收人签收的送达方式。直接送达是人民法院送达诉讼文书的基本原则。凡是能够直接送达的，都应当采取直接送达的方式。依据本条规定，直接送达包括以下几种具体情形：(1)受送达人是公民的，由本人或其同住成年家属、代收人签收；(2)受送达人是法人或其他组织的，由法人的法定代表人、其他组织的主要负责人或者该法人、组织的办公室、收发室、值班室等负责收件的人签收；(3)受送达人有诉讼代理人的，人民法院既可以向受送达人本人送达，也可以向其代理人送达；(4)受送达人已向人民法院指定代收人的，送交代收人签收。需要注意的是，调解书除明确授权指定代收人外，不能由他人代收。

受送达人在送达回证上的签收日期即是送达日期。不是受送达人本人签收的，受送达人同住的成年家属、法人或其他组织负责收件的人、诉讼代理人或代收人在送达回证上的签收日期为送达日期。

关联法规

《民诉法解释》第131、132条

第八十九条　【留置送达】受送达人或者他的同住成年家属拒绝接收诉讼文书的，送达人可以邀请有关基层组织或者所在单位的代表到场，说明情况，在送达回证上记明拒收事由和日期，由送达人、见证人签名或者盖章，把诉讼文书留在受送达人的住所；也可以把诉讼文书留在受送达人的住所，并采用拍照、录像等方式记录送达过程，即视为送达。

条文注释

留置送达是指人民法院将需要送达的文书送交受送达人或其同住成年家属时,遭到拒绝的,送达人可依法将诉讼文书留在受送达人住所并以此完成送达行为的送达方式。依据本条规定,适用留置送达需要注意以下两点:(1)由于留置送达是针对直接送达过程中发生的特殊情况而规定的一种具有一定强制性的送达方式,与直接送达具有同等的法律效力,故采取留置送达方式的前提条件是受送达人或其同住成年家属拒收诉讼文书。(2)由于留置送达缺少受送达人的主动配合,是一种非常慎重的送达方式,所以在适用留置送达时,一定要遵守相应的送达程序。对于拒收诉讼文书的受送达人或其同住成年家属,法院应首先向其宣讲法律,对其进行说服教育,以便能让其自愿签收诉讼文书。如果未果,送达人可以邀请有关基层组织,包括居(村)民委员会、街道办事处或者受送达人所在机关、企事业单位的代表到场,说明情况,在送达回证上记明拒收事由和日期,由送达人、见证人签名或者盖章,把诉讼文书留在受送达人的住所,即视为送达;在司法实践中,有时会遇到见证人不愿或不敢在送达回证上签字或盖章的,送达人也可以把诉讼文书留在受送达人的住所,并采用拍照、录像等方式记录送达过程,即视为送达。

关联法规

《民诉法解释》第130条

第九十条　【简易送达】经受送达人同意,人民法院可以采用能够确认其收悉的电子方式送达诉讼文书。通过电子方式送达的判决书、裁定书、调解书,受送达人提出需要纸质文书的,人民法院应当提供。

采用前款方式送达的,以送达信息到达受送达人特定系统的日期为送达日期。

条文注释

本条规定涉及三方面的内容:第一,以受送达人同意为简易送达的适用前提。与传统的直接送达相比,简易送达中涉及的一些技术操作问题可能会制造程序“漏洞”，为了保障受送达人的程序利益，应当坚持自愿原则，以受送达人的同意为适用前提。第二，2021 年本法对本条进行修改，简易送达不再排除判决书、裁定书、调解书的适用。通过电子方式送达的判决书、裁定书、调解书，受送达人提出需要纸质文书的，人民法院应当提供。第三，简易送达的送达日期的计算。简易送达属于拟制送达，法院与受送达人并未直接接触，采用简易送达方式送达的，以送达信息到达该电子地址的日期为送达日期。

关联法规

《民诉法解释》第 135、136 条；《最高人民法院关于进一步推进案件繁简分流优化司法资源配置的若干意见》第 3 条

第九十一条　【委托送达、邮寄送达】直接送达诉讼文书有困难的，可以委托其他人民法院代为送达，或者邮寄送达。邮寄送达的，以回执上注明的收件日期为送达日期。

条文注释

委托送达是指人民法院直接送达诉讼文书确有困难，而委托受送达人所在地人民法院代为送达的一种送达方式。委托送达一般适用于那些受送达人不在受诉人民法院辖区内居住，或者由于受送达人的某种特殊原因，直接送达诉讼文书确有困难的情形。委托送达时，委托人民法院应当出具委托函，并附需要送达的诉讼文书和送达回证。委托人民法院对送达诉讼文书有特殊要求的，应当在委托函中说明。受委托送达的人民法院应当在收到委托函之日起十日内完成，并将送达回证寄回委托人民法院，受送达人在送达回证上签收的日期为送达日期。受托法院因故无法送达的，应当在上述期间内函告委托人民法院。受送达人下落不明的，或者诉讼文书需要由有关单位转交送达的，受理案件的法院不得委托其他人民法院代为送达。

邮寄送达是指受诉人民法院将需送达的诉讼文书，通过邮局以挂号信的方式寄给受送达人的一种送达方式。适用邮寄送达的前提是受诉人民法院直接送达确有困难，如受送达人距离受诉人民法院

所在地较远等情形。邮局的挂号信回执即为邮寄送达的凭证。

由于送达回证是证明受送达人收到诉讼文书的重要凭证，是计算诉讼期间的重要根据，所以，邮寄送达应附有送达回证。挂号信回执上注明的收件日期与送达回证上注明的收件日期不一致的，以送达回证上注明的收件日期为送达日期；如果送达回证没有寄回或者送达回证上没有注明收件日期的，则以挂号信回执上注明的收件日期为送达日期。需要注意的是，邮件在途期间，不计算在送达期间之内。

关联法规

《民诉法解释》第134、137条；《最高人民法院关于以法院专递方式邮寄送达民事诉讼文书的若干规定》

第九十二条　【转交送达之一】受送达人是军人的，通过其所在部队团以上单位的政治机关转交。

条文注释

对军人送达诉讼文书，适用转交送达的方式。转交送达是指受诉法院根据受送达人的特殊情况而将需要送达的诉讼文书交有关机关、单位转交受送达人的送达方式。部队实行严格的军事化管理，具有流动性、保密性等不同于地方的特殊之处，部队与地方的往来也受到一定的限制，所以，对军人这种特殊的职业人群送达诉讼文书，采用直接送达方式具有一定困难，也不宜采用委托送达和邮寄送达。通过团以上政治机关转交涉及军人的民事纠纷的诉讼文书，符合军队的纪律要求，且具有较强的可靠性，同时也有利于政治机关及时了解案情，协助人民法院顺利解决纠纷。应当注意的是，本条所指的军人，仅指现役军人，不包括退伍军人。人民法院送达诉讼文书，必须通过部队团以上单位的政治机关转交，不能通过团以下单位转交，也不能通过团以上单位的其他机关转交。对军人的转交送达具有与直接送达同等的法律效力。

第九十三条　【转交送达之二】受送达人被监禁的，通过其所在监所转交。

受送达人被采取强制性教育措施的，通过其所在强制性教育机构转交。

条文注释

本条规定了对被监禁、被采取强制性教育措施的人送达诉讼文书的特殊情形。被监禁或被采取强制性教育措施的人，其人身自由受到了一定的限制，且通常他们被关押在一些特殊场所，向他们送达诉讼文书，不便采取直接送达的方式，委托送达或邮寄送达也存在一定的难度。2005 年通过的《治安管理处罚法》不再使用“劳动教养”这一用语，而使用了“强制性教育措施”这一概念。所以 2012 年本法修改，删除了劳动改造的相关内容，将劳动教养改为“采取强制性教育措施”。代为转交的机关、单位收到诉讼文书后，必须立即交受送达的被监禁人或者被采取强制性教育措施的人签收，以在送达回证上的签收日期为送达日期。

第九十四条　【转交送达日期】代为转交的机关、单位收到诉讼文书后，必须立即交受送达人签收，以在送达回证上的签收日期，为送达日期。

条文注释

转交送达是法律针对特殊人群规定的送达诉讼文书的特殊方式，因此，转交送达应遵循特殊的程序要求和有关送达日期的相关规定。依据本条规定，人民法院对现役军人和被监禁、被采取强制性教育措施的人员送达诉讼文书的，应首先将诉讼文书送交代为转交的机关、单位，同时还应附送达回证，请他们立即转交受送达人签收，并及时将受送达人签收后的送达回证返回给人民法院。上述代转机关、单位不得拒绝转交或以任何借口推诿拖延，有关单位和机关也无权代受送达人签收。依据本条规定，代为转交的机关、单位收到诉讼文书的日期不是送达日期，送达日期以受送达人接到转交的诉讼文书后,在送达回证上的签收日期为准。

第九十五条 【公告送达】受送达人下落不明,或者用本节规定的其他方式无法送达的,公告送达。自发出公告之日起,经过三十日,即视为送达。

公告送达,应当在案卷中记明原因和经过。

条文注释

公告送达,是指人民法院采取张贴布告、登报等措施,将诉讼文书的内容公开告知受送达人的一种送达方式。依据本条规定,只有在受送达人下落不明或者无法以直接送达、委托送达、邮寄送达或转交送达等方式进行送达时,人民法院才能适用公告送达。采用公告送达方式的,可以在人民法院的公告栏、受送达人原住所地张贴公告,也可以在报纸上刊登公告或通过广播、电视、网络媒介将公告内容传播。对于公告送达有特殊要求的,按照要求的方式进行公告。2021 年本法修改,将公告送达的期限由六十日缩短为三十日,公告自发出之日起,经过三十日,即视为送达。这是由于互联网和智能手机的发展,通信方式和信息传播方式更为方便快捷,为提高诉讼效率,加快诉讼进程,防止诉讼拖延,本法将公告送达的期限进行合理的缩短,公告送达不存在受送达人签收问题。公告送达起诉状或上诉状副本的,应说明起诉或上诉要点、受送达人答辩期限及逾期不答辩的法律后果;公告送达传票的,应说明出庭地点、时间及逾期不出庭的法律后果;公告送达判决书、裁定书的,应说明裁判的主要内容,属于一审的,还应说明上诉权利、上诉期限和上诉的人民法院。

应当注意的是,公告送达是所有送达方式都无法使用时的送达方式,送达期间届满即视为送达了,法院据此可以作出缺席判决等行为,因此,公告送达方式的运用直接影响到当事人权利义务的行使,应当慎重采用,尤其对起诉状等诉讼文书。司法实践中就出现过从来不知道有诉讼存在的人“被离婚”“被判决”的情况。当然,司法实践中也存在诉讼当事人难找的情况,这给法院审判带来许多实际困难,人民法院应当根据案件的具体情况,选择最适当的送达方式,保障当事人的诉讼权益。

关联法规

《民诉法解释》第 138 ~ 140 条

第八章 调　　解

第九十六条 【调解原则】人民法院审理民事案件,根据当事人自愿的原则,在事实清楚的基础上,分清是非,进行调解。

条文注释

调解自愿原则,是指人民法院调解活动的进行和调解协议的达成,必须以当事人的自愿为基础,自愿是当事人调解协议形成的必然要求和前提条件。调解自愿原则包含两方面含义:第一,法院进行调解活动要取得双方当事人的同意,要以双方自愿为前提;第二,调解协议的内容应当由当事人自愿达成。

查明事实、分清是非原则,是指法院对民事案件进行调解,必须在查明案件事实、分清责任的基础上进行。也就是说,人民法院在调解过程中,必须严格遵守"以事实为根据、以法律为准绳"的要求。审判人员在主持调解过程中,必须查明案件基本事实,分清双方争议的是非曲直,明确当事人各自的责任,进而确定其各自的权利义务。只有在基本事实清楚、是非分明的基础上达成的协议,才能被双方自觉地履行。

需要注意的是,调解中虽然要注重事实真相的查明,但在调解中对案件事实的确定性要求相对判决而言要低,调解的后果在一定程度上也可以同案件事实相分离。尤其是对于一些婚姻家庭纠纷案件的调解,没有必要追求像判决那样严格依照诉讼证明得到的案件事实。所以,为实现调解的价值,有利于调解协议的达成,人民法院在调解过程中只要把握好调解的大方向,对于细枝末节的对错可以不必深究。

关联法规

《民诉法解释》第142~145条;《最高人民法院关于人民法院民事调解工作若干问题的规定》

第九十七条 【调解组织形式】人民法院进行调解,可以由审判员一人主持,也可以由合议庭主持,并尽可能就地进行。

人民法院进行调解,可以用简便方式通知当事人、证人到庭。

条文注释

人民法院进行调解,可以由审判员一人主持,也可以由合议庭全体成员在审判长主持下共同参与。具体来讲,适用简易程序审理的民事案件,由独任审判员一人主持进行调解。适用普通程序审理的第一审民事案件,可以由合议庭主持调解,也可以由合议庭成员中的一名审判员主持,选择采取何种组织形式进行调解,可以由承办审判员征得审判长和合议庭其他成员的意见后,按照少数服从多数的原则作出决定。但是,组成合议庭开庭审理案件时,在庭上调解,要由合议庭主持;其他情况下由审判员一人主持,审判员要将调解情况及结果向合议庭汇报并取得同意。如果有陪审员参加,主持调解一般由审判员和人民陪审员共同进行,人民陪审员不宜独自主持调解。第二审程序与审判监督程序中的调解与此相同。

人民法院进行调解,一般是在法庭内进行,但本着方便当事人诉讼的原则,也可以到案件发生地、当事人所在地就地进行。就地进行调解,也可以使审判员的调解更好地得到当地群众、基层组织和当事人所在单位的支持和协助。但需要注意的是,就地调解也要就地选择适宜的场所,尤其是对于涉及当事人隐私的案件,调解工作不能不加选择地在大庭广众之下进行。

由于调解具有不同于审判的特点,调解制度更适合采用一种非严格程序化的方式予以实施。人民法院的调解活动可以在诉讼的任何一个阶段,根据案件的具体情况、当事人的思想变化等随时进行,其形式是多样化的,所以本条规定,可以用简便方式传唤当事人、证人到某一地点进行调解,如采用口头或电话通知等方式,而不必发传票。

关联法规

《民诉法解释》第146、147条

第九十八条 【协助调解】人民法院进行调解，可以邀请有关单位和个人协助。被邀请的单位和个人，应当协助人民法院进行调解。

关联法规

《最高人民法院关于人民法院特邀调解的规定》

第九十九条 【调解协议】调解达成协议，必须双方自愿，不得强迫。调解协议的内容不得违反法律规定。

条文注释

自愿原则是法院调解活动的进行以及调解协议的达成所要遵守的最基本的原则。人民法院进行调解，必须由双方具体协商，达成双方自愿接受的协议内容。主持调解的审判员也可以提出调解意见供双方当事人参考，但不得强迫当事人接受。无论是从尊重当事人处分权的角度考虑，还是为了使达成的调解协议能够得到自觉履行，都必须高度重视并认真贯彻自愿原则。

调解合法原则也是法院调解应当遵循的一项重要原则。通常"合法"包括程序合法和实体合法两个方面。第一，法院的调解活动应当按照法定的程序进行，法院调解的组织，调解的方式、步骤，调解协议的达成和调解书的送达等均应符合《民事诉讼法》的相关规定；第二，在法院主持下双方达成的调解协议必须符合民事实体法的规定。本条主要是指第二个方面，即调解协议的内容不得违反相关实体法律规定。值得注意的是，调解协议的合法原则并不意味着调解协议应当像判决那样严格按照实体法规定的标准达成。也就是说，此处所指的"合法"是一种宽松的合法，它是指调解协议内容在不违反民事实体法的禁止性规定，不违反社会公序良俗，不损害第三人合法权益的前提下，通过妥协或让步来达成，故允许其中可能不完全符合实体法规定的内容存在。

关联法规

《民诉法解释》第145、148条

第一百条　【调解书】调解达成协议，人民法院应当制作调解书。调解书应当写明诉讼请求、案件的事实和调解结果。

调解书由审判人员、书记员署名，加盖人民法院印章，送达双方当事人。

调解书经双方当事人签收后，即具有法律效力。

条文注释

根据本条第一款规定，调解达成协议，人民法院应当制作调解书。调解书是人民法院制作的记载当事人调解协议内容的法律文书。调解书必须依据调解协议制作，反映调解协议的内容，但调解协议仅是双方当事人的意思表示，而调解书则是具有法律效力的人民法院的司法文书。调解书中应当写明诉讼请求、案件的事实和调解结果。案件的事实，是指当事人之间的法律关系发生争议的事实、原因及双方的责任；调解结果，是指当事人自愿、合法达成的解决双方纠纷的合意，包括其在调解过程中提出的诉讼请求和理由以及双方互相让步的结果。

根据本条第二款规定，调解书由审判人员、书记员署名，加盖人民法院印章，送达双方当事人。调解书是人民法院依法制作的法律文书，必须履行法定程序，由相关审判人员、书记员署名，加盖人民法院印章后，送达双方当事人签收。由于调解书是依据当事人自愿协商形成的调解协议而制作的，以自愿为基础，如果当事人拒绝签收调解书，表明其不愿意接受调解。

调解书必须经双方当事人签收后才能生效，以最后收到调解书的当事人签收的日期为调解书生效日期。当事人有权在调解书签收之前就调解达成的协议反悔，这样原调解书就不发生法律效力，法院应当及时通知双方当事人，继续进行审判。对已经生效的调解书，当事人应当履行调解书所确定的义务。任何一方当事人不履行，另一方可以向人民法院申请强制执行。依照法律规定，对已经发生法律效力的调解不得上诉和再次起诉,只能通过再审程序予以撤销或变更。

关联法规

《民诉法解释》第147~150条

第一百零一条 【不制作调解书的情形】下列案件调解达成协议,人民法院可以不制作调解书:

(一)调解和好的离婚案件;

(二)调解维持收养关系的案件;

(三)能够即时履行的案件;

(四)其他不需要制作调解书的案件。

对不需要制作调解书的协议,应当记入笔录,由双方当事人、审判人员、书记员签名或者盖章后,即具有法律效力。

条文注释

调解达成协议后,人民法院应当根据协议内容依法制作调解书。但是本条第一款规定的几类案件属于例外:(1)调解和好的离婚案件。经调解和好的离婚案件,当事人之间的感情还没有完全破裂,为了不伤害双方感情,促使他们和好,不需要制作调解书。同时,由于夫妻和好不再要求离婚,当事人之间的权利义务关系没有发生变化,法院也无须制作调解书。(2)调解维持收养关系的案件。经调解继续维持收养关系的案件,为了不影响收养人与被收养人之间的关系,同时也因为收养人与被收养人之间的权利义务关系未发生变化,法院可以不制作调解书。(3)能够即时履行的案件。对于那些数额不大,经调解能够及时履行的民事案件,因已无执行内容或不发生一方当事人不履行义务需要强制执行的情况,人民法院无须制作调解书。(4)其他不需要制作调解书的案件。这主要是指没有执行内容的调解协议。

依据本条规定,对于不需要制作调解书的案件,调解笔录也是人民法院审结案件的一种法律形式,与调解书在法律上具有同等的效力。

关联法规

《民诉法解释》第151条

第一百零二条　【调解失败】调解未达成协议或者调解书送达前一方反悔的，人民法院应当及时判决。

条文注释

在庭前准备程序结束时，当事人仍未达成调解协议的，案件转入法庭审理阶段，调解中当事人的让步和妥协不能作为审理依据；第一次开庭的法庭辩论阶段结束后，若当事人未能达成协议的，宣告调解无效；调解达成协议后，经法院确认合意内容或取得方式有瑕疵，而当事人不同意变更的，视为调解无效；调解书送达前一方反悔的，视为调解无效；不制作调解书的协议，当事人拒绝在调解笔录上签字的，视为调解未达成协议。

依据本条规定，调解未达成协议或者调解书送达前一方反悔的，调解程序相当于自行终结，人民法院不能久调不决，更不能变相强迫当事人调解，而应当及时采取判决方式结案。

第九章　保全和先予执行

第一百零三条　【诉讼中保全】人民法院对于可能因当事人一方的行为或者其他原因，使判决难以执行或者造成当事人其他损害的案件，根据对方当事人的申请，可以裁定对其财产进行保全、责令其作出一定行为或者禁止其作出一定行为；当事人没有提出申请的，人民法院在必要时也可以裁定采取保全措施。

人民法院采取保全措施，可以责令申请人提供担保，申请人不提供担保的，裁定驳回申请。

人民法院接受申请后，对情况紧急的，必须在四十八小时内作出裁定；裁定采取保全措施的，应当立即开始执行。

条文注释

本条第一款、第二款规定了诉讼中保全的适用条件和保全的种类。财产保全、行为保全二者合称保全。财产保全,是指法院为了保证将来裁判的执行,对当事人的财产或者争议标的物采取限制当事人处分的临时措施。行为保全,是指法院责令一方当事人作出一定行为,或者禁止其作出一定行为,防止该当事人正在实施或者将要实施的行为给申请人造成不可弥补的损害。

诉讼保全的适用条件有:(1)存在实施保全的客观需要,即可能因当事人一方的行为或者其他原因,使判决难以执行或者造成当事人损害。"当事人一方的行为",是指可归因于当事人的侵权或者违约行为。如在财产保全案件中,当事人擅自将争议标的物转移、隐匿、毁损、出卖等行为;又如,在行为保全案件中,当事人一方生产侵权产品、排放污水、妨碍相邻权人通行等行为。"其他原因",是指不可归因于当事人的客观上的原因,如争议的财产不易保存等。(2)时间上为法院受理案件后、作出裁判前。既可以在第一审程序中进行,也可以在第二审程序中进行,《民诉法解释》第一百六十一条也对此作了衔接性的规定。(3)当事人申请或者法院依职权采取保全措施。当事人申请应当有初步证据证明存在实施保全的客观需要,而不是主观臆测。(4)法院责令申请人提供担保的,申请人应当提供。保全措施的适用可能给被申请人造成经济损失,为了平等地保护双方当事人的利益,本条第二款规定,人民法院责令申请人提供担保的,申请人必须提供担保,否则法院驳回其申请。

本条第三款是关于法院作出保全裁定的期限以及采取保全措施期限的规定。需要注意的是,对非紧急情况下法院作出保全裁定的期限则没有规定。

关联法规

《民诉法解释》第161～163条;《最高人民法院关于人民法院办理财产保全案件若干问题的规范》第1～4、10～12条

第一百零四条　【诉前保全】利害关系人因情况紧急,不立即申请保全将会使其合法权益受到难以弥补的损害的,可以在提起诉讼或者申请仲裁前向被保全财产所在地、被申请人住所地或者对案件有管辖权的人民法院申请采取保全措施。申请人应当提供担保,不提供担保的,裁定驳回申请。

人民法院接受申请后,必须在四十八小时内作出裁定;裁定采取保全措施的,应当立即开始执行。

申请人在人民法院采取保全措施后三十日内不依法提起诉讼或者申请仲裁的,人民法院应当解除保全。

条文注释

本条第一款规定了诉前、仲裁前保全的适用。(1)适用前提,即情况紧急,不立即申请保全将会使其合法权益受到难以弥补的损害的。(2)适用时间,为提起诉讼或仲裁之前。(3)申请法院,为被保全财产所在地、被申请人住所地或者对案件有管辖权的人民法院。这里的对案件有管辖权的法院是指对将要提起诉讼或仲裁的案件依法享有管辖权的法院,这是2012年新增规定,扩大了管辖法院的范围,方便申请人按自己意愿选择管辖法院。(4)须提供担保,因为此时申请人尚未起诉或申请仲裁,将来能否起诉、申请仲裁,又能否胜诉都未知,而保全措施的适用可能会给被申请人造成一定损失,所以法律要求申请人必须提供担保。

我国《仲裁法》只规定了仲裁程序中的财产保全,未规定仲裁前保全。2012年本法修改增加了在申请仲裁前也可以申请保全的规定。另外,与前条一致,诉前保全和仲裁前保全既包括财产保全也包括行为保全。

本条第二款是关于法院作出诉前、仲裁前保全裁定期限的规定。由于诉前、仲裁前保全的申请适用于情况紧急的案件,所以人民法院接受申请后,必须在四十八小时内作出裁定。

本条第三款规定了申请人在法院采取保全措施后提起诉讼或者申请仲裁的时间及逾期的法律后果。2012年本法修改,将原法规定的十五日期限延长至三十日,更有利于当事人准备诉讼或仲裁,维护其合法权益。

关联法规

《民诉法解释》第152、160、164条;《最高人民法院关于人民法院办理财产保全案件若干问题的规定》第5~9、17条

第一百零五条　【保全范围】保全限于请求的范围,或者与本案有关的财物。

条文注释

"限于请求的范围",是指被保全的财产的价值应与利害关系人的保全请求或者当事人的诉讼请求的数额大致相等。"与本案有关的财物",是指保全的财物是本案的诉讼标的物或者是与本案标的物有牵连的其他财产,如债务人对第三人的到期债权。实践中,有人机械地理解这一规定,认为保全的范围绝对不能超过请求的范围,以致在这一思想指导下,经常导致可保全的财产价值超过请求价额而不敢采取保全措施的情况发生。针对此问题,《最高人民法院关于人民法院民事执行中查封、扣押、冻结财产的规定》第十九条规定,查封、扣押、冻结被执行人的财产,以其价额足以清偿法律文书确定的债权额及执行费用为限,不得明显超标的额查封、扣押、冻结。发现超标的额查封、扣押、冻结的,人民法院应当根据被执行人的申请或者依职权,及时解除对超标的额部分财产的查封、扣押、冻结,但该财产为不可分物且被执行人无其他可供执行的财产或者其他财产不足以清偿债务的除外。据此,超标的额保全应符合以下几个条件:(1)被保全财产为不可分物,如房屋、大型设备、车辆等。(2)被申请人无其他财产或其他财产的价值不足以清偿债务。但这种情况下的财产保全,不应限制被保全人处分和使用该财产,只能对处分财产的价款进行控制,否则就会侵犯被保全财产人的合法权益。

关联法规

《民诉法解释》第157~159条;《最高人民法院关于人民法院办理财产保全案件若干问题的规定》第13、15条;《最高人民法院关于

人民法院民事执行中查封、扣押、冻结财产的规定》第19条

第一百零六条　【财产保全措施】财产保全采取查封、扣押、冻结或者法律规定的其他方法。人民法院保全财产后，应当立即通知被保全财产的人。

财产已被查封、冻结的，不得重复查封、冻结。

条文注释

本条第一款规定了财产保全措施包括查封、扣押、冻结或者法律规定的其他方法。查封是指在被申请人的财产上加贴封条，就地封存。扣押是指法院将财物送到一定场所扣留或就地扣留，从而限制被申请人的占有、使用、处分权。冻结是指账户、资金等被控制，不能自由动用、流动。查封、扣押、冻结等财产保全措施一般适用于具体的、有形的财产。“其他方法”主要包括：人民法院对季节性商品和鲜活、易腐烂变质以及其他不宜长期保存的物品采取保全措施时，可以责令当事人及时处理，由人民法院保存价款；必要时，人民法院可予以变卖后，保存价款。人民法院对不动产和特定的动产（如车辆、船舶等）进行财产保全，可以采用扣押有关财产权证照并通知有关产权登记部门不予办理该项财产的转移手续的财产保全措施；必要时，也可以查封或扣押该项财产。人民法院采取保全措施后应当立即通知被保全财产的人。2012年本法修改，扩大了法院的通知义务，采取财产保全措施都必须通知被保全财产的人，这样才符合正当程序的要求，也更有利于保护被保全财产的人的利益。

本条第二款是关于禁止重复查封、冻结的规定。需要注意的是，重复查封制度不可与轮候查封制度混为一谈。

关联法规

《民诉法解释》第153～156条；《最高人民法院关于人民法院办理财产保全案件若干问题的规定》第13、16、18、20、21条；《最高人民法院关于人民法院民事执行中查封、扣押、冻结财产的规定》第5、6、28、29条

第一百零七条　【保全解除】财产纠纷案件，被申请人提供担保的，人民法院应当裁定解除保全。

条文注释

依据本条规定，属于财产纠纷的案件，被申请人提供担保的，人民法院应当裁定解除保全；其他案件不管被申请人是否提供担保，一律不得解除保全。而且行为保全如果可以通过金钱给付达到目的，被申请人提供担保的，法院应解除保全。被申请人提供担保的，不应低于被保全财产的金额；保证人担保的，保证人应向法院出具证明担保金额的保证书，并经法院审查同意。被申请人提供担保，就消除了将来生效判决不能或者难以执行的危险，采取保全措施已无必要，因此法院应裁定解除保全。

关联法规

《民诉法解释》第 165 ~ 168 条；《最高人民法院关于人民法院办理财产保全案件若干问题的规定》第 22 ~ 27 条

第一百零八条　【保全错误补救】申请有错误的，申请人应当赔偿被申请人因保全所遭受的损失。

条文注释

保全错误通常包括两种情况：保全申请错误和保全措施错误。保全申请错误是申请人的过错，应由申请人负责。这样规定，一方面是为了维护被申请人的合法利益，另一方面也能够防止申请人滥用权利。保全措施错误如果是法院的违法行为造成的，应当按照《国家赔偿法》的规定，由国家赔偿，适用刑事赔偿程序的规定。

关联法规

《最高人民法院关于民事、行政诉讼中司法赔偿若干问题的解释》；《国家赔偿法》第 38 条

第一百零九条　【先予执行】人民法院对下列案件，根据当事人的申请，可以裁定先予执行：

（一）追索赡养费、扶养费、抚养费、抚恤金、医疗费用的；

（二）追索劳动报酬的；

（三）因情况紧急需要先予执行的。

条文注释

先予执行，是指在诉讼过程中，因一方当事人生活或生产的急需，人民法院在作出判决前，根据当事人的申请，裁定义务人先给付一定数额的金钱或者其他财物，或者实施或停止某种行为的一种制度。先予执行的着眼点是满足权利人的迫切需要。根据本条规定，先予执行适用于下列案件：(1)追索赡养费、扶养费、抚养费、抚恤金、医疗费用的。追索赡养费、扶养费、抚养费的案件，涉及被支付人的基本生活保障，抚恤金是对因公牺牲或伤残人员发放的补助慰问金，医疗费涉及被支付人的生命、健康，因而此类案件可以适用先予执行。(2)追索劳动报酬的。劳动报酬是当事人的劳动收入，它直接关系着劳动者及其家属的生活，对有生活急需的，法院可以裁定先予执行。(3)因情况紧急需要先予执行的。根据《民诉法解释》的规定，这里的“紧急情况”包括：(1)需要立即停止侵害、排除妨碍的；(2)需要立即制止某项行为的；(3)追索恢复生产、经营急需的保险理赔费的；(4)需要立即返还社会保险金、社会救助资金的；(5)不立即返还款项，将严重影响权利人生活和生产经营的。

关联法规

《民诉法解释》第169、170条

第一百一十条　【先予执行条件】人民法院裁定先予执行的，应当符合下列条件：

（一）当事人之间权利义务关系明确，不先予执行将严重影响申请人的生活或者生产经营的；

（二）被申请人有履行能力。

人民法院可以责令申请人提供担保,申请人不提供担保的,驳回申请。申请人败诉的,应当赔偿被申请人因先予执行遭受的财产损失。

条文注释

依据本条规定,先予执行的适用条件是:(1)当事人之间权利义务关系明确。即案件的事实清楚,当事人之间的是非责任明确。(2)不先予执行将严重影响申请人的生活或者生产经营。先予执行是为了解决生活或生产的急需,申请人应当提供证据证明不先予执行将使生活陷入严重困难或使生产停顿甚至破产。(3)被申请人有履行能力。有履行能力,是指被申请人实际上具有给付、返还或者赔偿权利人的能力。(4)当事人提出先予执行申请。人民法院不能依职权主动裁定先予执行。(5)申请人是否提供担保由法院决定。先予执行是否应提供担保,由法院视情况决定。如果人民法院责令申请人提供担保,申请人必须提供担保,否则驳回申请。提供担保的目的是保护被申请人的利益。如果申请人申请先予执行错误造成被申请人损失,担保能够为赔偿提供保障。

第一百一十一条　【复议】当事人对保全或者先予执行的裁定不服的,可以申请复议一次。复议期间不停止裁定的执行。

条文注释

本法规定的对判决、裁定、决定的救济措施主要有:一是向上一级人民法院提起上诉,适用于判决和三种裁定,判决是指除小额诉讼判决外的第一审判决,三种裁定分别是不予受理裁定、管辖权异议裁定、驳回起诉裁定;二是申请复议,主要适用于保全裁定、先予执行裁定、回避申请的决定;三是向上一级人民法院申请复议,主要适用于执行行为异议裁定、罚款决定、拘留决定;四是审判监督程序,适用于已经发生法律效力的判决、裁定,根据启动主体的不同可以分为当事人申请、法院依职权主动再审、检察机关提出抗诉或者再审检察建议。

本条中的"不服"应当包括两种情形:一是申请人申请保全或者先予执行,人民法院裁定不予保全或者不予先予执行的。申请人认为其申请保全、先予执行完全符合本法规定的要件,法院裁定不予保全、不予执行是不正确的。二是被申请人认为保全和先予执行裁定存在错误。这里的"错误",包含不应当保全或者先予执行,以及保全或者先予执行的范围过大。这里的"申请复议"指的是向作出裁定的人民法院申请,并不是向上一级人民法院申请。

根据本条规定,复议期间不停止裁定的执行。这是关于裁定执行力与复议关系的规定。本条规定的"复议"属于事中救济,为了防止当事人利用申请复议的期间转移财产、损害申请人的合法利益,本条特别规定,复议期间不停止裁定的执行。

关联法规

《民诉法解释》第171、172条

第十章　对妨害民事诉讼的强制措施

第一百一十二条　【拘传】人民法院对必须到庭的被告,经两次传票传唤,无正当理由拒不到庭的,可以拘传。

条文注释

拘传是民事诉讼中对妨害诉讼行为采取的强制措施之一,是指对必须到庭的被告,由司法警察强制其到庭诉讼或到场接受询问的措施。(1)拘传的适用对象是必须到庭的被告。依据最高人民法院相关司法解释,必须到庭的被告,是指负有赡养、抚育、扶养义务和不到庭就无法查清案情的被告。给国家、集体或他人造成损害的未成年人的法定代理人,如其必须到庭,经两次传票传唤无正当理由拒不到庭的,也可以适用拘传。(2)拘传适用的前提是经两次传票传唤,无正当理由拒不到庭。根据规定,两次传票传唤,指送达传票,由受送达人或者法定的代收人在送达回证上签名或盖章。无正当理由,是指没有不可抗力、意外事件或其他使被告无法到庭的特殊情况。拘传必须经院长批准，必须用拘传票，并直接送达被拘传人。在拘传前，应向被拘传人说明拒不到庭的后果，经批评教育仍拒不到庭的，可拘传其到庭。

关联法规

《民诉法解释》第174、175条

第一百一十三条　【对妨害法庭秩序的强制措施】诉讼参与人和其他人应当遵守法庭规则。

人民法院对违反法庭规则的人，可以予以训诫，责令退出法庭或者予以罚款、拘留。

人民法院对哄闹、冲击法庭，侮辱、诽谤、威胁、殴打审判人员，严重扰乱法庭秩序的人，依法追究刑事责任；情节较轻的，予以罚款、拘留。

条文注释

本条第一款是义务性规范，明确规定诉讼参与人和其他人都负有遵守法庭规则的法定义务。诉讼参与人是诉讼活动中享有一定诉讼权利并承担一定诉讼义务的司法人员以外的人。诉讼参与人包括诉讼参加人，还包括当事人、诉讼代理人以及证人、鉴定人、勘验人员和翻译人员等其他诉讼参与人。其他人是指案外人，如法庭审理的旁听人员。法庭规则是诉讼参与人和其他人应当遵守的法庭开庭时的纪律和秩序，是法院开庭审理得以顺利进行的保障。

本条第二款是关于对违反法庭规则的行为可以采取强制措施的规定。训诫，是指对违反法庭规则情节较轻的人，通过批评、教育的方式，指出违法之处并责令加以改正的强制措施。责令退出法庭，是指法院强制违反法庭规则的人离开法庭，从而防止其继续妨害诉讼活动的强制措施。它比训诫要严厉。训诫是口头批评教育，还允许其留在法庭；而责令退出法庭则是强行命令行为人退出法庭。罚款，是指法院强制妨害民事诉讼行为人在指定期间缴纳一定数额金钱的强制措施。拘留，是指法院对妨害民事诉讼行为情节严重的人，在一定期间限制其人身自由的强制措施。对罚款的金额、拘留的期限以及罚款拘留的程序，见本法相关规定。

本条第三款是关于对严重扰乱法庭秩序的人采取强制措施的规定。哄闹、冲击法庭，侮辱、诽谤、威胁、殴打审判人员等严重扰乱法庭秩序、构成犯罪的，依法追究相应的刑事责任，如扰乱法庭秩序罪、故意伤害罪、诽谤罪等。上述行为尚未构成犯罪的，由法院酌情裁量罚款、拘留。罚款、拘留既可以单独适用，也可以合并适用。但对同一妨害民事诉讼行为的罚款、拘留不得连续适用。发生了新的妨害民事诉讼的行为，人民法院可以重新予以罚款、拘留。

关联法规

《民诉法解释》第176、177条；《人民法院法庭规则》第19、21条

第一百一十四条　【对某些妨害诉讼行为的强制措施】诉讼参与人或者其他人有下列行为之一的，人民法院可以根据情节轻重予以罚款、拘留；构成犯罪的，依法追究刑事责任：

（一）伪造、毁灭重要证据，妨碍人民法院审理案件的；

（二）以暴力、威胁、贿买方法阻止证人作证或者指使、贿买、胁迫他人作伪证的；

（三）隐藏、转移、变卖、毁损已被查封、扣押的财产，或者已被清点并责令其保管的财产，转移已被冻结的财产的；

（四）对司法工作人员、诉讼参加人、证人、翻译人员、鉴定人、勘验人、协助执行的人，进行侮辱、诽谤、诬陷、殴打或者打击报复的；

（五）以暴力、威胁或者其他方法阻碍司法工作人员执行职务的；

（六）拒不履行人民法院已经发生法律效力的判决、裁定的。

人民法院对有前款规定的行为之一的单位，可以对其主要负责人或者直接责任人员予以罚款、拘留；构成犯罪的，依法追究刑事责任。

条文注释

根据《民诉法解释》的规定，本条第一款第五项规定的以暴力、威胁或者其他方法阻碍司法工作人员执行职务的行为，包括：(1)在人民法院哄闹、滞留，不听从司法工作人员劝阻的；(2)故意毁损、抢夺

人民法院法律文书、查封标志的;(3)哄闹、冲击执行公务现场,围困、扣押执行或者协助执行公务人员的;(4)毁损、抢夺、扣留案件材料、执行公务车辆、其他执行公务器械、执行公务人员服装和执行公务证件的;(5)以暴力、威胁或者其他方法阻碍司法工作人员查询、查封、扣押、冻结、划拨、拍卖、变卖财产的;(6)以暴力、威胁或者其他方法阻碍司法工作人员执行职务的其他行为。

本条第一款第六项规定的拒不履行人民法院已经发生法律效力的判决、裁定的行为,包括:(1)在法律文书发生法律效力后隐藏、转移、变卖、毁损财产或者无偿转让财产、以明显不合理的价格交易财产、放弃到期债权、无偿为他人提供担保等,致使人民法院无法执行的;(2)隐藏、转移、毁损或者未经人民法院允许处分已向人民法院提供担保的财产的;(3)违反人民法院限制高消费令进行消费的;(4)有履行能力而拒不按照人民法院执行通知履行生效法律文书确定的义务的;(5)有义务协助执行的个人接到人民法院协助执行通知书后,拒不协助执行的。

诉讼参与人或者其他人有下列行为之一的,人民法院可以适用本条的规定处理:(1)冒充他人提起诉讼或者参加诉讼的;(2)证人签署保证书后作虚假证言,妨碍人民法院审理案件的;(3)伪造、隐藏、毁灭或者拒绝交出有关被执行人履行能力的重要证据,妨碍人民法院查明被执行人财产状况的;(4)擅自解冻已被人民法院冻结的财产的;(5)接到人民法院协助执行通知书后,给当事人通风报信,协助其转移、隐匿财产的。

关联法规

《民诉法解释》第187~189条

第一百一十五条　【对虚假诉讼、调解行为的司法处罚】当事人之间恶意串通,企图通过诉讼、调解等方式侵害国家利益、社会公共利益或者他人合法权益的,人民法院应当驳回其请求,并根据情节轻重予以罚款、拘留;构成犯罪的,依法追究刑事责任。

当事人单方捏造民事案件基本事实，向人民法院提起诉讼，企图侵害国家利益、社会公共利益或者他人合法权益的，适用前款规定。

条文注释

虚假诉讼是指当事人之间恶意串通、企图通过诉讼、调解等方式侵害国家利益、社会公共或者他人合法权益的行为，属于恶意诉讼的一种。恶意诉讼包括单方恶意和双方恶意。根据本条规定，“应当”说明法院对此种恶意诉讼行为必须予以惩戒。对于罚款、拘留的幅度，法院有一定的自由裁量权，有权根据案件实际情况作出处理，构成犯罪的，依法追究刑事责任。

2023年本法修改，进一步明确了虚假诉讼侵害法益的范围，将虚假诉讼侵害法益从“他人合法权益”扩展至“国家利益、社会公共利益或者他人合法权益”，坚决防止虚假诉讼行为损害国家利益、社会公共利益。

本条第二款是2023年本法修改新增的条文，明确了单方虚假诉讼情形，突出虚假诉讼本质特征，在“双方恶意串通”情形之外，增加“单方捏造基本事实”的情形，准确界定虚假诉讼外延，压缩虚假诉讼存在空间。

关联法规

《民诉法解释》第190、191条；《最高人民法院关于防范和制裁虚假诉讼的指导意见》

第一百一十六条　【对恶意串通逃避执行行为的司法处罚】被执行人与他人恶意串通，通过诉讼、仲裁、调解等方式逃避履行法律文书确定的义务的，人民法院应当根据情节轻重予以罚款、拘留；构成犯罪的，依法追究刑事责任。

条文注释

本条规定对于被执行人与他人恶意串通，通过诉讼、仲裁、调解等方式以逃避执行的行为，法院应当采取罚款、拘留的强制措施。这里的“恶意”是指目的不正当——逃避执行。从这个角度来看，本条规定的也是恶意诉讼的一种情况。本条中的"法律文书"泛指所有可以作为执行依据的法律文书，除法院制作的判决、裁定和调解书外，还包括刑事判决、裁定中的财产部分，仲裁裁决，公证债权文书，支付令，以及法律规定由人民法院执行的其他法律文书。

第一百一十七条 【不协助调查、执行的强制措施】有义务协助调查、执行的单位有下列行为之一的，人民法院除责令其履行协助义务外，并可以予以罚款：

（一）有关单位拒绝或者妨碍人民法院调查取证的；

（二）有关单位接到人民法院协助执行通知书后，拒不协助查询、扣押、冻结、划拨、变价财产的；

（三）有关单位接到人民法院协助执行通知书后，拒不协助扣留被执行人的收入、办理有关财产权证照转移手续、转交有关票证、证照或者其他财产的；

（四）其他拒绝协助执行的。

人民法院对有前款规定的行为之一的单位，可以对其主要负责人或者直接责任人员予以罚款；对仍不履行协助义务的，可以予以拘留；并可以向监察机关或者有关机关提出予以纪律处分的司法建议。

条文注释

本条第一款首先明确了哪些行为是拒绝协助行为。前三项为列举，其中第二项于2012年作了修改，将"银行、信用合作社和其他有储蓄业务的单位"改为"有关单位"；将"拒不协助查询、冻结或者划拨存款"改为"拒不协助查询、扣押、冻结、划拨、变价财产"。实际上是扩大了拒不协助执行行为的外延。第四项是兜底条款，以防遗漏。其次规定了对有上述拒绝协助行为的单位，法院除责令其履行协助义务外，并可以予以罚款。

根据《民诉法解释》第一百九十二条的规定，有关单位接到人民法院协助执行通知书后，有下列行为之一的，人民法院可以适用本法本条规定处理：(1)允许被执行人高消费的；(2)允许被执行人出境的；(3)拒不停止办理有关财产权证照转移手续、权属变更登记、规划审批等手续的;(4)以需要内部请示、内部审批,有内部规定等为由拖延办理的。

第一百一十八条　【罚款、拘留】对个人的罚款金额,为人民币十万元以下。对单位的罚款金额,为人民币五万元以上一百万元以下。

拘留的期限,为十五日以下。

被拘留的人,由人民法院交公安机关看管。在拘留期间,被拘留人承认并改正错误的,人民法院可以决定提前解除拘留。

条文注释

本条规定拘留由人民法院交公安机关看管。被拘留人在拘留期间认错悔改的,可以责令其具结悔过,提前解除拘留。提前解除拘留,应报经院长批准,并作出提前解除拘留决定书,交负责看管的公安机关执行。被拘留人不在本辖区的,作出拘留决定的人民法院应派员到被拘留人所在地的人民法院,请该院协助执行,受委托的人民法院应及时派员协助执行。被拘留人申请复议或者在拘留期间承认并改正错误,需要提前解除拘留的,受委托人民法院应向委托人民法院转达或者提出建议,由委托人民法院审查决定。

关联法规

《民诉法解释》第193条

第一百一十九条　【拘传、罚款、拘留程序】拘传、罚款、拘留必须经院长批准。

拘传应当发拘传票。

罚款、拘留应当用决定书。对决定不服的,可以向上一级人民法院申请复议一次。复议期间不停止执行。

关联法规

《民诉法解释》第178~186条

第一百二十条　【强制措施决定权】采取对妨害民事诉讼的强制措施必须由人民法院决定。任何单位和个人采取非法拘禁他人或者非法私自扣押他人财产追索债务的，应当依法追究刑事责任，或者予以拘留、罚款。

条文注释

本条是关于在民事诉讼过程中非法拘禁他人或者非法私自扣押他人财产追索债务的行为人追究刑事责任或采取拘留、罚款措施的规定。根据《刑法》第二百三十八条的规定，非法拘禁他人或者以其他方法非法剥夺他人人身自由的，处三年以下有期徒刑、拘役、管制或者剥夺政治权利。具有殴打、侮辱情节的，从重处罚。国家机关工作人员利用职权犯非法拘禁罪的，从重处罚。从这一规定来看，非法拘禁罪的成立没有情节的规定，只要是实施了非法拘禁行为，无论时间长短，次数多少，程度轻重，就应该构成非法拘禁罪。从重处罚的情形有两种：一是具有殴打、侮辱的行为；二是具有国家机关工作人员的特殊身份。

债权人扣押债务人的财产追索债务的行为，在民法理论上称为自力行为，又称自助行为或自力救助，是指民事权利主体对其享有和行使的民事权利在受到非法损害或妨害时，以其力量（民事行为）加以自我保护的民事行为。自力保护容易产生侵权行为，使用不当会激化矛盾，从而导致一系列的严重后果。所以，世界各国立法对自力救济都持谨慎态度，我国也不例外。就财物自助行为来讲，只有旅客住宿不付费、吃饭不给钱等小额债务，公力救助不能及时解决纠纷的情况下，债权人才可以强行扣押行为人的随身财物抵偿欠款。而对于一些大额债务，债权人没有当场占有债务人财产的情况下，债权人要实现自己的债权必须依靠公力救助。债权人采取私自非法扣押他人财产的手段实现债权，实施所谓的“自助行为”，实质上是一种违法行为。但我国《刑法》对“非法扣押财产追索债务”并没有规定刑事责任，因此对非法私自扣押他人财产追索债务情节严重的也往往是以妨害民事诉讼行为认定，予以拘留、罚款。

第十一章　诉讼费用

第一百二十一条　【诉讼费用的交纳】当事人进行民事诉讼,应当按照规定交纳案件受理费。财产案件除交纳案件受理费外,并按照规定交纳其他诉讼费用。

当事人交纳诉讼费用确有困难的,可以按照规定向人民法院申请缓交、减交或者免交。

收取诉讼费用的办法另行制定。

条文注释

本条第一款规定了诉讼费用的种类:案件受理费和其他诉讼费用。案件受理费是法院决定受理案件后,按照有关规定向当事人征收的费用,具有税收性质。除法律另有规定外,所有的民事案件都要征收案件受理费。案件受理费有两种:一是非财产案件受理费;二是财产案件受理费。如果案件的诉讼标的既涉及财产性质又涉及非财产性质,则要分别交纳两种案件受理费。根据国务院制定的《诉讼费用交纳办法》的规定,其他诉讼费用包括:(1)申请费;(2)证人、鉴定人、翻译人员、理算人员在人民法院指定日期出庭发生的交通费、住宿费、生活费和误工补贴。

本条第二款是关于缓交、减交或者免交诉讼费用的规定。诉讼费用缓交、减交或者免交制度,有利于经济上确有困难的当事人行使诉讼权利,不至于因交不起诉讼费用而无法获得司法保护。诉讼费用缓、减、免的具体适用标准见《诉讼费用交纳办法》的相关规定。

关联法规

《民诉法解释》第194～207条;《诉讼费用交纳办法》;《最高人民法院关于对经济确有困难的当事人提供司法救助的规定》

第二编　审 判 程 序

第十二章　第一审普通程序

第一节　起诉和受理

第一百二十二条　【起诉条件】起诉必须符合下列条件：
（一）原告是与本案有直接利害关系的公民、法人和其他组织；
（二）有明确的被告；
（三）有具体的诉讼请求和事实、理由；
（四）属于人民法院受理民事诉讼的范围和受诉人民法院管辖。

条文注释

民事诉讼中的起诉，是指公民、法人、其他组织认为自己的权益受到他人侵害，或者与他人发生民事权益的争议，从而请求法院通过审判给予司法保护的诉讼行为。依据本条的规定，起诉应当符合四个方面的条件：

第一，原告是与本案有直接利害关系的公民、法人和其他组织。“原告与本案有直接利害关系”，是指争议的法律关系直接涉及原告所享有的或由其支配、保护的权益。第二，有明确的被告。即要求原告将起诉对象具体化、特定化，从而使法院能够明确原告起诉的是谁，从而实施文书送达等相关的诉讼行为。明确的被告，不仅要求被告的称谓要明确，相关能够确定其身份信息的简况也应当明确。第三，有具体的诉讼请求和事实、理由。诉讼请求，是指原告起诉时通过受诉法院向被告提出的实体权利主张。诉讼请求应当明确、具体，否则人民法院也无法对案件进行审理和裁判。事实和理由则是原告提出诉讼请求的依据。第四，属于人民法院受理民事诉讼的范围和受诉人民法院管辖。即符合《民事诉讼法》关于主管和管辖的规定：

首先,原告提交法院的争议事项应当属于法院行使审判权的职权范围,否则法院无权受理;其次,受诉法院对本案有管辖权,即符合本法关于级别管辖和地域管辖的规定。

第一百二十三条　【起诉方式】起诉应当向人民法院递交起诉状,并按照被告人数提出副本。

书写起诉状确有困难的,可以口头起诉,由人民法院记入笔录,并告知对方当事人。

条文注释

根据本条规定,原告起诉有两种方式:一为书面方式;二为口头方式。两种方式中以书面方式为主,只有在起诉人"书写起诉状确有困难的"情况下,为便利其行使起诉的权利,才可以允许原告口头起诉。此处所说的"书写起诉状确有困难",主要是指原告本人因文化水平或法律知识等欠缺所造成的自行书写起诉状确有困难的情形,也包括在原告无诉讼行为能力时,其法定代理人因类似原因而造成的书写起诉状确有困难的情形。在这两种情形下,都可以口头起诉。

第一百二十四条　【起诉状】起诉状应当记明下列事项:

(一)原告的姓名、性别、年龄、民族、职业、工作单位、住所、联系方式,法人或者其他组织的名称、住所和法定代表人或者主要负责人的姓名、职务、联系方式;

(二)被告的姓名、性别、工作单位、住所等信息,法人或者其他组织的名称、住所等信息;

(三)诉讼请求和所根据的事实与理由;

(四)证据和证据来源,证人姓名和住所。

条文注释

本条对起诉状内容的规定主要有以下几个方面:

1. 当事人的基本情况

当事人是自然人的,应当记明原告的姓名、性别、年龄、民族、职业、工作单位、住所和联系方式,被告的姓名、性别、工作单位、住所等能够确定其身份的信息。

当事人是法人或者其他组织的,应当记明法人或者其他组织的名称、住所和法定代表人或者主要负责人的姓名、职务和联系方式。上述基本情况应当按原告、被告的顺序分别列出。如果原告有诉讼代理人的,应当在原告基本情况之后,记明诉讼代理人的姓名、年龄、职务、住所和与被代理人的关系等基本情况,如果委托律师担任诉讼代理人的,则只需记明律师姓名和所在律师事务所的名称。这有助于受诉人民法院审核、认定双方当事人的诉讼主体资格,并在当事人合格的基础上对案件进行审理和作出裁判。

需要说明的是,在起诉状记明事项中区分原被告分别处理,是2012年本法修改的内容:首先,关于原告应记明事项,除原来法律规定的"姓名、性别、年龄、民族、职业、工作单位和住所"外,本次民事诉讼法修改增加一项"联系方式"的内容。

其次,关于起诉状应记明的有关被告的事项,本法于2012年修改为"被告的姓名、性别、工作单位、住所等信息,法人或者其他组织的名称、住所等信息"。与第一款有关原告应记明事项相比,并未要求记明被告"联系方式",而只是原则规定被告姓名、性别、工作单位、住所等能够确定其身份的信息,这是因为提交起诉状的原告往往并不掌握被告的确切联系方式,只要能够提供其他足以确定被告身份的信息,满足本法第一百二十二条第二项"有明确的被告"的条件即可。有关被告"联系方式"等信息,根据本法第一百二十八条的规定,应当由被告在提交答辩状时向法院提供。

2. 诉讼请求和所根据的事实与理由

诉讼请求是起诉状中的重要内容,既是原告起诉必须符合的法定条件之一,也是起诉状必须记明的法定事项。原告应当在起诉状中记明诉讼请求,明确提出自己对实体权利的主张,以便受诉人民法院明确其在诉讼上的要求以及通过诉讼所要达到的目的。诉讼请求应力求明确,切忌含混不清,模棱两可。在记明诉讼请求的同时,应当记明提出诉讼请求的客观基础,这样才能使受诉人民法院明确其起诉的事实依据和具体原因,并在此基础上对案件进行依法审理和作出判决。事实部分应实事求是，陈述力求确切，理由部分应作出有理有据的论证。

3. 证据和证据来源，证人姓名和住所

根据本法第六十七条第一款的规定，当事人对自己提出的主张，有责任提供证据。因此，原告提出的诉讼请求是否合理，所根据的事实是否存在，应当有证据加以证明，原告在提出证据的同时，应当提供证据的来源，以便人民法院核实，如果提供的是证人，则应记载证人的姓名、住所或工作单位，以便人民法院调查。

除上述规定外，起诉状还应当写明起诉的日期，并由原告署名或盖章。原告起诉时已委托他人代为诉讼的，应当将授权委托书随起诉状一并递交。

关联法规

《最高人民法院关于民事诉讼证据的若干规定》第1、2条

第一百二十五条　【先行调解】当事人起诉到人民法院的民事纠纷，适宜调解的，先行调解，但当事人拒绝调解的除外。

条文注释

民事纠纷属于私权争议，因而可处分性是民事纠纷的基本特点。根据自愿和合法的原则进行调解是民事诉讼的基本原则。由于当事人处分权的行使贯穿于诉讼的全过程，所以在诉讼的任何阶段，双方当事人都可以通过调解解决争议。为了充分发挥调解制度的功能，《最高人民法院关于适用简易程序审理民事案件的若干规定》中规定了六种类型的案件实行调解前置，开庭审理时先行调解。2012年本法修改时借鉴了此种做法，并将先行调解的适用扩展至一审普通程序，并不限案件类型，只要人民法院认为案件适合调解的，就可以先行调解，但应当征得当事人的同意。自愿原则是调解活动的基本原则，因而当事人拒绝调解的，人民法院不能强制调解。

关联法规

《最高人民法院关于适用简易程序审理民事案件的若干规定》第14条

第一百二十六条　【立案期限】人民法院应当保障当事人依照法律规定享有的起诉权利。对符合本法第一百二十二条的起诉，必须受理。符合起诉条件的，应当在七日内立案，并通知当事人；不符合起诉条件的，应当在七日内作出裁定书，不予受理；原告对裁定不服的，可以提起上诉。

条文注释

受理是指人民法院对原告的起诉进行审查之后，认为符合法定条件，决定立案审理的职权行为。当事人的起诉是诉讼程序启动的前提，而人民法院的受理则意味着诉讼程序正式启动。人民法院的受理程序包括审查起诉和立案两个环节。审查起诉的内容主要是看原告的起诉是否符合本法第一百二十二条规定的四个方面的条件。对于符合条件的起诉，人民法院必须立案受理，并通知当事人。对于不符合起诉条件的，人民法院裁定不予受理，并应当制作裁定书，不能仅口头通知当事人。原告对裁定不服的，可以自裁定书送达之日起十日内依法向上一级人民法院提出上诉，由上一级人民法院审理后作出最终的处理。

人民法院对原告起诉受理的期限为七日，从接到起诉状的次日起开始计算。无论是立案受理还是裁定不予受理，都应当在七日的法定期限内作出。人民法院因起诉状内容欠缺责令原告补正的，立案或不予受理的期间自补正后交法院的次日起计算。

关联法规

《民诉法解释》第208～210条；《最高人民法院关于人民法院推行立案登记制改革的意见》；《最高人民法院关于人民法院登记立案若干问题的规定》

第一百二十七条　【审查起诉】人民法院对下列起诉，分别情形，予以处理：

（一）依照行政诉讼法的规定，属于行政诉讼受案范围的，告知原告提起行政诉讼；

（二）依照法律规定，双方当事人达成书面仲裁协议申请仲裁、不得向人民法院起诉的，告知原告向仲裁机构申请仲裁；

（三）依照法律规定，应当由其他机关处理的争议，告知原告向有关机关申请解决；

（四）对不属于本院管辖的案件，告知原告向有管辖权的人民法院起诉；

（五）对判决、裁定、调解书已经发生法律效力的案件，当事人又起诉的，告知原告申请再审，但人民法院准许撤诉的裁定除外；

（六）依照法律规定，在一定期限内不得起诉的案件，在不得起诉的期限内起诉的，不予受理；

（七）判决不准离婚和调解和好的离婚案件，判决、调解维持收养关系的案件，没有新情况、新理由，原告在六个月内又起诉的，不予受理。

条文注释

本条是关于对不符合起诉条件的起诉如何处理的规定。人民法院依据本法第一百二十二条规定的起诉条件审查起诉，对于符合起诉条件的，应当受理；对不符合起诉条件的，分别情形，予以处理：

第一项至第三项均属于不符合人民法院对民事案件的主管的，所以裁定不予受理。

第四项属于不符合本法关于管辖的规定，受诉法院无管辖权的，裁定不予受理，并告知其向有管辖权的法院起诉。

第五项属于“一事不再理”的情况。为了避免重复诉讼和维护审判机关生效裁判的稳定性、权威性，各国和地区的民事诉讼中普遍确立了“一事不再理”的原则。对判决、裁定、调解书已经发生法律效力的案件，禁止当事人再起诉。应注意：本法原来的“告知原告按照申诉处理”已于2012年修改为“告知原告申请再审”。

第六项属于法定“禁诉期”的情形。原则上，当事人行使诉权不应受到时间上的限制，但特殊情况下，为了体现对一方当事人合法权益的特殊保护，法律规定了一定期间内不得起诉的“禁诉期”。例如，我国《民法典》第一千零八十二条规定，“女方在怀孕期间、分娩后一年内或者终止妊娠后六个月内，男方不得提出离婚”。此项规定旨在为女性和婴儿的合法权益提供特殊保护。但这一规定并非绝对，我国《民法典》第一千零八十二条同时还规定，“但是，女方提出离婚或者人民法院认为确有必要受理男方离婚请求的除外”。即同时也考虑到了尊重女方意愿和男方合理要求。

第七项规定，判决不准离婚和调解和好的离婚案件，判决、调解维持收养关系的案件，没有新情况、新理由，原告在六个月内又起诉的，不予受理。这样规定的目的在于防止原告在案件情况与诉讼理由没有变化的情况下短时间内又起诉而造成无谓的诉讼和司法资源的浪费。需要注意的是，此类案件，原告六个月后再起诉的，或者原告在六个月内起诉，有新情况、新理由的，或者被告在六个月内向人民法院起诉的，则人民法院应当受理。

此外，根据《民诉法解释》的规定，当事人超过诉讼时效期间起诉的，人民法院应予受理。受理后对方当事人提出诉讼时效抗辩，人民法院经审理认为抗辩事由成立的，判决驳回原告的诉讼请求。

关联法规

《民诉法解释》第211～219、247、248条；《最高人民法院关于人民法院登记立案若干问题的规定》

第二节　审理前的准备

第一百二十八条　【答辩状提出】人民法院应当在立案之日起五日内将起诉状副本发送被告，被告应当在收到之日起十五日内提出答辩状。答辩状应当记明被告的姓名、性别、年龄、民族、职业、工作单位、住所、联系方式；法人或者其他组织的名称、住所和法定代表人或者主要负责人的姓名、职务、联系方式。人民法院应当在收到答辩状之日起五日内将答辩状副本发送原告。

被告不提出答辩状的，不影响人民法院审理。

条文注释

根据本条第一款的规定，人民法院受理案件以后，应当在五日内将原告提交的起诉状副本发送被告。原告口头起诉的，人民法院应当在五日内将口诉笔录的复制本发送被告，或者口头将原告起诉的内容通知被告。为了保证当事人辩论权的行使，被告在接到原告起诉状副本之后，其答辩的期限为十五日。答辩，是指被告针对原告在起诉状中提出的诉讼请求和事实理由进行回答和辩驳。关于被告答辩期的规定是保障当事人辩论权行使的体现。一般情况下，原告在起诉时无法提供被告的详细信息，所以2012年本法修改时增加了被告在答辩状中写明基本情况的要求。人民法院送达起诉状、答辩状副本的目的在于保障双方当事人的知情权，使双方在信息对称的情况下公平对抗。

根据本条第二款的规定，被告不提交答辩状或逾期不作答辩的，不影响民事诉讼程序下一阶段的进行，不影响人民法院对案件的审理。

关联法规

《最高人民法院关于民事诉讼证据的若干规定》第50条

第一百二十九条　【权利义务告知】人民法院对决定受理的案件，应当在受理案件通知书和应诉通知书中向当事人告知有关的诉讼权利义务，或者口头告知。

条文注释

根据本条规定，人民法院对决定受理的案件，应当告知当事人有关的诉讼权利和义务。告知可以采用两种方式：一是书面方式，即在受理案件通知书和应诉通知书中，向当事人写明有关的诉讼权利和义务。受理案件通知书是人民法院接到原告起诉后，经审查符合起诉条件的，在决定立案后向原告发出决定立案和预交诉讼费的通知书。应诉通知书是人民法院对原告的起诉决定受理后，应向被告发出的通知书，主要内容包括：原、被告姓名，案由，送达起诉状副本，告知被告按期提出答辩，可以委托诉讼代理人及其他事项。二是口头方式,如果不在通知书中记明,应当在送达通知书的同时,用口头方式告知,以便当事人及时了解诉讼权利和义务。

人民法院分别发送给原、被告的受理案件通知书和应诉通知书中关于诉讼权利义务的内容主要有以下几个方面:根据本法第四十七条的规定,当事人有权对本案的承办法官、书记员以及翻译人员、鉴定人、勘验人提出回避申请。根据本法第五十二条、第五十三条、第五十四条及其他有关条款的规定,当事人有权委托代理人,有权收集、提供证据,进行辩论,请求调解和自行和解,提起上诉,申请执行,查阅本案有关材料,复制本案有关材料和法律文书。当事人必须依法行使诉讼权利,遵守诉讼秩序,履行发生法律效力的判决书、裁定书和调解书。原告可以放弃或者变更诉讼请求,被告可以承认或者反驳诉讼请求,有权提起反诉。

另外,根据《最高人民法院关于民事诉讼证据的若干规定》第五十条第一款的规定,人民法院应当在审理前的准备阶段向当事人送达举证通知书。举证通知书应当载明举证责任的分配原则和要求、可以向人民法院申请调查收集证据的情形、人民法院根据案件情况指定的举证期限以及逾期提供证据的法律后果等内容。

第一百三十条 【管辖权异议、应诉或反诉管辖】人民法院受理案件后,当事人对管辖权有异议的,应当在提交答辩状期间提出。人民法院对当事人提出的异议,应当审查。异议成立的,裁定将案件移送有管辖权的人民法院;异议不成立的,裁定驳回。

当事人未提出管辖异议,并应诉答辩或者提出反诉的,视为受诉人民法院有管辖权,但违反级别管辖和专属管辖规定的除外。

条文注释

本条第一款规定了当事人提出管辖权异议的期限和处理程序。管辖权异议,是指当事人提出的认为受诉法院无管辖权的主张。(1)提出管辖权异议的主体一般只能为诉讼中的被告。(2)管辖权异议的内容既包括案件的级别管辖,也包括案件的地域管辖。(3)管辖权异议的提出期限为提交答辩状期间,即接到起诉状副本之日起的十五日内。(4)人民法院对当事人的异议应当进行审查。认为异议成立的,即受诉法院确实无管辖权,应裁定将案件移送到有管辖权的法院。认为异议不能成立的,即受诉法院依法享有对该案的管辖权,应当裁定驳回当事人的异议。

本条第二款是关于应诉管辖的规定。受诉法院虽然没有对某一案件的管辖权,但在答辩期内,被告没有提出管辖权异议,并应诉答辩或者提出反诉的,视为双方通过默示的方式达成了协议管辖,受诉法院因而取得了对本案的管辖权。需要注意的是,由于级别管辖和专属管辖不适用协议管辖,所以应诉管辖不能违反级别管辖和专属管辖的规定。关于"提出反诉的"这一规定,是2023年本法修改新增的内容。

关联法规

《民诉法解释》第223条;《最高人民法院关于审理民事级别管辖异议案件若干问题的规定》

第一百三十一条　【告知审判人员组成】审判人员确定后,应当在三日内告知当事人。

条文注释

本条需要说明的是,人民法院在告知当事人后,可以根据需要对审判人员进行必要的调整,因情势变化,必须调整审判人员的,应当于调整后三日内告知当事人。在开庭前三日内决定调整审判人员的,原定的开庭日期应予顺延。

第一百三十二条　【审核取证】审判人员必须认真审核诉讼材料,调查收集必要的证据。

条文注释

诉讼材料,是指原、被告双方向受诉法院提交的起诉状、答辩状,以及他们各自提交的有关证据材料。必要的证据,是指对于认定事实、适用法律必不可少的证据材料。本条规定的审核诉讼材料和调查、收集必要证据的工作,并不是使审判人员在开庭审理前对案件事实以及证据的认定形成结论性的意见。从性质上讲，此项工作只是一种程序性的准备而非实体性审理。

第一百三十三条 【法院调查程序】人民法院派出人员进行调查时，应当向被调查人出示证件。

调查笔录经被调查人校阅后，由被调查人、调查人签名或者盖章。

第一百三十四条 【委托调查】人民法院在必要时可以委托外地人民法院调查。

委托调查，必须提出明确的项目和要求。受委托人民法院可以主动补充调查。

受委托人民法院收到委托书后，应当在三十日内完成调查。因故不能完成的，应当在上述期限内函告委托人民法院。

条文注释

在民事诉讼中，许多情况下人民法院需要向有关单位和个人进行调查，这是人民法院行使审判权的重要职权活动，任何单位和个人都有义务协助，不得以任何借口予以拒绝。如果有关单位或者个人拒绝或者妨碍调查取证的，人民法院可以根据本法相关规定对其采取妨害民事诉讼的强制措施。

受诉人民法院除自行调查以外，对在外地的证据，在必要的时候可以委托外地人民法院调查，这样可以在保证调查质量的前提下降低调查成本，提高调查效率。委托调查是一种法定调查方式，受委托的人民法院有义务协助调查取证。委托调查，必须提出明确的项目和要求。为了保证调查事项的完整性并以此满足诉讼活动的客观需要，受委托的人民法院除根据委托调查的项目和要求进行调查外，如果发现与委托项目有关的证据，可以主动补充调查。

第一百三十五条 【当事人追加】必须共同进行诉讼的当事人没有参加诉讼的，人民法院应当通知其参加诉讼。

条文注释

在必要共同诉讼中，共同诉讼人之间具有共同的诉讼权利或共同的诉讼义务,因而必须在同一程序中共同参加诉讼,由人民法院对其诉讼标的合并审理、合一裁判。

人民法院追加共同诉讼的当事人时,应通知其他当事人。人民法院依法追加原告时,如果应当追加的原告已经明确表示放弃实体权利的,可不予追加;既不愿意参加诉讼,又不愿意放弃实体权利的,仍追加为共同原告,其不参加诉讼的,不影响人民法院的审理和判决。人民法院依法追加被告时,不以其本人和案内其他诉讼当事人的主观意愿为转移,均应通知追加,即使其不来参加诉讼,也不影响人民法院的审理和判决,且判决生效后对其有同样约束力。对于依法必须到庭的被告,可以依法适用拘传。

必须共同进行诉讼的当事人没有参加诉讼的,除人民法院有权通知其参加诉讼以外,当事人也可以向人民法院申请追加。人民法院对当事人提出的申请,应当进行审查,申请无理的,裁定驳回;申请有理的,书面通知被追加的当事人参加诉讼。

关联法规

《民诉法解释》第221、222条

第一百三十六条　【开庭准备程序】人民法院对受理的案件,分别情形,予以处理:

(一)当事人没有争议,符合督促程序规定条件的,可以转入督促程序;

(二)开庭前可以调解的,采取调解方式及时解决纠纷;

(三)根据案件情况,确定适用简易程序或者普通程序;

(四)需要开庭审理的,通过要求当事人交换证据等方式,明确争议焦点。

条文注释

依据本条的规定,人民法院受理案件之后,开庭审理之前,应当根据案件的性质和情况,分别处理:

(1)当事人没有争议,符合督促程序规定条件的,可以转入督促程序。督促程序,是指人民法院根据债权人的申请,以支付令的方式,催促债务人在法定期间内向债权人履行给付金钱和有价证券义务,如果债务人在法定期间内未履行义务又不提出书面异议,债权人可以根据支付令向人民法院申请强制执行的程序。作为一种快速实现债权的非讼程序,督促程序主要适用于债权债务关系明确的、双方当事人对他们之间的债权债务关系无争议的、给付金钱和有价证券的案件,所以人民法院对于依照诉讼程序受理的案件,如果发现当事人没有争议且符合督促程序条件的,可以转入督促程序。

(2)开庭前可以调解的,采取调解方式及时解决纠纷。开庭前可以调解的案件,因为双方的认识较为一致,容易形成共识、达成协议,所以适合通过调解方式及时解决纠纷,从而节约诉讼成本、提高诉讼效率。

(3)根据案件情况,确定适用简易程序或者普通程序。简易程序是基层人民法院及其派出法庭审理简单民事案件所适用的一种简便易行的程序。根据本法第一百六十条的规定,对于事实清楚、权利义务关系明确、争议不大的案件,人民法院可以适用简易程序审理。其他民事案件,当事人也可以约定适用简易程序。依据相关司法解释的规定,当事人就适用简易程序有权提出异议,人民法院认为异议成立的,或者人民法院在审理过程中发现不宜适用简易程序的,应当将案件转入普通程序审理。

(4)人民法院应当根据当事人的诉讼请求、答辩意见以及证据交换的情况,归纳争议焦点,并就归纳的争议焦点征求当事人的意见。

关联法规

《民诉法解释》第 224 ~ 226、269、324 条;《最高人民法院关于适用简易程序审理民事案件的若干规定》第 1 ~ 3 条

第三节 开庭审理

第一百三十七条 【审理方式】人民法院审理民事案件,除涉及国家秘密、个人隐私或者法律另有规定的以外,应当公开进行。

离婚案件，涉及商业秘密的案件，当事人申请不公开审理的，可以不公开审理。

第一百三十八条　【巡回审理】人民法院审理民事案件，根据需要进行巡回审理，就地办案。

第一百三十九条　【开庭通知及公告】人民法院审理民事案件，应当在开庭三日前通知当事人和其他诉讼参与人。公开审理的，应当公告当事人姓名、案由和开庭的时间、地点。

条文注释

为了给当事人准备开庭审理留有必要的时间，人民法院审理民事案件，应当依法告知当事人和其他诉讼参与人出庭日期。鉴于开庭日期是法院根据审理前准备情形单方决定的，人民法院应当在开庭三日前用通知书通知诉讼代理人、证人、鉴定人、翻译人员等出席庭审，对当事人应当采用传票传唤。应当说明的是，这一规定是要求人民法院将开庭通知书至迟在开庭三日以前送达当事人和其他诉讼参与人，而不是开庭前三日内才送到，更不是开庭前三日才发出开庭通知。提前发出开庭通知的主要目的是给当事人和其他诉讼参与人留有充裕的时间，按时参加庭审。

第一百四十条　【庭前准备】开庭审理前，书记员应当查明当事人和其他诉讼参与人是否到庭，宣布法庭纪律。

开庭审理时，由审判长或者独任审判员核对当事人，宣布案由，宣布审判人员、法官助理、书记员等的名单，告知当事人有关的诉讼权利义务，询问当事人是否提出回避申请。

第一百四十一条　【法庭调查顺序】法庭调查按照下列顺序进行：

（一）当事人陈述；

（二）告知证人的权利义务，证人作证，宣读未到庭的证人证言；

（三）出示书证、物证、视听资料和电子数据；

（四）宣读鉴定意见；

（五）宣读勘验笔录。

第一百四十二条 【当事人庭审权利】当事人在法庭上可以提出新的证据。

当事人经法庭许可,可以向证人、鉴定人、勘验人发问。

当事人要求重新进行调查、鉴定或者勘验的,是否准许,由人民法院决定。

条文注释

根据本法的规定,当事人有权提供证据。提供证据是当事人的一项权利。当事人可以在起诉和受理的阶段提供,也可以在法院审理前的阶段提供,同样在法庭调查阶段也有权提出新的证据。在法庭辩论阶段,如果发现当事人提出了新的证据,那么应将辩论阶段转换为调查阶段,等到审判人员对所提出的新证据调查核实完毕,再重新恢复法庭辩论。

在法庭调查中,如果当事人对证人证言、鉴定的情况和鉴定意见、勘验的情况和勘验笔录有异议,经法庭许可,可以向证人、鉴定人、勘验人发问,证人、鉴定人、勘验人应如实回答。如果当事人认为鉴定意见或勘验笔录有错误,可以提出申请要求重新调查或鉴定、勘验,合议庭对当事人提出的申请应进行合议,决定是否重新调查或鉴定、勘验。

关联法规

《民诉法解释》第 231 条

第一百四十三条 【诉的合并】原告增加诉讼请求,被告提出反诉,第三人提出与本案有关的诉讼请求,可以合并审理。

条文注释

当事人在诉讼中有权处分自己的实体权利和诉讼权利。在诉讼中,原告可以增加诉讼请求,被告有权提出反诉,有独立请求权的第三人有权提起参加之诉。原告新增诉讼请求、被告的反诉请求与已有诉讼请求通常基于同一法律事实或法律关系,第三人提出的与本案有关的诉讼请求虽然基于另外的请求权,与本诉的基础法律关系不同，但是直接针对本诉的诉讼标的，关系讼争利益的最终归属，所以通过合并审理，既可以节约诉讼成本、实现诉讼经济，也有利于人民法院全面解决纠纷，保护民事权利，避免作出相互矛盾的裁判。《诉讼费用交纳办法》中规定，被告提起反诉，有独立请求权的第三人提出与本案有关的诉讼请求，人民法院决定合并审理的，分别减半交纳案件受理费。

《民诉法解释》补充规定，反诉的当事人应当限于本诉的当事人的范围。同时针对所提起的反诉，补充规定：(1)反诉与本诉的诉讼请求基于相同法律关系、诉讼请求之间具有因果关系，或者反诉与本诉的诉讼请求基于相同事实的，人民法院应当合并审理。(2)反诉应由其他人民法院专属管辖，或者与本诉的诉讼标的及诉讼请求所依据的事实、理由无关联的，裁定不予受理，告知另行起诉。

关联法规

《民诉法解释》第232、233、251、252条

第一百四十四条　【法庭辩论】法庭辩论按照下列顺序进行：

(一)原告及其诉讼代理人发言；

(二)被告及其诉讼代理人答辩；

(三)第三人及其诉讼代理人发言或者答辩；

(四)互相辩论。

法庭辩论终结，由审判长或者独任审判员按照原告、被告、第三人的先后顺序征询各方最后意见。

条文注释

本条还应注意法庭调查与法庭辩论相结合的问题。《民诉法解释》规定，人民法院根据案件具体情况并征得当事人同意，可以将法庭调查和法庭辩论合并进行。在司法实践中，法庭调查与法庭辩论往往以下列形式结合：法庭调查阶段，一方当事人认为另一方当事人陈述的某些事实不清，或者认为其他证据需要另一方当事人进行证实等，在征得审判长或者独任审判员同意后，向另一方当事人发问，审判长或者独任审判员认为一方当事人的请求合理，应当允许其向

另一方当事人发问或者与另一方当事人进行辩论，并应指挥当事人的发问和辩论。审判长或者独任审判员一旦发现当事人所提的问题或者辩论的问题超出了本案的范围，应当及时制止。当事人之间的发问或者辩论结束后，审判人员继续进行法庭调查。

第一百四十五条 【法庭辩论后的调解】法庭辩论终结，应当依法作出判决。判决前能够调解的，还可以进行调解，调解不成的，应当及时判决。

条文注释

从诉讼开始，审判人员就应根据双方当事人的意愿，能够调解的，予以调解。法庭辩论终结后，当事人双方如果自愿调解，在判决宣告前，人民法院还可以进行调解。司法实践中，经过法庭调查和辩论，如果事实清楚的，审判长或者独任审判员会按照原告、被告和有独立请求权第三人的顺序询问当事人是否愿意调解。无独立请求权的第三人需要承担义务的，在询问原告、被告之后，还会询问其是否愿意调解。

当事人愿意调解的，可以当庭进行，也可以休庭后进行。调解时，可以先由各方当事人提出调解方案。当事人意见不一致的，合议庭要讲清法律规定，分清责任，促使双方当事人达成协议。必要时，合议庭可以根据双方当事人的请求提出调解方案，供双方当事人考虑；也可以先分别征询各方当事人意见，然后进行调解。经过调解，双方当事人达成协议的，应当在调解协议上签字盖章。人民法院应当根据双方当事人达成的调解协议制作调解书送达当事人。双方当事人达成协议后当即履行完毕，不要求发给调解书的，应当记入笔录，在双方当事人、合议庭成员、书记员签名或盖章后，即具有法律效力。

第一百四十六条 【按撤诉处理】原告经传票传唤，无正当理由拒不到庭的，或者未经法庭许可中途退庭的，可以按撤诉处理；被告反诉的，可以缺席判决。

条文注释

在确定的庭审期日，经人民法院传票传唤，原告有义务按时到庭，依法参加诉讼活动。原告因故无法到庭的，应在接到人民法院传票后及时向人民法院提出，由人民法院依法决定是否延期审理。人民法院经审查，认为原告有正当理由的，可以延期审理并通知原告。如果认为原告理由不正当的，可以决定不延期审理，并通知原告，原告应当按时出庭。在庭审进行中，原告不能随意退庭。原告未经允许中途退庭的，是一种藐视法庭的行为，有碍诉讼的正常进行。原告经传票传唤，无正当理由拒不到庭的，或者未经法庭许可中途退庭的，视为其放弃了诉讼，即不再要求法院继续审理案件，所以人民法院可以按撤诉处理。如果被告提出反诉的，则原告作为反诉中的被告，应当适用本法第一百四十七条的规定，人民法院可以对其缺席判决。

需要注意有法定代理人和有独立请求权第三人的问题，《民诉法解释》对此分别作出了规定。

关联法规

《民诉法解释》第234～239、320条

第一百四十七条　【缺席判决】被告经传票传唤，无正当理由拒不到庭的，或者未经法庭许可中途退庭的，可以缺席判决。

条文注释

在确定的庭审期日，经人民法院传票传唤，被告有义务按时到庭，依法参加诉讼活动。被告因故不能参加诉讼的，应当向人民法院提出，由人民法院审查决定是否延期审理，并通知被告。被告经传票传唤，无正当理由拒不到庭的，或者未经法庭许可中途退庭的，人民法院可以缺席判决。缺席判决是相对于对席判决而言的，是指在一方当事人无正当理由拒不到庭或者未经法庭许可中途退庭的情况下，受诉人民法院经过开庭审理后，依法对案件所作的判决。通过缺席判决可以使诉讼不因为一方当事人的随意缺席而半途而废，从而全面维护各方当事人的合法权利。人民法院在缺席判决时，要对缺

席一方提交的诉讼文书和证据材料进行认真审核，充分了解其诉讼请求和所依据的事实、理由，保护其应有的合法权益。

依法必须到庭的被告，经两次传票传唤，拒不到庭的，人民法院可以适用拘传。必须到庭的被告，一般是指追索赡养费、扶养费、抚养费、抚恤金、劳动报酬案件和离婚案件的被告以及其他不到庭就无法查清案情的被告。

缺席判决对缺席一方当事人的权益保护非常不利。因而为了保证司法公正、正确裁判，缺席判决必须以经过合法传唤为前提条件。"未经传票传唤，缺席判决"，依据本法第二百一十一条之规定，属于再审的事由，缺席一方当事人可据此对已生效的裁判申请再审。

此外，本条同样需要注意有法定代理人和第三人的问题，《民诉法解释》对此分别作出了规定。

关联法规

《民诉法解释》第240、241条

第一百四十八条　【撤诉】宣判前，原告申请撤诉的，是否准许，由人民法院裁定。

人民法院裁定不准许撤诉的，原告经传票传唤，无正当理由拒不到庭的，可以缺席判决。

条文注释

本条第一款是关于原告申请撤诉的规定。申请撤诉，是指当事人以积极的意思表示，向受诉法院要求撤回已提出之诉，不再要求法院对案件继续进行审判的行为。原告申请撤诉可以采用书面或口头方式，必须基于自己真实的意思表示，撤诉的目的须正当、合法，撤诉最迟应在人民法院宣告判决前提出。对于原告的撤诉申请，人民法院应当依法进行审查，认为符合条件的，依法裁定准许撤诉。经审查，认为不符合撤诉条件，如目的不正当、不合法，可能损害他人合法权益的，或原告有违法行为需要处理的，人民法院可以裁定不准许撤诉或者不按撤诉处理。人民法院依法裁定准许撤诉的，诉讼程序终结。撤诉视为未起诉，当事人又有争议的，仍然可以再起诉。《民诉法解释》还补充规定，法庭辩论终结后原告申请撤诉，被告不同意的，人民法院可以不予准许。人民法院准许本诉原告撤诉的，应当对反诉继续审理；被告申请撤回反诉的，人民法院应予准许。

本条第二款是关于法院不准许撤诉时，原告无正当理由拒不到庭或未经许可中途退庭如何处理的规定。法院裁定不准许撤诉的，意味着诉讼程序应当继续进行。在接下来的庭审中，原告无正当理由拒不到庭或未经许可中途退庭的，人民法院可以缺席判决。

关联法规

《民诉法解释》第238条

第一百四十九条　【延期审理】有下列情形之一的，可以延期开庭审理：

（一）必须到庭的当事人和其他诉讼参与人有正当理由没有到庭的；

（二）当事人临时提出回避申请的；

（三）需要通知新的证人到庭，调取新的证据，重新鉴定、勘验，或者需要补充调查的；

（四）其他应当延期的情形。

条文注释

延期审理，是指在开庭期日到来时，或者在开庭审理进行中，由于出现了法律规定的特殊情况，导致庭审无法如期或继续进行，从而将庭审推迟进行。依据本条的规定，下列情况可以延期开庭审理：(1)必须到庭的当事人和其他诉讼参与人有正当理由没有到庭的。必须到庭的当事人包括两类：第一，能够正确表达意志的离婚案件的当事人；第二，负有赡养、扶养和抚育义务以及不到庭就无法查清案件事实的被告。必须到庭的诉讼参与人泛指如果其不到庭就无法查清案情或进行庭审的其他诉讼参与人。(2)当事人临时提出回避申请的。在审理前的准备阶段，合议庭成员确定后应当在三日内告知当事人，使其有充分时间来考虑是否申请回避。当事人在案件开始审理时没有申请回避而是在后来的审理中临时提出，或者回避事由是在案件开始审理以后才知道，故临时提出回避申请的，人民法院应当延期审理，以便对被申请人是否回避作出决定。(3)需要通知新的证人到庭，调取新的证据，重新鉴定、勘验，或者需要补充调查的。这些情况下庭审无法继续进行，因而应当延期审理。(4)其他应当延期的情形。这是一项概括性规定，由受诉法院根据案件实际情况，灵活掌握。

第一百五十条　【法庭笔录】书记员应当将法庭审理的全部活动记入笔录，由审判人员和书记员签名。

法庭笔录应当当庭宣读，也可以告知当事人和其他诉讼参与人当庭或者在五日内阅读。当事人和其他诉讼参与人认为对自己的陈述记录有遗漏或者差错的，有权申请补正。如果不予补正，应当将申请记录在案。

法庭笔录由当事人和其他诉讼参与人签名或者盖章。拒绝签名盖章的，记明情况附卷。

条文注释

法庭笔录是法庭审判全部活动的反映，是人民法院依法判案的重要依据。法庭笔录主要记明下列内容：(1)笔录名称，如开庭笔录、宣判笔录等。(2)案由，开庭时间和地点，审判人员、书记员的姓名。(3)原告、被告、第三人、诉讼代理人的姓名、性别、年龄等。若有未到庭的，应当记明未到庭的情况。(4)审判长告知当事人的诉讼权利和义务，以及是否要求审判人员或者其他出庭人员回避的情况。(5)当事人陈述。(6)法庭调查的全部情况：法庭对所有证据进行的调查，当事人对各种证据的辨认和提出的意见和要求，在审理过程中提出的新证据。(7)原告、被告、第三人、诉讼代理人法庭辩论的发言。(8)原告提出增加、变更、撤回的诉讼请求，被告提出的反诉，第三人提出的诉讼请求等，以及审判人员对这些情况的处理。(9)审判人员、书记员、当事人和其他诉讼参与人的签名或盖章，或者当事人和其他诉讼参与人拒绝签名或盖章的情况。

第一百五十一条 【宣判】人民法院对公开审理或者不公开审理的案件,一律公开宣告判决。

当庭宣判的,应当在十日内发送判决书;定期宣判的,宣判后立即发给判决书。

宣告判决时,必须告知当事人上诉权利、上诉期限和上诉的法院。

宣告离婚判决,必须告知当事人在判决发生法律效力前不得另行结婚。

条文注释

人民法院宣告判决,应当注意以下事项:(1)人民法院宣告判决,一律公开进行。无论是公开审理的案件,还是不公开审理的案件,宣告判决都应当公开。(2)人民法院当庭宣判的,应当在十日内发送判决书;定期宣判的,宣判后立即发给判决书。(3)人民法院宣告一审判决时,必须告知当事人上诉权利、上诉期限和上诉审法院,即告知当事人如果不服本判决,可于接到判决书之日起十五日内,向本院提交上诉状及副本,上诉于第二审人民法院。当事人不清楚的,审判人员应当作出解释。人民法院在宣告第二审判决时,应当告知当事人本判决为终审判决,不准上诉,并说明判决在宣判后即发生法律效力,当事人必须按照判决的内容履行法律义务。(4)宣告一审离婚判决,必须告知当事人在判决发生法律效力前不得另行结婚。因为一审判决在上诉期限届满前是不发生法律效力的,只要有一方当事人上诉,就要进行二审,二审可能作出不准离婚的判决,因此,只有上诉期限届满当事人双方不上诉,离婚判决才能生效,当事人才可另行结婚。

关联法规

《民诉法解释》第253条

第一百五十二条 【审限】人民法院适用普通程序审理的案件,应当在立案之日起六个月内审结。有特殊情况需要延长的,经本院院长批准,可以延长六个月;还需要延长的,报请上级人民法院批准。

条文注释

根据《民诉法解释》的规定，本条规定的审限，是指从立案之日起至裁判宣告、调解书送达之日止的期间，但公告期间、鉴定期间、双方当事人和解期间、审理当事人提出的管辖异议以及处理人民法院之间的管辖争议期间不应计算在内。

关联法规

《最高人民法院关于严格执行案件审理期限制度的若干规定》

第四节　诉讼中止和终结

第一百五十三条　【中止诉讼】有下列情形之一的，中止诉讼：

（一）一方当事人死亡，需要等待继承人表明是否参加诉讼的；

（二）一方当事人丧失诉讼行为能力，尚未确定法定代理人的；

（三）作为一方当事人的法人或者其他组织终止，尚未确定权利义务承受人的；

（四）一方当事人因不可抗拒的事由，不能参加诉讼的；

（五）本案必须以另一案的审理结果为依据，而另一案尚未审结的；

（六）其他应当中止诉讼的情形。

中止诉讼的原因消除后，恢复诉讼。

条文注释

诉讼中止，是指在诉讼过程中，因为某些特殊情况的出现使本案诉讼活动难以继续进行时，受诉法院依法裁定暂时停止诉讼程序。依据本条的规定，在出现下列情况时应中止诉讼：

(1)一方当事人死亡，需要等待继承人表明是否参加诉讼。在财产纠纷案件中，如果一方当事人死亡，其诉讼权利能力消灭，实体权利由继承人享有，需要等待继承人表明是否参加诉讼，而确定继承人可能需要一定的时间，甚至有争议，所以法院应暂时停止诉讼。

(2)一方当事人丧失诉讼行为能力，尚未确定法定代理人。当事人丧失诉讼行为能力无法亲自实施诉讼，只能由其法定代理人代为实施诉讼，而如果尚未确定代理人的，就需要人民法院暂时中止诉讼，等待确定法定代理人之后再恢复诉讼。

(3)作为一方当事人的法人或者其他组织终止，尚未确定权利义务承受人。法人或者其他组织终止，其主体资格消灭，无法继续进行诉讼，需要等待其权利义务承受人确定之后再继续原来的诉讼。

(4)一方当事人因不可抗拒的事由，不能参加诉讼。不可抗拒的事由是指非当事人主观上的原因，而是客观上发生了当事人意志以外的特殊情况，如突患重病、交通阻断、战争爆发等。

(5)本案必须以另一案的审理结果为依据，而另一案尚未审结。如果不等待另一案件的审理结果而继续对本案审理，必然会在认定事实和适用法律上遇到难以逾越的障碍，甚至导致相互矛盾的裁判结果。所以需要中止本案的诉讼程序，等待另一案件的审结。

(6)其他应当中止诉讼的情形。这是一项概括性规定，由受诉法院视案件情况灵活掌握。

诉讼中止只是诉讼程序的中途搁置、暂时停止，因而导致中止诉讼的原因消除后，人民法院应当及时恢复诉讼。诉讼程序恢复后，不必撤销原裁定，从人民法院通知或者准许当事人双方继续进行诉讼时起，中止诉讼的裁定即失去效力，已经进行的诉讼行为继续有效，对新出现的诉讼承担人具有约束力。

关联法规

《民诉法解释》第246、349条

第一百五十四条 【终结诉讼】有下列情形之一的，终结诉讼：

(一)原告死亡，没有继承人，或者继承人放弃诉讼权利的；

(二)被告死亡，没有遗产，也没有应当承担义务的人的；

(三)离婚案件一方当事人死亡的；

(四)追索赡养费、扶养费、抚养费以及解除收养关系案件的一方当事人死亡的。

条文注释

诉讼终结是诉讼程序的非自然结束，是指在诉讼过程中，因为当事人死亡等特殊情况的出现，导致诉讼没有必要继续进行，从而由人民法院裁定结束诉讼的制度。依据本条规定，在下列情况下应终结诉讼：

(1)原告死亡，没有继承人，或者继承人放弃诉讼权利的。这种情况下，因为没有了权利的主张者，诉讼无法继续进行，只能裁定结束诉讼。

(2)被告死亡，没有遗产，也没有应当承担义务的人的。被告死亡并有遗产，其继承人继承了遗产的，就必须参加诉讼。继承人放弃继承的，人民法院可在遗产范围内判决。但如果被告死亡没有留下遗产，且没有义务承受人的，则原告的诉讼请求不可能实现，继续审理已无必要，故应裁定结束诉讼。

(3)离婚案件一方当事人死亡的。这种情况下婚姻关系因为当事人的死亡而自然解除，离婚案件已无审理必要，故应裁定结束诉讼。

(4)追索赡养费、扶养费、抚养费以及解除收养关系案件的一方当事人死亡的。追索赡养费、扶养费、抚养费的案件，由于一方当事人的死亡，给付赡养费、扶养费、抚养费已无可能或无必要，案件无须继续审理。解除收养关系案件的一方当事人死亡的，收养关系自然解除，案件也无须继续审理。

诉讼终结仅为诉讼程序的终结，人民法院对案件争议的实体性问题不能作出任何处理。因而，人民法院裁定诉讼终结的，并不能确定死亡一方当事人财产的归属。

关联法规

《民诉法解释》第 320 条

第五节　判决和裁定

第一百五十五条　【判决书】判决书应当写明判决结果和作出该判决的理由。判决书内容包括：

（一）案由、诉讼请求、争议的事实和理由；

（二）判决认定的事实和理由、适用的法律和理由；

（三）判决结果和诉讼费用的负担；

（四）上诉期间和上诉的法院。

判决书由审判人员、书记员署名，加盖人民法院印章。

条文注释

判决书是人民法院依照法定程序，审理案件之后，对民事纠纷进行判定而制作的法律文书。民事判决既是人民法院行使审判权的体现，也是对当事人实体权利义务的最终判定，因而在司法活动中具有重要的意义，所以本条对判决书的制作进行了规定。

判决书的内容包括：

（1）案由、诉讼请求、争议的事实和理由。案由，是指按照诉讼请求的内容来划分的案件的种类，如离婚、合同、人身损害赔偿纠纷等。诉讼请求、事实理由部分既要载明原告的诉讼请求和事实、理由，也要载明被告针对原告诉讼请求承认或反驳的事实和理由以及被告提出反诉的请求和事实理由。

（2）判决认定的事实和理由、适用的法律和理由。即人民法院经过审理查明的案件事实及认定案件事实的依据，适用的法律依据及其理由。2012 年本法修改，将原来的“适用的法律依据”修改为“适用的法律和理由”，强调人民法院在判决书中不能只援引法律依据是什么，还要通过说理说明为什么有助于促进法院提高判决书的说理性。

（3）判决结果和诉讼费用的负担。判决结果是判决的主文部分，是对当事人诉讼请求的回复。判决结果的内容应当明确、具体，具有可操作性。人民法院审理终结后还应当根据案件的具体情况，依法确定诉讼费用由哪一方当事人负担或者如何分担。

(4)上诉期间和上诉的法院。上诉权是当事人的一项重要的诉讼权利，在制作判决书时应当写明上诉的期间和上诉的法院，以便当事人行使上诉权。

第一百五十六条　【先行判决】人民法院审理案件，其中一部分事实已经清楚，可以就该部分先行判决。

条文注释

根据是否对案件所有需判决事项一并判决，民事判决可分为全部判决和部分判决。在原告向人民法院提出多个诉讼请求，人民法院合并审理的情况下，如果其中一部分诉讼请求涉及的事实已经查明，但整个案件尚不能全部审结的情况下，为了及时保护当事人的合法权益，可以就部分已查清事实先行判决。但如果原告的多个诉讼请求相互之间不能独立的，则不允许作出部分先行判决。人民法院作出部分判决之后，案件审理并没有结束，对其他未判决事项，人民法院仍然要继续审理并作出裁判。部分先行判决的法律效力与全案判决的效力在性质上是相同的，如果是一审判决，当事人对部分先行判决不服的，可以依法提出上诉。当事人未在法定上诉期内提出上诉的，该部分先行判决即发生法律效力。

第一百五十七条　【裁定】裁定适用于下列范围：

(一)不予受理；

(二)对管辖权有异议的；

(三)驳回起诉；

(四)保全和先予执行；

(五)准许或者不准许撤诉；

(六)中止或者终结诉讼；

(七)补正判决书中的笔误；

（八）中止或者终结执行；

（九）撤销或者不予执行仲裁裁决；

（十）不予执行公证机关赋予强制执行效力的债权文书；

（十一）其他需要裁定解决的事项。

对前款第一项至第三项裁定，可以上诉。

裁定书应当写明裁定结果和作出该裁定的理由。裁定书由审判人员、书记员署名，加盖人民法院印章。口头裁定的，记入笔录。

条文注释

本条第一款规定了裁定适用的范围：

（1）不予受理。对原告的起诉不符合本法第一百二十二条规定的起诉条件的，裁定不予受理。

（2）对管辖权有异议的。当事人认为受诉法院无管辖权的，有权提出管辖权异议，人民法院认为异议成立的，裁定移送有管辖权的法院，认为异议不成立的，裁定驳回。

（3）驳回起诉。人民法院受理原告的起诉以后，在案件审理中才发现原告的起诉不符合起诉条件的，应当裁定驳回起诉。

（4）保全和先予执行。即依照本法第九章的规定，人民法院适用保全和先予执行的，应当作出裁定。诉讼保全和先予执行的裁定一经作出，即具有法律效力，当事人不服的，不能上诉，但可向作出该裁定的法院申请复议一次。

（5）准许或者不准许撤诉。原告申请撤诉的，人民法院依法裁定准许或者不准许撤诉。原告无正当理由拒不到庭、未经许可中途退庭、没有预交案件受理费的，人民法院可以裁定按撤诉处理。

（6）中止或者终结诉讼。在诉讼过程中，发生了法律规定的中止或者终结诉讼的情况，人民法院应当作出中止或者终结诉讼的裁定。中止诉讼的障碍消除，可以恢复诉讼程序时，人民法院应当作出恢复诉讼的裁定。中止或者终结诉讼的裁定一经作出，即具有法律效力，当事人既不能上诉，也不能申请复议。

（7）补正判决书中的笔误。依据《民诉法解释》的规定，判决书中的笔误指法律文书的误写、误算,诉讼费用漏写、误算和其他笔误。笔误因为是书写、计算上的差错,不涉及当事人实体权利和诉讼权利,所以可通过裁定补正。而涉及改变案件认定的事实和法律适用、判决主文内容的则不属于笔误,如有错误,只能通过审判监督程序纠正。

(8)中止或者终结执行。人民法院在执行过程中,如果出现了法律规定的中止或者终结执行的情况,应当作出中止或者终结执行的裁定。在造成中止执行的情况消除后,依法具有恢复执行的条件时,应当作出恢复执行的裁定。中止或者终结执行的裁定,送达当事人后立即生效。

(9)撤销或者不予执行仲裁裁决。本条新增了关于裁定适用于撤销仲裁裁决的规定,和相关法律规定作了衔接,完善了关于裁定的适用范围的规定。对当事人申请执行的仲裁裁决,有本法第二百四十八条和第二百九十一条规定情形之一的,经人民法院审查属实,应当作出不予执行仲裁裁决的裁定。撤销或者不予执行仲裁裁决的裁定一经作出,即具有法律效力,当事人不能上诉,也不能申请复议。

(10)不予执行公证机关赋予强制执行效力的债权文书。对当事人申请执行公证机关依法赋予执行效力的债权文书,人民法院认定确有错误,不予执行的,作出不予执行的裁定。对于不予执行公证机关赋予强制执行效力的债权文书的裁定一经作出,即具有法律效力,当事人不能上诉,也不能申请复议。

(11)其他需要裁定解决的事项。除上述十种情形外,为解决某些程序问题,对于其他需要裁定的事项人民法院也应当作出裁定。例如,依特别程序审理案件的过程中,发现本案存在民事权利义务争议,应当裁定终结特别程序。第二审人民法院对于不服第一审人民法院裁定的上诉案件的处理,一律使用裁定。人民法院对按照审判监督程序决定再审的,裁定中止原判决、调解书的执行。人民法院还可以依法裁定返还已被执行的财产等。

本条第二款规定了可以上诉的裁定有哪些。对于不予受理、管辖权异议以及驳回起诉的裁定,因为涉及当事人的诉权、人民法院的审判权、管辖权等重大程序问题,因而可以上诉。

第一百五十八条　【生效裁判】最高人民法院的判决、裁定，以及依法不准上诉或者超过上诉期没有上诉的判决、裁定，是发生法律效力的判决、裁定。

条文注释

本条是关于发生法律效力的判决、裁定的规定。

(1)不同级别的法院和适用不同程序作出的判决，发生法律效力的时间也不同，主要有以下几种情况：①最高人民法院作出的判决，一经宣判即发生法律效力。最高人民法院无论作为第一审人民法院，还是作为第二审人民法院，其作出的判决都是终审的判决。②各级人民法院适用第二审程序作出的判决，一经宣判即发生法律效力。③实行一审终审不准上诉的判决，一经宣告即发生法律效力。依法不准上诉的判决包括：依照特别程序审理的选民资格案件，宣告失踪、宣告死亡案件，认定公民无民事行为能力或者限制民事行为能力案件，认定财产无主案件，确认调解协议案件，实现担保物权案件。④实行两审终审的案件，适用第一审程序作出的判决，当事人在收到判决书后的十五日内未提出上诉，又无延长期限的正当理由的，该判决即发生法律效力。

(2)由于作出裁定的法院级别不同以及是否准许上诉的情况不同，裁定生效的时间也不同：①最高人民法院作出的所有裁定，是具有法律效力的裁定，无论最高人民法院作为一审法院还是二审法院，抑或依照审判监督程序审理再审案件，其作出的裁定都是发生终局效力的裁定。②不准上诉的裁定，一经宣布，即具有法律效力。依法不准上诉的裁定是指不予受理、决定管辖权异议、驳回起诉裁定之外的各种裁定，这些裁定有的可以复议，但复议不停止执行，裁定作出后就发生法律效力。③第二审人民法院对提起上诉的裁定作出的裁定是终审裁定，一经宣布，即发生法律效力。④对于不予受理、决定管辖权异议、驳回起诉的裁定，当事人不服的，应当在裁定作出之日起十日内向上一级人民法院提起上诉。当事人在规定期间不提起上诉，又无正当理由延长上诉期间的，裁定即发生法律效力。

关联法规

《民诉法解释》第247~250条

第一百五十九条 【裁判文书公开】公众可以查阅发生法律效力的判决书、裁定书，但涉及国家秘密、商业秘密和个人隐私的内容除外。

条文注释

公民、法人或者其他组织申请查阅发生法律效力的判决书、裁定书的，应当向作出该生效裁判的人民法院提出。申请应当以书面形式提出，并提供具体的案号或者当事人姓名、名称。根据《民诉法解释》的规定，对于查阅判决书、裁定书的申请，人民法院根据下列情形分别处理：(1)判决书、裁定书已经通过信息网络向社会公开的，应当引导申请人自行查阅；(2)判决书、裁定书未通过信息网络向社会公开，且申请符合要求的，应当及时提供便捷的查阅服务；(3)判决书、裁定书尚未发生法律效力，或者已失去法律效力的，不提供查阅并告知申请人；(4)发生法律效力的判决书、裁定书不是本院作出的，应当告知申请人向作出生效裁判的人民法院申请查阅；(5)申请查阅的内容涉及国家秘密、商业秘密、个人隐私的，不予准许并告知申请人。

关联法规

《民诉法解释》第254、255条；《最高人民法院关于人民法院在互联网公布裁判文书的规定》

第十三章 简易程序

第一百六十条 【适用范围】基层人民法院和它派出的法庭审理事实清楚、权利义务关系明确、争议不大的简单的民事案件，适用本章规定。

基层人民法院和它派出的法庭审理前款规定以外的民事案件，当事人双方也可以约定适用简易程序。

条文注释

简易程序是基层人民法院及其派出法庭审理简单民事案件所适用的一种简便易行的诉讼程序。对于比较简单的民事案件，适用简易程序审理，可以节约司法资源、实现诉讼经济。(1)适用简易程序审理案件的法院只能是基层人民法院及其派出法庭。人民法庭是基层人民法院的派出机构和组成部分，在基层人民法院的领导下进行工作。人民法庭作出的裁判，就是基层人民法院的裁判。(2)适用简易程序审理的案件通常为事实清楚、权利义务关系明确、争议不大的简单的民事案件。"事实清楚"，是指当事人双方对争议的事实陈述基本一致，并能提供可靠的证据，无须人民法院调查收集证据即可查明事实、分清是非；"权利义务关系明确"，是指谁是责任的承担者，谁是权利的享有者，关系明确；"争议不大"，是指当事人对案件的是非、责任承担以及诉讼标的争执无原则分歧。

根据《民诉法解释》的规定，下列案件，不适用简易程序：(1)起诉时被告下落不明的；(2)发回重审的；(3)当事人一方人数众多的；(4)适用审判监督程序的；(5)涉及国家利益、社会公共利益的；(6)第三人起诉请求改变或者撤销生效判决、裁定、调解书的；(7)其他不宜适用简易程序的案件。此外还规定，对于上述情形，当事人约定适用简易程序的，人民法院不予准许。

关联法规

《民诉法解释》第256、257、264条；《最高人民法院关于适用简易程序审理民事案件的若干规定》

第一百六十一条　【起诉方式】对简单的民事案件，原告可以口头起诉。

当事人双方可以同时到基层人民法院或者它派出的法庭，请求解决纠纷。基层人民法院或者它派出的法庭可以当即审理，也可以另定日期审理。

关联法规

《民诉法解释》第266条

第一百六十二条　【简便方式传唤、送达和审理】基层人民法院和它派出的法庭审理简单的民事案件,可以用简便方式传唤当事人和证人、送达诉讼文书、审理案件,但应当保障当事人陈述意见的权利。

条文注释

依据本条的规定,适用简易程序审理应注意:第一,传唤方式简便。原告起诉以后,人民法院可以采取捎口信、电话、传真、电子邮件等简便方式随时传唤双方当事人、证人、送达法律文书。同时,为了保护当事人的合法权益,《民诉法解释》还规定,以捎口信、电话、短信、传真、电子邮件等形式发送的开庭通知,未经当事人确认或者没有其他证据足以证明当事人已经收到的,人民法院不得将其作为按撤诉处理和缺席判决的根据。第二,审理方式简便。在审判组织形式上采用独任制。当事人双方可就开庭方式向人民法院提出申请,由人民法院决定是否准许。经当事人双方同意,可以采用视听传输技术等方式开庭。审理程序较普通程序简便、灵活。第三,应当保障当事人陈述意见的权利。简易程序虽然较普通程序在某些环节上有所简化,但必须保障当事人陈述意见的权利。辩论权是当事人基本的诉讼权利,不能因为简易程序在程序上有所简化而剥夺当事人的基本诉讼权利。

关联法规

《民诉法解释》第259、261、266~268、270条

第一百六十三条　【简单民事案件的审理方式】简单的民事案件由审判员一人独任审理,并不受本法第一百三十九条、第一百四十一条、第一百四十四条规定的限制。

条文注释

适用简易程序审理民事案件,在审判组织形式上,采用独任制,由审判员一人独任审理案件,但审判员不能自审自记。

适用简易程序审理案件,不受本法第一百三十九条、第一百四十一条、第一百四十四条规定的限制,即不受普通程序开庭三日前通知

当事人和其他诉讼参与人的限制，不受本法规定的法庭调查、法庭辩论顺序的限制。适用简易程序审理的案件也应当开庭审理，但审理方式和步骤相对于普通程序可以简化。适用简易程序审理案件，不必像普通程序那样严格依照法律规定的步骤和顺序进行，而是可以由审判人员根据案件情况灵活掌握，可以打乱法庭调查和法庭辩论的顺序，两个阶段可以合并进行，也可以穿插进行。

第一百六十四条　【简易程序案件的审理期限】人民法院适用简易程序审理案件，应当在立案之日起三个月内审结。有特殊情况需要延长的，经本院院长批准，可以延长一个月。

条文注释

《民诉法解释》对适用简易程序的审理期限作出补充规定：适用简易程序审理的案件，审理期限到期后，双方当事人同意继续适用简易程序的，由本院院长批准，可以延长审理期限。延长后的审理期限累计不得超过四个月。案件转为普通程序审理的，审理期限自人民法院立案之日计算。

第一百六十五条　【小额诉讼程序】基层人民法院和它派出的法庭审理事实清楚、权利义务关系明确、争议不大的简单金钱给付民事案件，标的额为各省、自治区、直辖市上年度就业人员年平均工资百分之五十以下的，适用小额诉讼的程序审理，实行一审终审。

基层人民法院和它派出的法庭审理前款规定的民事案件，标的额超过各省、自治区、直辖市上年度就业人员年平均工资百分之五十但在二倍以下的，当事人双方也可以约定适用小额诉讼的程序。

条文注释

2021年本法修改，通过以下两种方式扩大了小额诉讼程序的适用范围：一是降低适用小额诉讼程序的门槛，提高了小额诉讼案件的标的额。将原来适用小额诉讼程序的标的额由各省、自治区、直辖市上年度就业人员年平均工资的百分之三十以下，修改为百分之五十以下。二是规定对于不超过一定限额的案件，即标的额超过各省、自治区、直辖市上年度就业人员年平均工资百分之五十但在二倍以下的，当事人可以自愿约定适用小额案件诉讼程序。

关联法规

《民诉法解释》第 271～281 条

第一百六十六条 【不适用小额诉讼程序的案件】人民法院审理下列民事案件，不适用小额诉讼的程序：

（一）人身关系、财产确权案件；

（二）涉外案件；

（三）需要评估、鉴定或者对诉前评估、鉴定结果有异议的案件；

（四）一方当事人下落不明的案件；

（五）当事人提出反诉的案件；

（六）其他不宜适用小额诉讼的程序审理的案件。

条文注释

本条是 2021 年本法修改新增的条文，吸收了《民诉法解释》的规定，通过“负面清单”的形式，明确不得适用小额诉讼程序的六种案件类型，避免实践中的滥用或不当适用。

关联法规

《民诉法解释》第 275 条

第一百六十七条 【小额诉讼案件的审理方式】人民法院适用小额诉讼的程序审理案件，可以一次开庭审结并且当庭宣判。

第一百六十八条 【小额诉讼案件的审理期限】人民法院适用小额诉讼的程序审理案件，应当在立案之日起两个月内审结。有特殊情况需要延长的，经本院院长批准，可以延长一个月。

第一百六十九条 【当事人程序异议权】人民法院在审理过程中，发现案件不宜适用小额诉讼的程序的，应当适用简易程序的其他规定审理或者裁定转为普通程序。

当事人认为案件适用小额诉讼的程序审理违反法律规定的，可以向人民法院提出异议。人民法院对当事人提出的异议应当审查,异议成立的,应当适用简易程序的其他规定审理或者裁定转为普通程序;异议不成立的,裁定驳回。

条文注释

上述三条是2021年本法修改新增的条文,第一百六十九条明确了错误适用小额诉讼程序的救济程序,保障了当事人的程序异议权。

关联法规

《民诉法解释》第278~281条

第一百七十条　【简易程序转普通程序】人民法院在审理过程中,发现案件不宜适用简易程序的,裁定转为普通程序。

条文注释

确定简易程序通常是在案件受理阶段,人民法院尚未对案件进行实质审理,对案件情况只是有一个初步了解,随着案件审理过程的展开,人民法院如果发现案件属于非简单民事案件、一时难以审结,不宜适用简易程序的,则应当作出裁定,将本案审理程序由简易程序转为普通程序,以保证案件正确处理,维护当事人合法权益。此外,需要注意的是,已经按照普通程序审理的案件,在开庭后不得转为简易程序审理。

关联法规

《民诉法解释》第258、260、269条

第十四章　第二审程序

第一百七十一条　【上诉】当事人不服地方人民法院第一审判决的,有权在判决书送达之日起十五日内向上一级人民法院提起上诉。

当事人不服地方人民法院第一审裁定的,有权在裁定书送达之日起十日内向上一级人民法院提起上诉。

条文注释

本条第一款是关于当事人对第一审判决不服提起上诉的规定，第二款是关于当事人对第一审裁定不服提起上诉的规定。上诉权是当事人的基本诉讼权利。我国实行两审终审制，当事人不服地方各级人民法院的第一审未生效裁判的，有权提起上诉。依据本条：

第一，有权提起上诉的主体为案件的当事人，包括第一审程序中的原告、被告、共同诉讼人和有独立请求权的第三人，他们因为对诉讼标的有实体上的权利或义务而享有上诉权。此外，第一审判决确定其承担民事责任的无独立请求权第三人，因为对诉讼标的负有义务，因而也享有上诉权。无诉讼行为能力当事人的法定代理人，可以代理当事人提起上诉。委托诉讼代理人代为提起上诉的须由当事人授权。

第二，依法可以上诉的对象是地方各级人民法院的第一审未生效裁判。依法可以上诉的判决为地方各级人民法院作出的第一审未生效判决。最高人民法院作出的第一审判决和人民法院适用特别程序、公示催告程序审理案件所作的判决不能上诉。依法可以上诉的裁定为地方各级人民法院作出的不予受理、驳回起诉和管辖权异议的第一审未生效裁定。对于已经生效的第一审裁判，当事人不服的，无权上诉，只能依法申请再审。

第三，上诉的期限。对第一审判决不服上诉的期限为十五日，自判决书送达次日起计算。对第一审裁定不服上诉的期限为十日，自裁定送达次日起计算。上诉期限以当事人各自收到判决书、裁定书后分别计算，任何一方在自己的上诉期内均可上诉，只有在所有当事人的上诉期限届满而都没有提起上诉的情况下，判决和裁定才会发生法律效力。共同诉讼中，在必要共同诉讼的情况下，以最后一个共同诉讼人的上诉期限为全体共同上诉人的上诉期限。在普通共同诉讼的情况下，共同诉讼人的上诉期限各自分别计算。

此外，还应注意必要共同诉讼人的一人或者部分人提起上诉的问题。《民诉法解释》对此规定，按下列情形分别处理：(1)上诉仅对与对方当事人之间权利义务分担有意见，不涉及其他共同诉讼人利益的，对方当事人为被上诉人，未上诉的同一方当事人依原审诉讼地位列明；(2)上诉仅对共同诉讼人之间权利义务分担有意见，不涉及对方当事人利益的，未上诉的同一方当事人为被上诉人，对方当事人依原审诉讼地位列明；(3)上诉对双方当事人之间以及共同诉讼人之间权利义务承担有意见的，未提起上诉的其他当事人均为被上诉人。

关联法规

《民诉法解释》第317、319～321条

第一百七十二条　【上诉状】 上诉应当递交上诉状。上诉状的内容，应当包括当事人的姓名，法人的名称及其法定代表人的姓名或者其他组织的名称及其主要负责人的姓名；原审人民法院名称、案件的编号和案由；上诉的请求和理由。

条文注释

本条是关于递交上诉状的规定。上诉状是上诉人不服第一审人民法院的裁判，请求上一级人民法院撤销或者变更原审人民法院裁判的诉讼文书。

上诉状与起诉书虽然同样都是引起人民法院审理程序的诉讼文书，但两者是不同的，起诉书要求人民法院对民事争议进行处理，维护自己的合法的民事权益。上诉状的提起，固然也是从维护自身利益出发的，但这是通过要求上级人民法院撤销或者改变原审人民法院的判决、裁定来达到维护其权利的目的。上诉的请求是上诉人所要达到的目的，是要求上级人民法院撤销或者改变原裁判，以维护自己的合法权益。必须说明的是，请求改判还是撤销原判决、裁定。同时必须将理由叙述清楚，是认为认定事实不清还是适用法律不当，还是两者兼有。同时，可以提出在一审程序中未提供的事实、理由和证据。

上诉人要提出上诉必须提出上诉状，不能口头提出。这与起诉不同，起诉可以口头提出。当事人在一审法院宣告判决、裁定时，当庭表示不服要上诉的，法庭应记入法庭笔录，承认其上诉的意思表示，但不能以此代替上诉状的提出，当事人仍应在法定上诉期内向人

民法院提出上诉状，这样才能引起上诉审程序。即使当事人当庭声明不上诉，在法定上诉期内仍然有上诉权。

第一百七十三条　【上诉方式】上诉状应当通过原审人民法院提出，并按照对方当事人或者代表人的人数提出副本。

当事人直接向第二审人民法院上诉的，第二审人民法院应当在五日内将上诉状移交原审人民法院。

条文注释

本条规定了上诉状提出的两种方式。

一种方式是通过原审人民法院提出。由原审人民法院通知被上诉人应诉比较方便，而且，要经原审人民法院上报原审案件的卷宗。同时，原审人民法院也方便审查上诉人提出上诉状是否超过了法定上诉期限，上诉状的内容是否欠缺，如果欠缺则通知上诉人及时补正。同时亦可对上诉人提出的上诉理由提出意见附卷报送，供二审人民法院在审理时参考。因此，这样规定便于当事人行使上诉权，也便于案件得到及时解决。这是提起上诉的主要方式。

另一种方式是直接向二审人民法院上诉，这是给上诉人又一种选择的方式。当事人如果心存疑虑或者有其他原因不愿将上诉状提交一审人民法院，可以直接向二审人民法院提交。这是从保护当事人的上诉权出发作出的例外规定。二审人民法院接到上诉状后，应于五日内发交原审人民法院，因为原审人民法院还要进行审查上诉人是否超过法定上诉期限，上诉状的内容是否欠缺，给被上诉人送达副本等工作。

第一百七十四条　【受理上诉】原审人民法院收到上诉状，应当在五日内将上诉状副本送达对方当事人，对方当事人在收到之日起十五日内提出答辩状。人民法院应当在收到答辩状之日起五日内将副本送达上诉人。对方当事人不提出答辩状的，不影响人民法院审理。

原审人民法院收到上诉状、答辩状，应当在五日内连同全部案卷和证据，报送第二审人民法院。

条文注释

本条和第一百七十三条规定的“对方当事人”,应当包括被上诉人和原审其他当事人。此外,关于当事人口头上诉的情形,《民诉法解释》规定,一审宣判时或者判决书、裁定书送达时,当事人口头表示上诉的,人民法院应告知其必须在法定上诉期间内递交上诉状。未在法定上诉期间内递交上诉状的,视为未提起上诉。虽递交上诉状,但未在指定的期限内交纳上诉费的,按自动撤回上诉处理。

第一百七十五条　【审查范围】第二审人民法院应当对上诉请求的有关事实和适用法律进行审查。

条文注释

按照本条的规定,二审的审查限于当事人上诉请求的范围,不一般性地作全面审查。根据本条规定,第二审人民法院在审理上诉案件时应当对以下两个方面进行审查:第一,上诉请求涉及的有关事实,即针对上诉人提出的原判决、裁定中需要撤销或者变更的部分,以及其主张的民事权利有无事实根据进行审查,如果上诉请求涉及整个案件事实的认定,即应当全面审查一审人民法院对案件的全部事实是否查明,证据是否充分,是非是否分清。当事人在二审中提出了新的事实和证据的,第二审人民法院应当一并审查核实。第二,对当事人提出上诉请求涉及的一审判决、裁定的内容在适用法律上是否正确,进行审查。如果上诉请求涉及一审判决、裁定的所有内容,则对一审判决、裁定所有适用法律的事项都要进行审查。

关联法规

《民诉法解释》第321条

第一百七十六条　【二审审理方式】第二审人民法院对上诉案件应当开庭审理。经过阅卷、调查和询问当事人,对没有提出新的事实、证据或者理由,人民法院认为不需要开庭审理的,可以不开庭审理。

第二审人民法院审理上诉案件,可以在本院进行,也可以到案件发生地或者原审人民法院所在地进行。

条文注释

第二审人民法院审理上诉案件，应当开庭审理。第二审人民法院可以依照本法第一百三十六条第四项规定进行审理前的准备。我国实行两审终审制，所以第二审程序既是上诉审程序，也是终审程序。2021年《民事诉讼法》修改，根据本条和第四十一条的规定，对二审程序的审判组织形式不再要求一律采用合议制，根据本法第四十一条的规定，可以采取合议制和独任制审理。上诉案件的审理如果采用合议制，应由审判员组成合议庭审理。合议庭成员，应为三人以上单数。合议庭成立后，在对上诉行为进行审查、进行必要的准备工作之后，应当进行开庭审理。原则上，第二审人民法院审理上诉案件应当开庭审理。同时，考虑到二审案件一律开庭审理也无必要，所以，本法又规定了径行判决、裁定的审理方式。《民诉法解释》第三百三十一条规定，第二审人民法院对下列上诉案件，可以不开庭审理：(1)不服不予受理、管辖权异议和驳回起诉裁定的；(2)当事人提出的上诉请求明显不能成立的；(3)原判决、裁定认定事实清楚，但适用法律错误的；(4)原判决严重违反法定程序，需要发回重审的。

第一百七十七条　【二审裁判】第二审人民法院对上诉案件，经过审理，按照下列情形，分别处理：

（一）原判决、裁定认定事实清楚，适用法律正确的，以判决、裁定方式驳回上诉，维持原判决、裁定；

（二）原判决、裁定认定事实错误或者适用法律错误的，以判决、裁定方式依法改判、撤销或者变更；

（三）原判决认定基本事实不清的，裁定撤销原判决，发回原审人民法院重审，或者查清事实后改判；

（四）原判决遗漏当事人或者违法缺席判决等严重违反法定程序的，裁定撤销原判决，发回原审人民法院重审。

原审人民法院对发回重审的案件作出判决后，当事人提起上诉的，第二审人民法院不得再次发回重审。

条文注释

本条是关于上诉案件裁判的规定。第二审人民法院对上诉案件,经过审理,应当根据不同情形,分别处理:

(1)原判决、裁定认定事实清楚,适用法律正确的,以判决、裁定方式驳回上诉,维持原判决、裁定。即原审裁判正确、合法,当事人上诉请求不能成立,所以驳回上诉,维持原裁判。原判决、裁定认定事实或者适用法律虽有瑕疵,但裁判结果正确的,根据《民诉法解释》的规定,第二审人民法院可以在判决、裁定中纠正瑕疵后,依照本条第一款第一项规定予以维持。

(2)原判决、裁定认定事实错误或者适用法律错误的,以判决、裁定方式依法改判、撤销或者变更。原审判决存在错误的,第二审人民法院可视案件情况全部撤销、部分撤销、变更原审判决的内容,并依法改判。原审裁定存在错误的,第二审人民法院裁定撤销原裁定,并分情况处理。

(3)原判决认定基本事实不清的,裁定撤销原判决,发回原审人民法院重审,或者查清事实后改判。所谓"基本事实",是指用以确定当事人主体资格、案件性质、民事权利义务等对原判决、裁定的结果有实质性影响的事实。事实清楚、适用法律正确是保证裁判正确的前提。因而原判认定事实不清的,应当依法撤销。第二审人民法院可以将案件发回原审法院重新审理,也可以在查清事实的基础上,依法改判。

(4)原判决遗漏当事人或者违法缺席判决等严重违反法定程序的,裁定撤销原判决,发回原审人民法院重审。至于"严重违反法定程序",《民诉法解释》规定了以下几种情形:①审判组织的组成不合法的;②应当回避的审判人员未回避的;③无诉讼行为能力人未经法定代理人代为诉讼的;④违法剥夺当事人辩论权利的。

《民诉法解释》还补充了以下规定:①人民法院依照第二审程序审理案件,认为依法不应由人民法院受理的,可以由第二审人民法院直接裁定撤销原裁判,驳回起诉。②人民法院依照第二审程序审理案件,认为第一审人民法院受理案件违反专属管辖规定的,应当裁定撤销原裁判并移送有管辖权的人民法院。③第二审人民法院查明第一审人民法院作出的不予受理裁定有错误的，应当在撤销原裁定的同时，指令第一审人民法院立案受理；查明第一审人民法院作出的驳回起诉裁定有错误的，应当在撤销原裁定的同时，指令第一审人民法院审理。

此外，本法对发回重审的次数作了限制。原审人民法院对发回重审的案件作出判决后，当事人提起上诉的，第二审人民法院不得再次发回重审。重新审理不是对原判决的简单更正，而是要严格按照一审程序重新审一遍，并且要另行组成合议庭审理。这样规定的目的就是要人民法院严肃、认真对待，保证合法、正确的审判。发回重审的，由于原审人民法院仍按一审程序进行审理，因此所作判决、裁定仍是第一审的判决、裁定，当事人对重审案件的判决、裁定，可以上诉，对此类案件，第二审人民法院不得以任何理由再次发回重审。

关联法规

《民诉法解释》第 325 ~ 335 条

第一百七十八条 【裁定上诉处理】第二审人民法院对不服第一审人民法院裁定的上诉案件的处理，一律使用裁定。

条文注释

按照本法第一百五十七条的规定，一审当事人对一审法院关于"不予受理"、"对管辖权有异议的"和"驳回起诉"的裁定不服可以上诉。审查一审的裁定，第二审人民法院可以不开庭审理，因为一审裁定的内容是关于程序上的决定，并非对实体权利义务的确认。第二审人民法院在对不服一审裁定的上诉案件的审查中应当查明原审裁定所依据的事实，判断原审裁定是否正确。如果原审裁定依据的事实清楚，适用法律正确，裁定驳回上诉；原审裁定依据的事实不清，适用法律错误，应当撤销原审裁定，自行裁定。除了上述裁定外，第二审人民法院亦可对准予或者不准撤回上诉、中止或者终结诉讼、补正判决书中的失误等项作出裁定。

第一百七十九条 【二审调解】第二审人民法院审理上诉案件，可以进行调解。调解达成协议，应当制作调解书，由审判人员、书记员署名，加盖人民法院印章。调解书送达后，原审人民法院的判决即视为撤销。

条文注释

本法规定，一审程序中可以调解，二审程序中也可以调解。二审的调解与一审的调解一样，调解达成协议，应当制作调解书，由审判人员、书记员署名，加盖人民法院印章。二审的调解书送达后，原审人民法院的判决即视为撤销。如果在调解书送达前当事人反悔的，或者调解不成的，应当及时判决，不应久调不决。二审中的调解准用本法第八章、第十二章第三节的有关规定。在二审程序中达成调解，调解书送达后，原审人民法院的判决即视为撤销。

关于二审审理与调解的关系，除结合本条与本法第一百七十七条之外，《民诉法解释》还规定了以下几个方面：(1)对当事人在第一审程序中已经提出的诉讼请求，原审人民法院未作审理、判决的，第二审人民法院可以根据当事人自愿的原则进行调解；调解不成的，发回重审。(2)必须参加诉讼的当事人或者有独立请求权的第三人，在第一审程序中未参加诉讼，第二审人民法院可以根据当事人自愿的原则予以调解；调解不成的，发回重审。(3)在第二审程序中，原审原告增加独立的诉讼请求或者原审被告提出反诉的，第二审人民法院可以根据当事人自愿的原则就新增加的诉讼请求或者反诉进行调解；调解不成的，告知当事人另行起诉。(4)一审判决不准离婚的案件，上诉后，第二审人民法院认为应当判决离婚的，可以根据当事人自愿的原则，与子女抚养、财产问题一并调解；调解不成的，发回重审。对于上述(3)与(4)，双方当事人同意由第二审人民法院一并审理的，第二审人民法院可以一并裁判。

第一百八十条 【撤回上诉】第二审人民法院判决宣告前，上诉人申请撤回上诉的，是否准许，由第二审人民法院裁定。

条文注释

提起上诉是当事人的诉讼权利,因此可以对此项权利进行处分。撤回上诉虽然是当事人的权利,但仍需经人民法院审查,是否准许,由人民法院裁定。《民诉法解释》第三百三十五条和第三百三十六条规定:(1)在第二审程序中,当事人申请撤回上诉,人民法院经审查认为一审判决确有错误,或者当事人之间恶意串通损害国家利益、社会公共利益、他人合法权益的,不应准许。(2)在第二审程序中,原审原告申请撤回起诉,经其他当事人同意,且不损害国家利益、社会公共利益、他人合法权益的,人民法院可以准许。准许撤诉的,应当一并裁定撤销一审裁判。原审原告在第二审程序中撤回起诉后重复起诉的,人民法院不予受理。

此外,还应注意的是,当事人撤回上诉,就等于放弃了自己的上诉权利,不得再上诉。这与起诉的撤诉不同,起诉后撤诉的,还可以再起诉。

第一百八十一条　【二审适用程序】第二审人民法院审理上诉案件,除依照本章规定外,适用第一审普通程序。

第一百八十二条　【二审裁判效力】第二审人民法院的判决、裁定,是终审的判决、裁定。

第一百八十三条　【二审审限】人民法院审理对判决的上诉案件,应当在第二审立案之日起三个月内审结。有特殊情况需要延长的,由本院院长批准。

人民法院审理对裁定的上诉案件,应当在第二审立案之日起三十日内作出终审裁定。

第十五章　特别程序

第一节　一般规定

第一百八十四条　【适用范围】 人民法院审理选民资格案件、宣告失踪或者宣告死亡案件、指定遗产管理人案件、认定公民无民事行为能力或者限制民事行为能力案件、认定财产无主案件、确认调解协议案件和实现担保物权案件，适用本章规定。本章没有规定的，适用本法和其他法律的有关规定。

条文注释

特别程序，是指人民法院审理某些非民事权益纠纷案件所适用的特殊程序。本法2012年修改将适用特别程序审理案件的范围扩大，增加了确认调解协议案件和实现担保物权案件。

2023年本法修改，进一步扩大了适用特别程序审理案件的范围，增加了指定遗产管理人案件。这一修改时对标《民法典》有关规定，在第十五章"特别程序"中新增指定遗产管理人案件，就指定遗产管理人、变更遗产管理人的相关程序作出规定，实现实体法与程序法的有效衔接，推动实现保护遗产安全和完整、保障继承人和债权人合法权益的制度价值。人民法院审理本条规定的案件，在法律适用方面首先适用本法关于特别程序的规定，特别程序没有规定时，适用本法和其他法律的有关规定。

第一百八十五条　【审级及审判组织】 依照本章程序审理的案件，实行一审终审。选民资格案件或者重大、疑难的案件，由审判员组成合议庭审理；其他案件由审判员一人独任审理。

条文注释

特别程序在审级上实行一审终审制度，这一点与普通程序不同。人民法院对这类案件的审理所作的判决，自判决书送达之日起，立即发生法律效力，有关人员不得提起上诉。适用特别程序的案件，不能上诉、再审，但法院可以作出新判决、撤销原判决。

在审判组织上，特别程序与一般诉讼程序不同。除选民资格案件或者重大、疑难案件外，实行审判员一人独任审判。依照特别程序审理选民资格案件或者重大、疑难案件时，由审判员组成合议庭审理，而依照普通程序审理案件，可以由审判员和陪审员共同组成合议庭或者由审判员组成合议庭审理。按照特别程序规定审理案件的合议庭，没有陪审员参加。

第一百八十六条　【特别程序转化】人民法院在依照本章程序审理案件的过程中，发现本案属于民事权益争议的，应当裁定终结特别程序，并告知利害关系人可以另行起诉。

第一百八十七条　【审限】人民法院适用特别程序审理的案件，应当在立案之日起三十日内或者公告期满后三十日内审结。有特殊情况需要延长的，由本院院长批准。但审理选民资格的案件除外。

条文注释

本条需注意的是，选民资格案件必须在选举日前审结；其他非讼案件必须在立案之日起三十日内或者公告期满三十日内审结。如果遇有特殊情况在审结期限内无法审结的，根据《最高人民法院关于严格执行案件审理期限制度的若干规定》的规定，经本院院长批准，可延长三十日，但审理选民资格案件必须在选举日前审结。

第二节　选民资格案件

第一百八十八条　【起诉与受理】公民不服选举委员会对选民资格的申诉所作的处理决定，可以在选举日的五日以前向选区所在地基层人民法院起诉。

条文注释

选民资格案件，是指公民对选举委员会公布的选民资格名单有不同意见，向选举委员会申诉后，对选举委员会就申诉所作的处理决定不服，而向人民法院提起诉讼由受诉人民法院来判决某公民有无选民资格的案件。本条规定体现了选民资格案件的几个要点：选民资格案件必须由选举委员会先行处理，这是法定的前置程序，不经过选举委员会的处理即向人民法院起诉的，人民法院不予受理；提起诉讼的可以是选民本人，也可以是其他公民；必须在选举日的五日以前起诉；该类案件由选区所在地基层人民法院管辖。

第一百八十九条　【审限与判决】人民法院受理选民资格案件后，必须在选举日前审结。

审理时，起诉人、选举委员会的代表和有关公民必须参加。

人民法院的判决书，应当在选举日前送达选举委员会和起诉人，并通知有关公民。

条文注释

本条是关于人民法院如何审理选民资格案件的规定，包括以下几个方面的内容：(1)诉讼参加人。包括起诉人、选举委员会的代表和有关公民。这里的有关公民是指起诉人认为是漏掉的公民或者不应列入选举名单的人。(2)审判组织。选民资格案件的审理实行合议制，并由审判员组成合议庭进行审理，即使案情简单也不能由审判员一人独任审判，也不能由审判员与陪审员共同组成合议庭。因为审理选民资格案件涉及公民政治权利，应当慎重、严肃。(3)判决。人民法院对选民资格案件的审理，必须在选举日前作出判决，并将判决书送达选举委员会和起诉人，通知有关公民，以便于有选举权的公民在选举日到来时能够庄严地行使自己的选举权。人民法院的判决是终审判决，是对选民资格问题的最终决定，判决书一经送达即发生法律效力。

应当说明的是，选民资格案件不适用调解。选民资格案件的审理，虽然有起诉人、选举委员会代表及有关公民参加，但不能适用调解，不得以调解的方式结案。因为某一公民是否具有选举权和被选举权，是否具有选民资格，只能依据法律的具体规定，不受有关主体意志的影响。

第三节 宣告失踪、宣告死亡案件

第一百九十条 【宣告失踪】公民下落不明满二年,利害关系人申请宣告其失踪的,向下落不明人住所地基层人民法院提出。

申请书应当写明失踪的事实、时间和请求,并附有公安机关或者其他有关机关关于该公民下落不明的书面证明。

条文注释

宣告失踪,是指经利害关系人申请,由人民法院对下落不明满一定期间的人宣告为失踪人的制度。宣告失踪制度,是对一种不确定的事实状态的法律确认,目的在于结束失踪人财产关系的不确定状态,保护失踪人的利益,兼及利害关系人的利益。宣告失踪应依法定条件进行。本条第一款即规定了申请宣告失踪的条件。(1)申请主体条件:必须由利害关系人向人民法院申请。利害关系人,是指与公民存在法律上或者事实上关系的人,包括下落不明人的配偶、父母、成年子女、祖父母、外祖父母、成年的兄弟姐妹、债权人、合伙人等。(2)事实条件:有下落不明的事实并下落不明满两年。下落不明,是指公民离开最后居住地后没有音讯的状况。战争期间下落不明的,下落不明的时间从战争结束之日起算。(3)形式条件:申请必须采用书面申请形式,必须经向下落不明人住所地基层人民法院提出。公民的住所地,是指其户籍所在地,如果经常居住地与户籍所在地不一致时,则将经常居住地视为住所地。

本条第二款规定申请宣告失踪利害关系人提交的申请书中应当载明失踪的事实、时间和请求,并附有公安机关或者其他有关机关关于该公民下落不明的书面证明。

关联法规

《民法典》第40~45条;《民诉法解释》第343、344、346条

第一百九十一条 【宣告死亡】公民下落不明满四年,或者因意外事件下落不明满二年,或者因意外事件下落不明,经有关机关证明该公民不可能生存,利害关系人申请宣告其死亡的,向下落不明人住所地基层人民法院提出。

申请书应当写明下落不明的事实、时间和请求,并附有公安机关或者其他有关机关关于该公民下落不明的书面证明。

条文注释

宣告死亡,是指经利害关系人申请,由法院宣告下落不明的满一定期间的自然人死亡的制度。法律设置该制度是为了解决失踪人的财产和人身关系长期不确定的问题。

本条第一款规定宣告死亡案件提起的条件包括:(1)自然人下落不明须达到法定期限。即自然人下落不明满四年,或者因意外事件下落不明满二年,或者因意外事件下落不明,经有关机关证明该公民不可能生存的。(2)须由利害关系人提出申请。宣告失踪人死亡,必须由与失踪人有利害关系的人提出申请。利害关系人,是指与被申请宣告死亡的人存在一定的人身关系或者民事权利义务关系的人。(3)向下落不明人住所地基层人民法院提出。在此,需要注意的是,宣告失踪不是宣告死亡的必经程序。公民下落不明,符合申请宣告死亡的条件,利害关系人可以不经申请宣告失踪而直接申请宣告死亡。但利害关系人只申请宣告失踪的,应当宣告失踪;同一顺序的利害关系人,有的申请宣告死亡,有的不同意宣告死亡,则应当宣告死亡。

本条第二款规定申请宣告死亡,利害关系人必须提交书面申请书,书面申请书中应当载明下落不明的事实、时间和请求,并附有公安机关或者其他有关机关关于该公民下落不明的书面证明。

关联法规

《民法典》第46~53条;《民诉法解释》第345条

第一百九十二条 【公告与判决】人民法院受理宣告失踪、宣告死亡案件后，应当发出寻找下落不明人的公告。宣告失踪的公告期间为三个月，宣告死亡的公告期间为一年。因意外事件下落不明，经有关机关证明该公民不可能生存的，宣告死亡的公告期间为三个月。

公告期间届满，人民法院应当根据被宣告失踪、宣告死亡的事实是否得到确认，作出宣告失踪、宣告死亡的判决或者驳回申请的判决。

条文注释

人民法院接到书面申请和有关证明后，经过审查，认为手续完备，证明无误，应当受理并发出寻找下落不明人的公告。公告应在人民法院的公告栏内张贴，也应当在适当的报纸、杂志等处刊登。

公告期间届满后，如果下落不明人仍然没有消息，人民法院方可作出宣告失踪或者宣告死亡的判决。在公告期间，如果下落不明人重新出现或者有确实消息证明其已有下落，或生或死，人民法院应当驳回利害关系人的申请，裁定终结审理。宣告失踪或者宣告死亡的判决和裁定终结审理，都是终审裁判，不得提起上诉。

人民法院宣告死亡不必先经宣告失踪的程序，只要公民下落不明满四年或者因意外事件下落不明满二年，或者因意外事件而有有关机关证明公民不可能生存的书面证明，经公告一年或者三个月期满后，法院即可宣告死亡。宣告死亡的案件，死亡宣告发生效力的时间，应为人民法院判决之日。

第一百九十三条 【判决撤销】被宣告失踪、宣告死亡的公民重新出现，经本人或者利害关系人申请，人民法院应当作出新判决，撤销原判决。

第四节　指定遗产管理人案件

第一百九十四条　【申请指定遗产管理人】对遗产管理人的确定有争议，利害关系人申请指定遗产管理人的，向被继承人死亡时住所地或者主要遗产所在地基层人民法院提出。

申请书应当写明被继承人死亡的时间、申请事由和具体请求，并附有被继承人死亡的相关证据。

条文注释

遗产管理人，是指对于被继承人遗留的个人合法财产进行保存和管理的主体。依据《民法典》第一千一百二十一条第一款的规定，继承从被继承人死亡时开始。但由于存在遗产继承人不确定、需要等待受遗赠人作出放弃或者接受的表示，或者遗产无人继承，并且被继承人生前可能负有债务，需要以遗产偿还等原因，通常在继承开始后并不会马上对遗产进行分割。从继承开始后至遗产分割前的这段时间，遗产往往处于无人管理的状态，此时就需要有专门主体秉着公平公正、诚信的原则对遗产进行管理，达到保护遗产安全和完整、保障继承人和债权人的合法权益不受侵害的目的。

本条第一款规定了申请指定遗产管理人案件的管辖法院的确定，主要是考虑有利于遗产管理的原则，也与本法第三十四条第三项的规定相衔接。

第一百九十五条　【遗产管理人的确定】人民法院受理申请后，应当审查核实，并按照有利于遗产管理的原则，判决指定遗产管理人。

条文注释

关于有利于遗产管理的原则，应结合《民法典》的相关规定进行理解，《民法典》第一千一百五十六条规定，遗产分割应当有利于生产和生活需要，不损害遗产的效用。不宜分割的遗产，可以采取折价、适当补偿或者共有等方法处理。

第一百九十六条 【另行指定遗产管理人】被指定的遗产管理人死亡、终止、丧失民事行为能力或者存在其他无法继续履行遗产管理职责情形的，人民法院可以根据利害关系人或者本人的申请另行指定遗产管理人。

第一百九十七条 【撤销遗产管理人资格】遗产管理人违反遗产管理职责，严重侵害继承人、受遗赠人或者债权人合法权益的，人民法院可以根据利害关系人的申请，撤销其遗产管理人资格，并依法指定新的遗产管理人。

第五节 认定公民无民事行为能力、限制民事行为能力案件

第一百九十八条 【管辖与申请】申请认定公民无民事行为能力或者限制民事行为能力，由利害关系人或者有关组织向该公民住所地基层人民法院提出。

申请书应当写明该公民无民事行为能力或者限制民事行为能力的事实和根据。

条文注释

认定公民无民事行为能力、限制民事行为能力案件，是指人民法院根据利害关系人或有关组织的申请，对不能辨认或者不能完全辨认自己行为的精神病人，按照法定程序，认定并宣告该公民为无民事行为能力人或者限制民事行为能力人的案件。本条第一款首先规定了能够提起申请认定公民为无民事行为能力或者限制民事行为能力的主体的范围，包括利害关系人或者有关组织。另外，本条第一款规定了申请认定公民无民事行为能力、限制民事行为能力的案件，应当由该公民住所地的基层人民法院管辖。

本条第二款规定认定公民无民事行为能力、限制民事行为能力

的申请应当以书面形式提出。申请书应当写明被申请公民无民事行为能力或限制民事行为能力的事实和根据。

关联法规

《民法典》第13～25条;《民诉法解释》第350条

第一百九十九条　【医学鉴定】人民法院受理申请后,必要时应当对被请求认定为无民事行为能力或者限制民事行为能力的公民进行鉴定。申请人已提供鉴定意见的,应当对鉴定意见进行审查。

条文注释

认定公民是否为无民事行为能力人或者限制民事行为能力人,关键在于对该公民是否能够辨认自己的行为作出判断。根据最高人民法院相关司法解释的规定,精神病人(包括痴呆症人)如果没有判断能力和自我保护能力,不知其行为后果的,可以认定为不能辨认自己行为的人;对于比较复杂的事物或者比较重大的行为缺乏判断能力和自我保护能力,并且不能预见其行为后果的,可以认定为不能完全辨认自己行为的人。公民是否具有辨认自己行为的能力要由人民法院作出判断,人民法院要以鉴定为科学依据。但是鉴定需在必要的情况下才进行。在该公民属于公认公知的精神病人且利害关系人没有异议时,法院可以直接参照群众公认的当事人的精神状态作出认定。在人民法院认为必要时才应当进行司法精神病学鉴定或者医学诊断、鉴定。如果申请人提出申请时,已经提交了有关医院出具的表明被申请人系精神病人的鉴定意见,审判人员对申请人提供的鉴定意见审查核实无疑问的,就无须再进行医学鉴定;如果有怀疑,则应当由人民法院交法定鉴定部门或者指定鉴定部门重新鉴定。因此,对被申请认定为无民事行为能力人或者限制民事行为能力人进行鉴定,不是审理此类案件的必经程序。

第二百条　【代理人、审理与判决】人民法院审理认定公民无民事行为能力或者限制民事行为能力的案件,应当由该公民的近亲属为代理人,但申请人除外。近亲属互相推诿的,由人民法院指定其中一人为代理人。该公民健康情况许可的，还应当询问本人的意见。

人民法院经审理认定申请有事实根据的，判决该公民为无民事行为能力或者限制民事行为能力人；认定申请没有事实根据的，应当判决予以驳回。

条文注释

本条第一款中的代理人只在案件审理期间行使代理权，不是该公民的当然监护人。

本条第二款规定了人民法院审理认定公民为无民事行为能力或者限制民事行为能力案件的判决类型有两种，即确认判决和驳回判决。

第二百零一条 【判决撤销】人民法院根据被认定为无民事行为能力人、限制民事行为能力人本人、利害关系人或者有关组织的申请，证实该公民无民事行为能力或者限制民事行为能力的原因已经消除的，应当作出新判决，撤销原判决。

条文注释

公民被认定为无民事行为能力人或者限制民事行为能力人以后，经过治疗病情痊愈，精神恢复正常，能够正确辨认自己的行为，表明造成其为无民事行为能力人或者限制民事行为能力人的原因已经消除。此时，该公民本人、利害关系人或者有关组织，可以向原审人民法院提出撤销原判决的申请。法院应当作出新判决，撤销原判决。同时，原被认定为无民事行为能力的公民，经治疗已经部分恢复，可以部分辨认自己行为的，该公民本人、利害关系人或者有关组织可以申请认定其为限制民事行为能力人。

第六节　认定财产无主案件

第二百零二条　【管辖与申请书】申请认定财产无主，由公民、法人或者其他组织向财产所在地基层人民法院提出。

申请书应当写明财产的种类、数量以及要求认定财产无主的根据。

条文注释

本条规定的申请认定财产无主案件主体的范围，包括公民、法人或者其他组织。法院不得在无人申请的情况下，依职权认定财产无主。在实际生活中，一般会发生以下财产无主的情况：(1)所有人不明的埋藏物、隐藏物被发现；(2)遗失物自发布招领公告之日起一年内无人认领的；(3)无人继承的财产；(4)财产没有所有人或者所有人不明的。被认定的无主财产，以有形财产为限。申请认定财产无主案件管辖法院为财产所在地基层人民法院，这样便于法院了解无主财产情况，便于寻找财产的原财产所有人，便于法院及时作出裁判。

关联法规

《民诉法解释》第348、460条

第二百零三条　【公告与判决】人民法院受理申请后，经审查核实，应当发出财产认领公告。公告满一年无人认领的，判决认定财产无主，收归国家或者集体所有。

条文注释

人民法院决定受理申请认定财产无主案件后，应当进行认真的审查核实，如果查明是有主的，即应作出驳回申请人申请认定财产无主的判决，通知所有人认领财产。财产所有人确实查不清的，应当发出财产认领公告，如果公告期间有人主张权利的，也应作出驳回申请人申请财产的判决。如果公告期满一年无人认领，即应判决认定财产无主。根据不同情况，将财产收归国有或者集体所有。财产被他人占有的，占有人应自判决生效之日起将财产交给国家或者集体。无主财产经确认收归国有后，由国家授权的机关、单位占有使用或者经营管理。归集体所有的无主财产，主要是指集体组织的成员死后无人继承，如五保户等，因此收归集体所有。

第二百零四条 【撤销判决】判决认定财产无主后，原财产所有人或者继承人出现，在民法典规定的诉讼时效期间可以对财产提出请求，人民法院审查属实后，应当作出新判决，撤销原判决。

条文注释

本条首先明确了可以对财产提出请求，要求撤销认定财产无主判决的主体范围，包括原财产所有人或者继承人。其次，规定了对财产提出请求的期限限制，即要在规定的诉讼时效期间内提起。即原财产所有权人或者继承人应从知道或者应当知道法院判决认定财产无主之日起三年内对财产提出请求，人民法院在审查属实后，应当作出新判决，撤销原判决。超过诉讼时效期间，人民法院不予保护。

第七节 确认调解协议案件

第二百零五条 【申请与管辖】经依法设立的调解组织调解达成调解协议，申请司法确认的，由双方当事人自调解协议生效之日起三十日内，共同向下列人民法院提出：

（一）人民法院邀请调解组织开展先行调解的，向作出邀请的人民法院提出；

（二）调解组织自行开展调解的，向当事人住所地、标的物所在地、调解组织所在地的基层人民法院提出；调解协议所涉纠纷应当由中级人民法院管辖的，向相应的中级人民法院提出。

条文注释

虽然《人民调解法》等法律规定调解协议具有法律约束力，当事人应当按照约定履行，但调解协议并不具有强制执行的效力，这就削弱了调解协议的法律效力，也削弱了调解解决纠纷的适用性。本法2012年修改时吸收了《人民调解法》《最高人民法院关于人民调解协议司法确认程序的若干规定》《最高人民法院关于建立健全诉讼与非诉讼相衔接的矛盾纠纷解决机制的若干意见》的规定，将申请司法确认调解协议纳入特别程序审理的范围，规定了申请司法确认调解协议案件的一般程序规则。本条规定了申请司法确认调解协议程序启动的条件：须由双方当事人共同向人民法院提出申请；在调解协议生效之日起三十日内；申请应向相应的管辖法院提出。2021年本法修改，对"申请司法确认的调解案件"的管辖权问题进行了明确。为推动矛盾纠纷多元化解，本条将司法确认范围扩大为"经依法设立的调解组织"调解达成的调解协议，并区分"人民法院邀请调解组织开展先行调解"和"调解组织自行开展调解"两种情况，确定了管辖法院。同时，明确"中级人民法院"（含专门人民法院）也可以开展司法确认，兼顾了级别管辖、专门管辖等特殊情形的需要。如此一来，除人民调解委员会外，商事调解、道交赔偿调解、医疗纠纷调解和残联、妇联、消协、物协等社会团体的调解在纠纷解决中的功能得以进一步发挥。

根据《最高人民法院关于建立健全诉讼与非诉讼相衔接的矛盾纠纷解决机制的若干意见》的规定，可以申请司法确认的调解协议不仅包括经人民调解所达成的调解协议，还包括经行政机关、商事调解组织、行业调解组织或者其他具有调解职能的社会组织对民商事争议调解后达成的调解协议。

关联法规

《人民调解法》第33条；《民诉法解释》第351～358条；《最高人民法院关于人民调解协议司法确认程序的若干规定》

第二百零六条　【裁定与执行】人民法院受理申请后，经审查，符合法律规定的，裁定调解协议有效，一方当事人拒绝履行或者未全部履行的，对方当事人可以向人民法院申请执行；不符合法律规定的，裁定驳回申请，当事人可以通过调解方式变更原调解协议或者达成新的调解协议，也可以向人民法院提起诉讼。

条文注释

在人民调解协议司法确认制度出现之前，人民调解和民事诉讼的衔接一般有两种情况：一是调解达成协议当事人自觉履行的，不必进入诉讼程序，不履行协议的，通过诉讼解决争议；二是调解不成的另行起诉。调解协议的司法确认制度将非诉讼纠纷解决机制与诉讼解决机制作出了有机的衔接。

1. 对调解协议的审查

审查调解协议是否符合法律规定，主要考虑以下情形：(1)通过调解方式解决纠纷是否当事人自愿；(2)调解协议的内容是否违反法律、法规的强制性规定或者社会公共利益；(3)达成调解协议是否出于当事人自愿，是否有重大误解或者显失公平等严重违背其真实意思表示的情形。只有结论是肯定的，才应确认该调解协议有效。否则就要驳回申请。人民法院驳回申请的，当事人可以通过调解方式变更原调解协议或者达成新的调解协议，也可以向人民法院提起诉讼。

2. 司法确认的效力

人民法院确认调解协议效力的裁定自送达双方当事人后发生法律效力，一方当事人拒绝履行或者未全部履行调解协议所约定的义务，对方当事人可以向人民法院申请强制执行。根据本法有关规定，执行管辖法院是作出裁定的基层人民法院或者是被执行财产所在地的基层人民法院。

3. 对申请司法确认的救济

申请人民法院确认调解协议的效力有两种结果，相应地也有两种救济方式：一是人民法院裁定确认调解协议，但当事人认为有错误，如双方当事人没有同时到庭、违反自愿原则、徇私舞弊等，对此可以按照审判监督程序的规定，申请再审；二是人民法院驳回了司法确认的申请，对此，当事人可以通过调解方式变更原调解协议或者达成新的调解协议，也可以向人民法院提起诉讼。

第八节　实现担保物权案件

第二百零七条　【申请与管辖】申请实现担保物权，由担保物权人以及其他有权请求实现担保物权的人依照民法典等法律，向担保财产所在地或者担保物权登记地基层人民法院提出。

条文注释

本条是关于行使担保物权请求权的主体及管辖法院的规定，是2012年新增的规定。担保物权包括抵押权、质权和留置权。担保物权的实现，是指债务人不能履行债务时，担保物权人经法定程序，通过将担保标的物拍卖、变卖等方式，从而使其债权得到优先受偿的过程。本条规定的担保物权人，包括抵押权人、质权人、留置权人；其他有权请求实现担保物权的人，包括抵押人、出质人、财产被留置的债务人或者所有权人等。

关联法规

《民法典》第410、436、437、453、454、807条；《民诉法解释》第359～366条；《最高人民法院关于适用〈中华人民共和国民法典〉有关担保制度的解释》

第二百零八条　【裁定与执行】人民法院受理申请后，经审查，符合法律规定的，裁定拍卖、变卖担保财产，当事人依据该裁定可以向人民法院申请执行；不符合法律规定的，裁定驳回申请，当事人可以向人民法院提起诉讼。

条文注释

由担保权人依法向担保财产所在地基层人民法院提出申请实现

担保物权，实质就是担保权人无须通过诉讼来实现担保物权而是可以在初步证明担保物权和主债权存在之后，直接申请法院拍卖、变卖担保财产。本条规定人民法院受理申请后需要对申请人的申请进行审查，由于此种申请的性质属于非讼事件，因此人民法院仅对申请人的申请进行形式审查，即仅从程序上审查应否许可强制执行，形式审查的内容主要包括担保物权有无依法公示及是否已经达到担保物权的实现条件。至于有关担保物权和主债权的实体问题，法院不予审查。如果债务人或者担保物权人对于担保物权以及被担保的债权是否存在等实体法律关系有异议，那么应当由债务人或担保物权人提起诉讼。经审查认为申请符合法律规定的，裁定拍卖、变卖担保财产，该裁定就是执行依据。当事人依据该裁定可以向人民法院申请执行。人民法院经审查认为申请不符合法律规定的，裁定驳回申请，当事人不服该裁定的不得上诉，但可以向人民法院另行提起诉讼。

关联法规

《民诉法解释》第204、367～372、462条

第十六章　审判监督程序

第二百零九条　【法院依职权提起再审】各级人民法院院长对本院已经发生法律效力的判决、裁定、调解书，发现确有错误，认为需要再审的，应当提交审判委员会讨论决定。

最高人民法院对地方各级人民法院已经发生法律效力的判决、裁定、调解书，上级人民法院对下级人民法院已经发生法律效力的判决、裁定、调解书，发现确有错误的，有权提审或者指令下级人民法院再审。

条文注释

本条第一款是有关法院基于自我监督而决定再审的规定。人民法院审理民事案件应当以事实为根据、以法律为准绳，因而如果发现

已经生效的判决、裁定、调解书,在认定事实或适用法律上存在错误,就应当按照有错必纠的原则予以纠正。经审判委员会讨论决定再审的,应当进入再审程序。

本条第二款是基于上下级法院之间的监督而决定再审的规定。按照《人民法院组织法》的规定,最高人民法院是国家的最高审判机关,有权监督地方各级人民法院和专门人民法院的审判工作。同时,上级人民法院有权监督下级人民法院的审判工作。

本条2012年修改后增加了对调解书的审判监督。

关联法规

《最高人民法院关于适用〈中华人民共和国民事诉讼法〉审判监督程序若干问题的解释》第3、4、6、30条

第二百一十条　【当事人申请再审】当事人对已经发生法律效力的判决、裁定,认为有错误的,可以向上一级人民法院申请再审;当事人一方人数众多或者当事人双方为公民的案件,也可以向原审人民法院申请再审。当事人申请再审的,不停止判决、裁定的执行。

条文注释

本条是关于当事人申请再审的规定,应注意以下三个方面的内容:

1. 当事人对判决、裁定申请再审的条件

当事人对判决、裁定申请再审的条件:(1)判决、裁定已经发生法律效力。发生法律效力的判决、裁定主要是指当事人超过上诉期而没有上诉的第一审和第二审的判决、裁定。如果第一审程序或者第二审程序还在进行中,判决、裁定还没有发生法律效力,当事人就不可以申请再审。(2)认为生效判决、裁定有错误。我国再审程序可以说采取了"宽进严出"的做法。所谓"宽进",即只要当事人认为判决、裁定有错误即有权申请再审。所谓"严出",是指对于当事人的申请,受理的人民法院经过审查以后,认为有第二百一十一条规定的再审事由的,才能作出裁定,决定再审。

2. 当事人应当向哪一级人民法院申请再审

本法坚持当事人向上一级人民法院申请再审的原则,同时回应司法实践中的实际需要,规定对当事人一方人数众多或者当事人双方为公民的民事案件,也可以向原审人民法院申请再审。把握这一规定需要注意以下三点:(1)向上一级人民法院申请再审是一般原则,只要当事人向上一级法院提出再审申请,就是选择了上一级人民法院。(2)向原审人民法院申请再审是例外规定,只能在当事人一方人数众多或者当事人双方为公民的案件中可以作为当事人的选择之一,其他案件还是要向上一级人民法院申请再审。(3)允许当事人在上一级人民法院和原审人民法院之中选择其一申请再审,并不意味着可以多头申诉、重复申请。如果当事人已经向原审人民法院提出再审申请,就不应当再向上一级人民法院提出;反之亦然。

3. 人民法院不予受理当事人申请再审的情形

根据《民诉法解释》的规定,当事人申请再审,有下列情形之一的,人民法院不予受理:(1)再审申请被驳回后再次提出申请的;(2)对再审判决、裁定提出申请的;(3)在人民检察院对当事人的申请作出不予提出再审检察建议或者抗诉决定后又提出申请的。与此同时,上述前两项规定情形,人民法院应当告知当事人可以向人民检察院申请再审检察建议或者抗诉,但因人民检察院提出再审检察建议或者抗诉而再审作出的判决、裁定除外。此外,适用特别程序、督促程序、公示催告程序、破产程序等非讼程序审理的案件,当事人不得申请再审。

关联法规

《民诉法解释》第373～381条

第二百一十一条　【申请再审的条件】当事人的申请符合下列情形之一的,人民法院应当再审:

(一)有新的证据,足以推翻原判决、裁定的;

(二)原判决、裁定认定的基本事实缺乏证据证明的;

(三)原判决、裁定认定事实的主要证据是伪造的;

（四）原判决、裁定认定事实的主要证据未经质证的；

（五）对审理案件需要的主要证据，当事人因客观原因不能自行收集，书面申请人民法院调查收集，人民法院未调查收集的；

（六）原判决、裁定适用法律确有错误的；

（七）审判组织的组成不合法或者依法应当回避的审判人员没有回避的；

（八）无诉讼行为能力人未经法定代理人代为诉讼或者应当参加诉讼的当事人，因不能归责于本人或者其诉讼代理人的事由，未参加诉讼的；

（九）违反法律规定，剥夺当事人辩论权利的；

（十）未经传票传唤，缺席判决的；

（十一）原判决、裁定遗漏或者超出诉讼请求的；

（十二）据以作出原判决、裁定的法律文书被撤销或者变更的；

（十三）审判人员审理该案件时有贪污受贿，徇私舞弊，枉法裁判行为的。

条文注释

当事人申请再审，需要具备法定事由，人民法院才能决定再审。依据本条的规定，当事人申请再审的条件是：

（1）有新的证据，足以推翻原判决、裁定的。所谓新证据，主要是指在过去诉讼过程中没有发现的证据，而该证据又足以证明原判决、裁定认定基本事实或裁判结果错误的，因此可以申请再审。再审申请人证明其提交的新的证据符合下列情形之一的，可以认定逾期提供证据的理由成立：①在原审庭审结束前已经存在，因客观原因于庭审结束后才发现的；②在原审庭审结束前已经发现，但因客观原因无法取得或者在规定的期限内不能提供的；③在原审庭审结束后形成，无法据此另行提起诉讼的。此外，再审申请人提交的证据在原审中已经提供，原审人民法院未组织质证且未作为裁判根据的，视为逾期提供证据的理由成立，但原审人民法院依照本法第六十八条规定不予采纳的除外。

(2)原判决、裁定认定的基本事实缺乏证据证明的。保证案件审理正确的前提是查明案件事实,而查明案件事实是需要证据加以证明的。当事人对自己提出的主张有责任提供证据,否则将承担不利的诉讼后果。如果当事人不能提出证据,证明自己所提出的诉讼请求有客观依据,或者所提供的证据不足以证明自己的诉讼请求符合客观事实,法官就支持了当事人的诉讼请求,这个判决就属于缺乏证据的判决。本法第六十七条第三款明确要求人民法院应当按照法定程序全面地、客观地审查核实证据。全面地收集证据是保证案件正确审理的前提条件。因此,"判决、裁定认定的基本事实缺乏证据证明"违反了本法对法院审理案件的基本要求,也就足以构成再审的条件。

(3)原判决、裁定认定事实的主要证据是伪造的。伪造证据的行为属于严重的妨害民事诉讼的行为,理应受到法律规定的惩罚。本法第一百一十四条对此有专门规定。审理案件的法官如果没有发现证据材料的虚假性,还把它作为认定事实的根据,对这样的判决、裁定应当进行再审。

(4)原判决、裁定认定事实的主要证据未经质证的。按照本法的规定,无论是公开审理还是不公开审理的案件,证据都必须在法庭上出示,并由当事人互相质证。只有经过质证,才能查明证据的真伪,才能去伪存真。质证是对证据查证属实的必要手段,按照本法第六十六条的规定,证据只有查证属实之后,才能作为认定事实的根据。因此,未经质证的证据不能作为认定事实的根据。判决、裁定认定事实的主要证据未经质证的,就是进入再审程序的原因之一。没经过质证的证据,可能是真实的,但法律设立质证规则的目的是从程序上保证查明证据的真实性,违反了程序就有可能导致认定事实方面的错误,程序的价值就在于此,因此,规定的程序必须要遵守,程序的价值必须被尊重。

(5)对审理案件需要的主要证据,当事人因客观原因不能自行收集,书面申请人民法院调查收集,人民法院未调查收集的。本法第六十七条第二款规定:"当事人及其诉讼代理人因客观原因不能自行收集的证据,或者人民法院认为审理案件需要的证据,人民法院应当调查收集。”某些案件中的证据,当事人因客观原因是不能自行收集到的,而且这些证据往往对于正确审理案件是至关重要的,一旦取得,将成为案件的主要证据。根据本法第七十条和第一百一十七条的规定,人民法院有权向金融机构查询当事人的存款状况,而且金融机构必须协助人民法院进行查询。当人民法院接到当事人调查证据的申请后,查明该证据是当事人不能自行调查收集的,人民法院有权利也有义务进行调查收集。根据本法第一百三十二条的规定,审判人员在审理前的准备工作中,必须认真审核诉讼材料,调查收集必要的证据。如果人民法院没有调查收集主要证据,就支持或者驳回了当事人的诉讼请求,则该判决、裁定缺乏证据证明,可能导致判决、裁定的实体错误,因此可以作为再审的原因之一。

(6)当事人认为原判决、裁定适用法律有错误的,可以申请再审,但原判决、裁定在适用法律方面是否真的存在错误,则需要法院通过审查予以确认。通过审查,如果原判决、裁定适用法律确有错误的,应当予以再审。需要指出的是,“适用法律有错误”中的“法律”,主要是调整当事人发生争议的权利义务关系的民事商事法律。“适用法律有错误”中的适用错误包括不同情形,例如,适用的法律与案件性质明显不符的;确定民事责任明显违背当事人约定或者法律规定的;适用已经失效或尚未施行的法律的;违反法律溯及力规定的;违反法律适用规则的;明显违背立法本意的,等等。

(7)审判组织的组成不合法或者依法应当回避的审判人员没有回避的。本法第四十七条明确规定了审判人员回避本案审理工作的情形。在法律规定的情形下,即使当事人没有提出回避申请,审判人员也应当主动回避,否则即使作出了发生法律效力的判决、裁定,也会面临再审。

(8)无诉讼行为能力人未经法定代理人代为诉讼或者应当参加诉讼的当事人,因不能归责于本人或者其诉讼代理人的事由,未参加诉讼的。如果人民法院没有做到本法第一百三十五条规定的通知,就有可能导致应当参加诉讼的当事人对诉讼无从知晓,更无法参加诉讼并维护其合法权益。这样的情况包括:人民法院应当通知却未作通知;人民法院虽然发出了通知,却有其他当事人从中隐匿、破坏甚至勾结其他人制造通知已经被收到的假象等。应当参加诉讼的当事人没有参加诉讼会直接造成诉讼主体缺失,即使已经作出了发生法律效力的判决、裁定,实际上也没有对相应权利义务关系作出正确判断,因此有必要通过再审来纠正。需要注意的是,如果人民法院按照本法第一百三十五条规定作出了通知,而接收通知的当事人因为其自身或者其诉讼代理人的故意或者过失,没有按照通知要求在诉讼中出现并主张自身权利的,就要为自己的不当行为承担责任,不能以自己没有参加为借口申请人民法院进行再审。

(9)违反法律规定,剥夺当事人辩论权利的。剥夺当事人的辩论权利,在案件审理过程中一般有以下情形:第一,在案件审理前的准备阶段,没有给被告进行书面答辩的权利。是否提交答辩状是当事人的诉讼权利,但如果法院没有给被告进行书面答辩的权利,则属于剥夺了被告的答辩权利。第二,人民法院在开庭审理阶段没有经过辩论程序,而是在法庭调查之后,径行作出了判决。第三,应当开庭审理而未开庭审理。

(10)未经传票传唤,缺席判决的。本法第一百四十七条明确规定,只有在被告经传票传唤、无正当理由拒不到庭,或者未经法庭许可中途退庭这两种情况下,人民法院才能缺席判决。在第一审普通程序或者在第二审程序中,如果法院没有给被告送达传票,或者仅以电话等形式简单联系被告,即使在被告未到庭的情况下,法院也不宜作出缺席判决。如果违反法定条件,随意作出缺席判决,就属于严重违反法定程序的行为,属于应当再审的情形之一。

(11)原判决、裁定遗漏或者超出诉讼请求的。此处规定的"诉讼请求",包括一审诉讼请求、二审上诉请求,但当事人未对一审判决、裁定遗漏或者超出诉讼请求提起上诉的除外。

(12)据以作出原判决、裁定的法律文书被撤销或者变更的。此处的"法律文书",具体包括:发生法律效力的判决书、裁定书、调解书、仲裁裁决书;具有强制执行效力的公证债权文书。

(13)审判人员审理该案件时有贪污受贿,徇私舞弊,枉法裁判行为的。还应注意的是,此处规定的行为,是指已经由生效刑事法律文书或者纪律处分决定所确认的行为。

关联法规

《民诉法解释》第385~393条;《最高人民法院关于适用〈中华人民共和国民事诉讼法〉审判监督程序若干问题的解释》第11、13、15~18条

第二百一十二条　【对调解书申请再审】当事人对已经发生法律效力的调解书,提出证据证明调解违反自愿原则或者调解协议的内容违反法律的,可以申请再审。经人民法院审查属实的,应当再审。

条文注释

调解书经双方当事人签收后即具有法律效力。生效的调解书具有与生效判决相同的法律效力。调解应当遵循自愿和合法的原则,因而如果当事人提出证据证明调解违反自愿原则或者调解协议的内容违反法律的,应当在调解书发生法律效力后六个月内提出。调解违反自愿原则包括两种情况:(1)在调解时违反自愿。按照本法相关规定,人民法院审理民事案件,根据当事人自愿的原则进行调解。如果审判人员强迫当事人进行调解,则违反了自愿原则。(2)调解协议的内容违反自愿。本法规定,调解达成协议,必须双方自愿,不得强迫。如果审判人员强迫一方或双方当事人接受调解协议的内容,则违反了自愿原则。调解违反合法原则,主要是指调解协议的内容违法,即违反法律的强行性、禁止性规定。

人民法院对调解书裁定再审后,按照下列情形分别处理:(1)当事人提出的调解违反自愿原则的事由不成立,且调解书的内容不违反法律强制性规定的,裁定驳回再审申请;(2)人民检察院抗诉或者再审检察建议所主张的损害国家利益、社会公共利益的理由不成立的,裁定终结再审程序。前述规定情形,人民法院裁定中止执行的调解书需要继续执行的,自动恢复执行。

关联法规

《民诉法解释》第407条

第二百一十三条　【离婚判决、调解不得再审】当事人对已经发生法律效力的解除婚姻关系的判决、调解书,不得申请再审。

条文注释

婚姻关系属于人身关系,与财产关系有本质区别。离婚案件,经法院审理,无论是判决准予离婚,还是通过调解协议离婚,判决、调解书生效后均不能申请再审。理由是:第一,一旦解除婚姻关系的判决、调解书生效,男、女任何一方都可以与他人再结婚,另一方申请再审已没有意义。第二,解除婚姻关系的判决、调解书生效以后,如果男、女双方感情尚未彻底破裂,又均未与他人再婚,自愿恢复婚姻关系的,可以依据《民法典》的相关规定重新进行结婚登记,而不必通过再审来恢复婚姻关系。第三,对离婚判决、调解书涉及子女抚养内容不服的,可以向法院提起变更之诉,请求变更子女抚养关系、变更抚养费数额等,也不必申请再审。所以,法律规定对已经发生法律效力的解除婚姻关系的判决、调解书,不得申请再审。但是,当事人就离婚案件中的财产分割问题申请再审,如涉及判决中已分割的财产,人民法院应当依照本法第二百一十一条的规定进行审查,符合再审条件的,应当裁定再审;如涉及判决中未作处理的夫妻共同财产,应当告知当事人另行起诉。

第二百一十四条　【当事人申请再审程序】当事人申请再审的,应当提交再审申请书等材料。人民法院应当自收到再审申请书之日起五日内将再审申请书副本发送对方当事人。对方当事人应当自收到再审申请书副本之日起十五日内提交书面意见;不提交书面意见的,不影响人民法院审查。人民法院可以要求申请人和对方当事人补充有关材料,询问有关事项。

条文注释

当事人申请再审是法律赋予当事人的一项诉讼权利,但当事人要启动再审程序，也有义务提交再审申请书等材料。当事人申请再审，应当提交下列材料：(1)再审申请书，并按照被申请人和原审其他当事人的人数提交副本。再审申请书应当记明下列事项：①再审申请人与被申请人及原审其他当事人的基本信息；②原审人民法院的名称，原审裁判文书案号；③具体的再审请求；④申请再审的法定情形及具体事实、理由。再审申请书应当明确申请再审的人民法院，并由再审申请人签名、捺指印或者盖章。(2)再审申请人是自然人的，应当提交身份证明；再审申请人是法人或者其他组织的，应当提交营业执照、组织机构代码证书、法定代表人或者主要负责人身份证明书。委托他人代为申请的，应当提交授权委托书和代理人身份证明。(3)原审判决书、裁定书、调解书。(4)反映案件基本事实的主要证据及其他材料。其中，前述(2)至(4)规定的材料可以是与原件核对无异的复印件。此外，审查再审申请期间，再审申请人撤回再审申请的，是否准许，由人民法院裁定。再审申请人经传票传唤，无正当理由拒不接受询问的，可以按撤回再审申请处理。

关联法规

《最高人民法院关于适用〈中华人民共和国民事诉讼法〉审判监督程序若干问题的解释》第3、4、6、7、20、21、23条

第二百一十五条　【再审申请的审查与再审案件的审级】人民法院应当自收到再审申请书之日起三个月内审查，符合本法规定的，裁定再审；不符合本法规定的，裁定驳回申请。有特殊情况需要延长的，由本院院长批准。

因当事人申请裁定再审的案件由中级人民法院以上的人民法院审理，但当事人依照本法第二百一十条的规定选择向基层人民法院申请再审的除外。最高人民法院、高级人民法院裁定再审的案件，由本院再审或者交其他人民法院再审，也可以交原审人民法院再审。

条文注释

本条规定的对于再审申请的审查，需要注意的是：第一，人民法院对再审申请的审查，是审查是否符合再审条件，是否应当再审，而

不是重新审理案件。这与起诉和上诉是有本质区别的。当事人起诉或者上诉后,人民法院正式立案审理,所以将起诉状副本或者上诉状副本发送被告或者被上诉人,由被告或者被上诉人提出答辩状。而对再审申请的审查还没有进入对案件的重新审理阶段,所以对方当事人提交的是"书面意见",即表明是否同意对案件进行再审的态度及相应的事实和理由,而不是"答辩状"。第二,在人民法院对再审申请进行审查的阶段,被申请人既可以提交书面意见,也可以不提交书面意见。决定提交书面意见,或者不提交书面意见,都是对方当事人行使法律所赋予的辩论权利的体现。不提交书面意见的,不影响人民法院对再审申请的审查。

本条还应注意再审案件的管辖法院。因当事人申请再审而启动再审程序的,案件应由中级以上的人民法院审理,但当事人依法向原审的基层法院申请再审的除外。最高人民法院、高级人民法院裁定再审的案件,由本院再审或者交其他人民法院再审,也可以交原审人民法院再审。应注意,当事人一方人数众多或者当事人双方为公民的案件,当事人分别向原审人民法院和上一级人民法院申请再审且不能协商一致的,由原审人民法院受理。上一级人民法院可以根据案件的影响程度以及案件参与人等情况,决定是否指定再审。需要指定再审的,应当考虑便利当事人行使诉讼权利以及便利人民法院审理等因素。但有下列情形之一的,不得指令原审人民法院再审:(1)原审人民法院对该案无管辖权的;(2)审判人员在审理该案件时有贪污受贿,徇私舞弊,枉法裁判行为的;(3)原判决、裁定系经原审人民法院审判委员会讨论作出的;(4)其他不宜指令原审人民法院再审的。

再审申请审查期间,有下列情形之一的,人民法院裁定终结审查:(1)再审申请人死亡或者终止,无权利义务承继者或者权利义务承继者声明放弃再审申请的;(2)在给付之诉中,负有给付义务的被申请人死亡或者终止,无可供执行的财产,也没有应当承担义务的人的;(3)当事人达成和解协议且已履行完毕的,但当事人在和解协议中声明不放弃申请再审权利的除外;(4)他人未经授权以当事人名义申请再审的;(5)原审或者上一级人民法院已经裁定再审的;(6)有本法和相关司法解释规定人民法院不予受理情形的。此外，审查再审申请期间，被申请人及原审其他当事人依法提出再审申请的，人民法院应当将其列为再审申请人，对其再审事由一并审查，审查期限重新计算。经审查，其中一方再审申请人主张的再审事由成立的，应当裁定再审。各方再审申请人主张的再审事由均不成立的，一并裁定驳回再审申请。

关联法规

《民诉法解释》第384、393～400条；《最高人民法院关于适用〈中华人民共和国民事诉讼法〉审判监督程序若干问题的解释》第8、9、19～29条；《最高人民法院关于民事审判监督程序严格依法适用指令再审和发回重审若干问题的规定》第2、3条

第二百一十六条　【当事人申请再审期限】当事人申请再审，应当在判决、裁定发生法律效力后六个月内提出；有本法第二百一十一条第一项、第三项、第十二项、第十三项规定情形的，自知道或者应当知道之日起六个月内提出。

条文注释

本条规定中，申请再审的六个月时间限制为不变期间，不存在中断或中止的情况。一般六个月的期限是从判决、裁定发生法律效力时才开始起算的。但在以下四种情况下，当事人在判决、裁定发生法律效力后，期间及其起算点是不同的：(1)判决、裁定发生法律效力后，发现有新的证据，足以推翻原判决、裁定的，当事人应当自知道或者应当知道之日起六个月内申请再审。(2)判决、裁定发生法律效力后，发现原判决、裁定认定事实的主要证据是伪造的，当事人应当自知道或者应当知道之日起六个月内申请再审。(3)判决、裁定发生法律效力后，据以作出原判决、裁定的法律文书被撤销或者变更的，当事人应当自知道或者应当知道之日起六个月内申请再审。(4)判决、裁定发生法律效力后，发现审判人员在审理该案件时有贪污受贿、徇私舞弊、枉法裁判行为的，当事人应当自知道或者应当知道之日起六个月内申请再审。

第二百一十七条　【中止执行及例外】按照审判监督程序决定再审的案件，裁定中止原判决、裁定、调解书的执行，但追索赡养费、扶养费、抚养费、抚恤金、医疗费用、劳动报酬等案件，可以不中止执行。

条文注释

需要说明的是，如果原判决、裁定、调解书已经执行完毕，再裁定中止执行就没什么意义了。如果再审结果是撤销原判或者对原判进行改判，那就需要执行回转。按照本法第二百四十四条的规定，执行完毕后，据以执行的判决、裁定和其他法律文书确有错误，被人民法院撤销的，对已被执行的财产，人民法院一般应当作出裁定，责令取得财产的人返还；拒不返还的，强制执行。

第二百一十八条　【再审审理程序】人民法院按照审判监督程序再审的案件，发生法律效力的判决、裁定是由第一审法院作出的，按照第一审程序审理，所作的判决、裁定，当事人可以上诉；发生法律效力的判决、裁定是由第二审法院作出的，按照第二审程序审理，所作的判决、裁定，是发生法律效力的判决、裁定；上级人民法院按照审判监督程序提审的，按照第二审程序审理，所作的判决、裁定是发生法律效力的判决、裁定。

人民法院审理再审案件，应当另行组成合议庭。

条文注释

我国民事诉讼实行两审终审，再审是通过重新审理的方式达到纠错目标的程序，因而再审没有专门的审理程序。人民法院决定或者裁定再审的案件，应当根据原生效判决、裁定作出的法院而分别适用一审程序或者二审程序。具体分为以下几种情况：

第一，第一审法院作出的判决、裁定发生法律效力后，该第一审法院依职权决定再审的，该再审案件适用第一审程序进行审理，所作的判决、裁定，当事人可以上诉。需要说明的是，如果发生法律效力的判决、裁定是适用简易程序作出的，则再审进行审理时应当适用第一审普通程序，即由合议庭进行审理，且原审的独任审判员不得参加新组成的合议庭。

第二，最高人民法院或者上级人民法院对下级人民法院已经发生法律效力的判决、裁定决定再审并进行提审的，由进行提审的上级人民法院组成合议庭，按照第二审程序进行审理，所作的判决、裁定是发生法律效力的判决、裁定。

第三，最高人民法院或者上级人民法院对下级人民法院已经发生法律效力的判决、裁定决定再审并指令下级人民法院再审的，如果下级人民法院是第一审法院，则再审适用第一审程序；如果下级人民法院是第二审法院，则再审适用第二审程序。但都需另行组成合议庭。

第四，因当事人申请裁定再审的案件，如果由负责审查再审申请的人民法院再审，一般应当适用第二审程序，所作的判决、裁定是发生法律效力的判决、裁定；在例外情况下适用第一审程序，所作的判决、裁定，当事人可以上诉。这里的“例外情况”，是当事人依照本法第二百一十条的规定，选择向原审人民法院申请再审后可能面临的一种后续情况。本法第二百一十条规定，当事人一方人数众多或者当事人双方为公民的案件，也可以向原审人民法院申请再审。如果上述案件发生法律效力的判决、裁定是第一审法院作出的，而且当事人也选择向该第一审法院申请再审，该第一审法院就可以在裁定再审后继续进行再审审理，在这种例外情况下，应当适用的程序是第一审程序。和发生法律效力的判决、裁定相比，经过再审后作出的判决、裁定，仍然是第一审人民法院作出的，当事人也仍然可以上诉。

第五，因当事人申请裁定再审的案件，被最高人民法院、高级人民法院交与原审人民法院同级的其他人民法院再审或者交原审人民法院再审的，如果发生法律效力的判决、裁定是第一审程序作出的，则再审适用第一审程序；如果发生法律效力的判决、裁定是二审程序作出的，则再审适用第二审程序。需要说明的是，交原审人民法院再审的，原审人民法院审理时应当另行组成合议庭。

第六，人民检察院抗诉的案件，如果由接受抗诉的人民法院再审，则适用第二审程序，因为接受抗诉的人民法院肯定是作出生效判决、裁定的人民法院的上一级法院。

第七，人民检察院抗诉的案件，交下一级人民法院再审的，如果原生效判决、裁定是一审程序作出的，则再审适用第一审程序；如果原生效判决、裁定是二审程序作出的，则再审适用第二审程序。

关联法规

《民诉法解释》第401～410、420～424条；《最高人民法院关于适用〈中华人民共和国民事诉讼法〉审判监督程序若干问题的解释》第131条；《最高人民法院关于民事审判监督程序严格依法适用指令再审和发回重审若干问题的规定》第4～8条

第二百一十九条　【检察院提出抗诉或者检察建议】最高人民检察院对各级人民法院已经发生法律效力的判决、裁定，上级人民检察院对下级人民法院已经发生法律效力的判决、裁定，发现有本法第二百一十一条规定情形之一的，或者发现调解书损害国家利益、社会公共利益的，应当提出抗诉。

地方各级人民检察院对同级人民法院已经发生法律效力的判决、裁定，发现有本法第二百一十一条规定情形之一的，或者发现调解书损害国家利益、社会公共利益的，可以向同级人民法院提出检察建议，并报上级人民检察院备案；也可以提请上级人民检察院向同级人民法院提出抗诉。

各级人民检察院对审判监督程序以外的其他审判程序中审判人员的违法行为，有权向同级人民法院提出检察建议。

条文注释

本条第一款规定了民事抗诉的提出，即由哪一级人民检察院对哪一级人民法院生效裁判提出抗诉。抗诉原则上实行“上级抗”，即由上级人民检察院对下级人民法院生效的判决、裁定、调解书向与上级人民检察院同级的人民法院提出抗诉。包括以下两类情况：(1)最高人民检察院对各级人民法院已经发生法律效力的判决、裁定，发现有本法第二百一十一条规定情形之一的，有权提出抗诉；最高人民检察院对各级人民法院已经发生法律效力的调解书，发现损害国家利益、社会公共利益的，有权提出抗诉。(2)上级人民检察院对下级人

民法院已经发生法律效力的判决、裁定,发现有本法第二百一十一条规定情形之一的,有权提出抗诉。上级人民检察院对下级人民法院已经发生法律效力的调解书,发现损害国家利益、社会公共利益的,应当提出抗诉。需要说明的是,最高人民检察院可以进行"同级抗",对最高人民法院生效的判决、裁定、调解书,依法提出抗诉。

本条第二款是关于地方各级人民检察院提出检察建议的规定。由于只有最高人民检察院可以"同级抗",所以,地方各级人民检察院对同级人民法院已经发生法律效力的判决、裁定,发现有本法第二百一十一条规定情形之一的,或者发现调解书损害国家利益、社会公共利益的,不能直接抗诉,可以提请上级人民检察院向同级人民法院提出抗诉。同时,本法还规定了可以向同级人民法院提出检察建议,并报上级人民检察院备案。

还应注意的是,检察建议不同于抗诉:第一,检察建议不能立刻引发对生效判决、裁定、调解书的再审,但检察建议却可以加强人民法院和人民检察院在审判监督方面的合作配合,能够促使人民法院发现错误、纠正错误。第二,检察建议不同于上级人民检察院提出的抗诉,检察建议是人民检察院向同级人民法院发出的监督建议。本法通过并行规定向上级人民检察院报请备案检察建议和提请抗诉,有利于上下级检察机关之间更及时地沟通情况,从而更慎重地决定是否抗诉。

关联法规

《民诉法解释》第 411 ~ 415 条

第二百二十条　【当事人申请检察建议或者抗诉】有下列情形之一的,当事人可以向人民检察院申请检察建议或者抗诉:

(一)人民法院驳回再审申请的;

(二)人民法院逾期未对再审申请作出裁定的;

(三)再审判决、裁定有明显错误的。

人民检察院对当事人的申请应当在三个月内进行审查,作出提出或者不予提出检察建议或者抗诉的决定。当事人不得再次向人民检察院申请检察建议或者抗诉。

条文注释

本条第一款规定了当事人向人民检察院申请检察建议或者抗诉的情形。实践中有些当事人既向人民法院申请了再审,同时又向检察机关申诉。因而,为更好地配置司法资源,增强法律监督实效,有必要明确当事人申请检察建议或者抗诉的条件:(1)人民法院驳回再审申请的。即当事人提出再审申请以后,人民法院经审查认为不符合再审条件,或者超过申请期限,而裁定驳回再审申请的。(2)人民法院逾期未对再审申请作出裁定的。即人民法院没有依据本法第二百一十五条的规定,自收到再审申请书之日起后三个月审查并作出裁定,也没有延长期限的情况的。(3)再审判决、裁定有明显错误的。即案件经过再审后,仍然存在明显错误。

本条第二款规定了人民检察院对当事人申请检察建议或者抗诉的处理程序。人民检察院对当事人的申请应当进行审查,审查期限为三个月。经审查,认为具备前款规定情形的,作出提出检察建议或者抗诉的决定;反之,作出不提出检察建议或者不抗诉的决定。为了防止当事人滥诉,造成终审不终的局面,当事人申请检察建议或者抗诉以一次为限,已经申请过的,当事人不得再次向人民检察院提出申请。

关联法规

《民诉法解释》第415~417条

第二百二十一条 【检察院的调查权】人民检察院因履行法律监督职责提出检察建议或者抗诉的需要,可以向当事人或者案外人调查核实有关情况。

条文注释

为了保证人民检察院正确履行法律监督职责,提高检察监督的质量,本条规定了人民检察院因履行法律监督职责提出检察建议或者抗诉需要享有的调查权。人民检察院因履行法律监督职责提出检察建议或者抗诉的需要,可以行使调查权,传唤、询问本案当事人或者案外人,调查核实有关情况。当事人和案外人应当支持人民检察院依法履行职责,如实提供有关信息。依照本条行使调查权主要是了解与生效判决、裁定、调解书有关的特定信息,是为了决定是否提出检察建议或者抗诉。还应注意,本条所规定的调查权,不应超出相应范围,更不能理解为类似刑事诉讼中的侦查权。

第二百二十二条　【抗诉案件的审理】人民检察院提出抗诉的案件,接受抗诉的人民法院应当自收到抗诉书之日起三十日内作出再审的裁定;有本法第二百一十一条第一项至第五项规定情形之一的,可以交下一级人民法院再审,但经该下一级人民法院再审的除外。

条文注释

原则上,审理抗诉案件的法院也是接受抗诉的人民法院,同样还是原审人民法院的上级人民法院。在这一通常制度下,也有例外情况:(1)对于有新的证据,足以推翻原判决、裁定的抗诉,接受抗诉的人民法院可以交下一级人民法院再审;(2)对于原判决、裁定认定的基本事实缺乏证据证明的抗诉,接受抗诉的人民法院可以交下一级人民法院再审;(3)原判决、裁定认定事实的主要证据是伪造的抗诉,接受抗诉的人民法院可以交下一级人民法院再审;(4)原判决、裁定认定事实的主要证据未经质证的抗诉,接受抗诉的人民法院可以交下一级人民法院再审;(5)对审理案件需要的主要证据,当事人因客观原因不能自行收集,书面申请人民法院调查收集,人民法院未调查收集的抗诉,接受抗诉的人民法院可以交下一级人民法院再审。以上这五个方面涉及本法第二百一十一条第一项至第五项规定的情形。但还应注意,人民检察院对有第二百一十一条第一项至第五项规定情形之一提出抗诉,接受抗诉的人民法院如果要交下一级人民法院审理,要看抗诉所针对的发生法律效力的判决、裁定、调解书是不是该下一级人民法院再审后作出的。如果发生法律效力的判决、裁定、调解书已经是该下一级人民法院再审之后作出的,就不能再交该下一级人民法院进行再审了。

关联法规

《民诉法解释》第418~420条

第二百二十三条 【抗诉书】人民检察院决定对人民法院的判决、裁定、调解书提出抗诉的,应当制作抗诉书。

第二百二十四条 【检察员出庭】人民检察院提出抗诉的案件,人民法院再审时,应当通知人民检察院派员出席法庭。

第十七章 督促程序

第二百二十五条 【支付令申请】债权人请求债务人给付金钱、有价证券,符合下列条件的,可以向有管辖权的基层人民法院申请支付令:

(一)债权人与债务人没有其他债务纠纷的;

(二)支付令能够送达债务人的。

申请书应当写明请求给付金钱或者有价证券的数量和所根据的事实、证据。

条文注释

本条第一款规定了债权人申请签发支付令的条件:(1)只适用于请求给付金钱、有价证券的案件。金钱和有价证券的给付在实践中便于计算和操作,这类给付之诉相对于其他诉讼请求更容易得到迅速清偿,对造成的损失也更易于弥补。(2)债权人与债务人没有其他债务纠纷。即债务人对债权人单向负有给付义务且不附任何条件。如果债权人对债务人也负有给付义务或者债务人的给付义务是附条件的则不适用督促程序。(3)支付令能够送达债务人。即人民法院能够依照法定送达方式将支付令实际送达债务人。支付令的送达以直接送达为原则,只有债务人拒绝接受支付令时才适用留置送达。公告送达和通过外交途径送达因为无法保证实际送达而不适用。(4)向有管辖权的法院提出支付令申请。债权人申请支付令,适用本法"原告就被告"的规定,由债务人住所地的基层人民法院管辖。

本条第二款规定了申请书应当具备的内容。申请书是债权人向人民法院提出的旨在引起督促程序发生的诉讼文书。申请书应当列明下列事项:(1)当事人及其法定代理人的基本情况。(2)请求给付金钱或有价证券的数量以及所依据的事实和证据。(3)提出表明申请法院签发支付令的意愿并陈述理由。(4)申请发出支付令法院的名称和当事人签署。

关联法规

《民诉法解释》第425~428条

第二百二十六条　【受理】债权人提出申请后,人民法院应当在五日内通知债权人是否受理。

条文注释

人民法院收到债权人的支付令申请书后,认为申请书不符合要求的,可以通知债权人限期补正。人民法院应当自收到补正材料之日起五日内通知债权人是否受理。根据《民诉法解释》第四百二十九条的规定,债权人申请支付令,符合下列条件的,基层人民法院应当受理,并在收到支付令申请书后五日内通知债权人:(1)请求给付金钱或者汇票、本票、支票、股票、债券、国库券、可转让的存款单等有价证券;(2)请求给付的金钱或者有价证券已到期且数额确定,并写明了请求所根据的事实、证据;(3)债权人没有对待给付义务;(4)债务人在我国境内且未下落不明;(5)支付令能够送达债务人;(6)收到申请书的人民法院有管辖权;(7)债权人未向人民法院申请诉前保全。不符合前述规定的,人民法院应当在收到支付令申请书后五日内通知债权人不予受理。基层人民法院受理申请支付令案件,不受债权金额的限制。

第二百二十七条　【支付令的审理、异议和执行】人民法院受理申请后,经审查债权人提供的事实、证据,对债权债务关系明确、合法的,应当在受理之日起十五日内向债务人发出支付令;申请不成立的,裁定予以驳回。

债务人应当自收到支付令之日起十五日内清偿债务，或者向人民法院提出书面异议。

债务人在前款规定的期间不提出异议又不履行支付令的，债权人可以向人民法院申请执行。

条文注释

本条第一款规定了支付令申请的审理。人民法院接到支付令申请后，应当依据债权人提供的事实、证据进行审查。在审查方式上主要实行书面审查，无须开庭审理，也不实行对审辩论。审查以债权人的请求为限，主要审查双方债权债务关系是否明确、合法。其中，明确是指债权债务关系清楚、数额明确，债务人对债权人有给付义务。合法是指债权债务的内容不违反法律和公序良俗。根据《民诉法解释》的规定，经审查，有下列情形之一的，裁定驳回申请：(1)申请人不具备当事人资格的；(2)给付金钱或者有价证券的证明文件没有约定逾期给付利息或者违约金、赔偿金，债权人坚持要求给付利息或者违约金、赔偿金的；(3)要求给付的金钱或者有价证券属于违法所得的；(4)要求给付的金钱或者有价证券尚未到期或者数额不确定的。

本条第二款规定了债务人异议。为了保证债务人的合法权利，保证支付令签发的正确性，本款规定了债务人对支付令的异议。债务人不服支付令所确定的给付义务的，有权提出异议。支付令异议成立的条件是：(1)须由债务人及其法定代理人、授权的委托诉讼代理人提出。(2)必须采用书面形式，口头异议无效。(3)须在法律规定的期限内提出异议，即接到支付令之日起十五日内。(4)是对债务本身存在与否的异议，如主张以缺乏履行能力作为抗辩的，不构成异议。

本条第三款规定了支付令的生效和执行。债务人接到支付令后，在法定的期限内既未依法提出异议，又不履行支付令中的给付义务的，支付令生效。生效的支付令可作为执行根据，由债权人向人民法院申请强制执行。

关联法规

《民诉法解释》第430~439条

第二百二十八条　【终结督促程序】人民法院收到债务人提出的书面异议后，经审查，异议成立的，应当裁定终结督促程序，支付令自行失效。

支付令失效的，转入诉讼程序，但申请支付令的一方当事人不同意提起诉讼的除外。

条文注释

对于债务人提出的支付令异议，人民法院应当审查异议是否成立。人民法院对债务人的书面异议仅进行形式审查，这也符合督促程序的非讼性质。督促程序以假定债权债务人之间无争议为前提，一旦双方出现争议就应该通过诉讼程序解决。所以人民法院在督促程序中无须对支付令异议进行实质审查，经形式审查异议成立的，直接裁定终结督促程序。已签发的支付令自行失效。

《民诉法解释》对本条作了细化规定：一是有下列情形之一的，人民法院应当裁定终结督促程序，已发出支付令的，支付令自行失效：(1)人民法院受理支付令申请后，债权人就同一债权债务关系又提起诉讼的；(2)人民法院发出支付令之日起三十日内无法送达债务人的；(3)债务人收到支付令前，债权人撤回申请的。二是经形式审查，债务人提出的书面异议有下列情形之一的，人民法院应当认定异议成立，裁定终结督促程序，支付令自行失效：(1)该解释第十九章规定的不予受理申请情形的；(2)该解释第十九章规定的裁定驳回申请情形的；(3)该解释第十九章规定的应当裁定终结督促程序情形的；(4)人民法院对是否符合发出支付令条件产生合理怀疑的。

关联法规

《民诉法解释》第430、435、438~441条

第十八章　公示催告程序

第二百二十九条　【适用范围】按照规定可以背书转让的票据持有人,因票据被盗、遗失或者灭失,可以向票据支付地的基层人民法院申请公示催告。依照法律规定可以申请公示催告的其他事项,适用本章规定。

申请人应当向人民法院递交申请书,写明票面金额、发票人、持票人、背书人等票据主要内容和申请的理由、事实。

条文注释

本条第一款规定了公示催告的适用范围,包括:(1)可以背书转让的票据。票据是由出票人签发的,承诺由自己或委托付款人在见票时无条件支付一定数额金钱的凭证。我国《票据法》中规定的票据包括本票、汇票和支票。背书转让是指票据持有人在票据背面签名,将票据上的权利转让给他人。除在票据上表明不得背书转让以外,这三种票据均可以通过背书转让。(2)法律规定可以申请公示催告的其他事项。目前,我国法律中还没有明确规定除票据外的哪些事项可以申请公示催告。这属于保底条款,主要是为了适应社会发展需要。随着商品经济和社会生活的日益发展,今后可能有法律对适用公示催告的事项作出规定,所以本法在这里作了灵活规定。申请公示催告案件的管辖法院为票据支付地的基层人民法院。

本条第二款规定了公示催告申请书的制作要求。公示催告程序依申请而开始。依据本款规定,申请公示催告应当采用书面形式,向人民法院提交申请书。申请书的内容包括:(1)申请人的姓名、名称等基本情况。(2)票据的主要内容。包括票据的种类、名称、号码、票面金额、付款日期、发票人、持票人、背书人、被背书人。(3)申请的理由、事实,即票据被盗、遗失、灭失的有关事实,申请人对票据有什么权利,票据是否背书转让。

第二百三十条　【公告及期限】人民法院决定受理申请,应当同时通知支付人停止支付,并在三日内发出公告,催促利害关系人申报权利。公示催告的期间,由人民法院根据情况决定,但不得少于六十日。

条文注释

为了保护申请人的合法权益,人民法院在决定受理的同时,应当向支付人发出停止支付的通知,告知支付人停止向任何持票人支付票面金额。支付人在收到法院的止付通知以后,应当立即停止支付。支付人拒不执行止付通知的,由付款人承担相应的法律后果。

法院在发出止付通知后,应当在三日内发布公告,催促利害关系人申报权利。公告的内容包括:(1)公示催告申请人的姓名或者名称;(2)票据的种类、号码、票面金额、出票人、背书人、持票人、付款期限等事项以及其他可以申请公示催告的权利凭证的种类、号码、权利范围、权利人、义务人、行权日期等事项;(3)申报权利的期间;(4)在公示催告期间转让票据等权利凭证,利害关系人不申报的法律后果。公告应当在有关报纸或者其他媒体上刊登,并于同日公布于人民法院公告栏内。人民法院所在地有证券交易所的,还应当同日在该交易所公布。公告期间不得少于六十日,且公示催告期间届满日不得早于票据付款日后十五日。

关联法规

《民诉法解释》第445~449条

第二百三十一条　【停止支付】支付人收到人民法院停止支付的通知,应当停止支付,至公示催告程序终结。

公示催告期间,转让票据权利的行为无效。

条文注释

本条第一款规定了支付人停止支付的义务。支付人收到人民法院的停止支付通知后,不得向任何票据持有人支付票面上的金额,直到法院通知其公示催告程序终结。支付人拒不执行止付通知,擅自支付票据的，票据权利人有权向付款人主张赔偿损失。

本条第二款规定了公示催告期间，转让票据权利的行为无效。公示催告期间，由于票据上的权利处于不确定状态，因而转让票据的行为无效。票据持有人想以此票据抵偿债务，债权人有权拒收。

第二百三十二条　【申报票据权利】利害关系人应当在公示催告期间向人民法院申报。

人民法院收到利害关系人的申报后，应当裁定终结公示催告程序，并通知申请人和支付人。

申请人或者申报人可以向人民法院起诉。

条文注释

本条第一款规定了利害关系人申报权利应当在公示催告期间内。这里的“利害关系人”一般指票据的实际占有人，是申请人之外对票据主张权利的人。如果票据无效将导致其无法实现票据上的权利，因而，在公示催告期间，利害关系人应当向人民法院申报，表明自己对该票据享有权利。

本条第二款规定了利害关系人申报权利的程序效果。利害关系人申报权利的，应当出示票据，法院通知申请人查看票据。经形式审查，确认利害关系人出示的票据与申请公示催告的票据一致的，法院裁定终结公示催告程序，并通知申请人和支付人。利害关系人出示的票据与申请公示催告的票据不一致的，人民法院应当裁定驳回利害关系人的申报。

本条第三款规定了对票据争议的处理途径。即申请人和利害关系人均主张票据上的权利的，双方另案通过诉讼程序解决票据争议，任何一方均可以向人民法院提起诉讼。

关联法规

《民诉法解释》第450、451、455、456条

第二百三十三条　【公示催告判决】没有人申报的，人民法院应当根据申请人的申请，作出判决，宣告票据无效。判决应当公告，并通知支付人。自判决公告之日起，申请人有权向支付人请求支付。

条文注释

公告期满，无人申报权利或申报被驳回的，人民法院应当根据申请人的申请作出除权判决。除权判决是人民法院向社会宣告票据无效的判决。除权判决须依申请人的申请，且在法定期限内。逾期不申请判决的，终结公示催告程序。判决应当公告，并通知支付人。除权判决作出并公告后，产生两个方面的法律效力：一方面，公示催告程序终结，任何人不得对判决提出上诉；另一方面，申请公示催告的票据无效，票据上的权利专属于申请人所有，他人因占有而享有的票据权利被排除，申请人可依据除权判决向支付人要求支付票面金额。

关联法规

《民诉法解释》第452、453条

第二百三十四条　【利害关系人起诉】利害关系人因正当理由不能在判决前向人民法院申报的，自知道或者应当知道判决公告之日起一年内，可以向作出判决的人民法院起诉。

条文注释

《民诉法解释》对本条进行了补充规定。利害关系人依照本条向人民法院起诉的，人民法院可按票据纠纷适用普通程序审理。利害关系人请求人民法院撤销除权判决的，应当将申请人列为被告。利害关系人仅诉请确认其为合法持票人的，人民法院应当在裁判文书中写明，确认利害关系人为票据权利人的判决作出后，除权判决即被撤销。根据该解释，本条规定的"正当理由"具体包括：(1)因发生意外事件或者不可抗力致使利害关系人无法知道公告事实的；(2)利害关系人因被限制人身自由而无法知道公告事实，或者虽然知道公告事实，但无法自己或者委托他人代为申报权利的；(3)不属于法定申请公示催告情形的；(4)未予公告或者未按法定方式公告的；(5)其他导致利害关系人在判决作出前未能向人民法院申报权利的客观事由。

关联法规

《民诉法解释》第 457 ~459 条

第三编 执 行 程 序

第十九章 一 般 规 定

第二百三十五条 【执行根据、管辖】发生法律效力的民事判决、裁定,以及刑事判决、裁定中的财产部分,由第一审人民法院或者与第一审人民法院同级的被执行的财产所在地人民法院执行。

法律规定由人民法院执行的其他法律文书,由被执行人住所地或者被执行的财产所在地人民法院执行。

条文注释

执行根据也称执行文书,是申请人据以申请执行和执行人员据以执行的凭证,即法律规定由人民法院执行的法律文书。根据本条规定,作为执行根据的法律文书有以下几种:(1)人民法院制作的发生法律效力的民事判决书、裁定书和调解书。(2)人民法院依督促程序发布的支付令。(3)发生法律效力而具有财产内容的刑事判决书、裁定书。(4)仲裁机构制作的生效的裁决书。(5)公证机构制作的依法赋予强制执行效力的债权文书。

执行管辖,是指生效的法律文书由哪一个法院负责执行。发生法律效力的民事判决、裁定,以及刑事判决、裁定中的财产部分,由第一审人民法院或者与第一审人民法院同级的被执行的财产所在地人民法院执行。法律规定由人民法院执行的其他法律文书,由被执行人住所地或者被执行的财产所在地人民法院执行。

关联法规

《民诉法解释》第460、461条;《最高人民法院关于人民法院执行工作若干问题的规定(试行)》第1~3、9~15条;《最高人民法院关于适用〈中华人民共和国民事诉讼法〉执行程序若干问题的解释》第1~3条

第二百三十六条　【对违法执行行为的异议】当事人、利害关系人认为执行行为违反法律规定的，可以向负责执行的人民法院提出书面异议。当事人、利害关系人提出书面异议的，人民法院应当自收到书面异议之日起十五日内审查，理由成立的，裁定撤销或者改正；理由不成立的，裁定驳回。当事人、利害关系人对裁定不服的，可以自裁定送达之日起十日内向上一级人民法院申请复议。

条文注释

本条首先明确了执行行为异议的提出。提出执行异议的主体为当事人和利害关系人。当事人是指申请执行人和被执行人。利害关系人是指执行当事人以外，因强制执行而侵害到其法律上权益的公民、法人或者其他组织。异议指向的对象为人民法院的违法执行行为。异议的理由为认为执行行为违反法律规定，这里的"法律"主要是指《民事诉讼法》和有关司法解释，但也不限于此，如果其他法律中对强制执行有明确规定，执行人员违反该规定的，当事人、利害关系人也可以提出异议。异议的法定形式为书面异议。提出异议的时限为在执行过程中。异议的管辖法院为负责执行的人民法院。

其次，对于违法执行行为的异议，本条明确规定了人民法院的处理程序。负责执行的人民法院应当自收到书面异议之日起十五日内审查。经审查，发现执行行为确实违反法律规定的，应当裁定"撤销"或者"改正"；经审查，认为执行行为没有违反法律规定的，裁定驳回。本条还进一步赋予了当事人、利害关系人向上一级法院申请复议的权利，即当事人、利害关系人对裁定不服的，还可以自裁定送达之日起十日内向上一级人民法院申请复议。

关联法规

《最高人民法院关于人民法院办理执行异议和复议案件若干问题的规定》第1～4条；《最高人民法院关于适用〈中华人民共和国民事诉讼法〉执行程序若干问题的解释》第5～10条

第二百三十七条　【变更执行法院】人民法院自收到申请执行书之日起超过六个月未执行的，申请执行人可以向上一级人民法院申请执行。上一级人民法院经审查，可以责令原人民法院在一定期限内执行，也可以决定由本院执行或者指令其他人民法院执行。

条文注释

本条赋予了申请执行人申请变更执行法院的权利，并对申请变更执行法院的条件、程序及审查处理作出了明确的规定。申请变更执行法院的条件为人民法院自收到申请执行书之日起超过六个月未执行的。申请变更执行法院的程序及审查处理为：申请变更执行法院申请执行人应向上一级人民法院提出，上一级人民法院在收到申请后应对该申请进行审查，审查申请执行人提出要求执行法院限期执行、变更执行法院事由的事实是否成立、证据是否确实充分。经审查，根据情况作出责令原执行法院在一定期限内执行、决定由本法院执行或指令其他法院执行。本条所规定的"六个月"期间，不计算执行中的公告期间、鉴定评估期间、管辖争议处理期间、执行争议协调期间、暂缓执行期间以及中止执行期间。

关联法规

《最高人民法院关于适用〈中华人民共和国民事诉讼法〉执行程序若干问题的解释》第 11～14 条

第二百三十八条　【案外人异议】执行过程中，案外人对执行标的提出书面异议的，人民法院应当自收到书面异议之日起十五日内审查，理由成立的，裁定中止对该标的的执行；理由不成立的，裁定驳回。案外人、当事人对裁定不服，认为原判决、裁定错误的，依照审判监督程序办理；与原判决、裁定无关的，可以自裁定送达之日起十五日内向人民法院提起诉讼。

条文注释

本条首先规定了案外人提出执行异议应具备的条件。案外人异议，是指在执行过程中，案外人对人民法院强制执行标的主张权利。

提出执行异议,应具备下列条件:(1)应当在该执行标的执行程序终结前提出。(2)由案外人提出。案外人即执行案件当事人以外的人,可以是公民、法人或其他组织。(3)执行异议的内容是对执行标的主张实体权利。案外人对执行标的主张自己的权利,既包括对该标的的全部主张权利,也包括对该标的一部分主张权利。(4)异议应以书面形式向人民法院提出。(5)应向有管辖权的法院提出。执行异议的管辖法院为执行法院。

其次,本条规定了对案外人执行异议的审查处理。案外人对执行标的提出异议,执行人民法院应当自收到书面异议之日起十五日内审查。经审查,按照下列情形分别处理:(1)案外人对执行标的不享有足以排除强制执行的权益的,裁定驳回其异议;(2)案外人对执行标的享有足以排除强制执行的权益的,裁定中止执行。驳回案外人执行异议裁定送达案外人之日起十五日内,人民法院不得对执行标的进行处分。对于法院的裁定,案外人、当事人可能不服,案外人、当事人对裁定不服的处理分为两种情况:(1)认为原判决、裁定错误的,依照审判监督程序办理;(2)与原判决、裁定无关的,可以自裁定送达之日起十五日内向人民法院提起诉讼。案外人、当事人提起诉讼的,由执行法院管辖。

关联法规

《民诉法解释》第302~314、462、463条;《最高人民法院关于适用〈中华人民共和国民事诉讼法〉执行程序若干问题的解释》第15~24条;《最高人民法院关于依法制裁规避执行行为的若干意见》第9、11条

第二百三十九条　【执行机构、程序】执行工作由执行员进行。

采取强制执行措施时,执行员应当出示证件。执行完毕后,应当将执行情况制作笔录,由在场的有关人员签名或者盖章。

人民法院根据需要可以设立执行机构。

第二百四十条　【委托执行】被执行人或者被执行的财产在外地的，可以委托当地人民法院代为执行。受委托人民法院收到委托函件后，必须在十五日内开始执行，不得拒绝。执行完毕后，应当将执行结果及时函复委托人民法院；在三十日内如果还未执行完毕，也应当将执行情况函告委托人民法院。

受委托人民法院自收到委托函件之日起十五日内不执行的，委托人民法院可以请求受委托人民法院的上级人民法院指令受委托人民法院执行。

条文注释

委托执行是指因被执行人或者被执行人的财产在外地法院管辖范围内，而由立案法院委托被执行人住所地或财产所在地法院执行的一项制度。本条规定了委托执行的条件和程序。

关联法规

《最高人民法院关于委托执行若干问题的规定》第1～10条

第二百四十一条　【执行和解】在执行中，双方当事人自行和解达成协议的，执行员应当将协议内容记入笔录，由双方当事人签名或者盖章。

申请执行人因受欺诈、胁迫与被执行人达成和解协议，或者当事人不履行和解协议的，人民法院可以根据当事人的申请，恢复对原生效法律文书的执行。

条文注释

本条第一款规定了执行和解的条件。执行和解，是指在法院执行过程中，双方当事人经过自愿协商，达成协议，结束执行程序的活动。执行和解要符合一定的条件，包括：(1)执行和解只能在执行程序中适用；(2)执行和解的主体是申请执行人和被执行人；(3)执行和解必须出自双方当事人的自愿；(4)和解协议的内容必须符合法律规定；(5)人民法院执行员应当将协议内容记入笔录；(6)由双方签名或盖章。

本条第二款规定了恢复对原生效法律文书执行的情况。恢复对原生效法律文书执行的情况有两种：一种情况是申请执行人因受欺诈、胁迫与被执行人达成和解协议的，这种情况下因为当事人意思表示不真实，所以和解协议无效。另一种情况是当事人不履行和解协议的。发生这两种情况是否要恢复对原生效法律文书的执行由当事人的申请而定，如果当事人申请恢复对原生效法律文书的执行，人民法院可以恢复对原生效法律文书的执行；如果当事人没有申请，人民法院不能主动依职权恢复对原生效法律文书的执行。

关联法规

《民诉法解释》第 464～466 条

第二百四十二条　【执行担保】在执行中，被执行人向人民法院提供担保，并经申请执行人同意的，人民法院可以决定暂缓执行及暂缓执行的期限。被执行人逾期仍不履行的，人民法院有权执行被执行人的担保财产或者担保人的财产。

条文注释

执行担保是指在执行过程中，被执行人向人民法院以担保方式保证其能履行生效法律文书规定的义务，并经申请执行人同意而暂缓执行的一种方式。本条规定了执行担保的适用条件和审查处理。执行担保的适用条件为：(1)在执行过程中；(2)由被执行人提出担保要求；(3)经申请执行人同意；(4)由人民法院进行审查。执行担保可以是保证人以其信誉为被执行人担保，也可以是担保人或者被执行人以实物担保。保证人以其信誉担保的应当具有代为履行的能力。执行担保的审查处理：经过审查，人民法院可以决定暂缓执行及暂缓执行的期限。被执行人逾期仍不履行的，人民法院有权直接执行被执行人的担保财产或者担保人的财产。执行担保财产以应履行义务部分的财产为限。

关联法规

《民诉法解释》第 467～469 条

第二百四十三条 【执行承担】作为被执行人的公民死亡的,以其遗产偿还债务。作为被执行人的法人或者其他组织终止的,由其权利义务承受人履行义务。

关联法规

《民诉法解释》第470~474条

第二百四十四条 【执行回转】执行完毕后,据以执行的判决、裁定和其他法律文书确有错误,被人民法院撤销的,对已被执行的财产,人民法院应当作出裁定,责令取得财产的人返还;拒不返还的,强制执行。

条文注释

执行回转,是指执行完毕后,由于出现某种特殊原因,将已经执行了的标的,一部或者全部回复至原有状态。发生执行回转的原因主要有以下几种:(1)人民法院作出的先予执行的裁定,在执行完毕后,被生效的判决否定。先予执行是一种临时性的应急决定,并非法院的最终决定,因此,如果判决否定了先予执行赋予一方当事人的权利,获得权利的当事人就应将其所得返还给对方。(2)人民法院制作的判决书、裁定书、调解书已执行完毕,依本法的有关规定被本院或者上级法院依法撤销。(3)其他机关制作的法律文书,依法由人民法院执行完毕,但又被制作机关撤销的。例如,仲裁机构撤销其制作的仲裁裁决,公证机构撤销其制作的具有强制执行力的债权文书。

实行执行回转,应当符合以下条件:(1)必须是人民法院按照执行程序将生效法律文书执行完毕,如果法律文书尚未执行,不发生执行回转。(2)必须是据以执行的法律文书被依法撤销了。法律文书未经法定程序撤销,即使认为执行错误,也不能实行执行回转。综上,符合执行回转条件的,人民法院应当作出裁定,责令取得财产的人返还财产,拒不返还的,强制执行。

关联法规

《最高人民法院关于人民法院执行工作若干问题的规定(试行)》第65条

第二百四十五条　【调解书执行】人民法院制作的调解书的执行,适用本编的规定。

条文注释

本条是关于调解书执行的规定。人民法院制作的调解书经双方当事人签收后,即具有法律效力,与生效判决具有同等的法律效力,是人民法院据以强制执行的法律根据之一。本条规定调解书的执行适用执行程序中的规定。当事人没有自觉履行调解书规定的给付内容的,对方当事人可以申请人民法院强制执行。

关联法规

《最高人民法院关于人民法院民事调解工作若干问题的规定》第15、16条

第二百四十六条　【民事执行法律监督】人民检察院有权对民事执行活动实行法律监督。

条文注释

根据我国《宪法》和《人民检察院组织法》的规定,我国检察机关是国家法律监督机关,享有对人民法院的检察监督权。2012年修改前的《民事诉讼法》只规定了人民检察院有权对民事审判活动实行法律监督,没有明确规定对民事执行活动能否实行检察监督。人民法院的职权活动,既包括审判活动也包括执行活动。无论审判活动还是执行活动都是在行使公权力,而任何公权力都必须接受监督,因此法院的执行活动理应纳入检察机关的监督范围。2012年本法修改后将人民检察院对民事诉讼活动实行法律监督的范围扩大,增加规定了人民检察院有权对民事执行活动实行法律监督,从而将人民检察院的监督权覆盖到民事诉讼活动的全过程。

第二十章 执行的申请和移送

第二百四十七条 【申请执行和移送执行】发生法律效力的民事判决、裁定，当事人必须履行。一方拒绝履行的，对方当事人可以向人民法院申请执行，也可以由审判员移送执行员执行。

调解书和其他应当由人民法院执行的法律文书，当事人必须履行。一方拒绝履行的，对方当事人可以向人民法院申请执行。

条文注释

本条第一款首先明确规定了发生法律效力的民事判决、裁定，当事人必须履行，其次规定了申请执行和移送执行。申请执行，是指根据生效法律文书，享有权利的一方当事人在对方拒绝履行义务的情况下，向人民法院提出申请，请求人民法院强制执行。移送执行，是指人民法院审判人员将生效的民事判决书、裁定书移送给执行员执行。移送执行不受本法规定的申请执行期限的限制，原则上要求在法律文书生效后立即移送执行。

根据本条第二款的规定，对发生法律效力的调解书和其他应当由人民法院执行的法律文书义务人拒绝履行的，只能适用申请执行，不能适用移送执行。

关联法规

《最高人民法院关于人民法院执行工作若干问题的规定(试行)》第3、16、17条

第二百四十八条 【仲裁裁决执行】对依法设立的仲裁机构的裁决，一方当事人不履行的，对方当事人可以向有管辖权的人民法院申请执行。受申请的人民法院应当执行。

被申请人提出证据证明仲裁裁决有下列情形之一的，经人民法院组成合议庭审查核实，裁定不予执行：

（一）当事人在合同中没有订有仲裁条款或者事后没有达成书面仲裁协议的；

（二）裁决的事项不属于仲裁协议的范围或者仲裁机构无权仲裁的；

（三）仲裁庭的组成或者仲裁的程序违反法定程序的；

（四）裁决所根据的证据是伪造的；

（五）对方当事人向仲裁机构隐瞒了足以影响公正裁决的证据的；

（六）仲裁员在仲裁该案时有贪污受贿，徇私舞弊，枉法裁决行为的。

人民法院认定执行该裁决违背社会公共利益的，裁定不予执行。

裁定书应当送达双方当事人和仲裁机构。

仲裁裁决被人民法院裁定不予执行的，当事人可以根据双方达成的书面仲裁协议重新申请仲裁，也可以向人民法院起诉。

条文注释

本条第一款首先明确规定对依法设立的仲裁机构的裁决，当事人必须履行。其次，指出一方当事人不履行的，对方当事人可以向有管辖权的人民法院申请执行。受申请的人民法院应当执行。仲裁裁决一经作出就具有执行效力，但是必须依据法律向人民法院申请强制执行。对于仲裁裁决，有权受理执行的法院是被申请执行人的住所地法院或被执行财产所在地法院。

本条第二款规定，人民法院接到执行仲裁协议申请时，被申请人提出证据证明仲裁裁决有法定可撤销理由的，经人民法院组成合议庭审查核实，裁定不予执行。具体理由如下：(1)当事人在合同中没有订有仲裁条款或者事后没有达成书面仲裁协议的。仲裁以当事人双方自愿为前提，当事人没有选择仲裁，仲裁机构进行仲裁，违背仲裁的基本原则，因此所作的裁决，人民法院可以不予执行。(2)裁决的事项不属于仲裁协议的范围或者仲裁机构无权仲裁的。仲裁机构裁决的事项要受到双方当事人协议的限制，仲裁机构不能超出当事人协议范围进行仲裁；此外，根据《仲裁法》第三条的规定，婚姻、收养、监护、扶养、继承纠纷和依法应当由行政机关处理的行政争议不能仲裁，如若仲裁机构对此类纠纷进行仲裁属于无权仲裁。(3)仲裁庭的组成或者仲裁的程序违反法定程序的。(4)裁决所根据的证据是伪造的。(5)对方当事人向仲裁机构隐瞒了足以影响公正裁决的证据的。(6)仲裁员在仲裁该案时有贪污受贿，徇私舞弊，枉法裁决行为的。2012年本法修改后，将原法中不予执行仲裁裁决情形的第四项“认定事实的主要证据不足的”修改为“裁决所根据的证据是伪造的”，第五项“适用法律确有错误的”修改为“对方当事人向仲裁机构隐瞒了足以影响公正裁决的证据的”。这在一定程度上降低了不予执行仲裁裁决的审查标准，统一了不予执行仲裁裁决和撤销仲裁裁决的审查标准，从而可以防止当事人以不同的事由先后申请撤销和不予执行仲裁裁决，滥用诉讼权利，影响仲裁裁决效力的稳定。

本条第三款规定，人民法院认定执行该裁决违背社会公共利益的，裁定不予执行。对于仲裁裁决违背社会公共利益的，无须当事人提出，人民法院可以直接依职权裁定不予执行。

本条第四款规定，裁定书应当送达双方当事人和仲裁机构。对被申请人提出的不予执行仲裁裁决的申请，人民法院经审查作出的裁决书不仅应送达双方当事人，还应送达仲裁机构。

本条第五款规定，仲裁裁决被人民法院裁定不予执行的，当事人可以根据双方达成的书面仲裁协议重新申请仲裁而不得再依原仲裁协议申请仲裁，也可以向人民法院起诉。

关联法规

《民诉法解释》第475~479、481条；《最高人民法院关于人民法院执行工作若干问题的规定(试行)》第19条

第二百四十九条　【公证债权文书执行】对公证机关依法赋予强制执行效力的债权文书，一方当事人不履行的，对方当事人可以向有管辖权的人民法院申请执行，受申请的人民法院应当执行。

公证债权文书确有错误的，人民法院裁定不予执行，并将裁定书送达双方当事人和公证机关。

条文注释

本条第一款应注意，公证文书一般不产生强制执行的效力，但公证机关依法赋予强制执行效力的债权文书除外。《公证法》第三十七条第一款规定："对经公证的以给付为内容并载明债务人愿意接受强制执行承诺的债权文书，债务人不履行或者履行不适当的，债权人可以依法向有管辖权的人民法院申请执行。"

本条第二款规定了不予执行公证债权文书的情况。人民法院据以执行的根据必须是正确的，人民法院通过审查，如果发现公证债权文书确有错误，应当裁定不予执行，并将裁定书送达双方当事人和公证机关。有下列情形之一的，可以认定为本条第二款规定的"公证债权文书确有错误"：(1)公证债权文书属于不得赋予强制执行效力的债权文书的；(2)被执行人一方未亲自或者未委托代理人到场公证等严重违反法律规定的公证程序的；(3)公证债权文书的内容与事实不符或者违反法律强制性规定的；(4)公证债权文书未载明被执行人不履行义务或者不完全履行义务时同意接受强制执行的。此外，人民法院认定执行该公证债权文书违背社会公共利益的，裁定不予执行。

关联法规

《民诉法解释》第478条；《最高人民法院、司法部关于公证机关赋予强制执行效力的债权文书执行有关问题的联合通知》第1～8条

第二百五十条 【申请执行期间】申请执行的期间为二年。申请执行时效的中止、中断，适用法律有关诉讼时效中止、中断的规定。

前款规定的期间，从法律文书规定履行期间的最后一日起计算；法律文书规定分期履行的，从最后一期履行期限届满之日起计算；法律文书未规定履行期间的，从法律文书生效之日起计算。

条文注释

本条第一款规定了申请执行的期限并将申请执行期限定位为时效制度，明确规定申请执行期限可以中止、中断。

诉讼时效的中止，是指在诉讼时效进行中，因一定的法定事由产生而使权利人无法行使请求权，暂停计算诉讼时效期间的制度。《最

高人民法院关于适用〈中华人民共和国民事诉讼法〉执行程序若干问题的解释》第十九条规定："在申请执行时效期间的最后六个月内，因不可抗力或者其他障碍不能行使请求权的，申请执行时效中止。从中止时效的原因消除之日起，申请执行时效期间继续计算。"执行时效中止之前已经经过的期间与中止时效的事由消失之后继续进行的期间合并计算，而中止的时间过程则不计入时效期间。

诉讼时效的中断，是指在诉讼时效进行中，因发生一定的法定事由，致使已经经过的诉讼时效期间统归无效，待该法定事由消除后，诉讼时效期间重新起算的制度。《最高人民法院关于适用〈中华人民共和国民事诉讼法〉执行程序若干问题的解释》第二十条规定："申请执行时效因申请执行、当事人双方达成和解协议、当事人一方提出履行要求或者同意履行义务而中断。从中断时起，申请执行时效期间重新计算。"

本条第二款规定了申请执行的起算时间。

关联法规

《民诉法解释》第481条；《最高人民法院关于适用〈中华人民共和国民事诉讼法〉执行程序若干问题的解释》第19、21条

第二百五十一条　【执行通知】执行员接到申请执行书或者移交执行书，应当向被执行人发出执行通知，并可以立即采取强制执行措施。

条文注释

执行通知是人民法院执行机构向被执行人发出的、要求被执行人在指定期间内履行生效法律文书确定的义务、逾期将承担强制执行后果的一种告示文书。执行通知旨在督促当事人自觉履行法律义务，避免使用强制措施。然而，在过去的司法实践中这一做法却常常事与愿违。在执行实践中，当事人收到执行通知后，往往不履行义务，而是转移财产逃避执行。因而，本条规定，无论是申请执行还是移送执行，人民法院的执行员仍应当向被执行人发出执行通知，并可以同时立即采取强制执行措施。是否立即采取强制执行措施，由法

院执行人员根据案件情况自行决定。

关联法规

《民诉法解释》第480条;《最高人民法院关于人民法院执行工作若干问题的规定(试行)》第22～24条

第二十一章　执行措施

第二百五十二条　【被执行人报告义务】被执行人未按执行通知履行法律文书确定的义务,应当报告当前以及收到执行通知之日前一年的财产情况。被执行人拒绝报告或者虚假报告的,人民法院可以根据情节轻重对被执行人或者其法定代理人、有关单位的主要负责人或者直接责任人员予以罚款、拘留。

条文注释

本条明确规定被执行人报告财产义务的适用条件、报告财产的时间范围和被执行人拒绝报告或者虚假报告的法律责任。(1)适用的条件:只要被执行人未按执行通知履行法律文书确定的义务,就负有报告财产状况的法定义务。(2)报告财产的时间范围:被执行人应当报告当前以及收到执行通知之日前一年的财产情况。"当前"指被执行人报告时。财产情况是指在此期间内的财产变动情况,即要报告取得了哪些财产及取得的方式,减少了哪些财产及减少的方式。被执行人应当申报的财产包括不动产、动产及其他财产。被执行人申报财产不限于足够清偿申请执行人的债权,而是要申报所有可供执行的财产。(3)被执行人拒绝报告或者虚假报告的法律责任:对于拒绝报告或者虚假报告的,人民法院可以根据情节轻重对被执行人或者其法定代理人、有关单位的主要负责人或者直接责任人员予以罚款、拘留。"法定代理人"指的是被执行人为无民事行为能力人或者限制民事行为能力人的情形,此种情形下,被执行人的法定代理人是申报财产义务人。因此,该法定代理人对被执行人的财产拒绝报告或者进行虚假报告的,人民法院即可依法予以罚款、拘留。被执行人若是法人或其他组织的，则对有关单位的主要负责人或者直接责任人员予以罚款、拘留。

关联法规

《最高人民法院关于依法制裁规避执行行为的若干意见》第1条

第二百五十三条　【查询、扣押、冻结、划拨、变价金融资产】被执行人未按执行通知履行法律文书确定的义务，人民法院有权向有关单位查询被执行人的存款、债券、股票、基金份额等财产情况。人民法院有权根据不同情形扣押、冻结、划拨、变价被执行人的财产。人民法院查询、扣押、冻结、划拨、变价的财产不得超出被执行人应当履行义务的范围。

人民法院决定扣押、冻结、划拨、变价财产，应当作出裁定，并发出协助执行通知书，有关单位必须办理。

条文注释

本条第一款是关于人民法院有权对存款、债券、股票、基金份额等金融资产采取强制执行措施的规定，包含以下两方面的内容：(1)采取的执行措施包括查询、扣押、冻结、划拨、变价。查询即人民法院向银行等有关单位，调查询问被执行人的存款、债券、股票、基金份额等财产情况，是了解被执行人在银行等有关单位有无存款及存款数额、持有的债券、股票、基金份额等财产情况的方法，以便采取进一步的执行措施。扣押是指人民法院对有关的金融资产凭证予以扣留，避免被执行人占有、处分，也是一种临时性的强制执行措施。冻结是指人民法院对被执行人的存款、债券、股票、基金份额等财产，依照一定的法律程序，限制被执行人的提取、赎回、转移、转让等，这往往需要银行等有关单位的协助。划拨主要指人民法院将被执行人在银行等金融机构的存款等强制转汇至某一账户，以清偿权利人的债权的措施。变价指对被执行人的债券、股票、基金份额等金融资产采取拍卖、变卖或者法律规定的其他方式将其价值予以兑现，以达到清偿权利人债权之目的。(2)人民法院采取执行措施的财产不得超出被执行人应当履行义务的范围，以保护被执行人的合法权益。

本条第二款是关于人民法院对金融资产采取执行措施的程序性规定,包括以下两方面的内容:(1)人民法院对存款、债券、股票、基金份额等财产的执行措施,必须严格依法进行。人民法院决定扣押、冻结、划拨、变价财产,应当作出裁定,并发出协助执行通知书。否则,有关单位有权予以拒绝。(2)明确规定有关单位的协助执行义务。根据相关法律的规定,有些单位对客户具有保密的义务。例如,《商业银行法》明确规定,对个人、单位存款,商业银行有权拒绝任何单位或者个人查询、冻结、扣划,但法律另有规定的除外。本条规定的有关单位的协助执行义务,即属于《商业银行法》的除外规定。如果有关单位收到人民法院的裁定书和协助执行通知书,拒不履行协助执行义务,如银行为存款人通风报信甚至擅自转移存款,人民法院可以对有关单位按照妨害民事诉讼行为予以处理。

关联法规

《民诉法解释》第484～486、514条;《最高人民法院关于人民法院执行工作若干问题的规定(试行)》第26、27、39～40条;《最高人民法院关于人民法院民事执行中查封、扣押、冻结财产的规定》

第二百五十四条　【扣留、提取收入】被执行人未按执行通知履行法律文书确定的义务,人民法院有权扣留、提取被执行人应当履行义务部分的收入。但应当保留被执行人及其所扶养家属的生活必需费用。

人民法院扣留、提取收入时,应当作出裁定,并发出协助执行通知书,被执行人所在单位、银行、信用合作社和其他有储蓄业务的单位必须办理。

条文注释

扣留、提取被执行人的收入主要是针对自然人采取的措施。收入主要是指金钱收入,收入的形式可以是工资、奖金、劳务报酬、稿酬、咨询费、存款利息、房屋租金等。扣留被执行人的收入,主要是指被执行人所在单位按照人民法院的协助执行通知书扣留被执行人的工资、奖金等收入。例如,人民法院通知某甲所在单位按照法律文书的规定,按月扣留某甲的工资作为其母的赡养费。提取被执行人的收入,主要指人民法院通过银行、信用合作社和其他有储蓄业务的单位或者被执行人所在单位将被执行人的收入支取出来,交给申请执行人。

扣留、提取被执行人的收入应当注意以下几点:(1)必须是被执行人未按执行通知履行法律文书确定的义务。(2)扣留、提取的收入应当与被执行人履行义务的款额相当。(3)扣留、提取收入时,应当保留被执行人及其所供养家属的生活必需费用。我国的民事执行,贯彻全面保护当事人合法权益的原则,也就是说,既要依法保护权利人的权利得以实现,又要防止因执行工作使被执行人及其家属无法生活。劳动收入,是被执行人的生活来源,关系到他和他所供养家属的切身利益,所以在扣留和提取时,必须为被执行人和其所供养家属保留维持生活的基本费用,而不能执行过多,给他们生活造成困难。(4)人民法院扣留、提取收入时,应当作出裁定,并发出协助执行通知书,被执行人所在单位、银行、信用合作社和其他有储蓄业务的单位必须办理。

关联法规

《最高人民法院关于人民法院执行工作若干问题的规定(试行)》第28~30、36条

第二百五十五条　【查封、扣押、冻结、拍卖、变卖被执行人财产】 被执行人未按执行通知履行法律文书确定的义务,人民法院有权查封、扣押、冻结、拍卖、变卖被执行人应当履行义务部分的财产。但应当保留被执行人及其所扶养家属的生活必需品。

采取前款措施,人民法院应当作出裁定。

条文注释

查封是指把被执行人的财产清查封闭贴上封条,就地封存,不准任何人转移和处理。扣押是指把被执行人的财产就地或者运到另外的场所,加以扣留。冻结是指人民法院对被申请执行人在金融单位的存款所采取的不准其提取或转移的一种强制措施。存款被冻结

后，非经人民法院通知，任何单位和个人不得提取和转移。拍卖是人民法院以公开、竞争的方式，按最高的价格成交，出售被申请执行人的财产。变卖是指强制出卖被申请执行人的财产，以所得价款清偿债务的措施。人民法院在执行中需要变卖被申请执行人财产的，可以交由有关单位变卖，也可以由人民法院直接变卖。由人民法院直接变卖的，变卖前，应就价格问题征求物价等有关部门的意见，变卖的价格应当合理。拍卖和变卖可以在查封、扣押的基础上进行也可以不经查封、扣押，而由执行员直接将被执行人的财产拍卖或者变卖。人民法院查封、扣押、冻结、拍卖、变卖被执行人的财产以其应当履行义务的部分为限而且应当保留被执行人及其所扶养家属的生活必需品。

关联法规

《最高人民法院关于人民法院执行工作若干问题的规定(试行)》第31~35、37、39~40条;《最高人民法院关于人民法院执行中查封、扣押、冻结财产的规定》第5~7、20条

第二百五十六条 【查封、扣押财产程序】人民法院查封、扣押财产时，被执行人是公民的，应当通知被执行人或者他的成年家属到场；被执行人是法人或者其他组织的，应当通知其法定代表人或者主要负责人到场。拒不到场的，不影响执行。被执行人是公民的，其工作单位或者财产所在地的基层组织应当派人参加。

对被查封、扣押的财产，执行员必须造具清单，由在场人签名或者盖章后，交被执行人一份。被执行人是公民的，也可以交他的成年家属一份。

第二百五十七条 【查封财产保管】被查封的财产，执行员可以指定被执行人负责保管。因被执行人的过错造成的损失，由被执行人承担。

第二百五十八条 【拍卖、变卖财产】财产被查封、扣押后，执行员应当责令被执行人在指定期间履行法律文书确定的义务。被执行人逾期不履行的，人民法院应当拍卖被查封、扣押的财产；不适于拍卖或

者当事人双方同意不进行拍卖的,人民法院可以委托有关单位变卖或者自行变卖。国家禁止自由买卖的物品,交有关单位按照国家规定的价格收购。

条文注释

依照本法第二百五十八条规定,可以把握以下几个层次:(1)查封、扣押。拍卖、变卖的前提是财产被查封、扣押。(2)被执行人自觉履行。财产被查封、扣押后,执行员应当责令被执行人在指定期间履行法律文书确定的义务,被执行人应当自觉履行。(3)拍卖。被执行人逾期不履行的,人民法院应当拍卖被查封、扣押的财产。人民法院可以自己组织拍卖,也可以委托拍卖。(4)变卖。实践中有的财产不适于拍卖,如保质期较短,需及时处理的财产。有的当事人希望尽快变现财产,实现债权。因此,对于不适于拍卖或者当事人双方同意不进行拍卖的财产,人民法院可以委托有关单位变卖或者自行变卖。(5)收购。国家禁止自由买卖的物品,交有关单位按照国家规定的价格收购。"国家禁止自由买卖的物品"主要是指金银(不包含金银制品)等物品。

关联法规

《民诉法解释》第486~491条;《最高人民法院关于人民法院执行工作若干问题的规定(试行)》第33、34条;《最高人民法院关于人民法院委托评估、拍卖工作的若干规定》;《最高人民法院关于人民法院网络司法拍卖若干问题的规定》

第二百五十九条　【搜查被执行人财产】被执行人不履行法律文书确定的义务,并隐匿财产的,人民法院有权发出搜查令,对被执行人及其住所或者财产隐匿地进行搜查。

采取前款措施,由院长签发搜查令。

条文注释

本条规定了搜查被执行人财产的法定条件和程序。人民法院搜查被执行人的财产应符合以下条件:(1)作为执行依据的生效法律文书确定的履行期限已经届满。(2)被申请执行人不履行法律文书确定的义务并有隐匿财产的行为。如果被申请执行人员不履行法律确定的义务,但并无隐匿财产行为的,或者被申请执行人虽隐匿财产,但还有其他可供执行财产的,则不适用搜查,只能适用其他强制措施。(3)搜查的范围仅限于被申请执行人及其住所或者财产隐匿地。(4)进行民事搜查必须由院长签发搜查令,并由执行人员执行。

关联法规

《民诉法解释》第 494～498 条;《最高人民法院关于人民法院执行工作若干问题的规定(试行)》第 57 条

第二百六十条 【指定交付】法律文书指定交付的财物或者票证,由执行员传唤双方当事人当面交付,或者由执行员转交,并由被交付人签收。

有关单位持有该项财物或者票证的,应当根据人民法院的协助执行通知书转交,并由被交付人签收。

有关公民持有该项财物或者票证的,人民法院通知其交出。拒不交出的,强制执行。

条文注释

交付执行是以转移物的占有为目的。本条规定的交付执行是指将由债务人或第三人将占有的法律文书所指定的财物或票证转移为由债权人占有或支配,执行的标的应当是特定的财物或者票证。财物主要是指动产,票证是指具有财产内容的各项证明文书、执照和支付凭证等,如房产证、土地证、山林权属证、车辆证照、专利证书、商标证书及汇票、支票、本票等有关的票据,金钱以及种类物的交付不属本条规定的执行标的。

本条规定了两种交付特定标的物的具体办法和程序:一是由执行程序中的当事人当面交付。执行员指定交付的日期和地点,传唤双方当事人同时到达某一地点,被执行人将财物或者票证直接交给债权人,执行员制作执行笔录,由双方当事人签字。二是由执行员转交,即执行员将被执行人交来法律文书指定的财物或者票证,转交给债权人并由债权人签收。

对第三方占有法律文书所指定的财物或者票证的情况，本条也作了具体规定：如果被执行的财物或者票证由有关单位持有，人民法院应当发出协助执行通知书，由有关单位转交给应交付的人，并由被交付人签收。如果有关公民持有该财物或者票证，人民法院应当通知其交出，拒不交出的，强制执行。

关联法规

《民诉法解释》第492、493条；《最高人民法院关于人民法院执行工作若干问题的规定（试行）》第41～43条

第二百六十一条　【强制迁出】强制迁出房屋或者强制退出土地，由院长签发公告，责令被执行人在指定期间履行。被执行人逾期不履行的，由执行员强制执行。

强制执行时，被执行人是公民的，应当通知被执行人或者他的成年家属到场；被执行人是法人或者其他组织的，应当通知其法定代表人或者主要负责人到场。拒不到场的，不影响执行。被执行人是公民的，其工作单位或者房屋、土地所在地的基层组织应当派人参加。执行员应当将强制执行情况记入笔录，由在场人签名或者盖章。

强制迁出房屋被搬出的财物，由人民法院派人运至指定处所，交给被执行人。被执行人是公民的，也可以交给他的成年家属。因拒绝接收而造成的损失，由被执行人承担。

条文注释

强制迁出房屋或退出土地，是指人民法院执行人员强制搬迁被申请执行人在房屋内或特定土地上的财物，腾出房屋或土地，交给申请执行人的一种执行措施。本条规定了强制迁出房屋或强制退出土地的法定程序：(1)人民法院院长签发公告。当事人不按法律文书的规定迁出房屋和退出土地时，由执行人民法院院长签发公告，责令被执行人在指定的期间履行，被执行人逾期不履行的，由执行员强制执行。(2)通知到场。被执行人是公民的，应当通知被执行人或者他的成年家属到场；被执行人是法人或者其他组织的，应当通知其法定代

表人或者主要负责人到场。拒不到场的,不影响执行。(3)通知相关单位派员参加。被执行人是公民的,其工作单位或者房屋、土地所在地的基层组织应当派人参加。(4)制作执行笔录。执行员应当将强制执行情况记入笔录,由在场人签名或者盖章。(5)被搬出财物的交付。强制迁出房屋被搬出的财物,由人民法院派人运至指定处所,交给被执行人。被执行人是公民的,也可以交给他的成年家属。因拒绝接收而造成的损失,由被执行人承担。

第二百六十二条 【财产权证照转移】在执行中,需要办理有关财产权证照转移手续的,人民法院可以向有关单位发出协助执行通知书,有关单位必须办理。

条文注释

在执行过程中,有些财产被执行后改变了权利人,只有办理了财产权证的转移手续才算财产权利交付完成,执行任务彻底完成。人民法院的执行人员在办理这些证照转移手续时,需向有关单位发出协助执行通知书,通知有关单位协助办理,有关单位必须办理。对不予协助办理证照转移手续的,人民法院可以根据本法第一百一十七条的规定,对其主要负责人或者直接责任人员予以罚款;对仍不履行协助义务的,可以予以拘留;并可以向监察机关或者有关机关提出予以纪律处分的司法建议。有关财产权的证照,是指有财产权内容的证照,如土地证、房产证、山林所有权证、专利证书、商标证书、车辆执照等。

第二百六十三条 【行为的执行】对判决、裁定和其他法律文书指定的行为,被执行人未按执行通知履行的,人民法院可以强制执行或者委托有关单位或者其他人完成,费用由被执行人承担。

条文注释

人民法院作出的生效的判决、裁定和其他法律文书,有的属于要求当事人履行某种行为,被执行人应当履行。被执行人未按执行通知书指定的期间履行生效法律文书指定行为的,人民法院可以强制其履行。根据法律文书指定的作为行为是否可以替代,可将其划分为可以替代的行为和不可替代的行为。可以替代的行为能够由义务人以外的人代替义务人履行;不可替代的行为是只能由义务人自己履行的作为行为。对于可以替代履行的行为,可以委托有关单位或他人完成,因完成上述行为发生的费用由被执行人承担。对于只能由被执行人完成的行为,经教育,被执行人仍拒不履行的,人民法院应当按照妨害执行行为的有关规定处理。

关联法规

《民诉法解释》第501~503条;《最高人民法院关于人民法院执行工作若干问题的规定(试行)》第44条

第二百六十四条 【迟延履行】被执行人未按判决、裁定和其他法律文书指定的期间履行给付金钱义务的,应当加倍支付迟延履行期间的债务利息。被执行人未按判决、裁定和其他法律文书指定的期间履行其他义务的,应当支付迟延履行金。

条文注释

本条对被执行人未按判决、裁定和其他法律文书指定的期间履行给付金钱义务或者其他义务的,规定了加倍支付迟延履行期间的债务利息或者支付迟延履行金。加倍支付迟延履行期间的债务利息,是指在按银行同期贷款最高利率计付的债务利息上增加一倍。延迟履行金指被执行人未按判决、裁定和其他法律文书指定的期间履行非金钱给付义务的,应当向权利人支付的除原债务以外的款项。被执行人未按判决、裁定和其他法律文书指定的期间履行非金钱给付义务的,无论是否已给申请执行人造成损失,都应当支付迟延履行金。本条对于金钱债务支付迟延履行期间的债务利息明确规定为加倍支付,对于非金钱债权的延迟履行金的标准、数额未作具体规定,由执行员根据具体情况确定。

关联法规

《民诉法解释》第504、505条;《最高人民法院关于执行程序中计算迟延履行期间的债务利息适用法律若干问题的解释》

第二百六十五条　【继续履行】人民法院采取本法第二百五十三条、第二百五十四条、第二百五十五条规定的执行措施后,被执行人仍不能偿还债务的,应当继续履行义务。债权人发现被执行人有其他财产的,可以随时请求人民法院执行。

条文注释

本条规定在人民法院对被执行人的财产采取冻结、提取、扣留、划拨、查封、扣押、拍卖、变卖后,被执行人仍不能偿还债务的,应当继续履行义务。也即,被执行人应当履行的义务不因采取了执行措施而终结,也不能因为一时没有履行能力而被免除,被执行人今后什么时候有履行能力,什么时候就应履行义务,一直到义务履行完毕。同时规定申请人发现被执行人在人民法院采取强制措施后还有其他可供执行的财产,或者发现被执行人经过一段时间后,又获得了新的财产,可以随时请求人民法院执行,不受两年执行时效期间的限制。

第二百六十六条　【对被执行人的限制措施】被执行人不履行法律文书确定的义务的,人民法院可以对其采取或者通知有关单位协助采取限制出境,在征信系统记录、通过媒体公布不履行义务信息以及法律规定的其他措施。

条文注释

被执行人应当履行法律文书确定的义务,当被执行人有履行能力而不履行法律文书确定的义务的,人民法院可以对其采取或者通知有关单位协助采取限制出境,在征信系统记录、通过媒体公布不履行义务信息以及法律规定的其他措施。限制出境的对象是被申请执行人,包括自然人和法人及其他组织。被执行人为单位的,可以对其法定代表人、主要负责人或者影响债务履行的直接责任人员限制出境。被执行人为无民事行为能力人或者限制民事行为能力人的,可以对其法定代理人限制出境。法律将不履行法律文书确定的义务的行为记录在征信系统中,主要指记录在人民银行征信局的信贷征信系统和人民法院记录拒不履行生效法律文书的被申请执行人的征信系统中。通过媒体公布不履行义务信息是指将被执行人不履行法律文书确定义务的信息，通过报纸、广播、电视、互联网等媒体公布。

关联法规

《最高人民法院关于适用〈中华人民共和国民事诉讼法〉执行程序若干问题的解释》第22～25条;《最高人民法院关于限制被执行人高消费的若干规定》

第二十二章　执行中止和终结

第二百六十七条　【执行中止】有下列情形之一的，人民法院应当裁定中止执行：

（一）申请人表示可以延期执行的；

（二）案外人对执行标的提出确有理由的异议的；

（三）作为一方当事人的公民死亡，需要等待继承人继承权利或者承担义务的；

（四）作为一方当事人的法人或者其他组织终止，尚未确定权利义务承受人的；

（五）人民法院认为应当中止执行的其他情形。

中止的情形消失后，恢复执行。

条文注释

执行中止是执行程序开始后，由于出现某种法定原因暂时停止执行，等待法定原因解除后再继续执行，人民法院应当作出中止执行裁定。本条第一款规定中止执行的原因主要有以下四种：

(1)申请人表示可以延期执行的。申请人有权处分自己的民事实体权利和民事诉讼权利。因此，申请人表示可以延期执行，在所延长期限届满前，执行程序应当中止。

(2)案外人对执行标的提出了确有理由的异议，对案外人的异议在审结以前,法律文书所确认的民事权利义务关系发生了争议,本案能否继续执行,取决于法院对案外人异议的审理结果。因此,案外人对执行标的提出确有理由的异议后,执行程序应当中止。需要说明两点:第一,案外人对执行标的提出异议并非当然发生执行中止的法律后果,案外人的异议必须“确有理由”。第二,是否“确有理由”由人民法院进行审查。本法第二百三十四条规定:“执行过程中,案外人对执行标的提出书面异议的,人民法院应当自收到书面异议之日起十五日内审查,理由成立的,裁定中止对该标的的执行;理由不成立的,裁定驳回。案外人、当事人对裁定不服,认为原判决、裁定错误的,依照审判监督程序办理;与原判决、裁定无关的,可以自裁定送达之日起十五日内向人民法院提起诉讼。”

(3)作为一方当事人的公民死亡,需要等待继承人继承权利或者承担义务的。执行开始后,如果申请执行的人死亡,需要等待他的继承人继承权利;如果被执行人死亡,需要等待他的继承人承担义务。在继承人继承权利或者承担义务之前,执行程序应当中止,等待继承人继承权利或者承担义务之后,执行工作继续进行。

(4)作为一方当事人的法人或者其他组织终止,尚未确定权利义务承受人的。执行开始后,如果作为一方当事人的法人或者其他组织终止,需要确定其权利或义务的承受人。在尚未确定权利义务承受人之前,执行程序应当中止,等待权利义务人承担权利义务后,执行工作继续进行。

本条第二款规定中止的情形消失后,恢复执行。中止执行的情形消失后,执行法院可以根据当事人的申请或依职权恢复执行。恢复执行应当书面通知当事人。

关联法规

《民诉法解释》第511～513条;《最高人民法院关于人民法院执行工作若干问题的规定(试行)》第59、60、62、65条

第二百六十八条 【执行终结】有下列情形之一的，人民法院裁定终结执行：

（一）申请人撤销申请的；

（二）据以执行的法律文书被撤销的；

（三）作为被执行人的公民死亡，无遗产可供执行，又无义务承担人的；

（四）追索赡养费、扶养费、抚养费案件的权利人死亡的；

（五）作为被执行人的公民因生活困难无力偿还借款，无收入来源，又丧失劳动能力的；

（六）人民法院认为应当终结执行的其他情形。

条文注释

执行终结分为正常情况下的执行终结和特殊情况下的执行终结。前者是指法院执行员按照已经生效的法律文书的要求，采取相应措施全部执行完毕；后者是指执行开始后，由于出现某种法定原因使执行工作永远无法进行或者无须进行，因而以裁定的方式结束执行程序。本条规定的内容即属于特殊情况下的执行终结。人民法院裁定终结执行程序的情形主要有：

（1）申请人撤销申请。执行程序一般是因当事人的申请而开始，如果当事人撤销申请，不再要求人民法院执行，这是对其民事实体权利和民事诉讼权利行使处分权，只要符合法律规定，不违背社会公共利益，人民法院应当准许，执行程序也因此而终结。

（2）据以执行的法律文书被撤销。人民法院的执行工作必须有合法的执行根据。执行根据也称执行文书，是权利人据以申请执行的凭证，也是人民法院采取执行措施的凭证。根据本法的规定，执行根据主要包括：①发生法律效力的民事判决、裁定和调解书；②人民法院制作的发生法律效力并且具有财产内容的刑事判决、裁定书；③其他应当由人民法院执行的法律文书，如仲裁机构制作的生效的裁决书、调解书，公证机关制作的依法赋予强制执行效力的债权文书，行政机关作出的具有法律效力的行政决定。如果由于某种特殊原因,作为执行根据的上述法律文书被撤销,继续执行将缺乏合法生效的法律依据,因此人民法院应当裁定终结执行。

(3)作为被执行人的公民死亡,无遗产可供执行,又无义务承担人。被执行人是执行程序中负有义务的一方当事人,如果在执行过程中死亡,依照本法规定,人民法院首先应当裁定中止执行,等待继承人承受义务。如果被执行人的遗产继承人没有放弃继承,人民法院可以裁定变更被执行人,由该继承人在遗产的范围内偿还债务;如果继承人放弃继承,人民法院可以直接执行被执行人的遗产;如果被执行人既无遗产,又无义务承担人,执行工作无法进行,人民法院应当裁定终结执行。

(4)追索赡养费、扶养费、抚养费案件的权利人死亡。享受赡养费、扶养费、抚养费的权利和人身权利紧密相连,只能由生效的法律文书确定的具有特殊身份的权利人享有,如父母、配偶或者未成年子女。以上权利不得继承或者转让,如果享有赡养费、扶养费、抚养费的权利人死亡,那么执行程序就无须进行,人民法院应当裁定终结执行。

(5)作为被执行人的公民因生活困难无力偿还借款,无收入来源,又丧失劳动能力。既要保护权利人的合法权益又要适当照顾被执行人必要的生活需要,是民事诉讼法执行程序编的一项重要原则。执行程序开始后,被执行人生活困难,借款无力偿还,既没有收入来源,又丧失了劳动能力,不仅现在,将来也无力履行法律文书确定的义务,在这种情况下,人民法院可以终结执行。

关联法规

《民诉法解释》第 513、517 ~ 519 条;《最高人民法院关于人民法院执行工作若干问题的规定(试行)》第 61、63、64、66 条

第二百六十九条　【中止、终结裁定效力】中止和终结执行的裁定,送达当事人后立即生效。

条文注释

中止执行裁定是执行法院针对在执行过程中因为某种特殊情况

的发生而制作的暂时停止执行程序的法律文书。终结执行裁定是执行法院针对在执行过程中出现因某种法定原因使执行工作永远无法进行或者无须进行的情况而制作的结束执行程序的法律文书。

人民法院执行中止裁定一经送达当事人后立即生效。当事人不得上诉,不得申请复议。执行程序中止,人民法院暂时停止案件的执行工作,不得采取新的措施。当执行中止的原因消除后,执行程序可以根据当事人的申请或者人民法院依职权而恢复,继续进行。终结执行的裁定一经送达当事人后立即生效,执行程序就宣告结束,以后也不再恢复;人民法院不再以强制力强制义务人履行义务,不再强制性地保护权利人的权利。

第四编　涉外民事诉讼程序的特别规定

第二十三章　一 般 原 则

第二百七十条　【适用本国法】在中华人民共和国领域内进行涉外民事诉讼，适用本编规定。本编没有规定的，适用本法其他有关规定。

条文注释

涉外民事诉讼，是指当事人一方或双方是外国人、无国籍人、外国企业或组织，或者当事人之间民事法律关系的设立、变更、终止的法律事实发生在外国，或者诉讼标的物在国外的民事诉讼。涉外民事诉讼适用法院地法是国际私法的一个原则。根据本条的规定，涉外民事诉讼首先适用本编规定即涉外民事诉讼程序的特别规定，没有特别规定的，才适用《民事诉讼法》的一般规定。人民法院可以认定为涉外民事案件的情形主要有：(1)当事人一方或者双方是外国人、无国籍人、外国企业或者组织的；(2)当事人一方或者双方的经常居所地在中华人民共和国领域外的；(3)标的物在中华人民共和国领域外的；(4)产生、变更或者消灭民事关系的法律事实发生在中华人民共和国领域外的。

第二百七十一条　【国际条约优先】中华人民共和国缔结或者参加的国际条约同本法有不同规定的，适用该国际条约的规定，但中华人民共和国声明保留的条款除外。

条文注释

国际条约是指国际间的各种公约、协定、声明的总称。信守国际条约原则是国际关系中公认的一项原则。履行国际条约是各缔约国或参加国的义务。信守国际条约原则即优先适用我国缔结或者参加的国际条约,即当国际条约与国内法不一致时,适用国际条约的规定,除非我国声明保留。例如,我国于1991年正式加入了1965年签订于海牙的《关于向国外送达民事或商事司法文书和司法外文书公约》,但是我国对邮寄方式在我国境内进行送达等条款作了保留,即这些条款在我国涉外民事诉讼案件中不予适用。

第二百七十二条 【外交特权与豁免】对享有外交特权与豁免的外国人、外国组织或者国际组织提起的民事诉讼,应当依照中华人民共和国有关法律和中华人民共和国缔结或者参加的国际条约的规定办理。

条文注释

司法豁免包括刑事豁免、民事豁免和行政豁免三个部分。该原则源于"平等者间无管辖权"的原则,即各国都是平等独立的,一国不能接受另一国家的统治、管辖。民事司法豁免原则是指外交代表和有特殊身份的外交官员的民事行为及其财产免受驻在国法院管辖,如不受驻在国法院审判、不受强制执行等。此外,某些外国组织和国际组织也享有民事司法豁免权。但是,民事司法豁免不是绝对的,上述人员只能在我国法律和我国缔结或者参加的国际条约规定的范围内享有民事司法豁免。我国《外交特权与豁免条例》第十四条第二款对外交代表享有民事管辖豁免和行政管辖豁免的例外情况规定如下:(1)外交代表以私人身份进行的遗产继承的诉讼;(2)外交代表在中国境内从事公务范围以外的职业或者商业活动的诉讼。

第二百七十三条 【语言文字】人民法院审理涉外民事案件,应当使用中华人民共和国通用的语言、文字。当事人要求提供翻译的,可以提供,费用由当事人承担。

条文注释

根据本条的规定,外国人在我国进行诉讼时,使用我国通用的语言、文字。这是国际上的一致做法,是国家主权的体现。外国当事人提供的有关诉讼材料必须附有中文译本。法院用中文制作各种诉讼文书。外国当事人要求提供翻译的，法院可以提供，以方便外国当事人进行诉讼。因提供翻译所需的费用，由要求提供翻译的当事人承担。

第二百七十四条　【中国律师代理】外国人、无国籍人、外国企业和组织在人民法院起诉、应诉，需要委托律师代理诉讼的，必须委托中华人民共和国的律师。

条文注释

外国当事人可以亲自在我国法院进行诉讼活动，也可以委托他人代理诉讼。但是委托律师代理诉讼的，必须委托中国律师。这是因为，一国的司法制度只能适用于本国领域内，不能延伸到国外。律师制度是一国司法制度的重要组成部分，允许外国律师代理出庭诉讼实际上是允许外国律师干预国内司法事务，有损国家主权。此外，当事人委托律师的目的是求得法律上的帮助，一般来说，外国律师对法院地国的法律并不熟悉，因而无法达到上述目的。因此，各国原则上禁止外国律师以该国律师身份在法院地国出庭代理诉讼。当然，外国当事人可以委托外国律师以非律师身份担任诉讼代理人。

关联法规

《民诉法解释》第526、527条

第二百七十五条　【公证和认证】在中华人民共和国领域内没有住所的外国人、无国籍人、外国企业和组织委托中华人民共和国律师或者其他人代理诉讼，从中华人民共和国领域外寄交或者托交的授权委托书，应当经所在国公证机关证明，并经中华人民共和国驻该国使领馆认证，或者履行中华人民共和国与该所在国订立的有关条约中规定的证明手续后，才具有效力。

条文注释

授权委托书是一种重要的诉讼文书，它表示委托人的行为由代理人行使，甚至代为处分实体权利。根据本条规定，在我国领域内没有住所的外国当事人从我国领域外寄交或者托交的授权委托书，只有在经过所在国的公证机关证明，我国使领馆认证后，其效力才会得到人民法院的认可,委托与代理关系才告成立,诉讼代理人才能根据授权委托书中所设定的范围代理诉讼。当然,本条所规定的授权委托书需要履行的公证、认证手续,是在一般情况下的必经程序。如果我国与该当事人所在国订有有关条约,该外国当事人履行了条约中规定的证明手续后,其授权委托书也同样具有效力。例如,在我国与一些国家签订的司法协助协定中即有免除认证的规定,即由缔约一方法院或者其他主管机关制作或者证明的并加盖印章的文件,不必经过认证,即可在缔约另一方境内使用。如果缔约另一方国家的当事人完成了上述证明手续,其授权委托书便产生了效力。

还应注意到,需要履行本条规定的公证、认证手续的授权委托书,只是在我国领域内没有住所的外国当事人从我国领域外寄交或者托交的。对于在我国领域内有住所的外国当事人递交的授权委托书,以及外国当事人在我国领域内虽无住所,但在我国领域内作短期停留,如旅行、探亲、讲学、经商时,在我国领域内递交的授权委托书,一般则无须履行本条规定的公证、认证手续。

关联法规

《民诉法解释》第521~525条

第二十四章 管 辖

第二百七十六条 【特殊地域管辖】因涉外民事纠纷,对在中华人民共和国领域内没有住所的被告提起除身份关系以外的诉讼,如果合同签订地、合同履行地、诉讼标的物所在地、可供扣押财产所在地、侵权行为地、代表机构住所地位于中华人民共和国领域内的,可以由合同签订地、合同履行地、诉讼标的物所在地、可供扣押财产所在地、侵权行为地、代表机构住所地人民法院管辖。

除前款规定外,涉外民事纠纷与中华人民共和国存在其他适当联系的,可以由人民法院管辖。

条文注释

为更好地平等保护中外当事人诉权，切实维护我国主权、安全、发展利益，2023年本法修改，对本条作了很大的调整，主要体现在以下两个方面：一是将管辖纠纷的案件类型由“合同纠纷或者其他财产权益纠纷”扩大到“除身份关系以外”的“涉外民事纠纷”。二是扩大相关管辖依据，如果合同签订地、合同履行地、诉讼标的物所在地、可供扣押财产所在地、侵权行为地、代表机构住所地这几个地点中的一个位于我国领域内，我国法院就可以行使管辖权，由相应的人民法院管辖。

此外，还有一点需要说明，本条是针对在中华人民共和国领域内没有住所的被告提起的诉讼，如果被告在我国境内有住所，无论其国籍如何，我国人民法院均有管辖权，被告住所地与经常居住地不一致的，只要其经常居住地在我国领域内，我国人民法院也可以行使管辖权。

关联法规

《最高人民法院关于涉外民商事案件诉讼管辖若干问题的规定》

第二百七十七条　【书面协议选择管辖】涉外民事纠纷的当事人书面协议选择人民法院管辖的，可以由人民法院管辖。

第二百七十八条　【应诉或者反诉管辖】当事人未提出管辖异议，并应诉答辩或者提出反诉的，视为人民法院有管辖权。

第二百七十九条　【专属管辖】下列民事案件，由人民法院专属管辖：

（一）因在中华人民共和国领域内设立的法人或者其他组织的设立、解散、清算，以及该法人或者其他组织作出的决议的效力等纠纷提起的诉讼；

（二）因与在中华人民共和国领域内审查授予的知识产权的有效性有关的纠纷提起的诉讼；

（三）因在中华人民共和国领域内履行中外合资经营企业合同、中外合作经营企业合同、中外合作勘探开发自然资源合同发生纠纷提起的诉讼。

条文注释

涉外民事诉讼中的专属管辖，是指特定的涉外民事案件专属某个国家的法院管辖，任何其他国家或者组织、个人都不得剥夺该国对这类案件的管辖权。2023年本法修改，增加了涉外专属管辖的情形，借鉴各国立法实践，增加因在我国领域内设立的法人或者非法人组织的设立、解散、清算，该机关作出的决议的效力等提起的诉讼，以及因在我国领域内审查授予的知识产权的有效性等提起的诉讼等与我国利益密切相关的特定类型案件，适度扩大我国法院管辖范围。

我国《民法典》第四百六十七条第二款规定，在我国境内履行的中外合资经营企业合同、中外合作经营企业合同、中外合作勘探开发自然资源合同，适用中国法律，包括实体法和程序法。《民事诉讼法》就是程序法之一。以上三种案件都是合同纠纷，应由与合同有最密切联系的国家管辖。在我国境内履行中外合资经营企业合同、中外合作经营企业合同、中外合作勘探开发自然资源合同，我国作为合同履行地，当然有最密切联系。这也是国家主权原则的体现。属于中华人民共和国人民法院专属管辖的案件，当事人不得用书面协议选择其他国家法院管辖，但协议选择仲裁裁决的除外。

第二百八十条 【涉外民事案件管辖法院】当事人之间的同一纠纷，一方当事人向外国法院起诉，另一方当事人向人民法院起诉，或者一方当事人既向外国法院起诉，又向人民法院起诉，人民法院依照本法有管辖权的，可以受理。当事人订立排他性管辖协议选择外国法院管辖且不违反本法对专属管辖的规定，不涉及中华人民共和国主权、安全或者社会公共利益的，人民法院可以裁定不予受理；已经受理的，裁定驳回起诉。

第二百八十一条 【涉外管辖优先及例外】人民法院依据前条规定受理案件后，当事人以外国法院已经先于人民法院受理为由，书面申请人民法院中止诉讼的，人民法院可以裁定中止诉讼，但是存在下列情形之一的除外：

（一）当事人协议选择人民法院管辖，或者纠纷属于人民法院专属管辖；

（二）由人民法院审理明显更为方便。

外国法院未采取必要措施审理案件，或者未在合理期限内审结的，依当事人的书面申请，人民法院应当恢复诉讼。

外国法院作出的发生法律效力的判决、裁定，已经被人民法院全部或者部分承认，当事人对已经获得承认的部分又向人民法院起诉的，裁定不予受理；已经受理的，裁定驳回起诉。

第二百八十二条　【涉外民事案件驳回起诉】人民法院受理的涉外民事案件，被告提出管辖异议，且同时有下列情形的，可以裁定驳回起诉，告知原告向更为方便的外国法院提起诉讼：

（一）案件争议的基本事实不是发生在中华人民共和国领域内，人民法院审理案件和当事人参加诉讼均明显不方便；

（二）当事人之间不存在选择人民法院管辖的协议；

（三）案件不属于人民法院专属管辖；

（四）案件不涉及中华人民共和国主权、安全或者社会公共利益；

（五）外国法院审理案件更为方便。

裁定驳回起诉后，外国法院对纠纷拒绝行使管辖权，或者未采取必要措施审理案件，或者未在合理期限内审结，当事人又向人民法院起诉的，人民法院应当受理。

条文注释

为妥善协调国际民商事诉讼管辖权冲突，提升解决国际民商事争议的效率，2023年本法修正将《民诉法解释》中关于平行诉讼、不方便法院的成熟规定上升为法律，完善相关适用条件。保障中外当事人正当司法需求，明确我国法院可以受理他国法院已经受理的案件。顺应国际社会"预先承认"的立法趋势，降低中外当事人诉讼成本。对于具备法定情形，我国法院审理案件和当事人参加诉讼明显不便的案件，适度礼让由他国法院行使管辖权。

第二十五章　送达、调查取证、期间

第二百八十三条　【送达方式】人民法院对在中华人民共和国领域内没有住所的当事人送达诉讼文书，可以采用下列方式：

（一）依照受送达人所在国与中华人民共和国缔结或者共同参加的国际条约中规定的方式送达；

（二）通过外交途径送达；

（三）对具有中华人民共和国国籍的受送达人，可以委托中华人民共和国驻受送达人所在国的使领馆代为送达；

（四）向受送达人在本案中委托的诉讼代理人送达；

（五）向受送达人在中华人民共和国领域内设立的独资企业、代表机构、分支机构或者有权接受送达的业务代办人送达；

（六）受送达人为外国人、无国籍人，其在中华人民共和国领域内设立的法人或者其他组织担任法定代表人或者主要负责人，且与该法人或者其他组织为共同被告的，向该法人或者其他组织送达；

（七）受送达人为外国法人或者其他组织，其法定代表人或者主要负责人在中华人民共和国领域内的，向其法定代表人或者主要负责人送达；

（八）受送达人所在国的法律允许邮寄送达的，可以邮寄送达，自邮寄之日起满三个月，送达回证没有退回，但根据各种情况足以认定已经送达的，期间届满之日视为送达；

（九）采用能够确认受送达人收悉的电子方式送达，但是受送达人所在国法律禁止的除外；

（十）以受送达人同意的其他方式送达，但是受送达人所在国法律禁止的除外。

不能用上述方式送达的，公告送达，自发出公告之日起，经过六十日，即视为送达。

条文注释

依据本条的规定,域外送达的方式有:

(1)依照受送达人所在国与中国缔结或者共同参加的国际条约中规定的方式送达。按照国际条约优先适用原则,如果受送达人所在国与我国缔结或者共同参加的国际条约中规定了送达,则依其规定。

(2)通过外交途径送达。《最高人民法院、外交部、司法部关于我国法院和外国法院通过外交途径相互委托送达法律文书若干问题的通知》规定,我国法院通过外交途径向国外当事人送达法律文书,应按下列程序和要求办理:①要求送达的法律文书须经省、自治区、直辖市高级人民法院审查,由外交部领事司负责转递。②须准确注明受送达人姓名、性别、年龄、国籍及其在国外的详细外文地址,并将该案的基本情况函告外交部领事司,以便转递。③须附有送达委托书。

(3)对具有中国国籍的受送达人,可以委托我国驻受送达人所在国的使领馆代为送达。采用这种送达方式,限于向在我国领域内没有住所的中国籍受送达人送达,并且须在该中国籍受送达人驻在国允许我国使领馆直接送达的前提下,人民法院才可以委托我国驻该国使领馆送达。由使领馆向居住在国外的本国人送达诉讼文书,是通常使用的方法。不少国家的立法和国际条约中都有明文规定。我国与有关国家签订的司法协助协定,以及我国加入的《海牙送达公约》《维也纳领事关系公约》,都允许缔约国之间采用这种方式。

(4)向受送达人在本案中委托的诉讼代理人送达。在一般情况下,人民法院将需要送达的诉讼文书交给受送达人委托的诉讼代理人,即为送达完成。除非该受送达人事前曾明确表示其诉讼代理人无权代其接受诉讼文书。

(5)向受送达人在中国领域内设立的独资企业、代表机构、分支机构或者有权接受送达的业务代办人送达。这种送达方式是针对外国企业、组织而言,法院可以向其设在中国境内的独资企业、代表机构、有权接受送达的分支机构、业务代办人直接送达。

(6)受送达人为外国人、无国籍人,其在中华人民共和国领域内设立的法人或者其他组织担任法定代表人或者主要负责人,且与该法人或者其他组织为共同被告的,向该法人或者其他组织送达。这是2023年本法修改新增的规定。

(7)受送达人为外国法人或者其他组织,其法定代表人或者主要负责人在中华人民共和国领域内的,向其法定代表人或者主要负责人送达。这是2023年本法修改新增的规定。

(8)受送达人所在国的法律允许邮寄送达的,可以邮寄送达,自邮寄之日起满三个月,送达回证没有退回,但根据各种情况足以认定已经送达的,期间届满之日视为送达。《民诉法解释》第五百三十四条第三款规定,自邮寄之日起满三个月,如果未收到送达的证明文件,且根据各种情况不足以认定已经送达的,视为不能用邮寄方式送达。实践中,法院应该根据本条第八项规定进行公告送达。

(9)采用能够确认受送达人收悉的方式送达,但是受送达人所在国法律禁止的除外。这是本法2012年新增加的送达方式,2023年对其作出了修改调整,不再限于"传真、电子邮件等"方式,只要能确认受送达人收悉即可。这种送达方式有两大优点:一是能够缩短送达时间,大大提高办案效率;二是能够降低诉讼成本。

此外,不能用上述方式送达的,公告送达,自公告发出之日起,经过六十日即视为送达。2023年本法修改,缩短了公告送达期限,优化涉外公告送达规则。这种送达方式,是在其他方式都不能采用时才予使用的一种送达方式,一般是在受送达人住所不明或者下落不明的情况下适用。一般的做法是,将需送达的诉讼文书制成公告内容,在人民法院的公告栏内张贴,并在我国对外发行的报纸上登载。待公告六十日的法定期间届满,即视为该诉讼文书的内容已经送达到受送达人。

关联法规

《民诉法解释》第534~537条

第二百八十四条　【域外调查取证】当事人申请人民法院调查收集的证据位于中华人民共和国领域外，人民法院可以依照证据所在国与中华人民共和国缔结或者共同参加的国际条约中规定的方式，或者通过外交途径调查收集。

在所在国法律不禁止的情况下，人民法院可以采用下列方式调查收集：

（一）对具有中华人民共和国国籍的当事人、证人，可以委托中华人民共和国驻当事人、证人所在国的使领馆代为取证；

（二）经双方当事人同意，通过即时通讯工具取证；

（三）以双方当事人同意的其他方式取证。

条文注释

本条是2023年新增的域外调查取证条款，有利于保障人民法院准确查明案件事实。本条对域外调查取证作出明确规定，同时回应互联网时代的司法需求，在尊重所在国法律及双方当事人同意的前提下，明确可以通过即时通讯工具或其他方式取证，拓宽法院查明案件事实的渠道。

第二百八十五条　【答辩期间】被告在中华人民共和国领域内没有住所的，人民法院应当将起诉状副本送达被告，并通知被告在收到起诉状副本后三十日内提出答辩状。被告申请延期的，是否准许，由人民法院决定。

第二百八十六条　【上诉期间】在中华人民共和国领域内没有住所的当事人，不服第一审人民法院判决、裁定的，有权在判决书、裁定书送达之日起三十日内提起上诉。被上诉人在收到上诉状副本后，应当在三十日内提出答辩状。当事人不能在法定期间提起上诉或者提出答辩状，申请延期的，是否准许，由人民法院决定。

条文注释

根据《民诉法解释》的规定，还应注意区分：不服第一审人民法院判决、裁定的上诉期，对在中华人民共和国领域内有住所的当事人，适用本法第一百七十一条规定的期限；对在中华人民共和国领域内没有住所的当事人，则才适用本法第二百七十六条规定的期限。当事人的上诉期均已届满没有上诉的，第一审人民法院的判决、裁定即发生法律效力。

第二百八十七条　【审理期限】人民法院审理涉外民事案件的期间，不受本法第一百五十二条、第一百八十三条规定的限制。

第二十六章　仲　　裁

第二百八十八条　【涉外仲裁与诉讼关系】涉外经济贸易、运输和海事中发生的纠纷，当事人在合同中订有仲裁条款或者事后达成书面仲裁协议，提交中华人民共和国涉外仲裁机构或者其他仲裁机构仲裁的，当事人不得向人民法院起诉。

当事人在合同中没有订有仲裁条款或者事后没有达成书面仲裁协议的，可以向人民法院起诉。

条文注释

涉外仲裁，是指对涉外经济贸易、海事和运输争议，当事人依据在合同中订立的仲裁条款或者事后签订的仲裁协议申请仲裁，涉外仲裁机构依法在事实上作出判断，在权利义务上作出裁决的法律制度。根据本条规定，对涉外经济贸易、运输和海事中发生的纠纷，我国确立了或裁或审原则，即当事人只能择一作为争议解决方式。仲裁必须是双方的共同意愿，至于书面仲裁协议或仲裁条款是纠纷发生前还是纠纷发生后达成的，并不影响涉外仲裁机构的管辖。根据《仲裁法》第十六条的规定，仲裁协议应当具有下列内容：(1)请求仲裁的意思表示；(2)仲裁事项；(3)选定的仲裁委员会。如果在合同中没有订立仲裁条款或者事后没有达成书面仲裁协议的，可以向人民法院起诉。

我国的涉外仲裁机构有两个:一个是中国国际经济贸易仲裁委员会。该会成立于1956年,在仲裁程序规则上,适用《中国国际经济贸易仲裁委员会仲裁规则》。另一个是中国海事仲裁委员会。该会成立于1959年,在仲裁程序规则上,适用《中国海事仲裁委员会仲裁规则》。

涉外仲裁和民事诉讼相比有很多不同之处,主要表现为以下几点:(1)仲裁的提交是以双方当事人自愿为基础。当事人双方的仲裁协议是仲裁的前提条件,没有协议的,不能将争议提交仲裁;而诉讼以当事人的诉权为基础,是否提起诉讼,一方当事人可以自行决定,不必征得对方同意。(2)仲裁机构和法院在性质上的不同。仲裁机构是非官方机构,其管辖权主要来自双方当事人的协议;法院是代表国家行使审判权的机关,其管辖权是法律规定的。(3)仲裁机构和仲裁员都是由双方当事人自由选择;诉讼法院和审判人员是依照法律规定,不能由当事人自由选择。(4)仲裁机构对其裁决没有强制执行的权力,而需要法院予以强制执行;而法院对其所作的发生法律效力的判决、裁定和调解书有权强制执行。(5)涉外仲裁裁决是终局的,不能申请复议,也不能向法院起诉;而法院的一审判决作出后,当事人不服可以上诉。

第二百八十九条 【涉外仲裁保全】当事人申请采取保全的,中华人民共和国的涉外仲裁机构应当将当事人的申请,提交被申请人住所地或者财产所在地的中级人民法院裁定。

条文注释

涉外民事法律关系的当事人发生民事纠纷后,一方当事人为防止争议标的物被对方出卖、毁损、转移、藏匿或者挥霍,为及时地、有效地保护自己被侵犯的合法权益将来能够得到恢复和补救,往往向协议选择的仲裁机关申请采取保全措施。然而,仲裁机构是具有公断性质的民间团体,虽然近代成为国家法律承认或为解决争议的机构,并赋予仲裁裁决有法律上的强制力,但是仲裁制度毕竟不同于审判制度,它不是以国家强制力为后盾的,本身没有执行权,而保全措施与法律文书的执行密切相关,因此,当事人申请采取保全的,我国涉外仲裁机构应当将当事人的申请提交被申请人住所地或者财产所在地的中级人民法院裁定，中级人民法院裁定采取保全措施的，就依照《民事诉讼法》有关保全措施的程序规定执行。需要指出的是，仲裁机关将当事人请求保全的申请提交人民法院执行后，如果发生保全错误，应当由申请人赔偿被申请人的损失，而不应由仲裁机关或者人民法院赔偿。因为保全是在紧急情况下采取的措施，仲裁机关收到当事人的申请后不可能像仲裁案件一样进行调查取证，全面审查申请是否正确，只能尽快提交人民法院，人民法院也没有充分的时间对申请进行全面、细致的审查，因此，要求仲裁机关和法院对申请错误造成的损失赔偿是不合理的。

第二百九十条　【涉外仲裁效力】经中华人民共和国涉外仲裁机构裁决的，当事人不得向人民法院起诉。一方当事人不履行仲裁裁决的，对方当事人可以向被申请人住所地或者财产所在地的中级人民法院申请执行。

条文注释

当事人协议由我国涉外仲裁机构解决纠纷，意味着当事人相信我国涉外仲裁的公正性，愿意履行仲裁裁决确定的法律义务，因此，对于我国涉外仲裁机构裁决的案件，当事人即使不服，也不能向人民法院起诉，而应当自觉履行仲裁裁决确定的义务。如果一方当事人不按照仲裁裁决履行义务，对方当事人可以向被申请人住所地或者财产所在地的中级人民法院申请执行。换句话说，由于涉外仲裁裁决是基于纠纷双方当事人自愿接受仲裁协议的约束，将纠纷提交仲裁而产生的，所以，对于具有终局效力的仲裁裁决，双方当事人应当自觉履行。但是，如果一方当事人不履行仲裁裁决所确定的义务，这就带来了仲裁裁决的执行问题。涉外仲裁机构不是国家的审判机关，非官方的性质决定了它对仲裁裁决这一法律文书没有执行的权力，对裁决的执行权只能由人民法院来行使。因此，在一方当事人不履行裁决的时候，对方当事人只能向被申请人住所地或者财产所在地的中级人民法院提出按照裁决所确定的内容予以执行的申请。对此,本条作出规定,一方当事人不履行仲裁裁决的,对方当事人可以向被申请人住所地或者财产所在地的中级人民法院申请执行。

第二百九十一条 【涉外仲裁裁决不予执行】对中华人民共和国涉外仲裁机构作出的裁决,被申请人提出证据证明仲裁裁决有下列情形之一的,经人民法院组成合议庭审查核实,裁定不予执行:

(一)当事人在合同中没有订有仲裁条款或者事后没有达成书面仲裁协议的;

(二)被申请人没有得到指定仲裁员或者进行仲裁程序的通知,或者由于其他不属于被申请人负责的原因未能陈述意见的;

(三)仲裁庭的组成或者仲裁的程序与仲裁规则不符的;

(四)裁决的事项不属于仲裁协议的范围或者仲裁机构无权仲裁的。

人民法院认定执行该裁决违背社会公共利益的,裁定不予执行。

条文注释

仲裁裁决作出后,当事人应当履行裁决,一方当事人不履行的,另一方当事人可以向人民法院申请执行,受申请的人民法院应当执行。如果被申请执行的当事人认为仲裁裁决不应当强制执行的,可以根据本条的规定向人民法院申请不予执行仲裁裁决。本条对不予执行涉外仲裁裁决的情形作了明确的规定。需要说明一点,人民法院对涉外仲裁机构的司法审查监督范围,限于仲裁程序方面的问题,不涉及实体方面的问题,即对裁决在认定事实和适用法律上是否有错误不做审查。本条所列情形,均属于程序性问题。本条同时还规定,人民法院认定执行该裁决违背社会公共利益的,裁定不予执行。接受执行申请的人民法院,对涉外仲裁机构作出的裁决,应当依法审查其是否违背社会公共利益,经审查认为不违背社会公共利益的,应当按照本法第三编规定的执行程序予以执行。经审查认为违背社会公共利益的,则应当作出裁定不予执行。由此看来,我国法律赋予人民法院对于仲裁机构一定的监督权,通过不予执行仲裁裁决来实现对于仲裁机构的法律监督。

第二百九十二条　【救济途径】仲裁裁决被人民法院裁定不予执行的,当事人可以根据双方达成的书面仲裁协议重新申请仲裁,也可以向人民法院起诉。

第二十七章　司 法 协 助

第二百九十三条　【协助原则】根据中华人民共和国缔结或者参加的国际条约,或者按照互惠原则,人民法院和外国法院可以相互请求,代为送达文书、调查取证以及进行其他诉讼行为。

外国法院请求协助的事项有损于中华人民共和国的主权、安全或者社会公共利益的,人民法院不予执行。

条文注释

司法协助,是指不同国家之间,根据自己国家缔结或者参加的国际条约或互惠原则,彼此之间相互协作,为对方代为一定的诉讼行为。司法协助的原则有:条约必须遵守原则、互惠原则和公共秩序保留原则。互惠原则适用于国家之间无司法协助协定又没有共同参加的国际条约,但是有外交关系的情形。本条第二款规定的是公共秩序保留原则。如外国法院请求协助调查的事项涉及我国主权、安全或者社会公共利益的,人民法院不予执行。司法协助的范围包括两个方面:一是代为一定的诉讼行为,如代为送达诉讼文书、代为调查取证等;二是接受外国法院的委托,代为执行外国法院的判决或者外国仲裁机构的裁决。

第二百九十四条　【协助途径】请求和提供司法协助,应当依照中华人民共和国缔结或者参加的国际条约所规定的途径进行;没有条约关系的,通过外交途径进行。

外国驻中华人民共和国的使领馆可以向该国公民送达文书和调

查取证,但不得违反中华人民共和国的法律,并不得采取强制措施。

除前款规定的情况外,未经中华人民共和国主管机关准许,任何外国机关或者个人不得在中华人民共和国领域内送达文书、调查取证。

条文注释

根据本条第一款规定,请求和提供司法协助的途径有:(1)依照我国缔结或者参加的国际条约所规定的途径进行。对于已经与我国签订司法协助协定的国家,或者与我国共同参加涉及司法协助内容的国际条约的国家,无论是我国人民法院请求外国法院给予司法协助,还是外国法院请求我国人民法院给予司法协助,均应按条约规定的途径进行。(2)没有条约关系的,通过外交途径进行。目前通过外交途径进行司法协助仍占多数。

关于允许外国驻华使领馆官员在不违反我国法律的前提下,在我国领域内直接向其本国国民送达文书和调查取证的问题,需要说明以下三点:第一,外国驻华使领馆只能向其本国国民,而不得向我国公民或者第三国公民送达文书或者调查取证;第二,其他任何外国机关、组织以及个人,均不得擅自在我国领域内送达文书和调查取证;第三,外国驻华使领馆在我国领域内向其本国国民送达文书或者调查取证的行为,除了不得违反我国法律外,还不得通过采取强制措施的方式完成。关于不得采取强制措施的规定,完全符合1970年《关于从国外调取民事或商事证据的公约》第十五条第一款规定的原则。该条第一款规定:“在民事或商事案件中,每一缔约国的外交官员或领事代表在另一缔约国境内其执行职务的区域内,可以向他所代表的国家的国民在不采取强制措施的情况下调取证据,以协助在其代表的国家的法院中进行的诉讼。”

第二百九十五条 【文字要求】外国法院请求人民法院提供司法协助的请求书及其所附文件,应当附有中文译本或者国际条约规定的其他文字文本。

人民法院请求外国法院提供司法协助的请求书及其所附文件,应当附有该国文字译本或者国际条约规定的其他文字文本。

条文注释

请求提供司法协助,应当用请求书的形式提出。请求书的内容一般包括:(1)请求机关和被请求机关的名称、地址;(2)案件的名称;(3)执行请求所涉及的人的姓名、性别、国籍、出生日期、职业、住所或者居所及其在诉讼中的身份,法人的名称和地址;(4)当事人的代理人的姓名和地址;(5)请求所涉及的案件的案情摘要;(6)执行请求所需附具的其他材料;(7)请求的内容。

第二百九十六条　【协助程序】人民法院提供司法协助,依照中华人民共和国法律规定的程序进行。外国法院请求采用特殊方式的,也可以按照其请求的特殊方式进行,但请求采用的特殊方式不得违反中华人民共和国法律。

第二百九十七条　【申请外国法院承认和执行】人民法院作出的发生法律效力的判决、裁定,如果被执行人或者其财产不在中华人民共和国领域内,当事人请求执行的,可以由当事人直接向有管辖权的外国法院申请承认和执行,也可以由人民法院依照中华人民共和国缔结或者参加的国际条约的规定,或者按照互惠原则,请求外国法院承认和执行。

在中华人民共和国领域内依法作出的发生法律效力的仲裁裁决,当事人请求执行的,如果被执行人或者其财产不在中华人民共和国领域内,当事人可以直接向有管辖权的外国法院申请承认和执行。

条文注释

一国法院作出的已经发生法律效力的民事判决、裁定,其效力只能及于本国领域,并不能自然地产生域外效力。如果一国法院作出的民事判决、裁定需要得到外国的承认,在本国之外的领域发生效力得到执行,就需要通过适当的方式与程序请求外国法院的承认和执行。

我国人民法院的判决、裁定需要请求外国法院的承认和执行，应具备下列条件并通过以下方式提出：(1)人民法院作出的判决、裁定必须是已经发生法律效力的判决、裁定；(2)必须是被执行人或者执行人的财产不在我国领域内；(3)申请承认和执行判决、裁定，可以由当事人直接向有管辖权的外国法院提出；(4)在我国与有关国家存在条约或互惠关系的基础上，也可以由人民法院请求外国法院承认和执行。需要说明一点，在我国人民法院的判决、裁定请求外国法院承认和执行的提出程序上，本法借鉴世界上多数国家所采用的方式，考虑到我国与有关国家司法协助协定中的相关内容，明确规定当事人可以直接向外国法院申请承认和执行，这种方式简化了程序，方便当事人，同时也有助于我国法院的判决、裁定能够在外国得到及时的承认与执行。

对在我国领域内依法作出的发生法律效力的仲裁裁决，当事人请求执行的，如果被执行人或者其财产不在我国领域内，则应当由当事人直接向有管辖权的外国法院申请承认和执行。这一途径，是我国参加的《承认及执行外国仲裁裁决公约》(即《1958年纽约公约》)以及我国签订的双边司法协助条约中所确定的。对于我国领域内作出的仲裁裁决，不必再经过我国人民法院请求外国法院承认和执行。

第二百九十八条　【提出申请对外国法院判决的承认和执行】外国法院作出的发生法律效力的判决、裁定，需要人民法院承认和执行的，可以由当事人直接向有管辖权的中级人民法院申请承认和执行，也可以由外国法院依照该国与中华人民共和国缔结或者参加的国际条约的规定，或者按照互惠原则，请求人民法院承认和执行。

条文注释

两国法院之间互相委托、承认和执行对方法院作出的生效判决、裁定和仲裁机构作出的裁决的制度，学理上也称为特殊司法协助。之所以特殊，主要是因为涉及国家的民事审判制度以及司法制度以及当事人的切身利益。因此，各国对此都规定了严格的承认和执行程序。根据本条的规定，外国法院作出的生效判决、裁定需要我国人民法院承认和执行的,可以由当事人直接向我国有管辖权的中级人民法院提出申请,即由当事人直接向中国有管辖权的中级人民法院提交承认与执行的申请书。人民法院接到申请书或者请求书后,予以立案,根据我国法律或者我国缔结或参加的国际条约的规定,或者按照互惠原则进行形式审查。我国人民法院经审查,对符合条件的,裁定承认其效力,需要执行的,发出执行令,依照《民事诉讼法》第三编规定的执行程序予以执行;对不符合条件的,人民法院不予以承认和执行。

关联法规

《民诉法解释》第541、542条

第二百九十九条 【审查对外国法院裁判的承认执行的申请】人民法院对申请或者请求承认和执行的外国法院作出的发生法律效力的判决、裁定,依照中华人民共和国缔结或者参加的国际条约,或者按照互惠原则进行审查后,认为不违反中华人民共和国法律的基本原则且不损害国家主权、安全、社会公共利益的,裁定承认其效力;需要执行的,发出执行令,依照本法的有关规定执行。

条文注释

我国人民法院对当事人申请或者外国法院请求承认和执行的外国法院作出的已经发生法律效力的判决、裁定,应当依照我国缔结或者参加的国际条约或者按照互惠原则进行审查。经审查认为该判决、裁定不违反我国法律的基本原则或者国家主权、安全、社会公共利益的,以裁定的方式承认其效力,需要执行的,发出执行令,依照本法第三编"执行程序"的规定予以执行。我国人民法院对外国法院判决、裁定的审查,仅限于审查外国法院的判决、裁定是否符合我国法律规定的承认和执行外国法院判决、裁定的条件,对其裁判中的事实认定和法律适用问题不予以审查。

国际上对外国法院的判决、裁定不予以承认和执行的通常情况大致有以下几种:(1)依照被请求国的法律,该项判决、裁定是由无管辖权的法院作出的;(2)按照判决、裁定作出国的法律,该项判决、裁定尚未发生法律效力;(3)按照判决、裁定作出国的法律,被执行一方当事人未经法院合法传唤,或者被剥夺了适当代理的权利,或者虽经传唤但未能保证有足够时间准备答辩;(4)被请求国法院正在就相同当事人间的同一诉讼标的案件进行审理或者已经作出了发生法律效力的判决、裁定,或者已经承认第三国法律对该案件作出的发生法律效力的判决、裁定;(5)该判决、裁定的承认和执行有损于被请求国的主权、安全或者公共秩序。

需要说明一点,承认外国法院的判决、裁定和执行外国法院的判决、裁定,是一个既有联系又有区别的问题。承认外国法院的判决、裁定是认可外国法院的判决、裁定在确定当事人权利义务方面,与本国法院的判决、裁定有同等效力,是执行此判决、裁定的前提条件。但是,承认并非必然伴随执行,只有具有执行内容的判决、裁定才发生执行的问题。例如,外国法院单纯准许离婚的判决(不牵涉财产分割)、确认收养关系的判决等有关身份关系的判决,就只存在承认的问题,而不发生执行的问题。

第三百条 【不予承认和执行外国法院作出的发生法律效力的判决、裁定】对申请或者请求承认和执行的外国法院作出的发生法律效力的判决、裁定,人民法院经审查,有下列情形之一的,裁定不予承认和执行:

(一)依据本法第三百零一条的规定,外国法院对案件无管辖权;

(二)被申请人未得到合法传唤或者虽经合法传唤但未获得合理的陈述、辩论机会,或者无诉讼行为能力的当事人未得到适当代理;

(三)判决、裁定是通过欺诈方式取得;

(四)人民法院已对同一纠纷作出判决、裁定,或者已经承认第三国法院对同一纠纷作出的判决、裁定;

(五)违反中华人民共和国法律的基本原则或者损害国家主权、安全、社会公共利益。

第三百零一条　【外国法院无管辖权】有下列情形之一的，人民法院应当认定该外国法院对案件无管辖权：

（一）外国法院依照其法律对案件没有管辖权，或者虽然依照其法律有管辖权但与案件所涉纠纷无适当联系；

（二）违反本法对专属管辖的规定；

（三）违反当事人排他性选择法院管辖的协议。

第三百零二条　【中止诉讼】当事人向人民法院申请承认和执行外国法院作出的发生法律效力的判决、裁定，该判决、裁定涉及的纠纷与人民法院正在审理的纠纷属于同一纠纷的，人民法院可以裁定中止诉讼。

外国法院作出的发生法律效力的判决、裁定不符合本法规定的承认条件的，人民法院裁定不予承认和执行，并恢复已经中止的诉讼；符合本法规定的承认条件的，人民法院裁定承认其效力；需要执行的，发出执行令，依照本法的有关规定执行；对已经中止的诉讼，裁定驳回起诉。

条文注释

2023年本法修改，明确了因同一纠纷向我国法院申请承认和执行程序与我国法院案件审理程序的关系。本条第一款规定，当事人申请承认和执行外国法院判决，所涉争议与我国法院正在审理案件属于同一争议的，我国法院可以中止审理，促进稳定相关法律关系和当事人预期，同时，本条第二款明确了我国法院恢复诉讼程序的情形。

第三百零三条　【复议】当事人对承认和执行或者不予承认和执行的裁定不服的，可以自裁定送达之日起十日内向上一级人民法院申请复议。

第三百零四条　【外国仲裁裁决的承认和执行】在中华人民共和国领域外作出的发生法律效力的仲裁裁决，需要人民法院承认和执行的，当事人可以直接向被执行人住所地或者其财产所在地的中级人民法院申请。被执行人住所地或者其财产不在中华人民共和国领域内的，当事人可以向申请人住所地或者与裁决的纠纷有适当联系的地点的中级人民法院申请。人民法院应当依照中华人民共和国缔结或者参加的国际条约，或者按照互惠原则办理。

条文注释

我国于1986年加入了《承认及执行外国仲裁裁决公约》(即《1958年纽约公约》)，该公约1987年4月22日起对我国生效，是目前最完善、最全面的国际间承认与执行外国仲裁裁决的公约。在加入时，我国提出了“互惠保留”和“商事保留”，即我国只承认在缔约国境内作出的对属于契约性和非契约性商事法律关系所引起的争议所作的裁决。1987年《最高人民法院关于执行我国加入的〈承认及执行外国仲裁裁决公约〉的通知》对“契约性和非契约性商事法律关系”作了解释，所谓“契约性和非契约性商事法律关系”，具体是指由于合同、侵权或者根据有关法律规定而产生的经济上的权利义务关系，如货物买卖、财产租赁、工程承包、加工承揽、技术转让、合资经营、合作经营、勘探开发自然资源、保险、信贷、劳务、代理、咨询服务和海上、民用航空、铁路、公路的客货运输以及产品责任、环境污染、海上事故和所有权争议等，但不包括外国投资者与东道国政府之间的争端。

在“契约性和非契约性商事法律关系”的前提下，国外仲裁机构作出的仲裁裁决需要由我国人民法院承认和执行的，如果国外仲裁机构所在国是该公约的缔约国，应当按照公约的规定办理；如果国外仲裁机构所在国不是公约的缔约国，但同我国订有双边司法协助协定的，应当按照协定的规定办理；如果国外仲裁机构所在国既不是该公约的缔约国，又与我国没有双边司法协助条约关系，则应按照互惠原则办理。

关联法规

《民诉法解释》第544～549条

第三百零五条　【法律适用】涉及外国国家的民事诉讼，适用中华人民共和国有关外国国家豁免的法律规定；有关法律没有规定的，适用本法。

第三百零六条　【施行日期】本法自公布之日起施行，《中华人民共和国民事诉讼法（试行）》同时废止。

条文注释

修改后的法律的生效日期与修改法律的形式有密切联系。目前，修改法律主要有两种形式：一种形式是对法律进行修订，即对法律全文作全面修改，重新予以规定；另一种形式是对法律的部分条文通过修改决定的方式予以修改，不对法律全文作修改，未修改的部分继续实行。因此，法律修改后的生效日期也有两种形式：一种形式是属于修订法律的，一般是重新公布法律的生效日期；另一种形式是属于对法律作修改决定的，一般不修改法律的生效日期，只是规定修改决定的实施日期，对于原法修改的部分执行修改决定的生效日期，未修改的部分执行原来法律规定的生效日期。

第十届全国人民代表大会常务委员会第三十次会议于2007年10月28日通过《全国人民代表大会常务委员会关于修改〈中华人民共和国民事诉讼法〉的决定》，规定"本决定自2008年4月1日起施行"；第十一届全国人民代表大会常务委员会第二十八次会议于2012年8月31日通过《全国人民代表大会常务委员会关于修改〈中华人民共和国民事诉讼法〉的决定》，规定"本决定自2013年1月1日起施行"；第十二届全国人民代表大会常务委员会第二十八次会议于2017年6月27日通过《全国人民代表大会常务委员会关于修改〈中华人民共和国民事诉讼法〉和〈中华人民共和国行政诉讼法〉的决定》，规定"本决定自2017年7月1日起施行"；第十三届全国人民代表大会常务委员会第三十二次会议于2021年12月24日通过《全国人民代表大会常务委员会关于修改〈中华人民共和国民事诉讼法〉的决定》，规定"本决定自2022年1月1日起施行"；第十四届全国人民代表大会常务委员会第五次会议于2023年9月1日通过《全国人民代表大会常务委员会关于修改〈中华人民共和国民事诉讼法〉的决定》，规定"本决定自2024年1月1日起施行"。因此，根据前述规定，经修改后的《民事诉讼法》，内容未作改动的条文，生效时间为1991年4月9日，而经过修改的条文，包括新增加的条文，生效时间以前述决定所规定的为准。

2021年12月28日，《最高人民法院关于认真学习贯彻〈全国人民代表大会常务委员会关于修改《中华人民共和国民事诉讼法》的决定〉的通知》规定，各级人民法院要做好修改后的《民事诉讼法》施行后民事案件审理的衔接工作。2022年1月1日之后人民法院受理的民事案件，适用修改后的《民事诉讼法》。2022年1月1日之前人民法院未审结的案件，尚未进行的诉讼行为适用修改后的《民事诉讼法》；依照修改前的《民事诉讼法》或者最高人民法院《民事诉讼程序繁简分流改革试点实施办法》的有关规定，已经完成的诉讼行为仍然有效。中级人民法院、专门人民法院对2022年1月1日之后受理的第二审民事案件，可以依照修改后的《民事诉讼法》的有关规定适用独任制审理。

附录一　相关法规

最高人民法院关于适用《中华人民共和国民事诉讼法》的解释

［2014 年 12 月 18 日最高人民法院审判委员会第 1636 次会议通过、2015 年 1 月 30 日公布、自 2015 年 2 月 4 日起施行（法释〔2015〕5 号）　根据 2020 年 12 月 23 日最高人民法院审判委员会第 1823 次会议通过、2020 年 12 月 29 日公布、自 2021 年 1 月 1 日起施行的《最高人民法院关于修改〈最高人民法院关于人民法院民事调解工作若干问题的规定〉等十九件民事诉讼类司法解释的决定》（法释〔2020〕20 号）第一次修正　根据 2022 年 3 月 22 日最高人民法院审判委员会第 1866 次会议通过、2022 年 4 月 1 日公布、自 2022 年 4 月 10 日起施行的《最高人民法院关于修改〈最高人民法院关于适用《中华人民共和国民事诉讼法》的解释〉的决定》（法释〔2022〕11 号）第二次修正］

目　　录

2012年8月31日，第十一届全国人民代表大会常务委员会第二十八次会议审议通过了《关于修改〈中华人民共和国民事诉讼法〉的决定》。根据修改后的民事诉讼法，结合人民法院民事审判和执行工作实际，制定本解释。

一、管　　辖

第一条　民事诉讼法第十九条第一项规定的重大涉外案件，包括争议标的额大的案件、案情复杂的案件，或者一方当事人人数众多等具有重大影响的案件。

第二条　专利纠纷案件由知识产权法院、最高人民法院确定的中级人民法院和基层人民法院管辖。

海事、海商案件由海事法院管辖。

第三条　公民的住所地是指公民的户籍所在地，法人或者其他组织的住所地是指法人或者其他组织的主要办事机构所在地。

法人或者其他组织的主要办事机构所在地不能确定的，法人或者其他组织的注册地或者登记地为住所地。

第四条　公民的经常居住地是指公民离开住所地至起诉时已连续居住

一年以上的地方,但公民住院就医的地方除外。

第五条 对没有办事机构的个人合伙、合伙型联营体提起的诉讼,由被告注册登记地人民法院管辖。没有注册登记,几个被告又不在同一辖区的,被告住所地的人民法院都有管辖权。

第六条 被告被注销户籍的,依照民事诉讼法第二十三条规定确定管辖;原告、被告均被注销户籍的,由被告居住地人民法院管辖。

第七条 当事人的户籍迁出后尚未落户,有经常居住地的,由该地人民法院管辖;没有经常居住地的,由其原户籍所在地人民法院管辖。

第八条 双方当事人都被监禁或者被采取强制性教育措施的,由被告原住所地人民法院管辖。被告被监禁或者被采取强制性教育措施一年以上的,由被告被监禁地或者被采取强制性教育措施地人民法院管辖。

第九条 追索赡养费、扶养费、抚养费案件的几个被告住所地不在同一辖区的,可以由原告住所地人民法院管辖。

第十条 不服指定监护或者变更监护关系的案件,可以由被监护人住所地人民法院管辖。

第十一条 双方当事人均为军人或者军队单位的民事案件由军事法院管辖。

第十二条 夫妻一方离开住所地超过一年,另一方起诉离婚的案件,可以由原告住所地人民法院管辖。

夫妻双方离开住所地超过一年,一方起诉离婚的案件,由被告经常居住地人民法院管辖;没有经常居住地的,由原告起诉时被告居住地人民法院管辖。

第十三条 在国内结婚并定居国外的华侨,如定居国法院以离婚诉讼须由婚姻缔结地法院管辖为由不予受理,当事人向人民法院提出离婚诉讼的,由婚姻缔结地或者一方在国内的最后居住地人民法院管辖。

第十四条 在国外结婚并定居国外的华侨,如定居国法院以离婚诉讼须由国籍所属国法院管辖为由不予受理,当事人向人民法院提出离婚诉讼的,由一方原住所地或者在国内的最后居住地人民法院管辖。

第十五条 中国公民一方居住在国外,一方居住在国内,不论哪一方向人民法院提起离婚诉讼,国内一方住所地人民法院都有权管辖。国外一方在居住国法院起诉,国内一方向人民法院起诉的,受诉人民法院有权管辖。

第十六条　中国公民双方在国外但未定居,一方向人民法院起诉离婚的,应由原告或者被告原住所地人民法院管辖。

第十七条　已经离婚的中国公民,双方均定居国外,仅就国内财产分割提起诉讼的,由主要财产所在地人民法院管辖。

第十八条　合同约定履行地点的,以约定的履行地点为合同履行地。

合同对履行地点没有约定或者约定不明确,争议标的为给付货币的,接收货币一方所在地为合同履行地;交付不动产的,不动产所在地为合同履行地;其他标的,履行义务一方所在地为合同履行地。即时结清的合同,交易行为地为合同履行地。

合同没有实际履行,当事人双方住所地都不在合同约定的履行地的,由被告住所地人民法院管辖。

第十九条　财产租赁合同、融资租赁合同以租赁物使用地为合同履行地。合同对履行地有约定的,从其约定。

第二十条　以信息网络方式订立的买卖合同,通过信息网络交付标的的,以买受人住所地为合同履行地;通过其他方式交付标的的,收货地为合同履行地。合同对履行地有约定的,从其约定。

第二十一条　因财产保险合同纠纷提起的诉讼,如果保险标的物是运输工具或者运输中的货物,可以由运输工具登记注册地、运输目的地、保险事故发生地人民法院管辖。

因人身保险合同纠纷提起的诉讼,可以由被保险人住所地人民法院管辖。

第二十二条　因股东名册记载、请求变更公司登记、股东知情权、公司决议、公司合并、公司分立、公司减资、公司增资等纠纷提起的诉讼,依照民事诉讼法第二十七条规定确定管辖。

第二十三条　债权人申请支付令,适用民事诉讼法第二十二条规定,由债务人住所地基层人民法院管辖。

第二十四条　民事诉讼法第二十九条规定的侵权行为地,包括侵权行为实施地、侵权结果发生地。

第二十五条　信息网络侵权行为实施地包括实施被诉侵权行为的计算机等信息设备所在地,侵权结果发生地包括被侵权人住所地。

第二十六条 因产品、服务质量不合格造成他人财产、人身损害提起的诉讼，产品制造地、产品销售地、服务提供地、侵权行为地和被告住所地人民法院都有管辖权。

第二十七条 当事人申请诉前保全后没有在法定期间起诉或者申请仲裁，给被申请人、利害关系人造成损失引起的诉讼，由采取保全措施的人民法院管辖。

当事人申请诉前保全后在法定期间内起诉或者申请仲裁，被申请人、利害关系人因保全受到损失提起的诉讼，由受理起诉的人民法院或者采取保全措施的人民法院管辖。

第二十八条 民事诉讼法第三十四条第一项规定的不动产纠纷是指因不动产的权利确认、分割、相邻关系等引起的物权纠纷。

农村土地承包经营合同纠纷、房屋租赁合同纠纷、建设工程施工合同纠纷、政策性房屋买卖合同纠纷，按照不动产纠纷确定管辖。

不动产已登记的，以不动产登记簿记载的所在地为不动产所在地；不动产未登记的，以不动产实际所在地为不动产所在地。

第二十九条 民事诉讼法第三十五条规定的书面协议，包括书面合同中的协议管辖条款或者诉讼前以书面形式达成的选择管辖的协议。

第三十条 根据管辖协议，起诉时能够确定管辖法院的，从其约定；不能确定的，依照民事诉讼法的相关规定确定管辖。

管辖协议约定两个以上与争议有实际联系的地点的人民法院管辖，原告可以向其中一个人民法院起诉。

第三十一条 经营者使用格式条款与消费者订立管辖协议，未采取合理方式提请消费者注意，消费者主张管辖协议无效的，人民法院应予支持。

第三十二条 管辖协议约定由一方当事人住所地人民法院管辖，协议签订后当事人住所地变更的，由签订管辖协议时的住所地人民法院管辖，但当事人另有约定的除外。

第三十三条 合同转让的，合同的管辖协议对合同受让人有效，但转让时受让人不知道有管辖协议，或者转让协议另有约定且原合同相对人同意的除外。

第三十四条 当事人因同居或者在解除婚姻、收养关系后发生财产争议，约定管辖的，可以适用民事诉讼法第三十五条规定确定管辖。

第三十五条　当事人在答辩期间届满后未应诉答辩，人民法院在一审开庭前，发现案件不属于本院管辖的，应当裁定移送有管辖权的人民法院。

第三十六条　两个以上人民法院都有管辖权的诉讼，先立案的人民法院不得将案件移送给另一个有管辖权的人民法院。人民法院在立案前发现其他有管辖权的人民法院已先立案的，不得重复立案；立案后发现其他有管辖权的人民法院已先立案的，裁定将案件移送给先立案的人民法院。

第三十七条　案件受理后，受诉人民法院的管辖权不受当事人住所地、经常居住地变更的影响。

第三十八条　有管辖权的人民法院受理案件后，不得以行政区域变更为由，将案件移送给变更后有管辖权的人民法院。判决后的上诉案件和依审判监督程序提审的案件，由原审人民法院的上级人民法院进行审判；上级人民法院指令再审、发回重审的案件，由原审人民法院再审或者重审。

第三十九条　人民法院对管辖异议审查后确定有管辖权的，不因当事人提起反诉、增加或者变更诉讼请求等改变管辖，但违反级别管辖、专属管辖规定的除外。

人民法院发回重审或者按第一审程序再审的案件，当事人提出管辖异议的，人民法院不予审查。

第四十条　依照民事诉讼法第三十八条第二款规定，发生管辖权争议的两个人民法院因协商不成报请它们的共同上级人民法院指定管辖时，双方为同属一个地、市辖区的基层人民法院的，由该地、市的中级人民法院及时指定管辖；同属一个省、自治区、直辖市的两个人民法院的，由该省、自治区、直辖市的高级人民法院及时指定管辖；双方为跨省、自治区、直辖市的人民法院，高级人民法院协商不成的，由最高人民法院及时指定管辖。

依照前款规定报请上级人民法院指定管辖时，应当逐级进行。

第四十一条　人民法院依照民事诉讼法第三十八条第二款规定指定管辖的，应当作出裁定。

对报请上级人民法院指定管辖的案件，下级人民法院应当中止审理。指定管辖裁定作出前，下级人民法院对案件作出判决、裁定的，上级人民法院应当在裁定指定管辖的同时，一并撤销下级人民法院的判决、裁定。

第四十二条　下列第一审民事案件，人民法院依照民事诉讼法第三十九条第一款规定，可以在开庭前交下级人民法院审理：

（一）破产程序中有关债务人的诉讼案件；

（二）当事人人数众多且不方便诉讼的案件；

（三）最高人民法院确定的其他类型案件。

人民法院交下级人民法院审理前，应当报请其上级人民法院批准。上级人民法院批准后，人民法院应当裁定将案件交下级人民法院审理。

二、回　避

第四十三条　审判人员有下列情形之一的，应当自行回避，当事人有权申请其回避：

（一）是本案当事人或者当事人近亲属的；

（二）本人或者其近亲属与本案有利害关系的；

（三）担任过本案的证人、鉴定人、辩护人、诉讼代理人、翻译人员的；

（四）是本案诉讼代理人近亲属的；

（五）本人或者其近亲属持有本案非上市公司当事人的股份或者股权的；

（六）与本案当事人或者诉讼代理人有其他利害关系，可能影响公正审理的。

第四十四条　审判人员有下列情形之一的，当事人有权申请其回避：

（一）接受本案当事人及其受托人宴请，或者参加由其支付费用的活动的；

（二）索取、接受本案当事人及其受托人财物或者其他利益的；

（三）违反规定会见本案当事人、诉讼代理人的；

（四）为本案当事人推荐、介绍诉讼代理人，或者为律师、其他人员介绍代理本案的；

（五）向本案当事人及其受托人借用款物的；

（六）有其他不正当行为，可能影响公正审理的。

第四十五条　在一个审判程序中参与过本案审判工作的审判人员，不得再参与该案其他程序的审判。

发回重审的案件，在一审法院作出裁判后又进入第二审程序的，原第二审程序中审判人员不受前款规定的限制。

第四十六条　审判人员有应当回避的情形，没有自行回避，当事人也没有申请其回避的,由院长或者审判委员会决定其回避。

第四十七条　人民法院应当依法告知当事人对合议庭组成人员、独任审判员和书记员等人员有申请回避的权利。

第四十八条　民事诉讼法第四十七条所称的审判人员,包括参与本案审理的人民法院院长、副院长、审判委员会委员、庭长、副庭长、审判员和人民陪审员。

第四十九条　书记员和执行员适用审判人员回避的有关规定。

三、诉讼参加人

第五十条　法人的法定代表人以依法登记的为准,但法律另有规定的除外。依法不需要办理登记的法人,以其正职负责人为法定代表人;没有正职负责人的,以其主持工作的副职负责人为法定代表人。

法定代表人已经变更,但未完成登记,变更后的法定代表人要求代表法人参加诉讼的,人民法院可以准许。

其他组织,以其主要负责人为代表人。

第五十一条　在诉讼中,法人的法定代表人变更的,由新的法定代表人继续进行诉讼,并应向人民法院提交新的法定代表人身份证明书。原法定代表人进行的诉讼行为有效。

前款规定,适用于其他组织参加的诉讼。

第五十二条　民事诉讼法第五十一条规定的其他组织是指合法成立、有一定的组织机构和财产,但又不具备法人资格的组织,包括:

(一)依法登记领取营业执照的个人独资企业;

(二)依法登记领取营业执照的合伙企业;

(三)依法登记领取我国营业执照的中外合作经营企业、外资企业;

(四)依法成立的社会团体的分支机构、代表机构;

(五)依法设立并领取营业执照的法人的分支机构;

(六)依法设立并领取营业执照的商业银行、政策性银行和非银行金融机构的分支机构;

(七)经依法登记领取营业执照的乡镇企业、街道企业;

(八)其他符合本条规定条件的组织。

第五十三条　法人非依法设立的分支机构,或者虽依法设立,但没有领取营业执照的分支机构,以设立该分支机构的法人为当事人。

第五十四条 以挂靠形式从事民事活动,当事人请求由挂靠人和被挂靠人依法承担民事责任的,该挂靠人和被挂靠人为共同诉讼人。

第五十五条 在诉讼中,一方当事人死亡,需要等待继承人表明是否参加诉讼的,裁定中止诉讼。人民法院应当及时通知继承人作为当事人承担诉讼,被继承人已经进行的诉讼行为对承担诉讼的继承人有效。

第五十六条 法人或者其他组织的工作人员执行工作任务造成他人损害的,该法人或者其他组织为当事人。

第五十七条 提供劳务一方因劳务造成他人损害,受害人提起诉讼的,以接受劳务一方为被告。

第五十八条 在劳务派遣期间,被派遣的工作人员因执行工作任务造成他人损害的,以接受劳务派遣的用工单位为当事人。当事人主张劳务派遣单位承担责任的,该劳务派遣单位为共同被告。

第五十九条 在诉讼中,个体工商户以营业执照上登记的经营者为当事人。有字号的,以营业执照上登记的字号为当事人,但应同时注明该字号经营者的基本信息。

营业执照上登记的经营者与实际经营者不一致的,以登记的经营者和实际经营者为共同诉讼人。

第六十条 在诉讼中,未依法登记领取营业执照的个人合伙的全体合伙人为共同诉讼人。个人合伙有依法核准登记的字号的,应在法律文书中注明登记的字号。全体合伙人可以推选代表人;被推选的代表人,应由全体合伙人出具推选书。

第六十一条 当事人之间的纠纷经人民调解委员会或者其他依法设立的调解组织调解达成协议后,一方当事人不履行调解协议,另一方当事人向人民法院提起诉讼的,应以对方当事人为被告。

第六十二条 下列情形,以行为人为当事人:

(一)法人或者其他组织应登记而未登记,行为人即以该法人或者其他组织名义进行民事活动的;

(二)行为人没有代理权、超越代理权或者代理权终止后以被代理人名义进行民事活动的,但相对人有理由相信行为人有代理权的除外;

(三)法人或者其他组织依法终止后,行为人仍以其名义进行民事活动的。

第六十三条　企业法人合并的，因合并前的民事活动发生的纠纷，以合并后的企业为当事人；企业法人分立的，因分立前的民事活动发生的纠纷，以分立后的企业为共同诉讼人。

第六十四条　企业法人解散的，依法清算并注销前，以该企业法人为当事人；未依法清算即被注销的，以该企业法人的股东、发起人或者出资人为当事人。

第六十五条　借用业务介绍信、合同专用章、盖章的空白合同书或者银行账户的，出借单位和借用人为共同诉讼人。

第六十六条　因保证合同纠纷提起的诉讼，债权人向保证人和被保证人一并主张权利的，人民法院应当将保证人和被保证人列为共同被告。保证合同约定为一般保证，债权人仅起诉保证人的，人民法院应当通知被保证人作为共同被告参加诉讼；债权人仅起诉被保证人的，可以只列被保证人为被告。

第六十七条　无民事行为能力人、限制民事行为能力人造成他人损害的，无民事行为能力人、限制民事行为能力人和其监护人为共同被告。

第六十八条　居民委员会、村民委员会或者村民小组与他人发生民事纠纷的，居民委员会、村民委员会或者有独立财产的村民小组为当事人。

第六十九条　对侵害死者遗体、遗骨以及姓名、肖像、名誉、荣誉、隐私等行为提起诉讼的，死者的近亲属为当事人。

第七十条　在继承遗产的诉讼中，部分继承人起诉的，人民法院应通知其他继承人作为共同原告参加诉讼；被通知的继承人不愿意参加诉讼又未明确表示放弃实体权利的，人民法院仍应将其列为共同原告。

第七十一条　原告起诉被代理人和代理人，要求承担连带责任的，被代理人和代理人为共同被告。

原告起诉代理人和相对人，要求承担连带责任的，代理人和相对人为共同被告。

第七十二条　共有财产权受到他人侵害，部分共有权人起诉的，其他共有权人为共同诉讼人。

第七十三条　必须共同进行诉讼的当事人没有参加诉讼的，人民法院应当依照民事诉讼法第一百三十五条的规定，通知其参加；当事人也可以向人民法院申请追加。人民法院对当事人提出的申请，应当进行审查，申请理由不成立的，裁定驳回；申请理由成立的，书面通知被追加的当事人参加诉讼。

第七十四条 人民法院追加共同诉讼的当事人时，应当通知其他当事人。应当追加的原告，已明确表示放弃实体权利的，可不予追加；既不愿意参加诉讼，又不放弃实体权利的，仍应追加为共同原告，其不参加诉讼，不影响人民法院对案件的审理和依法作出判决。

第七十五条 民事诉讼法第五十六条、第五十七条和第二百零六条规定的人数众多，一般指十人以上。

第七十六条 依照民事诉讼法第五十六条规定，当事人一方人数众多在起诉时确定的，可以由全体当事人推选共同的代表人，也可以由部分当事人推选自己的代表人；推选不出代表人的当事人，在必要的共同诉讼中可以自己参加诉讼，在普通的共同诉讼中可以另行起诉。

第七十七条 根据民事诉讼法第五十七条规定，当事人一方人数众多在起诉时不确定的，由当事人推选代表人。当事人推选不出的，可以由人民法院提出人选与当事人协商；协商不成的，也可以由人民法院在起诉的当事人中指定代表人。

第七十八条 民事诉讼法第五十六条和第五十七条规定的代表人为二至五人，每位代表人可以委托一至二人作为诉讼代理人。

第七十九条 依照民事诉讼法第五十七条规定受理的案件，人民法院可以发出公告，通知权利人向人民法院登记。公告期间根据案件的具体情况确定，但不得少于三十日。

第八十条 根据民事诉讼法第五十七条规定向人民法院登记的权利人，应当证明其与对方当事人的法律关系和所受到的损害。证明不了的，不予登记，权利人可以另行起诉。人民法院的裁判在登记的范围内执行。未参加登记的权利人提起诉讼，人民法院认定其请求成立的，裁定适用人民法院已作出的判决、裁定。

第八十一条 根据民事诉讼法第五十九条的规定，有独立请求权的第三人有权向人民法院提出诉讼请求和事实、理由，成为当事人；无独立请求权的第三人，可以申请或者由人民法院通知参加诉讼。

第一审程序中未参加诉讼的第三人，申请参加第二审程序的，人民法院可以准许。

第八十二条 在一审诉讼中，无独立请求权的第三人无权提出管辖异议,无权放弃、变更诉讼请求或者申请撤诉,被判决承担民事责任的,有权提起上诉。

第八十三条　在诉讼中,无民事行为能力人、限制民事行为能力人的监护人是他的法定代理人。事先没有确定监护人的,可以由有监护资格的人协商确定;协商不成的,由人民法院在他们之中指定诉讼中的法定代理人。当事人没有民法典第二十七条、第二十八条规定的监护人的,可以指定民法典第三十二条规定的有关组织担任诉讼中的法定代理人。

第八十四条　无民事行为能力人、限制民事行为能力人以及其他依法不能作为诉讼代理人的,当事人不得委托其作为诉讼代理人。

第八十五条　根据民事诉讼法第六十一条第二款第二项规定,与当事人有夫妻、直系血亲、三代以内旁系血亲、近姻亲关系以及其他有抚养、赡养关系的亲属,可以当事人近亲属的名义作为诉讼代理人。

第八十六条　根据民事诉讼法第六十一条第二款第二项规定,与当事人有合法劳动人事关系的职工,可以当事人工作人员的名义作为诉讼代理人。

第八十七条　根据民事诉讼法第六十一条第二款第三项规定,有关社会团体推荐公民担任诉讼代理人的,应当符合下列条件:

(一)社会团体属于依法登记设立或者依法免予登记设立的非营利性法人组织;

(二)被代理人属于该社会团体的成员,或者当事人一方住所地位于该社会团体的活动地域;

(三)代理事务属于该社会团体章程载明的业务范围;

(四)被推荐的公民是该社会团体的负责人或者与该社会团体有合法劳动人事关系的工作人员。

专利代理人经中华全国专利代理人协会推荐,可以在专利纠纷案件中担任诉讼代理人。

第八十八条　诉讼代理人除根据民事诉讼法第六十二条规定提交授权委托书外,还应当按照下列规定向人民法院提交相关材料:

(一)律师应当提交律师执业证、律师事务所证明材料;

(二)基层法律服务工作者应当提交法律服务工作者执业证、基层法律服务所出具的介绍信以及当事人一方位于本辖区内的证明材料;

(三)当事人的近亲属应当提交身份证件和与委托人有近亲属关系的证

明材料;

(四)当事人的工作人员应当提交身份证件和与当事人有合法劳动人事关系的证明材料;

(五)当事人所在社区、单位推荐的公民应当提交身份证件、推荐材料和当事人属于该社区、单位的证明材料;

(六)有关社会团体推荐的公民应当提交身份证件和符合本解释第八十七条规定条件的证明材料。

第八十九条 当事人向人民法院提交的授权委托书,应当在开庭审理前送交人民法院。授权委托书仅写"全权代理"而无具体授权的,诉讼代理人无权代为承认、放弃、变更诉讼请求,进行和解,提出反诉或者提起上诉。

适用简易程序审理的案件,双方当事人同时到庭并径行开庭审理的,可以当场口头委托诉讼代理人,由人民法院记入笔录。

四、证　　据

第九十条 当事人对自己提出的诉讼请求所依据的事实或者反驳对方诉讼请求所依据的事实,应当提供证据加以证明,但法律另有规定的除外。

在作出判决前,当事人未能提供证据或者证据不足以证明其事实主张的,由负有举证证明责任的当事人承担不利的后果。

第九十一条 人民法院应当依照下列原则确定举证证明责任的承担,但法律另有规定的除外:

(一)主张法律关系存在的当事人,应当对产生该法律关系的基本事实承担举证证明责任;

(二)主张法律关系变更、消灭或者权利受到妨害的当事人,应当对该法律关系变更、消灭或者权利受到妨害的基本事实承担举证证明责任。

第九十二条 一方当事人在法庭审理中,或者在起诉状、答辩状、代理词等书面材料中,对于己不利的事实明确表示承认的,另一方当事人无需举证证明。

对于涉及身份关系、国家利益、社会公共利益等应当由人民法院依职权调查的事实,不适用前款自认的规定。

自认的事实与查明的事实不符的,人民法院不予确认。

第九十三条 下列事实,当事人无须举证证明:

（一）自然规律以及定理、定律；

（二）众所周知的事实；

（三）根据法律规定推定的事实；

（四）根据已知的事实和日常生活经验法则推定出的另一事实；

（五）已为人民法院发生法律效力的裁判所确认的事实；

（六）已为仲裁机构生效裁决所确认的事实；

（七）已为有效公证文书所证明的事实。

前款第二项至第四项规定的事实，当事人有相反证据足以反驳的除外；第五项至第七项规定的事实，当事人有相反证据足以推翻的除外。

第九十四条　民事诉讼法第六十七条第二款规定的当事人及其诉讼代理人因客观原因不能自行收集的证据包括：

（一）证据由国家有关部门保存，当事人及其诉讼代理人无权查阅调取的；

（二）涉及国家秘密、商业秘密或者个人隐私的；

（三）当事人及其诉讼代理人因客观原因不能自行收集的其他证据。

当事人及其诉讼代理人因客观原因不能自行收集的证据，可以在举证期限届满前书面申请人民法院调查收集。

第九十五条　当事人申请调查收集的证据，与待证事实无关联、对证明待证事实无意义或者其他无调查收集必要的，人民法院不予准许。

第九十六条　民事诉讼法第六十七条第二款规定的人民法院认为审理案件需要的证据包括：

（一）涉及可能损害国家利益、社会公共利益的；

（二）涉及身份关系的；

（三）涉及民事诉讼法第五十八条规定诉讼的；

（四）当事人有恶意串通损害他人合法权益可能的；

（五）涉及依职权追加当事人、中止诉讼、终结诉讼、回避等程序性事项的。

除前款规定外，人民法院调查收集证据，应当依照当事人的申请进行。

第九十七条　人民法院调查收集证据，应当由两人以上共同进行。调查材料要由调查人、被调查人、记录人签名、捺印或者盖章。

第九十八条　当事人根据民事诉讼法第八十四条第一款规定申请证据

保全的,可以在举证期限届满前书面提出。

证据保全可能对他人造成损失的,人民法院应当责令申请人提供相应的担保。

第九十九条 人民法院应当在审理前的准备阶段确定当事人的举证期限。举证期限可以由当事人协商,并经人民法院准许。

人民法院确定举证期限,第一审普通程序案件不得少于十五日,当事人提供新的证据的第二审案件不得少于十日。

举证期限届满后,当事人对已经提供的证据,申请提供反驳证据或者对证据来源、形式等方面的瑕疵进行补正的,人民法院可以酌情再次确定举证期限,该期限不受前款规定的限制。

第一百条 当事人申请延长举证期限的,应当在举证期限届满前向人民法院提出书面申请。

申请理由成立的,人民法院应当准许,适当延长举证期限,并通知其他当事人。延长的举证期限适用于其他当事人。

申请理由不成立的,人民法院不予准许,并通知申请人。

第一百零一条 当事人逾期提供证据的,人民法院应当责令其说明理由,必要时可以要求其提供相应的证据。

当事人因客观原因逾期提供证据,或者对方当事人对逾期提供证据未提出异议的,视为未逾期。

第一百零二条 当事人因故意或者重大过失逾期提供的证据,人民法院不予采纳。但该证据与案件基本事实有关的,人民法院应当采纳,并依照民事诉讼法第六十八条、第一百一十八条第一款的规定予以训诫、罚款。

当事人非因故意或者重大过失逾期提供的证据,人民法院应当采纳,并对当事人予以训诫。

当事人一方要求另一方赔偿因逾期提供证据致使其增加的交通、住宿、就餐、误工、证人出庭作证等必要费用的,人民法院可予支持。

第一百零三条 证据应当在法庭上出示,由当事人互相质证。未经当事人质证的证据,不得作为认定案件事实的根据。

当事人在审理前的准备阶段认可的证据,经审判人员在庭审中说明后,视为质证过的证据。

涉及国家秘密、商业秘密、个人隐私或者法律规定应当保密的证据,不得公开质证。

第一百零四条　人民法院应当组织当事人围绕证据的真实性、合法性以及与待证事实的关联性进行质证,并针对证据有无证明力和证明力大小进行说明和辩论。

能够反映案件真实情况、与待证事实相关联、来源和形式符合法律规定的证据,应当作为认定案件事实的根据。

第一百零五条　人民法院应当按照法定程序,全面、客观地审核证据,依照法律规定,运用逻辑推理和日常生活经验法则,对证据有无证明力和证明力大小进行判断,并公开判断的理由和结果。

第一百零六条　对以严重侵害他人合法权益、违反法律禁止性规定或者严重违背公序良俗的方法形成或者获取的证据,不得作为认定案件事实的根据。

第一百零七条　在诉讼中,当事人为达成调解协议或者和解协议作出妥协而认可的事实,不得在后续的诉讼中作为对其不利的根据,但法律另有规定或者当事人均同意的除外。

第一百零八条　对负有举证证明责任的当事人提供的证据,人民法院经审查并结合相关事实,确信待证事实的存在具有高度可能性的,应当认定该事实存在。

对一方当事人为反驳负有举证证明责任的当事人所主张事实而提供的证据,人民法院经审查并结合相关事实,认为待证事实真伪不明的,应当认定该事实不存在。

法律对于待证事实所应达到的证明标准另有规定的,从其规定。

第一百零九条　当事人对欺诈、胁迫、恶意串通事实的证明,以及对口头遗嘱或者赠与事实的证明,人民法院确信该待证事实存在的可能性能够排除合理怀疑的,应当认定该事实存在。

第一百一十条　人民法院认为有必要的,可以要求当事人本人到庭,就案件有关事实接受询问。在询问当事人之前,可以要求其签署保证书。

保证书应当载明据实陈述、如有虚假陈述愿意接受处罚等内容。当事人应当在保证书上签名或者捺印。

负有举证证明责任的当事人拒绝到庭、拒绝接受询问或者拒绝签署保证书,待证事实又欠缺其他证据证明的,人民法院对其主张的事实不予认定。

第一百一十一条　民事诉讼法第七十三条规定的提交书证原件确有困难,包括下列情形:

(一)书证原件遗失、灭失或者毁损的;

(二)原件在对方当事人控制之下,经合法通知提交而拒不提交的;

(三)原件在他人控制之下,而其有权不提交的;

(四)原件因篇幅或者体积过大而不便提交的;

(五)承担举证证明责任的当事人通过申请人民法院调查收集或者其他方式无法获得书证原件的。

前款规定情形,人民法院应当结合其他证据和案件具体情况,审查判断书证复制品等能否作为认定案件事实的根据。

第一百一十二条　书证在对方当事人控制之下的,承担举证证明责任的当事人可以在举证期限届满前书面申请人民法院责令对方当事人提交。

申请理由成立的,人民法院应当责令对方当事人提交,因提交书证所产生的费用,由申请人负担。对方当事人无正当理由拒不提交的,人民法院可以认定申请人所主张的书证内容为真实。

第一百一十三条　持有书证的当事人以妨碍对方当事人使用为目的,毁灭有关书证或者实施其他致使书证不能使用行为的,人民法院可以依照民事诉讼法第一百一十四条规定,对其处以罚款、拘留。

第一百一十四条　国家机关或者其他依法具有社会管理职能的组织,在其职权范围内制作的文书所记载的事项推定为真实,但有相反证据足以推翻的除外。必要时,人民法院可以要求制作文书的机关或者组织对文书的真实性予以说明。

第一百一十五条　单位向人民法院提出的证明材料,应当由单位负责人及制作证明材料的人员签名或者盖章,并加盖单位印章。人民法院就单位出具的证明材料,可以向单位及制作证明材料的人员进行调查核实。必要时,可以要求制作证明材料的人员出庭作证。

单位及制作证明材料的人员拒绝人民法院调查核实,或者制作证明材料的人员无正当理由拒绝出庭作证的,该证明材料不得作为认定案件事实的根据。

第一百一十六条　视听资料包括录音资料和影像资料。

电子数据是指通过电子邮件、电子数据交换、网上聊天记录、博客、微博客、手机短信、电子签名、域名等形成或者存储在电子介质中的信息。

存储在电子介质中的录音资料和影像资料，适用电子数据的规定。

第一百一十七条　当事人申请证人出庭作证的，应当在举证期限届满前提出。

符合本解释第九十六条第一款规定情形的，人民法院可以依职权通知证人出庭作证。

未经人民法院通知，证人不得出庭作证，但双方当事人同意并经人民法院准许的除外。

第一百一十八条　民事诉讼法第七十七条规定的证人因履行出庭作证义务而支出的交通、住宿、就餐等必要费用，按照机关事业单位工作人员差旅费用和补贴标准计算；误工损失按照国家上年度职工日平均工资标准计算。

人民法院准许证人出庭作证申请的，应当通知申请人预缴证人出庭作证费用。

第一百一十九条　人民法院在证人出庭作证前应当告知其如实作证的义务以及作伪证的法律后果，并责令其签署保证书，但无民事行为能力人和限制民事行为能力人除外。

证人签署保证书适用本解释关于当事人签署保证书的规定。

第一百二十条　证人拒绝签署保证书的，不得作证，并自行承担相关费用。

第一百二十一条　当事人申请鉴定，可以在举证期限届满前提出。申请鉴定的事项与待证事实无关联，或者对证明待证事实无意义的，人民法院不予准许。

人民法院准许当事人鉴定申请的，应当组织双方当事人协商确定具备相应资格的鉴定人。当事人协商不成的，由人民法院指定。

符合依职权调查收集证据条件的，人民法院应当依职权委托鉴定，在询问当事人的意见后，指定具备相应资格的鉴定人。

第一百二十二条　当事人可以依照民事诉讼法第八十二条的规定，在举证期限届满前申请一至二名具有专门知识的人出庭，代表当事人对鉴定意见进行质证，或者对案件事实所涉及的专业问题提出意见。

具有专门知识的人在法庭上就专业问题提出的意见，视为当事人的陈述。

人民法院准许当事人申请的，相关费用由提出申请的当事人负担。

第一百二十三条 人民法院可以对出庭的具有专门知识的人进行询问。经法庭准许，当事人可以对出庭的具有专门知识的人进行询问，当事人各自申请的具有专门知识的人可以就案件中的有关问题进行对质。

具有专门知识的人不得参与专业问题之外的法庭审理活动。

第一百二十四条 人民法院认为有必要的，可以根据当事人的申请或者依职权对物证或者现场进行勘验。勘验时应当保护他人的隐私和尊严。

人民法院可以要求鉴定人参与勘验。必要时，可以要求鉴定人在勘验中进行鉴定。

五、期间和送达

第一百二十五条 依照民事诉讼法第八十五条第二款规定，民事诉讼中以时起算的期间从次时起算；以日、月、年计算的期间从次日起算。

第一百二十六条 民事诉讼法第一百二十六条规定的立案期限，因起诉状内容欠缺通知原告补正的，从补正后交人民法院的次日起算。由上级人民法院转交下级人民法院立案的案件，从受诉人民法院收到起诉状的次日起算。

第一百二十七条 民事诉讼法第五十九条第三款、第二百一十二条以及本解释第三百七十二条、第三百八十二条、第三百九十九条、第四百二十条、第四百二十一条规定的六个月，民事诉讼法第二百三十条规定的一年，为不变期间，不适用诉讼时效中止、中断、延长的规定。

第一百二十八条 再审案件按照第一审程序或者第二审程序审理的，适用民事诉讼法第一百五十二条、第一百八十三条规定的审限。审限自再审立案的次日起算。

第一百二十九条 对申请再审案件，人民法院应当自受理之日起三个月内审查完毕，但公告期间、当事人和解期间等不计入审查期限。有特殊情况需要延长的，由本院院长批准。

第一百三十条 向法人或者其他组织送达诉讼文书，应当由法人的法定代表人、该组织的主要负责人或者办公室、收发室、值班室等负责收件的人签收或者盖章，拒绝签收或者盖章的，适用留置送达。

民事诉讼法第八十九条规定的有关基层组织和所在单位的代表，可以是受送达人住所地的居民委员会、村民委员会的工作人员以及受送达人所在单位的工作人员。

第一百三十一条 人民法院直接送达诉讼文书的,可以通知当事人到人民法院领取。当事人到达人民法院,拒绝签署送达回证的,视为送达。审判人员、书记员应当在送达回证上注明送达情况并签名。

人民法院可以在当事人住所地以外向当事人直接送达诉讼文书。当事人拒绝签署送达回证的,采用拍照、录像等方式记录送达过程即视为送达。审判人员、书记员应当在送达回证上注明送达情况并签名。

第一百三十二条 受送达人有诉讼代理人的,人民法院既可以向受送达人送达,也可以向其诉讼代理人送达。受送达人指定诉讼代理人为代收人的,向诉讼代理人送达时,适用留置送达。

第一百三十三条 调解书应当直接送达当事人本人,不适用留置送达。当事人本人因故不能签收的,可由其指定的代收人签收。

第一百三十四条 依照民事诉讼法第九十一条规定,委托其他人民法院代为送达的,委托法院应当出具委托函,并附需要送达的诉讼文书和送达回证,以受送达人在送达回证上签收的日期为送达日期。

委托送达的,受委托人民法院应当自收到委托函及相关诉讼文书之日起十日内代为送达。

第一百三十五条 电子送达可以采用传真、电子邮件、移动通信等即时收悉的特定系统作为送达媒介。

民事诉讼法第九十条第二款规定的到达受送达人特定系统的日期,为人民法院对应系统显示发送成功的日期,但受送达人证明到达其特定系统的日期与人民法院对应系统显示发送成功的日期不一致的,以受送达人证明到达其特定系统的日期为准。

第一百三十六条 受送达人同意采用电子方式送达的,应当在送达地址确认书中予以确认。

第一百三十七条 当事人在提起上诉、申请再审、申请执行时未书面变更送达地址的,其在第一审程序中确认的送达地址可以作为第二审程序、审判监督程序、执行程序的送达地址。

第一百三十八条 公告送达可以在法院的公告栏和受送达人住所地张贴公告,也可以在报纸、信息网络等媒体上刊登公告,发出公告日期以最后张贴或者刊登的日期为准。对公告送达方式有特殊要求的,应当按要求的方式进行。公告期满,即视为送达。

人民法院在受送达人住所地张贴公告的,应当采取拍照、录像等方式记录张贴过程。

第一百三十九条 公告送达应当说明公告送达的原因;公告送达起诉状或者上诉状副本的,应当说明起诉或者上诉要点,受送达人答辩期限及逾期不答辩的法律后果;公告送达传票,应当说明出庭的时间和地点及逾期不出庭的法律后果;公告送达判决书、裁定书的,应当说明裁判主要内容,当事人有权上诉的,还应当说明上诉权利、上诉期限和上诉的人民法院。

第一百四十条 适用简易程序的案件,不适用公告送达。

第一百四十一条 人民法院在定期宣判时,当事人拒不签收判决书、裁定书的,应视为送达,并在宣判笔录中记明。

六、调　　解

第一百四十二条 人民法院受理案件后,经审查,认为法律关系明确、事实清楚,在征得当事人双方同意后,可以径行调解。

第一百四十三条 适用特别程序、督促程序、公示催告程序的案件,婚姻等身份关系确认案件以及其他根据案件性质不能进行调解的案件,不得调解。

第一百四十四条 人民法院审理民事案件,发现当事人之间恶意串通,企图通过和解、调解方式侵害他人合法权益的,应当依照民事诉讼法第一百一十五条的规定处理。

第一百四十五条 人民法院审理民事案件,应当根据自愿、合法的原则进行调解。当事人一方或者双方坚持不愿调解的,应当及时裁判。

人民法院审理离婚案件,应当进行调解,但不应久调不决。

第一百四十六条 人民法院审理民事案件,调解过程不公开,但当事人同意公开的除外。

调解协议内容不公开,但为保护国家利益、社会公共利益、他人合法权益,人民法院认为确有必要公开的除外。

主持调解以及参与调解的人员,对调解过程以及调解过程中获悉的国家秘密、商业秘密、个人隐私和其他不宜公开的信息,应当保守秘密,但为保护国家利益、社会公共利益、他人合法权益的除外。

第一百四十七条　人民法院调解案件时，当事人不能出庭的，经其特别授权，可由其委托代理人参加调解，达成的调解协议，可由委托代理人签名。

离婚案件当事人确因特殊情况无法出庭参加调解的，除本人不能表达意志的以外，应当出具书面意见。

第一百四十八条　当事人自行和解或者调解达成协议后，请求人民法院按照和解协议或者调解协议的内容制作判决书的，人民法院不予准许。

无民事行为能力人的离婚案件，由其法定代理人进行诉讼。法定代理人与对方达成协议要求发给判决书的，可根据协议内容制作判决书。

第一百四十九条　调解书需经当事人签收后才发生法律效力的，应当以最后收到调解书的当事人签收的日期为调解书生效日期。

第一百五十条　人民法院调解民事案件，需由无独立请求权的第三人承担责任的，应当经其同意。该第三人在调解书送达前反悔的，人民法院应当及时裁判。

第一百五十一条　根据民事诉讼法第一百零一条第一款第四项规定，当事人各方同意在调解协议上签名或者盖章后即发生法律效力的，经人民法院审查确认后，应当记入笔录或者将调解协议附卷，并由当事人、审判人员、书记员签名或者盖章后即具有法律效力。

前款规定情形，当事人请求制作调解书的，人民法院审查确认后可以制作调解书送交当事人。当事人拒收调解书的，不影响调解协议的效力。

七、保全和先予执行

第一百五十二条　人民法院依照民事诉讼法第一百零三条、第一百零四条规定，在采取诉前保全、诉讼保全措施时，责令利害关系人或者当事人提供担保的，应当书面通知。

利害关系人申请诉前保全的，应当提供担保。申请诉前财产保全的，应当提供相当于请求保全数额的担保；情况特殊的，人民法院可以酌情处理。申请诉前行为保全的，担保的数额由人民法院根据案件的具体情况决定。

在诉讼中，人民法院依申请或者依职权采取保全措施的，应当根据案件的具体情况，决定当事人是否应当提供担保以及担保的数额。

第一百五十三条　人民法院对季节性商品、鲜活、易腐烂变质以及其他不宜长期保存的物品采取保全措施时，可以责令当事人及时处理，由人民法院保存价款；必要时，人民法院可予以变卖，保存价款。

第一百五十四条 人民法院在财产保全中采取查封、扣押、冻结财产措施时，应当妥善保管被查封、扣押、冻结的财产。不宜由人民法院保管的，人民法院可以指定被保全人负责保管；不宜由被保全人保管的，可以委托他人或者申请保全人保管。

查封、扣押、冻结担保物权人占有的担保财产，一般由担保物权人保管；由人民法院保管的，质权、留置权不因采取保全措施而消灭。

第一百五十五条 由人民法院指定被保全人保管的财产，如果继续使用对该财产的价值无重大影响，可以允许被保全人继续使用；由人民法院保管或者委托他人、申请保全人保管的财产，人民法院和其他保管人不得使用。

第一百五十六条 人民法院采取财产保全的方法和措施，依照执行程序相关规定办理。

第一百五十七条 人民法院对抵押物、质押物、留置物可以采取财产保全措施，但不影响抵押权人、质权人、留置权人的优先受偿权。

第一百五十八条 人民法院对债务人到期应得的收益，可以采取财产保全措施，限制其支取，通知有关单位协助执行。

第一百五十九条 债务人的财产不能满足保全请求，但对他人有到期债权的，人民法院可以依债权人的申请裁定该他人不得对本案债务人清偿。该他人要求偿付的，由人民法院提存财物或者价款。

第一百六十条 当事人向采取诉前保全措施以外的其他有管辖权的人民法院起诉的，采取诉前保全措施的人民法院应当将保全手续移送受理案件的人民法院。诉前保全的裁定视为受移送人民法院作出的裁定。

第一百六十一条 对当事人不服一审判决提起上诉的案件，在第二审人民法院接到报送的案件之前，当事人有转移、隐匿、出卖或者毁损财产等行为，必须采取保全措施的，由第一审人民法院依当事人申请或者依职权采取。第一审人民法院的保全裁定，应当及时报送第二审人民法院。

第一百六十二条 第二审人民法院裁定对第一审人民法院采取的保全措施予以续保或者采取新的保全措施的，可以自行实施，也可以委托第一审人民法院实施。

再审人民法院裁定对原保全措施予以续保或者采取新的保全措施的，可以自行实施,也可以委托原审人民法院或者执行法院实施。

第一百六十三条 法律文书生效后,进入执行程序前,债权人因对方当事人转移财产等紧急情况,不申请保全将可能导致生效法律文书不能执行或者难以执行的,可以向执行法院申请采取保全措施。债权人在法律文书指定的履行期间届满后五日内不申请执行的,人民法院应当解除保全。

第一百六十四条 对申请保全人或者他人提供的担保财产,人民法院应当依法办理查封、扣押、冻结等手续。

第一百六十五条 人民法院裁定采取保全措施后,除作出保全裁定的人民法院自行解除或者其上级人民法院决定解除外,在保全期限内,任何单位不得解除保全措施。

第一百六十六条 裁定采取保全措施后,有下列情形之一的,人民法院应当作出解除保全裁定:

(一)保全错误的;

(二)申请人撤回保全申请的;

(三)申请人的起诉或者诉讼请求被生效裁判驳回的;

(四)人民法院认为应当解除保全的其他情形。

解除以登记方式实施的保全措施的,应当向登记机关发出协助执行通知书。

第一百六十七条 财产保全的被保全人提供其他等值担保财产且有利于执行的,人民法院可以裁定变更保全标的物为被保全人提供的担保财产。

第一百六十八条 保全裁定未经人民法院依法撤销或者解除,进入执行程序后,自动转为执行中的查封、扣押、冻结措施,期限连续计算,执行法院无需重新制作裁定书,但查封、扣押、冻结期限届满的除外。

第一百六十九条 民事诉讼法规定的先予执行,人民法院应当在受理案件后终审判决作出前采取。先予执行应当限于当事人诉讼请求的范围,并以当事人的生活、生产经营的急需为限。

第一百七十条 民事诉讼法第一百零九条第三项规定的情况紧急,包括:

(一)需要立即停止侵害、排除妨碍的;

(二)需要立即制止某项行为的;

(三)追索恢复生产、经营急需的保险理赔费的;

（四）需要立即返还社会保险金、社会救助资金的；

（五）不立即返还款项，将严重影响权利人生活和生产经营的。

第一百七十一条 当事人对保全或者先予执行裁定不服的，可以自收到裁定书之日起五日内向作出裁定的人民法院申请复议。人民法院应当在收到复议申请后十日内审查。裁定正确的，驳回当事人的申请；裁定不当的，变更或者撤销原裁定。

第一百七十二条 利害关系人对保全或者先予执行的裁定不服申请复议的，由作出裁定的人民法院依照民事诉讼法第一百一十一条规定处理。

第一百七十三条 人民法院先予执行后，根据发生法律效力的判决，申请人应当返还因先予执行所取得的利益的，适用民事诉讼法第二百四十条的规定。

八、对妨害民事诉讼的强制措施

第一百七十四条 民事诉讼法第一百一十二条规定的必须到庭的被告，是指负有赡养、抚育、扶养义务和不到庭就无法查清案情的被告。

人民法院对必须到庭才能查清案件基本事实的原告，经两次传票传唤，无正当理由拒不到庭的，可以拘传。

第一百七十五条 拘传必须用拘传票，并直接送达被拘传人；在拘传前，应当向被拘传人说明拒不到庭的后果，经批评教育仍拒不到庭的，可以拘传其到庭。

第一百七十六条 诉讼参与人或者其他人有下列行为之一的，人民法院可以适用民事诉讼法第一百一十三条规定处理：

（一）未经准许进行录音、录像、摄影的；

（二）未经准许以移动通信等方式现场传播审判活动的；

（三）其他扰乱法庭秩序，妨害审判活动进行的。

有前款规定情形的，人民法院可以暂扣诉讼参与人或者其他人进行录音、录像、摄影、传播审判活动的器材，并责令其删除有关内容；拒不删除的，人民法院可以采取必要手段强制删除。

第一百七十七条 训诫、责令退出法庭由合议庭或者独任审判员决定。训诫的内容、被责令退出法庭者的违法事实应当记入庭审笔录。

第一百七十八条 人民法院依照民事诉讼法第一百一十三条至第一百

一十七条的规定采取拘留措施的，应经院长批准，作出拘留决定书，由司法警察将被拘留人送交当地公安机关看管。

第一百七十九条　被拘留人不在本辖区的，作出拘留决定的人民法院应当派员到被拘留人所在地的人民法院，请该院协助执行，受委托的人民法院应当及时派员协助执行。被拘留人申请复议或者在拘留期间承认并改正错误，需要提前解除拘留的，受委托人民法院应当向委托人民法院转达或者提出建议，由委托人民法院审查决定。

第一百八十条　人民法院对被拘留人采取拘留措施后，应当在二十四小时内通知其家属；确实无法按时通知或者通知不到的，应当记录在案。

第一百八十一条　因哄闹、冲击法庭，用暴力、威胁等方法抗拒执行公务等紧急情况，必须立即采取拘留措施的，可在拘留后，立即报告院长补办批准手续。院长认为拘留不当的，应当解除拘留。

第一百八十二条　被拘留人在拘留期间认错悔改的，可以责令其具结悔过，提前解除拘留。提前解除拘留，应报经院长批准，并作出提前解除拘留决定书，交负责看管的公安机关执行。

第一百八十三条　民事诉讼法第一百一十三条至第一百一十六条规定的罚款、拘留可以单独适用，也可以合并适用。

第一百八十四条　对同一妨害民事诉讼行为的罚款、拘留不得连续适用。发生新的妨害民事诉讼行为的，人民法院可以重新予以罚款、拘留。

第一百八十五条　被罚款、拘留的人不服罚款、拘留决定申请复议的，应当自收到决定书之日起三日内提出。上级人民法院应当在收到复议申请后五日内作出决定，并将复议结果通知下级人民法院和当事人。

第一百八十六条　上级人民法院复议时认为强制措施不当的，应当制作决定书，撤销或者变更下级人民法院作出的拘留、罚款决定。情况紧急的，可以在口头通知后三日内发出决定书。

第一百八十七条　民事诉讼法第一百一十四条第一款第五项规定的以暴力、威胁或者其他方法阻碍司法工作人员执行职务的行为，包括：

（一）在人民法院哄闹、滞留，不听从司法工作人员劝阻的；

（二）故意毁损、抢夺人民法院法律文书、查封标志的；

（三）哄闹、冲击执行公务现场，围困、扣押执行或者协助执行公务人员的；

（四）毁损、抢夺、扣留案件材料、执行公务车辆、其他执行公务器械、执行公务人员服装和执行公务证件的；

（五）以暴力、威胁或者其他方法阻碍司法工作人员查询、查封、扣押、冻结、划拨、拍卖、变卖财产的；

（六）以暴力、威胁或者其他方法阻碍司法工作人员执行职务的其他行为。

第一百八十八条 民事诉讼法第一百一十四条第一款第六项规定的拒不履行人民法院已经发生法律效力的判决、裁定的行为，包括：

（一）在法律文书发生法律效力后隐藏、转移、变卖、毁损财产或者无偿转让财产、以明显不合理的价格交易财产、放弃到期债权、无偿为他人提供担保等，致使人民法院无法执行的；

（二）隐藏、转移、毁损或者未经人民法院允许处分已向人民法院提供担保的财产的；

（三）违反人民法院限制高消费令进行消费的；

（四）有履行能力而拒不按照人民法院执行通知履行生效法律文书确定的义务的；

（五）有义务协助执行的个人接到人民法院协助执行通知书后，拒不协助执行的。

第一百八十九条 诉讼参与人或者其他人有下列行为之一的，人民法院可以适用民事诉讼法第一百一十四条的规定处理：

（一）冒充他人提起诉讼或者参加诉讼的；

（二）证人签署保证书后作虚假证言，妨碍人民法院审理案件的；

（三）伪造、隐藏、毁灭或者拒绝交出有关被执行人履行能力的重要证据，妨碍人民法院查明被执行人财产状况的；

（四）擅自解冻已被人民法院冻结的财产的；

（五）接到人民法院协助执行通知书后，给当事人通风报信，协助其转移、隐匿财产的。

第一百九十条 民事诉讼法第一百一十五条规定的他人合法权益，包括案外人的合法权益、国家利益、社会公共利益。

第三人根据民事诉讼法第五十九条第三款规定提起撤销之诉，经审查，原案当事人之间恶意串通进行虚假诉讼的，适用民事诉讼法第一百一十五条规定处理。

第一百九十一条　单位有民事诉讼法第一百一十五条或者第一百一十六条规定行为的，人民法院应当对该单位进行罚款，并可以对其主要负责人或者直接责任人员予以罚款、拘留；构成犯罪的，依法追究刑事责任。

第一百九十二条　有关单位接到人民法院协助执行通知书后，有下列行为之一的，人民法院可以适用民事诉讼法第一百一十七条规定处理：

（一）允许被执行人高消费的；

（二）允许被执行人出境的；

（三）拒不停止办理有关财产权证照转移手续、权属变更登记、规划审批等手续的；

（四）以需要内部请示、内部审批，有内部规定等为由拖延办理的。

第一百九十三条　人民法院对个人或者单位采取罚款措施时，应当根据其实施妨害民事诉讼行为的性质、情节、后果，当地的经济发展水平，以及诉讼标的额等因素，在民事诉讼法第一百一十八条第一款规定的限额内确定相应的罚款金额。

九、诉讼费用

第一百九十四条　依照民事诉讼法第五十七条审理的案件不预交案件受理费，结案后按照诉讼标的额由败诉方交纳。

第一百九十五条　支付令失效后转入诉讼程序的，债权人应当按照《诉讼费用交纳办法》补交案件受理费。

支付令被撤销后，债权人另行起诉的，按照《诉讼费用交纳办法》交纳诉讼费用。

第一百九十六条　人民法院改变原判决、裁定、调解结果的，应当在裁判文书中对原审诉讼费用的负担一并作出处理。

第一百九十七条　诉讼标的物是证券的，按照证券交易规则并根据当事人起诉之日前最后一个交易日的收盘价、当日的市场价或者其载明的金额计算诉讼标的金额。

第一百九十八条　诉讼标的物是房屋、土地、林木、车辆、船舶、文物等特定物或者知识产权，起诉时价值难以确定的，人民法院应当向原告释明主张过高或者过低的诉讼风险，以原告主张的价值确定诉讼标的金额。

第一百九十九条 适用简易程序审理的案件转为普通程序的，原告自接到人民法院交纳诉讼费用通知之日起七日内补交案件受理费。

原告无正当理由未按期足额补交的，按撤诉处理，已经收取的诉讼费用退还一半。

第二百条 破产程序中有关债务人的民事诉讼案件，按照财产案件标准交纳诉讼费，但劳动争议案件除外。

第二百零一条 既有财产性诉讼请求，又有非财产性诉讼请求的，按照财产性诉讼请求的标准交纳诉讼费。

有多个财产性诉讼请求的，合并计算交纳诉讼费；诉讼请求中有多个非财产性诉讼请求的，按一件交纳诉讼费。

第二百零二条 原告、被告、第三人分别上诉的，按照上诉请求分别预交二审案件受理费。

同一方多人共同上诉的，只预交一份二审案件受理费；分别上诉的，按照上诉请求分别预交二审案件受理费。

第二百零三条 承担连带责任的当事人败诉的，应当共同负担诉讼费用。

第二百零四条 实现担保物权案件，人民法院裁定拍卖、变卖担保财产的，申请费由债务人、担保人负担；人民法院裁定驳回申请的，申请费由申请人负担。

申请人另行起诉的，其已经交纳的申请费可以从案件受理费中扣除。

第二百零五条 拍卖、变卖担保财产的裁定作出后，人民法院强制执行的，按照执行金额收取执行申请费。

第二百零六条 人民法院决定减半收取案件受理费的，只能减半一次。

第二百零七条 判决生效后，胜诉方预交但不应负担的诉讼费用，人民法院应当退还，由败诉方向人民法院交纳，但胜诉方自愿承担或者同意败诉方直接向其支付的除外。

当事人拒不交纳诉讼费用的，人民法院可以强制执行。

十、第一审普通程序

第二百零八条 人民法院接到当事人提交的民事起诉状时，对符合民事诉讼法第一百二十二条的规定，且不属于第一百二十七条规定情形的，应当登记立案；对当场不能判定是否符合起诉条件的，应当接收起诉材料，并出具注明收到日期的书面凭证。

需要补充必要相关材料的，人民法院应当及时告知当事人。在补齐相关材料后，应当在七日内决定是否立案。

立案后发现不符合起诉条件或者属于民事诉讼法第一百二十七条规定情形的，裁定驳回起诉。

第二百零九条　原告提供被告的姓名或者名称、住所等信息具体明确，足以使被告与他人相区别的，可以认定为有明确的被告。

起诉状列写被告信息不足以认定明确的被告的，人民法院可以告知原告补正。原告补正后仍不能确定明确的被告的，人民法院裁定不予受理。

第二百一十条　原告在起诉状中有谩骂和人身攻击之辞的，人民法院应当告知其修改后提起诉讼。

第二百一十一条　对本院没有管辖权的案件，告知原告向有管辖权的人民法院起诉；原告坚持起诉的，裁定不予受理；立案后发现本院没有管辖权的，应当将案件移送有管辖权的人民法院。

第二百一十二条　裁定不予受理、驳回起诉的案件，原告再次起诉，符合起诉条件且不属于民事诉讼法第一百二十七条规定情形的，人民法院应予受理。

第二百一十三条　原告应当预交而未预交案件受理费，人民法院应当通知其预交，通知后仍不预交或者申请减、缓、免未获批准而仍不预交的，裁定按撤诉处理。

第二百一十四条　原告撤诉或者人民法院按撤诉处理后，原告以同一诉讼请求再次起诉的，人民法院应予受理。

原告撤诉或者按撤诉处理的离婚案件，没有新情况、新理由，六个月内又起诉的，比照民事诉讼法第一百二十七条第七项的规定不予受理。

第二百一十五条　依照民事诉讼法第一百二十七条第二项的规定，当事人在书面合同中订有仲裁条款，或者在发生纠纷后达成书面仲裁协议，一方向人民法院起诉的，人民法院应当告知原告向仲裁机构申请仲裁，其坚持起诉的，裁定不予受理，但仲裁条款或者仲裁协议不成立、无效、失效、内容不明确无法执行的除外。

第二百一十六条　在人民法院首次开庭前，被告以有书面仲裁协议为由对受理民事案件提出异议的，人民法院应当进行审查。

经审查符合下列情形之一的，人民法院应当裁定驳回起诉：

（一）仲裁机构或者人民法院已经确认仲裁协议有效的；

（二）当事人没有在仲裁庭首次开庭前对仲裁协议的效力提出异议的；

（三）仲裁协议符合仲裁法第十六条规定且不具有仲裁法第十七条规定情形的。

第二百一十七条 夫妻一方下落不明，另一方诉至人民法院，只要求离婚，不申请宣告下落不明人失踪或者死亡的案件，人民法院应当受理，对下落不明人公告送达诉讼文书。

第二百一十八条 赡养费、扶养费、抚养费案件，裁判发生法律效力后，因新情况、新理由，一方当事人再行起诉要求增加或者减少费用的，人民法院应作为新案受理。

第二百一十九条 当事人超过诉讼时效期间起诉的，人民法院应予受理。受理后对方当事人提出诉讼时效抗辩，人民法院经审理认为抗辩事由成立的，判决驳回原告的诉讼请求。

第二百二十条 民事诉讼法第七十一条、第一百三十七条、第一百五十九条规定的商业秘密，是指生产工艺、配方、贸易联系、购销渠道等当事人不愿公开的技术秘密、商业情报及信息。

第二百二十一条 基于同一事实发生的纠纷，当事人分别向同一人民法院起诉的，人民法院可以合并审理。

第二百二十二条 原告在起诉状中直接列写第三人的，视为其申请人民法院追加该第三人参加诉讼。是否通知第三人参加诉讼，由人民法院审查决定。

第二百二十三条 当事人在提交答辩状期间提出管辖异议，又针对起诉状的内容进行答辩的，人民法院应当依照民事诉讼法第一百三十条第一款的规定，对管辖异议进行审查。

当事人未提出管辖异议，就案件实体内容进行答辩、陈述或者反诉的，可以认定为民事诉讼法第一百三十条第二款规定的应诉答辩。

第二百二十四条 依照民事诉讼法第一百三十六条第四项规定，人民法院可以在答辩期届满后，通过组织证据交换、召集庭前会议等方式，作好审理前的准备。

第二百二十五条　根据案件具体情况,庭前会议可以包括下列内容:

(一)明确原告的诉讼请求和被告的答辩意见;

(二)审查处理当事人增加、变更诉讼请求的申请和提出的反诉,以及第三人提出的与本案有关的诉讼请求;

(三)根据当事人的申请决定调查收集证据,委托鉴定,要求当事人提供证据,进行勘验,进行证据保全;

(四)组织交换证据;

(五)归纳争议焦点;

(六)进行调解。

第二百二十六条　人民法院应当根据当事人的诉讼请求、答辩意见以及证据交换的情况,归纳争议焦点,并就归纳的争议焦点征求当事人的意见。

第二百二十七条　人民法院适用普通程序审理案件,应当在开庭三日前用传票传唤当事人。对诉讼代理人、证人、鉴定人、勘验人、翻译人员应当用通知书通知其到庭。当事人或者其他诉讼参与人在外地的,应当留有必要的在途时间。

第二百二十八条　法庭审理应当围绕当事人争议的事实、证据和法律适用等焦点问题进行。

第二百二十九条　当事人在庭审中对其在审理前的准备阶段认可的事实和证据提出不同意见的,人民法院应当责令其说明理由。必要时,可以责令其提供相应证据。人民法院应当结合当事人的诉讼能力、证据和案件的具体情况进行审查。理由成立的,可以列入争议焦点进行审理。

第二百三十条　人民法院根据案件具体情况并征得当事人同意,可以将法庭调查和法庭辩论合并进行。

第二百三十一条　当事人在法庭上提出新的证据的,人民法院应当依照民事诉讼法第六十八条第二款规定和本解释相关规定处理。

第二百三十二条　在案件受理后,法庭辩论结束前,原告增加诉讼请求,被告提出反诉,第三人提出与本案有关的诉讼请求,可以合并审理的,人民法院应当合并审理。

第二百三十三条　反诉的当事人应当限于本诉的当事人的范围。

反诉与本诉的诉讼请求基于相同法律关系、诉讼请求之间具有因果关系,或者反诉与本诉的诉讼请求基于相同事实的,人民法院应当合并审理。

反诉应由其他人民法院专属管辖，或者与本诉的诉讼标的及诉讼请求所依据的事实、理由无关联的，裁定不予受理，告知另行起诉。

第二百三十四条 无民事行为能力人的离婚诉讼，当事人的法定代理人应当到庭；法定代理人不能到庭的，人民法院应当在查清事实的基础上，依法作出判决。

第二百三十五条 无民事行为能力的当事人的法定代理人，经传票传唤无正当理由拒不到庭，属于原告方的，比照民事诉讼法第一百四十六条的规定，按撤诉处理；属于被告方的，比照民事诉讼法第一百四十七条的规定，缺席判决。必要时，人民法院可以拘传其到庭。

第二百三十六条 有独立请求权的第三人经人民法院传票传唤，无正当理由拒不到庭的，或者未经法庭许可中途退庭的，比照民事诉讼法第一百四十六条的规定，按撤诉处理。

第二百三十七条 有独立请求权的第三人参加诉讼后，原告申请撤诉，人民法院在准许原告撤诉后，有独立请求权的第三人作为另案原告，原案原告、被告作为另案被告，诉讼继续进行。

第二百三十八条 当事人申请撤诉或者依法可以按撤诉处理的案件，如果当事人有违反法律的行为需要依法处理的，人民法院可以不准许撤诉或者不按撤诉处理。

法庭辩论终结后原告申请撤诉，被告不同意的，人民法院可以不予准许。

第二百三十九条 人民法院准许本诉原告撤诉的，应当对反诉继续审理；被告申请撤回反诉的，人民法院应予准许。

第二百四十条 无独立请求权的第三人经人民法院传票传唤，无正当理由拒不到庭，或者未经法庭许可中途退庭的，不影响案件的审理。

第二百四十一条 被告经传票传唤无正当理由拒不到庭，或者未经法庭许可中途退庭的，人民法院应当按期开庭或者继续开庭审理，对到庭的当事人诉讼请求、双方的诉辩理由以及已经提交的证据及其他诉讼材料进行审理后，可以依法缺席判决。

第二百四十二条 一审宣判后，原审人民法院发现判决有错误，当事人在上诉期内提出上诉的，原审人民法院可以提出原判决有错误的意见，报送第二审人民法院，由第二审人民法院按照第二审程序进行审理；当事人不上诉的，按照审判监督程序处理。

第二百四十三条　民事诉讼法第一百五十二条规定的审限，是指从立案之日起至裁判宣告、调解书送达之日止的期间，但公告期间、鉴定期间、双方当事人和解期间、审理当事人提出的管辖异议以及处理人民法院之间的管辖争议期间不应计算在内。

第二百四十四条　可以上诉的判决书、裁定书不能同时送达双方当事人的，上诉期从各自收到判决书、裁定书之日计算。

第二百四十五条　民事诉讼法第一百五十七条第一款第七项规定的笔误是指法律文书误写、误算，诉讼费用漏写、误算和其他笔误。

第二百四十六条　裁定中止诉讼的原因消除，恢复诉讼程序时，不必撤销原裁定，从人民法院通知或者准许当事人双方继续进行诉讼时起，中止诉讼的裁定即失去效力。

第二百四十七条　当事人就已经提起诉讼的事项在诉讼过程中或者裁判生效后再次起诉，同时符合下列条件的，构成重复起诉：

（一）后诉与前诉的当事人相同；

（二）后诉与前诉的诉讼标的相同；

（三）后诉与前诉的诉讼请求相同，或者后诉的诉讼请求实质上否定前诉裁判结果。

当事人重复起诉的，裁定不予受理；已经受理的，裁定驳回起诉，但法律、司法解释另有规定的除外。

第二百四十八条　裁判发生法律效力后，发生新的事实，当事人再次提起诉讼的，人民法院应当依法受理。

第二百四十九条　在诉讼中，争议的民事权利义务转移的，不影响当事人的诉讼主体资格和诉讼地位。人民法院作出的发生法律效力的判决、裁定对受让人具有拘束力。

受让人申请以无独立请求权的第三人身份参加诉讼的，人民法院可予准许。受让人申请替代当事人承担诉讼的，人民法院可以根据案件的具体情况决定是否准许；不予准许的，可以追加其为无独立请求权的第三人。

第二百五十条　依照本解释第二百四十九条规定，人民法院准许受让人替代当事人承担诉讼的，裁定变更当事人。

变更当事人后，诉讼程序以受让人为当事人继续进行，原当事人应当退出诉讼。原当事人已经完成的诉讼行为对受让人具有拘束力。

第二百五十一条 二审裁定撤销一审判决发回重审的案件，当事人申请变更、增加诉讼请求或者提出反诉，第三人提出与本案有关的诉讼请求的，依照民事诉讼法第一百四十三条规定处理。

第二百五十二条 再审裁定撤销原判决、裁定发回重审的案件，当事人申请变更、增加诉讼请求或者提出反诉，符合下列情形之一的，人民法院应当准许：

（一）原审未合法传唤缺席判决，影响当事人行使诉讼权利的；

（二）追加新的诉讼当事人的；

（三）诉讼标的物灭失或者发生变化致使原诉讼请求无法实现的；

（四）当事人申请变更、增加的诉讼请求或者提出的反诉，无法通过另诉解决的。

第二百五十三条 当庭宣判的案件，除当事人当庭要求邮寄发送裁判文书的外，人民法院应当告知当事人或者诉讼代理人领取裁判文书的时间和地点以及逾期不领取的法律后果。上述情况，应当记入笔录。

第二百五十四条 公民、法人或者其他组织申请查阅发生法律效力的判决书、裁定书的，应当向作出该生效裁判的人民法院提出。申请应当以书面形式提出，并提供具体的案号或者当事人姓名、名称。

第二百五十五条 对于查阅判决书、裁定书的申请，人民法院根据下列情形分别处理：

（一）判决书、裁定书已经通过信息网络向社会公开的，应当引导申请人自行查阅；

（二）判决书、裁定书未通过信息网络向社会公开，且申请符合要求的，应当及时提供便捷的查阅服务；

（三）判决书、裁定书尚未发生法律效力，或者已失去法律效力的，不提供查阅并告知申请人；

（四）发生法律效力的判决书、裁定书不是本院作出的，应当告知申请人向作出生效裁判的人民法院申请查阅；

（五）申请查阅的内容涉及国家秘密、商业秘密、个人隐私的，不予准许并告知申请人。

十一、简 易 程 序

第二百五十六条 民事诉讼法第一百六十条规定的简单民事案件中的

事实清楚,是指当事人对争议的事实陈述基本一致,并能提供相应的证据,无须人民法院调查收集证据即可查明事实;权利义务关系明确是指能明确区分谁是责任的承担者,谁是权利的享有者;争议不大是指当事人对案件的是非、责任承担以及诉讼标的争执无原则分歧。

第二百五十七条　下列案件,不适用简易程序:

(一)起诉时被告下落不明的;

(二)发回重审的;

(三)当事人一方人数众多的;

(四)适用审判监督程序的;

(五)涉及国家利益、社会公共利益的;

(六)第三人起诉请求改变或者撤销生效判决、裁定、调解书的;

(七)其他不宜适用简易程序的案件。

第二百五十八条　适用简易程序审理的案件,审理期限到期后,有特殊情况需要延长的,经本院院长批准,可以延长审理期限。延长后的审理期限累计不得超过四个月。

人民法院发现案件不宜适用简易程序,需要转为普通程序审理的,应当在审理期限届满前作出裁定并将审判人员及相关事项书面通知双方当事人。

案件转为普通程序审理的,审理期限自人民法院立案之日计算。

第二百五十九条　当事人双方可就开庭方式向人民法院提出申请,由人民法院决定是否准许。经当事人双方同意,可以采用视听传输技术等方式开庭。

第二百六十条　已经按照普通程序审理的案件,在开庭后不得转为简易程序审理。

第二百六十一条　适用简易程序审理案件,人民法院可以依照民事诉讼法第九十条、第一百六十二条的规定采取捎口信、电话、短信、传真、电子邮件等简便方式传唤双方当事人、通知证人和送达诉讼文书。

以简便方式送达的开庭通知,未经当事人确认或者没有其他证据证明当事人已经收到的,人民法院不得缺席判决。

适用简易程序审理案件,由审判员独任审判,书记员担任记录。

第二百六十二条　人民法庭制作的判决书、裁定书、调解书,必须加盖基层人民法院印章,不得用人民法庭的印章代替基层人民法院的印章。

第二百六十三条　适用简易程序审理案件，卷宗中应当具备以下材料：

（一）起诉状或者口头起诉笔录；

（二）答辩状或者口头答辩笔录；

（三）当事人身份证明材料；

（四）委托他人代理诉讼的授权委托书或者口头委托笔录；

（五）证据；

（六）询问当事人笔录；

（七）审理（包括调解）笔录；

（八）判决书、裁定书、调解书或者调解协议；

（九）送达和宣判笔录；

（十）执行情况；

（十一）诉讼费收据；

（十二）适用民事诉讼法第一百六十五条规定审理的，有关程序适用的书面告知。

第二百六十四条　当事人双方根据民事诉讼法第一百六十条第二款规定约定适用简易程序的，应当在开庭前提出。口头提出的，记入笔录，由双方当事人签名或者捺印确认。

本解释第二百五十七条规定的案件，当事人约定适用简易程序的，人民法院不予准许。

第二百六十五条　原告口头起诉的，人民法院应当将当事人的姓名、性别、工作单位、住所、联系方式等基本信息，诉讼请求，事实及理由等准确记入笔录，由原告核对无误后签名或者捺印。对当事人提交的证据材料，应当出具收据。

第二百六十六条　适用简易程序案件的举证期限由人民法院确定，也可以由当事人协商一致并经人民法院准许，但不得超过十五日。被告要求书面答辩的，人民法院可在征得其同意的基础上，合理确定答辩期间。

人民法院应当将举证期限和开庭日期告知双方当事人，并向当事人说明逾期举证以及拒不到庭的法律后果，由双方当事人在笔录和开庭传票的送达回证上签名或者捺印。

当事人双方均表示不需要举证期限、答辩期间的，人民法院可以立即开庭审理或者确定开庭日期。

第二百六十七条　适用简易程序审理案件，可以简便方式进行审理前的准备。

第二百六十八条　对没有委托律师、基层法律服务工作者代理诉讼的当事人，人民法院在庭审过程中可以对回避、自认、举证证明责任等相关内容向其作必要的解释或者说明，并在庭审过程中适当提示当事人正确行使诉讼权利、履行诉讼义务。

第二百六十九条　当事人就案件适用简易程序提出异议，人民法院经审查，异议成立的，裁定转为普通程序；异议不成立的，裁定驳回。裁定以口头方式作出的，应当记入笔录。

转为普通程序的，人民法院应当将审判人员及相关事项以书面形式通知双方当事人。

转为普通程序前，双方当事人已确认的事实，可以不再进行举证、质证。

第二百七十条　适用简易程序审理的案件，有下列情形之一的，人民法院在制作判决书、裁定书、调解书时，对认定事实或者裁判理由部分可以适当简化：

（一）当事人达成调解协议并需要制作民事调解书的；

（二）一方当事人明确表示承认对方全部或者部分诉讼请求的；

（三）涉及商业秘密、个人隐私的案件，当事人一方要求简化裁判文书中的相关内容，人民法院认为理由正当的；

（四）当事人双方同意简化的。

十二、简易程序中的小额诉讼

第二百七十一条　人民法院审理小额诉讼案件，适用民事诉讼法第一百六十五条的规定，实行一审终审。

第二百七十二条　民事诉讼法第一百六十五条规定的各省、自治区、直辖市上年度就业人员年平均工资，是指已经公布的各省、自治区、直辖市上一年度就业人员年平均工资。在上一年度就业人员年平均工资公布前，以已经公布的最近年度就业人员年平均工资为准。

第二百七十三条　海事法院可以适用小额诉讼的程序审理海事、海商案件。案件标的额应当以实际受理案件的海事法院或者其派出法庭所在的省、自治区、直辖市上年度就业人员年平均工资为基数计算。

第二百七十四条　人民法院受理小额诉讼案件，应当向当事人告知该类案件的审判组织、一审终审、审理期限、诉讼费用交纳标准等相关事项。

第二百七十五条　小额诉讼案件的举证期限由人民法院确定，也可以由当事人协商一致并经人民法院准许，但一般不超过七日。

被告要求书面答辩的，人民法院可以在征得其同意的基础上合理确定答辩期间，但最长不得超过十五日。

当事人到庭后表示不需要举证期限和答辩期间的，人民法院可立即开庭审理。

第二百七十六条　当事人对小额诉讼案件提出管辖异议的，人民法院应当作出裁定。裁定一经作出即生效。

第二百七十七条　人民法院受理小额诉讼案件后，发现起诉不符合民事诉讼法第一百二十二条规定的起诉条件的，裁定驳回起诉。裁定一经作出即生效。

第二百七十八条　因当事人申请增加或者变更诉讼请求、提出反诉、追加当事人等，致使案件不符合小额诉讼案件条件的，应当适用简易程序的其他规定审理。

前款规定案件，应当适用普通程序审理的，裁定转为普通程序。

适用简易程序的其他规定或者普通程序审理前，双方当事人已确认的事实，可以不再进行举证、质证。

第二百七十九条　当事人对按照小额诉讼案件审理有异议的，应当在开庭前提出。人民法院经审查，异议成立的，适用简易程序的其他规定审理或者裁定转为普通程序；异议不成立的，裁定驳回。裁定以口头方式作出的，应当记入笔录。

第二百八十条　小额诉讼案件的裁判文书可以简化，主要记载当事人基本信息、诉讼请求、裁判主文等内容。

第二百八十一条　人民法院审理小额诉讼案件，本解释没有规定的，适用简易程序的其他规定。

十三、公益诉讼

第二百八十二条　环境保护法、消费者权益保护法等法律规定的机关和有关组织对污染环境、侵害众多消费者合法权益等损害社会公共利益的行

为,根据民事诉讼法第五十八条规定提起公益诉讼,符合下列条件的,人民法院应当受理:

（一）有明确的被告;

（二）有具体的诉讼请求;

（三）有社会公共利益受到损害的初步证据;

（四）属于人民法院受理民事诉讼的范围和受诉人民法院管辖。

第二百八十三条　公益诉讼案件由侵权行为地或者被告住所地中级人民法院管辖,但法律、司法解释另有规定的除外。

因污染海洋环境提起的公益诉讼,由污染发生地、损害结果地或者采取预防污染措施地海事法院管辖。

对同一侵权行为分别向两个以上人民法院提起公益诉讼的,由最先立案的人民法院管辖,必要时由它们的共同上级人民法院指定管辖。

第二百八十四条　人民法院受理公益诉讼案件后,应当在十日内书面告知相关行政主管部门。

第二百八十五条　人民法院受理公益诉讼案件后,依法可以提起诉讼的其他机关和有关组织,可以在开庭前向人民法院申请参加诉讼。人民法院准许参加诉讼的,列为共同原告。

第二百八十六条　人民法院受理公益诉讼案件,不影响同一侵权行为的受害人根据民事诉讼法第一百二十二条规定提起诉讼。

第二百八十七条　对公益诉讼案件,当事人可以和解,人民法院可以调解。

当事人达成和解或者调解协议后,人民法院应当将和解或者调解协议进行公告。公告期间不得少于三十日。

公告期满后,人民法院经审查,和解或者调解协议不违反社会公共利益的,应当出具调解书;和解或者调解协议违反社会公共利益的,不予出具调解书,继续对案件进行审理并依法作出裁判。

第二百八十八条　公益诉讼案件的原告在法庭辩论终结后申请撤诉的,人民法院不予准许。

第二百八十九条　公益诉讼案件的裁判发生法律效力后,其他依法具有原告资格的机关和有关组织就同一侵权行为另行提起公益诉讼的,人民法院裁定不予受理,但法律、司法解释另有规定的除外。

十四、第三人撤销之诉

第二百九十条 第三人对已经发生法律效力的判决、裁定、调解书提起撤销之诉的，应当自知道或者应当知道其民事权益受到损害之日起六个月内，向作出生效判决、裁定、调解书的人民法院提出，并应当提供存在下列情形的证据材料：

(一)因不能归责于本人的事由未参加诉讼；

(二)发生法律效力的判决、裁定、调解书的全部或者部分内容错误；

(三)发生法律效力的判决、裁定、调解书内容错误损害其民事权益。

第二百九十一条 人民法院应当在收到起诉状和证据材料之日起五日内送交对方当事人，对方当事人可以自收到起诉状之日起十日内提出书面意见。

人民法院应当对第三人提交的起诉状、证据材料以及对方当事人的书面意见进行审查。必要时，可以询问双方当事人。

经审查，符合起诉条件的，人民法院应当在收到起诉状之日起三十日内立案。不符合起诉条件的，应当在收到起诉状之日起三十日内裁定不予受理。

第二百九十二条 人民法院对第三人撤销之诉案件，应当组成合议庭开庭审理。

第二百九十三条 民事诉讼法第五十九条第三款规定的因不能归责于本人的事由未参加诉讼，是指没有被列为生效判决、裁定、调解书当事人，且无过错或者无明显过错的情形。包括：

(一)不知道诉讼而未参加的；

(二)申请参加未获准许的；

(三)知道诉讼，但因客观原因无法参加的；

(四)因其他不能归责于本人的事由未参加诉讼的。

第二百九十四条 民事诉讼法第五十九条第三款规定的判决、裁定、调解书的部分或者全部内容，是指判决、裁定的主文，调解书中处理当事人民事权利义务的结果。

第二百九十五条 对下列情形提起第三人撤销之诉的，人民法院不予受理：

（一）适用特别程序、督促程序、公示催告程序、破产程序等非讼程序处理的案件；

（二）婚姻无效、撤销或者解除婚姻关系等判决、裁定、调解书中涉及身份关系的内容；

（三）民事诉讼法第五十七条规定的未参加登记的权利人对代表人诉讼案件的生效裁判；

（四）民事诉讼法第五十八条规定的损害社会公共利益行为的受害人对公益诉讼案件的生效裁判。

第二百九十六条 第三人提起撤销之诉，人民法院应当将该第三人列为原告，生效判决、裁定、调解书的当事人列为被告，但生效判决、裁定、调解书中没有承担责任的无独立请求权的第三人列为第三人。

第二百九十七条 受理第三人撤销之诉案件后，原告提供相应担保，请求中止执行的，人民法院可以准许。

第二百九十八条 对第三人撤销或者部分撤销发生法律效力的判决、裁定、调解书内容的请求，人民法院经审理，按下列情形分别处理：

（一）请求成立且确认其民事权利的主张全部或部分成立的，改变原判决、裁定、调解书内容的错误部分；

（二）请求成立，但确认其全部或部分民事权利的主张不成立，或者未提出确认其民事权利请求的，撤销原判决、裁定、调解书内容的错误部分；

（三）请求不成立的，驳回诉讼请求。

对前款规定裁判不服的，当事人可以上诉。

原判决、裁定、调解书的内容未改变或者未撤销的部分继续有效。

第二百九十九条 第三人撤销之诉案件审理期间，人民法院对生效判决、裁定、调解书裁定再审的，受理第三人撤销之诉的人民法院应当裁定将第三人的诉讼请求并入再审程序。但有证据证明原审当事人之间恶意串通损害第三人合法权益的，人民法院应当先行审理第三人撤销之诉案件，裁定中止再审诉讼。

第三百条 第三人诉讼请求并入再审程序审理的，按照下列情形分别处理：

（一）按照第一审程序审理的，人民法院应当对第三人的诉讼请求一并审理，所作的判决可以上诉；

（二）按照第二审程序审理的，人民法院可以调解，调解达不成协议的，应当裁定撤销原判决、裁定、调解书，发回一审法院重审，重审时应当列明第三人。

第三百零一条 第三人提起撤销之诉后，未中止生效判决、裁定、调解书执行的，执行法院对第三人依照民事诉讼法第二百三十四条规定提出的执行异议，应予审查。第三人不服驳回执行异议裁定，申请对原判决、裁定、调解书再审的，人民法院不予受理。

案外人对人民法院驳回其执行异议裁定不服，认为原判决、裁定、调解书内容错误损害其合法权益的，应当根据民事诉讼法第二百三十四条规定申请再审，提起第三人撤销之诉的，人民法院不予受理。

十五、执行异议之诉

第三百零二条 根据民事诉讼法第二百三十四条规定，案外人、当事人对执行异议裁定不服，自裁定送达之日起十五日内向人民法院提起执行异议之诉的，由执行法院管辖。

第三百零三条 案外人提起执行异议之诉，除符合民事诉讼法第一百二十二条规定外，还应当具备下列条件：

（一）案外人的执行异议申请已经被人民法院裁定驳回；

（二）有明确的排除对执行标的执行的诉讼请求，且诉讼请求与原判决、裁定无关；

（三）自执行异议裁定送达之日起十五日内提起。

人民法院应当在收到起诉状之日起十五日内决定是否立案。

第三百零四条 申请执行人提起执行异议之诉，除符合民事诉讼法第一百二十二条规定外，还应当具备下列条件：

（一）依案外人执行异议申请，人民法院裁定中止执行；

（二）有明确的对执行标的继续执行的诉讼请求，且诉讼请求与原判决、裁定无关；

（三）自执行异议裁定送达之日起十五日内提起。

人民法院应当在收到起诉状之日起十五日内决定是否立案。

第三百零五条 案外人提起执行异议之诉的，以申请执行人为被告。被执行人反对案外人异议的，被执行人为共同被告；被执行人不反对案外人异议的,可以列被执行人为第三人。

第三百零六条　申请执行人提起执行异议之诉的,以案外人为被告。被执行人反对申请执行人主张的,以案外人和被执行人为共同被告;被执行人不反对申请执行人主张的,可以列被执行人为第三人。

第三百零七条　申请执行人对中止执行裁定未提起执行异议之诉,被执行人提起执行异议之诉的,人民法院告知其另行起诉。

第三百零八条　人民法院审理执行异议之诉案件,适用普通程序。

第三百零九条　案外人或者申请执行人提起执行异议之诉的,案外人应当就其对执行标的享有足以排除强制执行的民事权益承担举证证明责任。

第三百一十条　对案外人提起的执行异议之诉,人民法院经审理,按照下列情形分别处理:

(一)案外人就执行标的享有足以排除强制执行的民事权益的,判决不得执行该执行标的;

(二)案外人就执行标的不享有足以排除强制执行的民事权益的,判决驳回诉讼请求。

案外人同时提出确认其权利的诉讼请求的,人民法院可以在判决中一并作出裁判。

第三百一十一条　对申请执行人提起的执行异议之诉,人民法院经审理,按照下列情形分别处理:

(一)案外人就执行标的不享有足以排除强制执行的民事权益的,判决准许执行该执行标的;

(二)案外人就执行标的享有足以排除强制执行的民事权益的,判决驳回诉讼请求。

第三百一十二条　对案外人执行异议之诉,人民法院判决不得对执行标的执行的,执行异议裁定失效。

对申请执行人执行异议之诉,人民法院判决准许对该执行标的执行的,执行异议裁定失效,执行法院可以根据申请执行人的申请或者依职权恢复执行。

第三百一十三条　案外人执行异议之诉审理期间,人民法院不得对执行标的进行处分。申请执行人请求人民法院继续执行并提供相应担保的,人民法院可以准许。

被执行人与案外人恶意串通，通过执行异议、执行异议之诉妨害执行的，人民法院应当依照民事诉讼法第一百一十六条规定处理。申请执行人因此受到损害的，可以提起诉讼要求被执行人、案外人赔偿。

第三百一十四条 人民法院对执行标的裁定中止执行后，申请执行人在法律规定的期间内未提起执行异议之诉的，人民法院应当自起诉期限届满之日起七日内解除对该执行标的采取的执行措施。

十六、第二审程序

第三百一十五条 双方当事人和第三人都提起上诉的，均列为上诉人。人民法院可以依职权确定第二审程序中当事人的诉讼地位。

第三百一十六条 民事诉讼法第一百七十三条、第一百七十四条规定的对方当事人包括被上诉人和原审其他当事人。

第三百一十七条 必要共同诉讼人的一人或者部分人提起上诉的，按下列情形分别处理：

（一）上诉仅对与对方当事人之间权利义务分担有意见，不涉及其他共同诉讼人利益的，对方当事人为被上诉人，未上诉的同一方当事人依原审诉讼地位列明；

（二）上诉仅对共同诉讼人之间权利义务分担有意见，不涉及对方当事人利益的，未上诉的同一方当事人为被上诉人，对方当事人依原审诉讼地位列明；

（三）上诉对双方当事人之间以及共同诉讼人之间权利义务承担有意见的，未提起上诉的其他当事人均为被上诉人。

第三百一十八条 一审宣判时或者判决书、裁定书送达时，当事人口头表示上诉的，人民法院应告知其必须在法定上诉期间内递交上诉状。未在法定上诉期间内递交上诉状的，视为未提起上诉。虽递交上诉状，但未在指定的期限内交纳上诉费的，按自动撤回上诉处理。

第三百一十九条 无民事行为能力人、限制民事行为能力人的法定代理人，可以代理当事人提起上诉。

第三百二十条 上诉案件的当事人死亡或者终止的，人民法院依法通知其权利义务承继者参加诉讼。

需要终结诉讼的，适用民事诉讼法第一百五十四条规定。

第三百二十一条　第二审人民法院应当围绕当事人的上诉请求进行审理。

当事人没有提出请求的,不予审理,但一审判决违反法律禁止性规定,或者损害国家利益、社会公共利益、他人合法权益的除外。

第三百二十二条　开庭审理的上诉案件,第二审人民法院可以依照民事诉讼法第一百三十六条第四项规定进行审理前的准备。

第三百二十三条　下列情形,可以认定为民事诉讼法第一百七十七条第一款第四项规定的严重违反法定程序:

(一)审判组织的组成不合法的;

(二)应当回避的审判人员未回避的;

(三)无诉讼行为能力人未经法定代理人代为诉讼的;

(四)违法剥夺当事人辩论权利的。

第三百二十四条　对当事人在第一审程序中已经提出的诉讼请求,原审人民法院未作审理、判决的,第二审人民法院可以根据当事人自愿的原则进行调解;调解不成的,发回重审。

第三百二十五条　必须参加诉讼的当事人或者有独立请求权的第三人,在第一审程序中未参加诉讼,第二审人民法院可以根据当事人自愿的原则予以调解;调解不成的,发回重审。

第三百二十六条　在第二审程序中,原审原告增加独立的诉讼请求或者原审被告提出反诉的,第二审人民法院可以根据当事人自愿的原则就新增加的诉讼请求或者反诉进行调解;调解不成的,告知当事人另行起诉。

双方当事人同意由第二审人民法院一并审理的,第二审人民法院可以一并裁判。

第三百二十七条　一审判决不准离婚的案件,上诉后,第二审人民法院认为应当判决离婚的,可以根据当事人自愿的原则,与子女抚养、财产问题一并调解;调解不成的,发回重审。

双方当事人同意由第二审人民法院一并审理的,第二审人民法院可以一并裁判。

第三百二十八条　人民法院依照第二审程序审理案件,认为依法不应由人民法院受理的,可以由第二审人民法院直接裁定撤销原裁判,驳回起诉。

第三百二十九条　人民法院依照第二审程序审理案件,认为第一审人民法院受理案件违反专属管辖规定的，应当裁定撤销原裁判并移送有管辖权的人民法院。

第三百三十条　第二审人民法院查明第一审人民法院作出的不予受理裁定有错误的，应当在撤销原裁定的同时，指令第一审人民法院立案受理；查明第一审人民法院作出的驳回起诉裁定有错误的，应当在撤销原裁定的同时，指令第一审人民法院审理。

第三百三十一条　第二审人民法院对下列上诉案件，依照民事诉讼法第一百七十六条规定可以不开庭审理：

（一）不服不予受理、管辖权异议和驳回起诉裁定的；

（二）当事人提出的上诉请求明显不能成立的；

（三）原判决、裁定认定事实清楚，但适用法律错误的；

（四）原判决严重违反法定程序，需要发回重审的。

第三百三十二条　原判决、裁定认定事实或者适用法律虽有瑕疵，但裁判结果正确的，第二审人民法院可以在判决、裁定中纠正瑕疵后，依照民事诉讼法第一百七十七条第一款第一项规定予以维持。

第三百三十三条　民事诉讼法第一百七十七条第一款第三项规定的基本事实，是指用以确定当事人主体资格、案件性质、民事权利义务等对原判决、裁定的结果有实质性影响的事实。

第三百三十四条　在第二审程序中，作为当事人的法人或者其他组织分立的，人民法院可以直接将分立后的法人或者其他组织列为共同诉讼人；合并的，将合并后的法人或者其他组织列为当事人。

第三百三十五条　在第二审程序中，当事人申请撤回上诉，人民法院经审查认为一审判决确有错误，或者当事人之间恶意串通损害国家利益、社会公共利益、他人合法权益的，不应准许。

第三百三十六条　在第二审程序中，原审原告申请撤回起诉，经其他当事人同意，且不损害国家利益、社会公共利益、他人合法权益的，人民法院可以准许。准许撤诉的，应当一并裁定撤销一审裁判。

原审原告在第二审程序中撤回起诉后重复起诉的，人民法院不予受理。

第三百三十七条　当事人在第二审程序中达成和解协议的，人民法院可以根据当事人的请求，对双方达成的和解协议进行审查并制作调解书送达当事人；因和解而申请撤诉，经审查符合撤诉条件的，人民法院应予准许。

第三百三十八条 第二审人民法院宣告判决可以自行宣判,也可以委托原审人民法院或者当事人所在地人民法院代行宣判。

第三百三十九条 人民法院审理对裁定的上诉案件,应当在第二审立案之日起三十日内作出终审裁定。有特殊情况需要延长审限的,由本院院长批准。

第三百四十条 当事人在第一审程序中实施的诉讼行为,在第二审程序中对该当事人仍具有拘束力。

当事人推翻其在第一审程序中实施的诉讼行为时,人民法院应当责令其说明理由。理由不成立的,不予支持。

十七、特 别 程 序

第三百四十一条 宣告失踪或者宣告死亡案件,人民法院可以根据申请人的请求,清理下落不明人的财产,并指定案件审理期间的财产管理人。公告期满后,人民法院判决宣告失踪的,应当同时依照民法典第四十二条的规定指定失踪人的财产代管人。

第三百四十二条 失踪人的财产代管人经人民法院指定后,代管人申请变更代管的,比照民事诉讼法特别程序的有关规定进行审理。申请理由成立的,裁定撤销申请人的代管人身份,同时另行指定财产代管人;申请理由不成立的,裁定驳回申请。

失踪人的其他利害关系人申请变更代管的,人民法院应当告知其以原指定的代管人为被告起诉,并按普通程序进行审理。

第三百四十三条 人民法院判决宣告公民失踪后,利害关系人向人民法院申请宣告失踪人死亡,自失踪之日起满四年的,人民法院应当受理,宣告失踪的判决即是该公民失踪的证明,审理中仍应依照民事诉讼法第一百九十二条规定进行公告。

第三百四十四条 符合法律规定的多个利害关系人提出宣告失踪、宣告死亡申请的,列为共同申请人。

第三百四十五条 寻找下落不明人的公告应当记载下列内容:

(一)被申请人应当在规定期间内向受理法院申报其具体地址及其联系方式。否则,被申请人将被宣告失踪、宣告死亡;

(二)凡知悉被申请人生存现状的人,应当在公告期间内将其所知道情况向受理法院报告。

第三百四十六条 人民法院受理宣告失踪、宣告死亡案件后，作出判决前，申请人撤回申请的，人民法院应当裁定终结案件，但其他符合法律规定的利害关系人加入程序要求继续审理的除外。

第三百四十七条 在诉讼中，当事人的利害关系人或者有关组织提出该当事人不能辨认或者不能完全辨认自己的行为，要求宣告该当事人无民事行为能力或者限制民事行为能力的，应由利害关系人或者有关组织向人民法院提出申请，由受诉人民法院按照特别程序立案审理，原诉讼中止。

第三百四十八条 认定财产无主案件，公告期间有人对财产提出请求的，人民法院应当裁定终结特别程序，告知申请人另行起诉，适用普通程序审理。

第三百四十九条 被指定的监护人不服居民委员会、村民委员会或者民政部门指定，应当自接到通知之日起三十日内向人民法院提出异议。经审理，认为指定并无不当的，裁定驳回异议；指定不当的，判决撤销指定，同时另行指定监护人。判决书应当送达异议人、原指定单位及判决指定的监护人。

有关当事人依照民法典第三十一条第一款规定直接向人民法院申请指定监护人的，适用特别程序审理，判决指定监护人。判决书应当送达申请人、判决指定的监护人。

第三百五十条 申请认定公民无民事行为能力或者限制民事行为能力的案件，被申请人没有近亲属的，人民法院可以指定经被申请人住所地的居民委员会、村民委员会或者民政部门同意，且愿意担任代理人的个人或者组织为代理人。

没有前款规定的代理人的，由被申请人住所地的居民委员会、村民委员会或者民政部门担任代理人。

代理人可以是一人，也可以是同一顺序中的两人。

第三百五十一条 申请司法确认调解协议的，双方当事人应当本人或者由符合民事诉讼法第六十一条规定的代理人依照民事诉讼法第二百零一条的规定提出申请。

第三百五十二条 调解组织自行开展的调解，有两个以上调解组织参与的，符合民事诉讼法第二百零一条规定的各调解组织所在地人民法院均有管辖权。

双方当事人可以共同向符合民事诉讼法第二百零一条规定的其中一个有管辖权的人民法院提出申请；双方当事人共同向两个以上有管辖权的人民法院提出申请的，由最先立案的人民法院管辖。

第三百五十三条　当事人申请司法确认调解协议，可以采用书面形式或者口头形式。当事人口头申请的，人民法院应当记入笔录，并由当事人签名、捺印或者盖章。

第三百五十四条　当事人申请司法确认调解协议，应当向人民法院提交调解协议、调解组织主持调解的证明，以及与调解协议相关的财产权利证明等材料，并提供双方当事人的身份、住所、联系方式等基本信息。

当事人未提交上述材料的，人民法院应当要求当事人限期补交。

第三百五十五条　当事人申请司法确认调解协议，有下列情形之一的，人民法院裁定不予受理：

（一）不属于人民法院受理范围的；

（二）不属于收到申请的人民法院管辖的；

（三）申请确认婚姻关系、亲子关系、收养关系等身份关系无效、有效或者解除的；

（四）涉及适用其他特别程序、公示催告程序、破产程序审理的；

（五）调解协议内容涉及物权、知识产权确权的。

人民法院受理申请后，发现有上述不予受理情形的，应当裁定驳回当事人的申请。

第三百五十六条　人民法院审查相关情况时，应当通知双方当事人共同到场对案件进行核实。

人民法院经审查，认为当事人的陈述或者提供的证明材料不充分、不完备或者有疑义的，可以要求当事人限期补充陈述或者补充证明材料。必要时，人民法院可以向调解组织核实有关情况。

第三百五十七条　确认调解协议的裁定作出前，当事人撤回申请的，人民法院可以裁定准许。

当事人无正当理由未在限期内补充陈述、补充证明材料或者拒不接受询问的，人民法院可以按撤回申请处理。

第三百五十八条　经审查，调解协议有下列情形之一的，人民法院应当裁定驳回申请：

（一）违反法律强制性规定的；

（二）损害国家利益、社会公共利益、他人合法权益的；

（三）违背公序良俗的；

（四）违反自愿原则的；

（五）内容不明确的；

（六）其他不能进行司法确认的情形。

第三百五十九条 民事诉讼法第二百零三条规定的担保物权人，包括抵押权人、质权人、留置权人；其他有权请求实现担保物权的人，包括抵押人、出质人、财产被留置的债务人或者所有权人等。

第三百六十条 实现票据、仓单、提单等有权利凭证的权利质权案件，可以由权利凭证持有人住所地人民法院管辖；无权利凭证的权利质权，由出质登记地人民法院管辖。

第三百六十一条 实现担保物权案件属于海事法院等专门人民法院管辖的，由专门人民法院管辖。

第三百六十二条 同一债权的担保物有多个且所在地不同，申请人分别向有管辖权的人民法院申请实现担保物权的，人民法院应当依法受理。

第三百六十三条 依照民法典第三百九十二条的规定，被担保的债权既有物的担保又有人的担保，当事人对实现担保物权的顺序有约定，实现担保物权的申请违反该约定的，人民法院裁定不予受理；没有约定或者约定不明的，人民法院应当受理。

第三百六十四条 同一财产上设立多个担保物权，登记在先的担保物权尚未实现的，不影响后顺位的担保物权人向人民法院申请实现担保物权。

第三百六十五条 申请实现担保物权，应当提交下列材料：

（一）申请书。申请书应当记明申请人、被申请人的姓名或者名称、联系方式等基本信息，具体的请求和事实、理由；

（二）证明担保物权存在的材料，包括主合同、担保合同、抵押登记证明或者他项权利证书，权利质权的权利凭证或者质权出质登记证明等；

（三）证明实现担保物权条件成就的材料；

（四）担保财产现状的说明；

（五）人民法院认为需要提交的其他材料。

第三百六十六条 人民法院受理申请后，应当在五日内向被申请人送达申请书副本、异议权利告知书等文书。

被申请人有异议的，应当在收到人民法院通知后的五日内向人民法院提出，同时说明理由并提供相应的证据材料。

第三百六十七条 实现担保物权案件可以由审判员一人独任审查。担保财产标的额超过基层人民法院管辖范围的，应当组成合议庭进行审查。

第三百六十八条 人民法院审查实现担保物权案件，可以询问申请人、被申请人、利害关系人，必要时可以依职权调查相关事实。

第三百六十九条 人民法院应当就主合同的效力、期限、履行情况，担保物权是否有效设立、担保财产的范围、被担保的债权范围、被担保的债权是否已届清偿期等担保物权实现的条件，以及是否损害他人合法权益等内容进行审查。

被申请人或者利害关系人提出异议的，人民法院应当一并审查。

第三百七十条 人民法院审查后，按下列情形分别处理：

（一）当事人对实现担保物权无实质性争议且实现担保物权条件成就的，裁定准许拍卖、变卖担保财产；

（二）当事人对实现担保物权有部分实质性争议的，可以就无争议部分裁定准许拍卖、变卖担保财产；

（三）当事人对实现担保物权有实质性争议的，裁定驳回申请，并告知申请人向人民法院提起诉讼。

第三百七十一条 人民法院受理申请后，申请人对担保财产提出保全申请的，可以按照民事诉讼法关于诉讼保全的规定办理。

第三百七十二条 适用特别程序作出的判决、裁定，当事人、利害关系人认为有错误的，可以向作出该判决、裁定的人民法院提出异议。人民法院经审查，异议成立或者部分成立的，作出新的判决、裁定撤销或者改变原判决、裁定；异议不成立的，裁定驳回。

对人民法院作出的确认调解协议、准许实现担保物权的裁定，当事人有异议的，应当自收到裁定之日起十五日内提出；利害关系人有异议的，自知道或者应当知道其民事权益受到侵害之日起六个月内提出。

十八、审判监督程序

第三百七十三条 当事人死亡或者终止的，其权利义务承继者可以根据民事诉讼法第二百零六条、第二百零八条的规定申请再审。

判决、调解书生效后，当事人将判决、调解书确认的债权转让，债权受让人对该判决、调解书不服申请再审的，人民法院不予受理。

第三百七十四条 民事诉讼法第二百零六条规定的人数众多的一方当事人，包括公民、法人和其他组织。

民事诉讼法第二百零六条规定的当事人双方为公民的案件，是指原告和被告均为公民的案件。

第三百七十五条 当事人申请再审，应当提交下列材料：

（一）再审申请书，并按照被申请人和原审其他当事人的人数提交副本；

（二）再审申请人是自然人的，应当提交身份证明；再审申请人是法人或者其他组织的，应当提交营业执照、组织机构代码证书、法定代表人或者主要负责人身份证明书。委托他人代为申请的，应当提交授权委托书和代理人身份证明；

（三）原审判决书、裁定书、调解书；

（四）反映案件基本事实的主要证据及其他材料。

前款第二项、第三项、第四项规定的材料可以是与原件核对无异的复印件。

第三百七十六条 再审申请书应当记明下列事项：

（一）再审申请人与被申请人及原审其他当事人的基本信息；

（二）原审人民法院的名称，原审裁判文书案号；

（三）具体的再审请求；

（四）申请再审的法定情形及具体事实、理由。

再审申请书应当明确申请再审的人民法院，并由再审申请人签名、捺印或者盖章。

第三百七十七条 当事人一方人数众多或者当事人双方为公民的案件，当事人分别向原审人民法院和上一级人民法院申请再审且不能协商一致的，由原审人民法院受理。

第三百七十八条 适用特别程序、督促程序、公示催告程序、破产程序等非讼程序审理的案件，当事人不得申请再审。

第三百七十九条 当事人认为发生法律效力的不予受理、驳回起诉的裁定错误的，可以申请再审。

第三百八十条 当事人就离婚案件中的财产分割问题申请再审，如涉及判决中已分割的财产，人民法院应当依照民事诉讼法第二百零七条的规定进行审查，符合再审条件的，应当裁定再审；如涉及判决中未作处理的夫妻共同财产，应当告知当事人另行起诉。

第三百八十一条 当事人申请再审，有下列情形之一的，人民法院不予受理：

（一）再审申请被驳回后再次提出申请的；

（二）对再审判决、裁定提出申请的；

（三）在人民检察院对当事人的申请作出不予提出再审检察建议或者抗诉决定后又提出申请的。

前款第一项、第二项规定情形，人民法院应当告知当事人可以向人民检察院申请再审检察建议或者抗诉，但因人民检察院提出再审检察建议或者抗诉而再审作出的判决、裁定除外。

第三百八十二条 当事人对已经发生法律效力的调解书申请再审，应当在调解书发生法律效力后六个月内提出。

第三百八十三条 人民法院应当自收到符合条件的再审申请书等材料之日起五日内向再审申请人发送受理通知书，并向被申请人及原审其他当事人发送应诉通知书、再审申请书副本等材料。

第三百八十四条 人民法院受理申请再审案件后，应当依照民事诉讼法第二百零七条、第二百零八条、第二百一十一条等规定，对当事人主张的再审事由进行审查。

第三百八十五条 再审申请人提供的新的证据，能够证明原判决、裁定认定基本事实或者裁判结果错误的，应当认定为民事诉讼法第二百零七条第一项规定的情形。

对于符合前款规定的证据，人民法院应当责令再审申请人说明其逾期提供该证据的理由；拒不说明理由或者理由不成立的，依照民事诉讼法第六十八条第二款和本解释第一百零二条的规定处理。

第三百八十六条 再审申请人证明其提交的新的证据符合下列情形之一的，可以认定逾期提供证据的理由成立：

（一）在原审庭审结束前已经存在，因客观原因于庭审结束后才发现的；

（二）在原审庭审结束前已经发现，但因客观原因无法取得或者在规定的期限内不能提供的；

（三）在原审庭审结束后形成，无法据此另行提起诉讼的。

再审申请人提交的证据在原审中已经提供，原审人民法院未组织质证且未作为裁判根据的，视为逾期提供证据的理由成立，但原审人民法院依照民事诉讼法第六十八条规定不予采纳的除外。

第三百八十七条 当事人对原判决、裁定认定事实的主要证据在原审中拒绝发表质证意见或者质证中未对证据发表质证意见的，不属于民事诉讼法第二百零七条第四项规定的未经质证的情形。

第三百八十八条 有下列情形之一，导致判决、裁定结果错误的，应当认定为民事诉讼法第二百零七条第六项规定的原判决、裁定适用法律确有错误：

（一）适用的法律与案件性质明显不符的；

（二）确定民事责任明显违背当事人约定或者法律规定的；

（三）适用已经失效或者尚未施行的法律的；

（四）违反法律溯及力规定的；

（五）违反法律适用规则的；

（六）明显违背立法原意的。

第三百八十九条 原审开庭过程中有下列情形之一的，应当认定为民事诉讼法第二百零七条第九项规定的剥夺当事人辩论权利：

（一）不允许当事人发表辩论意见的；

（二）应当开庭审理而未开庭审理的；

（三）违反法律规定送达起诉状副本或者上诉状副本，致使当事人无法行使辩论权利的；

（四）违法剥夺当事人辩论权利的其他情形。

第三百九十条 民事诉讼法第二百零七条第十一项规定的诉讼请求，包括一审诉讼请求、二审上诉请求，但当事人未对一审判决、裁定遗漏或者超出诉讼请求提起上诉的除外。

第三百九十一条 民事诉讼法第二百零七条第十二项规定的法律文书包括：

（一）发生法律效力的判决书、裁定书、调解书；

（二）发生法律效力的仲裁裁决书；

（三）具有强制执行效力的公证债权文书。

第三百九十二条　民事诉讼法第二百零七条第十三项规定的审判人员审理该案件时有贪污受贿、徇私舞弊、枉法裁判行为，是指已经由生效刑事法律文书或者纪律处分决定所确认的行为。

第三百九十三条　当事人主张的再审事由成立，且符合民事诉讼法和本解释规定的申请再审条件的，人民法院应当裁定再审。

当事人主张的再审事由不成立，或者当事人申请再审超过法定申请再审期限、超出法定再审事由范围等不符合民事诉讼法和本解释规定的申请再审条件的，人民法院应当裁定驳回再审申请。

第三百九十四条　人民法院对已经发生法律效力的判决、裁定、调解书依法决定再审，依照民事诉讼法第二百一十三条规定，需要中止执行的，应当在再审裁定中同时写明中止原判决、裁定、调解书的执行；情况紧急的，可以将中止执行裁定口头通知负责执行的人民法院，并在通知后十日内发出裁定书。

第三百九十五条　人民法院根据审查案件的需要决定是否询问当事人。新的证据可能推翻原判决、裁定的，人民法院应当询问当事人。

第三百九十六条　审查再审申请期间，被申请人及原审其他当事人依法提出再审申请的，人民法院应当将其列为再审申请人，对其再审事由一并审查，审查期限重新计算。经审查，其中一方再审申请人主张的再审事由成立的，应当裁定再审。各方再审申请人主张的再审事由均不成立的，一并裁定驳回再审申请。

第三百九十七条　审查再审申请期间，再审申请人申请人民法院委托鉴定、勘验的，人民法院不予准许。

第三百九十八条　审查再审申请期间，再审申请人撤回再审申请的，是否准许，由人民法院裁定。

再审申请人经传票传唤，无正当理由拒不接受询问的，可以按撤回再审申请处理。

第三百九十九条　人民法院准许撤回再审申请或者按撤回再审申请处理后，再审申请人再次申请再审的，不予受理，但有民事诉讼法第二百零七条第一项、第三项、第十二项、第十三项规定情形，自知道或者应当知道之日起六个月内提出的除外。

第四百条 再审申请审查期间，有下列情形之一的，裁定终结审查：

（一）再审申请人死亡或者终止，无权利义务承继者或者权利义务承继者声明放弃再审申请的；

（二）在给付之诉中，负有给付义务的被申请人死亡或者终止，无可供执行的财产，也没有应当承担义务的人的；

（三）当事人达成和解协议且已履行完毕的，但当事人在和解协议中声明不放弃申请再审权利的除外；

（四）他人未经授权以当事人名义申请再审的；

（五）原审或者上一级人民法院已经裁定再审的；

（六）有本解释第三百八十一条第一款规定情形的。

第四百零一条 人民法院审理再审案件应当组成合议庭开庭审理，但按照第二审程序审理，有特殊情况或者双方当事人已经通过其他方式充分表达意见，且书面同意不开庭审理的除外。

符合缺席判决条件的，可以缺席判决。

第四百零二条 人民法院开庭审理再审案件，应当按照下列情形分别进行：

（一）因当事人申请再审的，先由再审申请人陈述再审请求及理由，后由被申请人答辩、其他原审当事人发表意见；

（二）因抗诉再审的，先由抗诉机关宣读抗诉书，再由申请抗诉的当事人陈述，后由被申请人答辩、其他原审当事人发表意见；

（三）人民法院依职权再审，有申诉人的，先由申诉人陈述再审请求及理由，后由被申诉人答辩、其他原审当事人发表意见；

（四）人民法院依职权再审，没有申诉人的，先由原审原告或者原审上诉人陈述，后由原审其他当事人发表意见。

对前款第一项至第三项规定的情形，人民法院应当要求当事人明确其再审请求。

第四百零三条 人民法院审理再审案件应当围绕再审请求进行。当事人的再审请求超出原审诉讼请求的，不予审理；符合另案诉讼条件的，告知当事人可以另行起诉。

被申请人及原审其他当事人在庭审辩论结束前提出的再审请求，符合民事诉讼法第二百一十二条规定的，人民法院应当一并审理。

人民法院经再审,发现已经发生法律效力的判决、裁定损害国家利益、社会公共利益、他人合法权益的,应当一并审理。

第四百零四条 再审审理期间,有下列情形之一的,可以裁定终结再审程序:

(一)再审申请人在再审期间撤回再审请求,人民法院准许的;

(二)再审申请人经传票传唤,无正当理由拒不到庭的,或者未经法庭许可中途退庭,按撤回再审请求处理的;

(三)人民检察院撤回抗诉的;

(四)有本解释第四百条第一项至第四项规定情形的。

因人民检察院提出抗诉裁定再审的案件,申请抗诉的当事人有前款规定的情形,且不损害国家利益、社会公共利益或者他人合法权益的,人民法院应当裁定终结再审程序。

再审程序终结后,人民法院裁定中止执行的原生效判决自动恢复执行。

第四百零五条 人民法院经再审审理认为,原判决、裁定认定事实清楚、适用法律正确的,应予维持;原判决、裁定认定事实、适用法律虽有瑕疵,但裁判结果正确的,应当在再审判决、裁定中纠正瑕疵后予以维持。

原判决、裁定认定事实、适用法律错误,导致裁判结果错误的,应当依法改判、撤销或者变更。

第四百零六条 按照第二审程序再审的案件,人民法院经审理认为不符合民事诉讼法规定的起诉条件或者符合民事诉讼法第一百二十七条规定不予受理情形的,应当裁定撤销一、二审判决,驳回起诉。

第四百零七条 人民法院对调解书裁定再审后,按照下列情形分别处理:

(一)当事人提出的调解违反自愿原则的事由不成立,且调解书的内容不违反法律强制性规定的,裁定驳回再审申请;

(二)人民检察院抗诉或者再审检察建议所主张的损害国家利益、社会公共利益的理由不成立的,裁定终结再审程序。

前款规定情形,人民法院裁定中止执行的调解书需要继续执行的,自动恢复执行。

第四百零八条 一审原告在再审审理程序中申请撤回起诉,经其他当事人同意,且不损害国家利益、社会公共利益、他人合法权益的,人民法院可以准许。裁定准许撤诉的,应当一并撤销原判决。

一审原告在再审审理程序中撤回起诉后重复起诉的,人民法院不予受理。

第四百零九条 当事人提交新的证据致使再审改判,因再审申请人或者申请检察监督当事人的过错未能在原审程序中及时举证,被申请人等当事人请求补偿其增加的交通、住宿、就餐、误工等必要费用的,人民法院应予支持。

第四百一十条 部分当事人到庭并达成调解协议,其他当事人未作出书面表示的,人民法院应当在判决中对该事实作出表述;调解协议内容不违反法律规定,且不损害其他当事人合法权益的,可以在判决主文中予以确认。

第四百一十一条 人民检察院依法对损害国家利益、社会公共利益的发生法律效力的判决、裁定、调解书提出抗诉,或者经人民检察院检察委员会讨论决定提出再审检察建议的,人民法院应予受理。

第四百一十二条 人民检察院对已经发生法律效力的判决以及不予受理、驳回起诉的裁定依法提出抗诉的,人民法院应予受理,但适用特别程序、督促程序、公示催告程序、破产程序以及解除婚姻关系的判决、裁定等不适用审判监督程序的判决、裁定除外。

第四百一十三条 人民检察院依照民事诉讼法第二百一十八条第一款第三项规定对有明显错误的再审判决、裁定提出抗诉或者再审检察建议的,人民法院应予受理。

第四百一十四条 地方各级人民检察院依当事人的申请对生效判决、裁定向同级人民法院提出再审检察建议,符合下列条件的,应予受理:

(一)再审检察建议书和原审当事人申请书及相关证据材料已经提交;

(二)建议再审的对象为依照民事诉讼法和本解释规定可以进行再审的判决、裁定;

(三)再审检察建议书列明该判决、裁定有民事诉讼法第二百一十五条第二款规定情形;

(四)符合民事诉讼法第二百一十六条第一款第一项、第二项规定情形;

(五)再审检察建议经该人民检察院检察委员会讨论决定。

不符合前款规定的,人民法院可以建议人民检察院予以补正或者撤回;不予补正或者撤回的,应当函告人民检察院不予受理。

第四百一十五条 人民检察院依当事人的申请对生效判决、裁定提出抗诉，符合下列条件的，人民法院应当在三十日内裁定再审：

（一）抗诉书和原审当事人申请书及相关证据材料已经提交；

（二）抗诉对象为依照民事诉讼法和本解释规定可以进行再审的判决、裁定；

（三）抗诉书列明该判决、裁定有民事诉讼法第二百一十五条第一款规定情形；

（四）符合民事诉讼法第二百一十六条第一款第一项、第二项规定情形。

不符合前款规定的，人民法院可以建议人民检察院予以补正或者撤回；不予补正或者撤回的，人民法院可以裁定不予受理。

第四百一十六条　当事人的再审申请被上级人民法院裁定驳回后，人民检察院对原判决、裁定、调解书提出抗诉，抗诉事由符合民事诉讼法第二百零七条第一项至第五项规定情形之一的，受理抗诉的人民法院可以交由下一级人民法院再审。

第四百一十七条　人民法院收到再审检察建议后，应当组成合议庭，在三个月内进行审查，发现原判决、裁定、调解书确有错误，需要再审的，依照民事诉讼法第二百零五条规定裁定再审，并通知当事人；经审查，决定不予再审的，应当书面回复人民检察院。

第四百一十八条　人民法院审理因人民检察院抗诉或者检察建议裁定再审的案件，不受此前已经作出的驳回当事人再审申请裁定的影响。

第四百一十九条　人民法院开庭审理抗诉案件，应当在开庭三日前通知人民检察院、当事人和其他诉讼参与人。同级人民检察院或者提出抗诉的人民检察院应当派员出庭。

人民检察院因履行法律监督职责向当事人或者案外人调查核实的情况，应当向法庭提交并予以说明，由双方当事人进行质证。

第四百二十条　必须共同进行诉讼的当事人因不能归责于本人或者其诉讼代理人的事由未参加诉讼的，可以根据民事诉讼法第二百零七条第八项规定，自知道或者应当知道之日起六个月内申请再审，但符合本解释第四百二十一条规定情形的除外。

人民法院因前款规定的当事人申请而裁定再审，按照第一审程序再审的，应当追加其为当事人，作出新的判决、裁定；按照第二审程序再审，经调解不能达成协议的，应当撤销原判决、裁定，发回重审，重审时应追加其为当事人。

第四百二十一条 根据民事诉讼法第二百三十四条规定，案外人对驳回其执行异议的裁定不服，认为原判决、裁定、调解书内容错误损害其民事权益的，可以自执行异议裁定送达之日起六个月内，向作出原判决、裁定、调解书的人民法院申请再审。

第四百二十二条 根据民事诉讼法第二百三十四条规定，人民法院裁定再审后，案外人属于必要的共同诉讼当事人的，依照本解释第四百二十条第二款规定处理。

案外人不是必要的共同诉讼当事人的，人民法院仅审理原判决、裁定、调解书对其民事权益造成损害的内容。经审理，再审请求成立的，撤销或者改变原判决、裁定、调解书；再审请求不成立的，维持原判决、裁定、调解书。

第四百二十三条 本解释第三百三十八条规定适用于审判监督程序。

第四百二十四条 对小额诉讼案件的判决、裁定，当事人以民事诉讼法第二百零七条规定的事由向原审人民法院申请再审的，人民法院应当受理。申请再审事由成立的，应当裁定再审，组成合议庭进行审理。作出的再审判决、裁定，当事人不得上诉。

当事人以不应按小额诉讼案件审理为由向原审人民法院申请再审的，人民法院应当受理。理由成立的，应当裁定再审，组成合议庭审理。作出的再审判决、裁定，当事人可以上诉。

十九、督 促 程 序

第四百二十五条 两个以上人民法院都有管辖权的，债权人可以向其中一个基层人民法院申请支付令。

债权人向两个以上有管辖权的基层人民法院申请支付令的，由最先立案的人民法院管辖。

第四百二十六条 人民法院收到债权人的支付令申请书后，认为申请书不符合要求的，可以通知债权人限期补正。人民法院应当自收到补正材料之日起五日内通知债权人是否受理。

第四百二十七条 债权人申请支付令，符合下列条件的，基层人民法院应当受理，并在收到支付令申请书后五日内通知债权人：

（一）请求给付金钱或者汇票、本票、支票、股票、债券、国库券、可转让的存款单等有价证券；

（二）请求给付的金钱或者有价证券已到期且数额确定，并写明了请求所根据的事实、证据；

（三）债权人没有对待给付义务；

（四）债务人在我国境内且未下落不明；

（五）支付令能够送达债务人；

（六）收到申请书的人民法院有管辖权；

（七）债权人未向人民法院申请诉前保全。

不符合前款规定的，人民法院应当在收到支付令申请书后五日内通知债权人不予受理。

基层人民法院受理申请支付令案件，不受债权金额的限制。

第四百二十八条　人民法院受理申请后，由审判员一人进行审查。经审查，有下列情形之一的，裁定驳回申请：

（一）申请人不具备当事人资格的；

（二）给付金钱或者有价证券的证明文件没有约定逾期给付利息或者违约金、赔偿金，债权人坚持要求给付利息或者违约金、赔偿金的；

（三）要求给付的金钱或者有价证券属于违法所得的；

（四）要求给付的金钱或者有价证券尚未到期或者数额不确定的。

人民法院受理支付令申请后，发现不符合本解释规定的受理条件的，应当在受理之日起十五日内裁定驳回申请。

第四百二十九条　向债务人本人送达支付令，债务人拒绝接收的，人民法院可以留置送达。

第四百三十条　有下列情形之一的，人民法院应当裁定终结督促程序，已发出支付令的，支付令自行失效：

（一）人民法院受理支付令申请后，债权人就同一债权债务关系又提起诉讼的；

（二）人民法院发出支付令之日起三十日内无法送达债务人的；

（三）债务人收到支付令前，债权人撤回申请的。

第四百三十一条　债务人在收到支付令后，未在法定期间提出书面异议，而向其他人民法院起诉的，不影响支付令的效力。

债务人超过法定期间提出异议的，视为未提出异议。

第四百三十二条　债权人基于同一债权债务关系，在同一支付令申请中向债务人提出多项支付请求，债务人仅就其中一项或者几项请求提出异议的，不影响其他各项请求的效力。

第四百三十三条　债权人基于同一债权债务关系，就可分之债向多个债务人提出支付请求，多个债务人中的一人或者几人提出异议的，不影响其他请求的效力。

第四百三十四条　对设有担保的债务的主债务人发出的支付令，对担保人没有拘束力。

债权人就担保关系单独提起诉讼的，支付令自人民法院受理案件之日起失效。

第四百三十五条　经形式审查，债务人提出的书面异议有下列情形之一的，应当认定异议成立，裁定终结督促程序，支付令自行失效：

（一）本解释规定的不予受理申请情形的；

（二）本解释规定的裁定驳回申请情形的；

（三）本解释规定的应当裁定终结督促程序情形的；

（四）人民法院对是否符合发出支付令条件产生合理怀疑的。

第四百三十六条　债务人对债务本身没有异议，只是提出缺乏清偿能力、延缓债务清偿期限、变更债务清偿方式等异议的，不影响支付令的效力。

人民法院经审查认为异议不成立的，裁定驳回。

债务人的口头异议无效。

第四百三十七条　人民法院作出终结督促程序或者驳回异议裁定前，债务人请求撤回异议的，应当裁定准许。

债务人对撤回异议反悔的，人民法院不予支持。

第四百三十八条　支付令失效后，申请支付令的一方当事人不同意提起诉讼的，应当自收到终结督促程序裁定之日起七日内向受理申请的人民法院提出。

申请支付令的一方当事人不同意提起诉讼的，不影响其向其他有管辖权的人民法院提起诉讼。

第四百三十九条　支付令失效后，申请支付令的一方当事人自收到终结督促程序裁定之日起七日内未向受理申请的人民法院表明不同意提起诉讼的，视为向受理申请的人民法院起诉。

债权人提出支付令申请的时间，即为向人民法院起诉的时间。

第四百四十条　债权人向人民法院申请执行支付令的期间，适用民事诉讼法第二百四十六条的规定。

第四百四十一条　人民法院院长发现本院已经发生法律效力的支付令确有错误，认为需要撤销的，应当提交本院审判委员会讨论决定后，裁定撤销支付令，驳回债权人的申请。

二十、公示催告程序

第四百四十二条　民事诉讼法第二百二十五条规定的票据持有人，是指票据被盗、遗失或者灭失前的最后持有人。

第四百四十三条　人民法院收到公示催告的申请后，应当立即审查，并决定是否受理。经审查认为符合受理条件的，通知予以受理，并同时通知支付人停止支付；认为不符合受理条件的，七日内裁定驳回申请。

第四百四十四条　因票据丧失，申请公示催告的，人民法院应结合票据存根、丧失票据的复印件、出票人关于签发票据的证明、申请人合法取得票据的证明、银行挂失止付通知书、报案证明等证据，决定是否受理。

第四百四十五条　人民法院依照民事诉讼法第二百二十六条规定发出的受理申请的公告，应当写明下列内容：

（一）公示催告申请人的姓名或者名称；

（二）票据的种类、号码、票面金额、出票人、背书人、持票人、付款期限等事项以及其他可以申请公示催告的权利凭证的种类、号码、权利范围、权利人、义务人、行权日期等事项；

（三）申报权利的期间；

（四）在公示催告期间转让票据等权利凭证，利害关系人不申报的法律后果。

第四百四十六条　公告应当在有关报纸或者其他媒体上刊登，并于同日公布于人民法院公告栏内。人民法院所在地有证券交易所的，还应当同日在该交易所公布。

第四百四十七条　公告期间不得少于六十日，且公示催告期间届满日不得早于票据付款日后十五日。

第四百四十八条　在申报期届满后、判决作出之前，利害关系人申报权利的，应当适用民事诉讼法第二百二十八条第二款、第三款规定处理。

第四百四十九条 利害关系人申报权利，人民法院应当通知其向法院出示票据，并通知公示催告申请人在指定的期间查看该票据。公示催告申请人申请公示催告的票据与利害关系人出示的票据不一致的，应当裁定驳回利害关系人的申报。

第四百五十条 在申报权利的期间无人申报权利，或者申报被驳回的，申请人应当自公示催告期间届满之日起一个月内申请作出判决。逾期不申请判决的，终结公示催告程序。

裁定终结公示催告程序的，应当通知申请人和支付人。

第四百五十一条 判决公告之日起，公示催告申请人有权依据判决向付款人请求付款。

付款人拒绝付款，申请人向人民法院起诉，符合民事诉讼法第一百二十二条规定的起诉条件的，人民法院应予受理。

第四百五十二条 适用公示催告程序审理案件，可由审判员一人独任审理；判决宣告票据无效的，应当组成合议庭审理。

第四百五十三条 公示催告申请人撤回申请，应在公示催告前提出；公示催告期间申请撤回的，人民法院可以径行裁定终结公示催告程序。

第四百五十四条 人民法院依照民事诉讼法第二百二十七条规定通知支付人停止支付，应当符合有关财产保全的规定。支付人收到停止支付通知后拒不止付的，除可依照民事诉讼法第一百一十四条、第一百一十七条规定采取强制措施外，在判决后，支付人仍应承担付款义务。

第四百五十五条 人民法院依照民事诉讼法第二百二十八条规定终结公示催告程序后，公示催告申请人或者申报人向人民法院提起诉讼，因票据权利纠纷提起的，由票据支付地或者被告住所地人民法院管辖；因非票据权利纠纷提起的，由被告住所地人民法院管辖。

第四百五十六条 依照民事诉讼法第二百二十八条规定制作的终结公示催告程序的裁定书，由审判员、书记员署名，加盖人民法院印章。

第四百五十七条 依照民事诉讼法第二百三十条的规定，利害关系人向人民法院起诉的，人民法院可按票据纠纷适用普通程序审理。

第四百五十八条 民事诉讼法第二百三十条规定的正当理由，包括：

（一）因发生意外事件或者不可抗力致使利害关系人无法知道公告事

实的；

（二）利害关系人因被限制人身自由而无法知道公告事实，或者虽然知道公告事实，但无法自己或者委托他人代为申报权利的；

（三）不属于法定申请公示催告情形的；

（四）未予公告或者未按法定方式公告的；

（五）其他导致利害关系人在判决作出前未能向人民法院申报权利的客观事由。

第四百五十九条　根据民事诉讼法第二百三十条的规定，利害关系人请求人民法院撤销除权判决的，应当将申请人列为被告。

利害关系人仅诉请确认其为合法持票人的，人民法院应当在裁判文书中写明，确认利害关系人为票据权利人的判决作出后，除权判决即被撤销。

二十一、执 行 程 序

第四百六十条　发生法律效力的实现担保物权裁定、确认调解协议裁定、支付令，由作出裁定、支付令的人民法院或者与其同级的被执行财产所在地的人民法院执行。

认定财产无主的判决，由作出判决的人民法院将无主财产收归国家或者集体所有。

第四百六十一条　当事人申请人民法院执行的生效法律文书应当具备下列条件：

（一）权利义务主体明确；

（二）给付内容明确。

法律文书确定继续履行合同的，应当明确继续履行的具体内容。

第四百六十二条　根据民事诉讼法第二百三十四条规定，案外人对执行标的提出异议的，应当在该执行标的执行程序终结前提出。

第四百六十三条　案外人对执行标的提出的异议，经审查，按照下列情形分别处理：

（一）案外人对执行标的不享有足以排除强制执行的权益的，裁定驳回其异议；

（二）案外人对执行标的享有足以排除强制执行的权益的，裁定中止执行。

驳回案外人执行异议裁定送达案外人之日起十五日内，人民法院不得对执行标的进行处分。

第四百六十四条 申请执行人与被执行人达成和解协议后请求中止执行或者撤回执行申请的，人民法院可以裁定中止执行或者终结执行。

第四百六十五条 一方当事人不履行或者不完全履行在执行中双方自愿达成的和解协议，对方当事人申请执行原生效法律文书的，人民法院应当恢复执行，但和解协议已履行的部分应当扣除。和解协议已经履行完毕的，人民法院不予恢复执行。

第四百六十六条 申请恢复执行原生效法律文书，适用民事诉讼法第二百四十六条申请执行期间的规定。申请执行期间因达成执行中的和解协议而中断，其期间自和解协议约定履行期限的最后一日起重新计算。

第四百六十七条 人民法院依照民事诉讼法第二百三十八条规定决定暂缓执行的，如果担保是有期限的，暂缓执行的期限应当与担保期限一致，但最长不得超过一年。被执行人或者担保人对担保的财产在暂缓执行期间有转移、隐藏、变卖、毁损等行为的，人民法院可以恢复强制执行。

第四百六十八条 根据民事诉讼法第二百三十八条规定向人民法院提供执行担保的，可以由被执行人或者他人提供财产担保，也可以由他人提供保证。担保人应当具有代为履行或者代为承担赔偿责任的能力。

他人提供执行保证的，应当向执行法院出具保证书，并将保证书副本送交申请执行人。被执行人或者他人提供财产担保的，应当参照民法典的有关规定办理相应手续。

第四百六十九条 被执行人在人民法院决定暂缓执行的期限届满后仍不履行义务的，人民法院可以直接执行担保财产，或者裁定执行担保人的财产，但执行担保人的财产以担保人应当履行义务部分的财产为限。

第四百七十条 依照民事诉讼法第二百三十九条规定，执行中作为被执行人的法人或者其他组织分立、合并的，人民法院可以裁定变更后的法人或者其他组织为被执行人；被注销的，如果依照有关实体法的规定有权利义务承受人的，可以裁定该权利义务承受人为被执行人。

第四百七十一条 其他组织在执行中不能履行法律文书确定的义务的，人民法院可以裁定执行对该其他组织依法承担义务的法人或者公民个人的财产。

第四百七十二条　在执行中，作为被执行人的法人或者其他组织名称变更的，人民法院可以裁定变更后的法人或者其他组织为被执行人。

第四百七十三条　作为被执行人的公民死亡，其遗产继承人没有放弃继承的，人民法院可以裁定变更被执行人，由该继承人在遗产的范围内偿还债务。继承人放弃继承的，人民法院可以直接执行被执行人的遗产。

第四百七十四条　法律规定由人民法院执行的其他法律文书执行完毕后，该法律文书被有关机关或者组织依法撤销的，经当事人申请，适用民事诉讼法第二百四十条规定。

第四百七十五条　仲裁机构裁决的事项，部分有民事诉讼法第二百四十四条第二款、第三款规定情形的，人民法院应当裁定对该部分不予执行。

应当不予执行部分与其他部分不可分的，人民法院应当裁定不予执行仲裁裁决。

第四百七十六条　依照民事诉讼法第二百四十四条第二款、第三款规定，人民法院裁定不予执行仲裁裁决后，当事人对该裁定提出执行异议或者复议的，人民法院不予受理。当事人可以就该民事纠纷重新达成书面仲裁协议申请仲裁，也可以向人民法院起诉。

第四百七十七条　在执行中，被执行人通过仲裁程序将人民法院查封、扣押、冻结的财产确权或者分割给案外人的，不影响人民法院执行程序的进行。

案外人不服的，可以根据民事诉讼法第二百三十四条规定提出异议。

第四百七十八条　有下列情形之一的，可以认定为民事诉讼法第二百四十五条第二款规定的公证债权文书确有错误：

（一）公证债权文书属于不得赋予强制执行效力的债权文书的；

（二）被执行人一方未亲自或者未委托代理人到场公证等严重违反法律规定的公证程序的；

（三）公证债权文书的内容与事实不符或者违反法律强制性规定的；

（四）公证债权文书未载明被执行人不履行义务或者不完全履行义务时同意接受强制执行的。

人民法院认定执行该公证债权文书违背社会公共利益的，裁定不予执行。

公证债权文书被裁定不予执行后，当事人、公证事项的利害关系人可以就债权争议提起诉讼。

第四百七十九条 当事人请求不予执行仲裁裁决或者公证债权文书的，应当在执行终结前向执行法院提出。

第四百八十条 人民法院应当在收到申请执行书或者移交执行书后十日内发出执行通知。

执行通知中除应责令被执行人履行法律文书确定的义务外，还应通知其承担民事诉讼法第二百六十条规定的迟延履行利息或者迟延履行金。

第四百八十一条 申请执行人超过申请执行时效期间向人民法院申请强制执行的，人民法院应予受理。被执行人对申请执行时效期间提出异议，人民法院经审查异议成立的，裁定不予执行。

被执行人履行全部或者部分义务后，又以不知道申请执行时效期间届满为由请求执行回转的，人民法院不予支持。

第四百八十二条 对必须接受调查询问的被执行人、被执行人的法定代表人、负责人或者实际控制人，经依法传唤无正当理由拒不到场的，人民法院可以拘传其到场。

人民法院应当及时对被拘传人进行调查询问，调查询问的时间不得超过八小时；情况复杂，依法可能采取拘留措施的，调查询问的时间不得超过二十四小时。

人民法院在本辖区以外采取拘传措施时，可以将被拘传人拘传到当地人民法院，当地人民法院应予协助。

第四百八十三条 人民法院有权查询被执行人的身份信息与财产信息，掌握相关信息的单位和个人必须按照协助执行通知书办理。

第四百八十四条 对被执行的财产，人民法院非经查封、扣押、冻结不得处分。对银行存款等各类可以直接扣划的财产，人民法院的扣划裁定同时具有冻结的法律效力。

第四百八十五条 人民法院冻结被执行人的银行存款的期限不得超过一年，查封、扣押动产的期限不得超过两年，查封不动产、冻结其他财产权的期限不得超过三年。

申请执行人申请延长期限的，人民法院应当在查封、扣押、冻结期限届满前办理续行查封、扣押、冻结手续，续行期限不得超过前款规定的期限。

人民法院也可以依职权办理续行查封、扣押、冻结手续。

第四百八十六条　依照民事诉讼法第二百五十四条规定,人民法院在执行中需要拍卖被执行人财产的,可以由人民法院自行组织拍卖,也可以交由具备相应资质的拍卖机构拍卖。

交拍卖机构拍卖的,人民法院应当对拍卖活动进行监督。

第四百八十七条　拍卖评估需要对现场进行检查、勘验的,人民法院应当责令被执行人、协助义务人予以配合。被执行人、协助义务人不予配合的,人民法院可以强制进行。

第四百八十八条　人民法院在执行中需要变卖被执行人财产的,可以交有关单位变卖,也可以由人民法院直接变卖。

对变卖的财产,人民法院或者其工作人员不得买受。

第四百八十九条　经申请执行人和被执行人同意,且不损害其他债权人合法权益和社会公共利益的,人民法院可以不经拍卖、变卖,直接将被执行人的财产作价交申请执行人抵偿债务。对剩余债务,被执行人应当继续清偿。

第四百九十条　被执行人的财产无法拍卖或者变卖的,经申请执行人同意,且不损害其他债权人合法权益和社会公共利益的,人民法院可以将该项财产作价后交付申请执行人抵偿债务,或者交付申请执行人管理;申请执行人拒绝接收或者管理的,退回被执行人。

第四百九十一条　拍卖成交或者依法定程序裁定以物抵债的,标的物所有权自拍卖成交裁定或者抵债裁定送达买受人或者接受抵债物的债权人时转移。

第四百九十二条　执行标的物为特定物的,应当执行原物。原物确已毁损或者灭失的,经双方当事人同意,可以折价赔偿。

双方当事人对折价赔偿不能协商一致的,人民法院应当终结执行程序。申请执行人可以另行起诉。

第四百九十三条　他人持有法律文书指定交付的财物或者票证,人民法院依照民事诉讼法第二百五十六条第二款、第三款规定发出协助执行通知后,拒不转交的,可以强制执行,并可依照民事诉讼法第一百一十七条、第一百一十八条规定处理。

他人持有期间财物或者票证毁损、灭失的,参照本解释第四百九十二条规定处理。

他人主张合法持有财物或者票证的,可以根据民事诉讼法第二百三十四条规定提出执行异议。

第四百九十四条　在执行中,被执行人隐匿财产、会计账簿等资料的,人民法院除可依照民事诉讼法第一百一十四条第一款第六项规定对其处理外,还应责令被执行人交出隐匿的财产、会计账簿等资料。被执行人拒不交出的,人民法院可以采取搜查措施。

第四百九十五条　搜查人员应当按规定着装并出示搜查令和工作证件。

第四百九十六条　人民法院搜查时禁止无关人员进入搜查现场;搜查对象是公民的,应当通知被执行人或者他的成年家属以及基层组织派员到场;搜查对象是法人或者其他组织的,应当通知法定代表人或者主要负责人到场。拒不到场的,不影响搜查。

搜查妇女身体,应当由女执行人员进行。

第四百九十七条　搜查中发现应当依法采取查封、扣押措施的财产,依照民事诉讼法第二百五十二条第二款和第二百五十四条规定办理。

第四百九十八条　搜查应当制作搜查笔录,由搜查人员、被搜查人及其他在场人签名、捺印或者盖章。拒绝签名、捺印或者盖章的,应当记入搜查笔录。

第四百九十九条　人民法院执行被执行人对他人的到期债权,可以作出冻结债权的裁定,并通知该他人向申请执行人履行。

该他人对到期债权有异议,申请执行人请求对异议部分强制执行的,人民法院不予支持。利害关系人对到期债权有异议的,人民法院应当按照民事诉讼法第二百三十四条规定处理。

对生效法律文书确定的到期债权,该他人予以否认的,人民法院不予支持。

第五百条　人民法院在执行中需要办理房产证、土地证、林权证、专利证书、商标证书、车船执照等有关财产权证照转移手续的,可以依照民事诉讼法第二百五十八条规定办理。

第五百零一条　被执行人不履行生效法律文书确定的行为义务,该义务可由他人完成的,人民法院可以选定代履行人;法律、行政法规对履行该行为义务有资格限制的,应当从有资格的人中选定。必要时,可以通过招标的方式确定代履行人。

申请执行人可以在符合条件的人中推荐代履行人，也可以申请自己代为履行，是否准许，由人民法院决定。

第五百零二条　代履行费用的数额由人民法院根据案件具体情况确定，并由被执行人在指定期限内预先支付。被执行人未预付的，人民法院可以对该费用强制执行。

代履行结束后，被执行人可以查阅、复制费用清单以及主要凭证。

第五百零三条　被执行人不履行法律文书指定的行为，且该项行为只能由被执行人完成的，人民法院可以依照民事诉讼法第一百一十四条第一款第六项规定处理。

被执行人在人民法院确定的履行期间内仍不履行的，人民法院可以依照民事诉讼法第一百一十四条第一款第六项规定再次处理。

第五百零四条　被执行人迟延履行的，迟延履行期间的利息或者迟延履行金自判决、裁定和其他法律文书指定的履行期间届满之日起计算。

第五百零五条　被执行人未按判决、裁定和其他法律文书指定的期间履行非金钱给付义务的，无论是否已给申请执行人造成损失，都应当支付迟延履行金。已经造成损失的，双倍补偿申请执行人已经受到的损失；没有造成损失的，迟延履行金可以由人民法院根据具体案件情况决定。

第五百零六条　被执行人为公民或者其他组织，在执行程序开始后，被执行人的其他已经取得执行依据的债权人发现被执行人的财产不能清偿所有债权的，可以向人民法院申请参与分配。

对人民法院查封、扣押、冻结的财产有优先权、担保物权的债权人，可以直接申请参与分配，主张优先受偿权。

第五百零七条　申请参与分配，申请人应当提交申请书。申请书应当写明参与分配和被执行人不能清偿所有债权的事实、理由，并附有执行依据。

参与分配申请应当在执行程序开始后，被执行人的财产执行终结前提出。

第五百零八条　参与分配执行中，执行所得价款扣除执行费用，并清偿应当优先受偿的债权后，对于普通债权，原则上按照其占全部申请参与分配债权数额的比例受偿。清偿后的剩余债务，被执行人应当继续清偿。债权人发现被执行人有其他财产的，可以随时请求人民法院执行。

第五百零九条　多个债权人对执行财产申请参与分配的，执行法院应当制作财产分配方案，并送达各债权人和被执行人。债权人或者被执行人对分配方案有异议的，应当自收到分配方案之日起十五日内向执行法院提出书面异议。

第五百一十条 债权人或者被执行人对分配方案提出书面异议的，执行法院应当通知未提出异议的债权人、被执行人。

未提出异议的债权人、被执行人自收到通知之日起十五日内未提出反对意见的，执行法院依异议人的意见对分配方案审查修正后进行分配；提出反对意见的，应当通知异议人。异议人可以自收到通知之日起十五日内，以提出反对意见的债权人、被执行人为被告，向执行法院提起诉讼；异议人逾期未提起诉讼的，执行法院按照原分配方案进行分配。

诉讼期间进行分配的，执行法院应当提存与争议债权数额相应的款项。

第五百一十一条 在执行中，作为被执行人的企业法人符合企业破产法第二条第一款规定情形的，执行法院经申请执行人之一或者被执行人同意，应当裁定中止对该被执行人的执行，将执行案件相关材料移送被执行人住所地人民法院。

第五百一十二条 被执行人住所地人民法院应当自收到执行案件相关材料之日起三十日内，将是否受理破产案件的裁定告知执行法院。不予受理的，应当将相关案件材料退回执行法院。

第五百一十三条 被执行人住所地人民法院裁定受理破产案件的，执行法院应当解除对被执行人财产的保全措施。被执行人住所地人民法院裁定宣告被执行人破产的，执行法院应当裁定终结对该被执行人的执行。

被执行人住所地人民法院不受理破产案件的，执行法院应当恢复执行。

第五百一十四条 当事人不同意移送破产或者被执行人住所地人民法院不受理破产案件的，执行法院就执行变价所得财产，在扣除执行费用及清偿优先受偿的债权后，对于普通债权，按照财产保全和执行中查封、扣押、冻结财产的先后顺序清偿。

第五百一十五条 债权人根据民事诉讼法第二百六十一条规定请求人民法院继续执行的，不受民事诉讼法第二百四十六条规定申请执行时效期间的限制。

第五百一十六条 被执行人不履行法律文书确定的义务的，人民法院除对被执行人予以处罚外，还可以根据情节将其纳入失信被执行人名单，将被执行人不履行或者不完全履行义务的信息向其所在单位、征信机构以及其他相关机构通报。

第五百一十七条 经过财产调查未发现可供执行的财产，在申请执行人签字确认或者执行法院组成合议庭审查核实并经院长批准后，可以裁定终结本次执行程序。

依照前款规定终结执行后，申请执行人发现被执行人有可供执行财产的，可以再次申请执行。再次申请不受申请执行时效期间的限制。

第五百一十八条 因撤销申请而终结执行后，当事人在民事诉讼法第二百四十六条规定的申请执行时效期间内再次申请执行的，人民法院应当受理。

第五百一十九条 在执行终结六个月内，被执行人或者其他人对已执行的标的有妨害行为的，人民法院可以依申请排除妨害，并可以依照民事诉讼法第一百一十四条规定进行处罚。因妨害行为给执行债权人或者其他人造成损失的，受害人可以另行起诉。

二十二、涉外民事诉讼程序的特别规定

第五百二十条 有下列情形之一，人民法院可以认定为涉外民事案件：

（一）当事人一方或者双方是外国人、无国籍人、外国企业或者组织的；

（二）当事人一方或者双方的经常居所地在中华人民共和国领域外的；

（三）标的物在中华人民共和国领域外的；

（四）产生、变更或者消灭民事关系的法律事实发生在中华人民共和国领域外的；

（五）可以认定为涉外民事案件的其他情形。

第五百二十一条 外国人参加诉讼，应当向人民法院提交护照等用以证明自己身份的证件。

外国企业或者组织参加诉讼，向人民法院提交的身份证明文件，应当经所在国公证机关公证，并经中华人民共和国驻该国使领馆认证，或者履行中华人民共和国与该所在国订立的有关条约中规定的证明手续。

代表外国企业或者组织参加诉讼的人，应当向人民法院提交其有权作为代表人参加诉讼的证明，该证明应当经所在国公证机关公证，并经中华人民

共和国驻该国使领馆认证，或者履行中华人民共和国与该所在国订立的有关条约中规定的证明手续。

本条所称的“所在国”，是指外国企业或者组织的设立登记地国，也可以是办理了营业登记手续的第三国。

第五百二十二条 依照民事诉讼法第二百七十一条以及本解释第五百二十一条规定，需要办理公证、认证手续，而外国当事人所在国与中华人民共和国没有建立外交关系的，可以经该国公证机关公证，经与中华人民共和国有外交关系的第三国驻该国使领馆认证，再转由中华人民共和国驻该第三国使领馆认证。

第五百二十三条 外国人、外国企业或者组织的代表人在人民法院法官的见证下签署授权委托书，委托代理人进行民事诉讼的，人民法院应予认可。

第五百二十四条 外国人、外国企业或者组织的代表人在中华人民共和国境内签署授权委托书，委托代理人进行民事诉讼，经中华人民共和国公证机构公证的，人民法院应予认可。

第五百二十五条 当事人向人民法院提交的书面材料是外文的，应当同时向人民法院提交中文翻译件。

当事人对中文翻译件有异议的，应当共同委托翻译机构提供翻译文本；当事人对翻译机构的选择不能达成一致的，由人民法院确定。

第五百二十六条 涉外民事诉讼中的外籍当事人，可以委托本国人为诉讼代理人，也可以委托本国律师以非律师身份担任诉讼代理人；外国驻华使领馆官员，受本国公民的委托，可以以个人名义担任诉讼代理人，但在诉讼中不享有外交或者领事特权和豁免。

第五百二十七条 涉外民事诉讼中，外国驻华使领馆授权其本馆官员，在作为当事人的本国国民不在中华人民共和国领域内的情况下，可以以外交代表身份为其本国国民在中华人民共和国聘请中华人民共和国律师或者中华人民共和国公民代理民事诉讼。

第五百二十八条 涉外民事诉讼中，经调解双方达成协议，应当制发调解书。当事人要求发给判决书的，可以依协议的内容制作判决书送达当事人。

第五百二十九条 涉外合同或者其他财产权益纠纷的当事人，可以书面协议选择被告住所地、合同履行地、合同签订地、原告住所地、标的物所在地、侵权行为地等与争议有实际联系地点的外国法院管辖。

根据民事诉讼法第三十四条和第二百七十三条规定，属于中华人民共和国法院专属管辖的案件，当事人不得协议选择外国法院管辖，但协议选择仲裁的除外。

第五百三十条　涉外民事案件同时符合下列情形的，人民法院可以裁定驳回原告的起诉，告知其向更方便的外国法院提起诉讼：

（一）被告提出案件应由更方便外国法院管辖的请求，或者提出管辖异议；

（二）当事人之间不存在选择中华人民共和国法院管辖的协议；

（三）案件不属于中华人民共和国法院专属管辖；

（四）案件不涉及中华人民共和国国家、公民、法人或者其他组织的利益；

（五）案件争议的主要事实不是发生在中华人民共和国境内，且案件不适用中华人民共和国法律，人民法院审理案件在认定事实和适用法律方面存在重大困难；

（六）外国法院对案件享有管辖权，且审理该案件更加方便。

第五百三十一条　中华人民共和国法院和外国法院都有管辖权的案件，一方当事人向外国法院起诉，而另一方当事人向中华人民共和国法院起诉的，人民法院可予受理。判决后，外国法院申请或者当事人请求人民法院承认和执行外国法院对本案作出的判决、裁定的，不予准许；但双方共同缔结或者参加的国际条约另有规定的除外。

外国法院判决、裁定已经被人民法院承认，当事人就同一争议向人民法院起诉的，人民法院不予受理。

第五百三十二条　对在中华人民共和国领域内没有住所的当事人，经用公告方式送达诉讼文书，公告期满不应诉，人民法院缺席判决后，仍应当将裁判文书依照民事诉讼法第二百七十四条第八项规定公告送达。自公告送达裁判文书满三个月之日起，经过三十日的上诉期当事人没有上诉的，一审判决即发生法律效力。

第五百三十三条　外国人或者外国企业、组织的代表人、主要负责人在中华人民共和国领域内的，人民法院可以向该自然人或者外国企业、组织的代表人、主要负责人送达。

外国企业、组织的主要负责人包括该企业、组织的董事、监事、高级管理人员等。

第五百三十四条 受送达人所在国允许邮寄送达的,人民法院可以邮寄送达。

邮寄送达时应当附有送达回证。受送达人未在送达回证上签收但在邮件回执上签收的,视为送达,签收日期为送达日期。

自邮寄之日起满三个月,如果未收到送达的证明文件,且根据各种情况不足以认定已经送达的,视为不能用邮寄方式送达。

第五百三十五条 人民法院一审时采取公告方式向当事人送达诉讼文书的,二审时可径行采取公告方式向其送达诉讼文书,但人民法院能够采取公告方式之外的其他方式送达的除外。

第五百三十六条 不服第一审人民法院判决、裁定的上诉期,对在中华人民共和国领域内有住所的当事人,适用民事诉讼法第一百七十一条规定的期限;对在中华人民共和国领域内没有住所的当事人,适用民事诉讼法第二百七十六条规定的期限。当事人的上诉期均已届满没有上诉的,第一审人民法院的判决、裁定即发生法律效力。

第五百三十七条 人民法院对涉外民事案件的当事人申请再审进行审查的期间,不受民事诉讼法第二百一十一条规定的限制。

第五百三十八条 申请人向人民法院申请执行中华人民共和国涉外仲裁机构的裁决,应当提出书面申请,并附裁决书正本。如申请人为外国当事人,其申请书应当用中文文本提出。

第五百三十九条 人民法院强制执行涉外仲裁机构的仲裁裁决时,被执行人以有民事诉讼法第二百八十一条第一款规定的情形为由提出抗辩的,人民法院应当对被执行人的抗辩进行审查,并根据审查结果裁定执行或者不予执行。

第五百四十条 依照民事诉讼法第二百七十九条规定,中华人民共和国涉外仲裁机构将当事人的保全申请提交人民法院裁定的,人民法院可以进行审查,裁定是否进行保全。裁定保全的,应当责令申请人提供担保,申请人不提供担保的,裁定驳回申请。

当事人申请证据保全,人民法院经审查认为无需提供担保的,申请人可以不提供担保。

第五百四十一条　申请人向人民法院申请承认和执行外国法院作出的发生法律效力的判决、裁定，应当提交申请书，并附外国法院作出的发生法律效力的判决、裁定正本或者经证明无误的副本以及中文译本。外国法院判决、裁定为缺席判决、裁定的，申请人应当同时提交该外国法院已经合法传唤的证明文件，但判决、裁定已经对此予以明确说明的除外。

中华人民共和国缔结或者参加的国际条约对提交文件有规定的，按照规定办理。

第五百四十二条　当事人向中华人民共和国有管辖权的中级人民法院申请承认和执行外国法院作出的发生法律效力的判决、裁定的，如果该法院所在国与中华人民共和国没有缔结或者共同参加国际条约，也没有互惠关系的，裁定驳回申请，但当事人向人民法院申请承认外国法院作出的发生法律效力的离婚判决的除外。

承认和执行申请被裁定驳回的，当事人可以向人民法院起诉。

第五百四十三条　对临时仲裁庭在中华人民共和国领域外作出的仲裁裁决，一方当事人向人民法院申请承认和执行的，人民法院应当依照民事诉讼法第二百九十条规定处理。

第五百四十四条　对外国法院作出的发生法律效力的判决、裁定或者外国仲裁裁决，需要中华人民共和国法院执行的，当事人应当先向人民法院申请承认。人民法院经审查，裁定承认后，再根据民事诉讼法第三编的规定予以执行。

当事人仅申请承认而未同时申请执行的，人民法院仅对应否承认进行审查并作出裁定。

第五百四十五条　当事人申请承认和执行外国法院作出的发生法律效力的判决、裁定或者外国仲裁裁决的期间，适用民事诉讼法第二百四十六条的规定。

当事人仅申请承认而未同时申请执行的，申请执行的期间自人民法院对承认申请作出的裁定生效之日起重新计算。

第五百四十六条　承认和执行外国法院作出的发生法律效力的判决、裁定或者外国仲裁裁决的案件，人民法院应当组成合议庭进行审查。

人民法院应当将申请书送达被申请人。被申请人可以陈述意见。

人民法院经审查作出的裁定,一经送达即发生法律效力。

第五百四十七条 与中华人民共和国没有司法协助条约又无互惠关系的国家的法院,未通过外交途径,直接请求人民法院提供司法协助的,人民法院应予退回,并说明理由。

第五百四十八条 当事人在中华人民共和国领域外使用中华人民共和国法院的判决书、裁定书,要求中华人民共和国法院证明其法律效力的,或者外国法院要求中华人民共和国法院证明判决书、裁定书的法律效力的,作出判决、裁定的中华人民共和国法院,可以本法院的名义出具证明。

第五百四十九条 人民法院审理涉及香港、澳门特别行政区和台湾地区的民事诉讼案件,可以参照适用涉外民事诉讼程序的特别规定。

二十三、附　　则

第五百五十条 本解释公布施行后,最高人民法院于1992年7月14日发布的《关于适用〈中华人民共和国民事诉讼法〉若干问题的意见》同时废止;最高人民法院以前发布的司法解释与本解释不一致的,不再适用。

最高人民法院关于
人民法院登记立案若干问题的规定

(2015年4月13日最高人民法院审判委员会第1647次会议通过　2015年4月15日公布　法释〔2015〕8号　自2015年5月1日起施行)

为保护公民、法人和其他组织依法行使诉权,实现人民法院依法、及时受理案件,根据《中华人民共和国民事诉讼法》《中华人民共和国行政诉讼法》《中华人民共和国刑事诉讼法》等法律规定,制定本规定。

第一条 人民法院对依法应该受理的一审民事起诉、行政起诉和刑事自诉,实行立案登记制。

第二条 对起诉、自诉,人民法院应当一律接收诉状,出具书面凭证并注明收到日期。

对符合法律规定的起诉、自诉,人民法院应当当场予以登记立案。

对不符合法律规定的起诉、自诉,人民法院应当予以释明。

第三条　人民法院应当提供诉状样本,为当事人书写诉状提供示范和指引。

当事人书写诉状确有困难的,可以口头提出,由人民法院记入笔录。符合法律规定的,予以登记立案。

第四条　民事起诉状应当记明以下事项:

(一)原告的姓名、性别、年龄、民族、职业、工作单位、住所、联系方式,法人或者其他组织的名称、住所和法定代表人或者主要负责人的姓名、职务、联系方式;

(二)被告的姓名、性别、工作单位、住所等信息,法人或者其他组织的名称、住所等信息;

(三)诉讼请求和所根据的事实与理由;

(四)证据和证据来源;

(五)有证人的,载明证人姓名和住所。

行政起诉状参照民事起诉状书写。

第五条　刑事自诉状应当记明以下事项:

(一)自诉人或者代为告诉人、被告人的姓名、性别、年龄、民族、文化程度、职业、工作单位、住址、联系方式;

(二)被告人实施犯罪的时间、地点、手段、情节和危害后果等;

(三)具体的诉讼请求;

(四)致送的人民法院和具状时间;

(五)证据的名称、来源等;

(六)有证人的,载明证人的姓名、住所、联系方式等。

第六条　当事人提出起诉、自诉的,应当提交以下材料:

(一)起诉人、自诉人是自然人的,提交身份证明复印件;起诉人、自诉人是法人或者其他组织的,提交营业执照或者组织机构代码证复印件、法定代表人或者主要负责人身份证明书;法人或者其他组织不能提供组织机构代码的,应当提供组织机构被注销的情况说明;

(二)委托起诉或者代为告诉的,应当提交授权委托书、代理人身份证明、代为告诉人身份证明等相关材料；

（三）具体明确的足以使被告或者被告人与他人相区别的姓名或者名称、住所等信息；

（四）起诉状原本和与被告或者被告人及其他当事人人数相符的副本；

（五）与诉请相关的证据或者证明材料。

第七条　当事人提交的诉状和材料不符合要求的，人民法院应当一次性书面告知在指定期限内补正。

当事人在指定期限内补正的，人民法院决定是否立案的期间，自收到补正材料之日起计算。

当事人在指定期限内没有补正的，退回诉状并记录在册；坚持起诉、自诉的，裁定或者决定不予受理、不予立案。

经补正仍不符合要求的，裁定或者决定不予受理、不予立案。

第八条　对当事人提出的起诉、自诉，人民法院当场不能判定是否符合法律规定的，应当作出以下处理：

（一）对民事、行政起诉，应当在收到起诉状之日起七日内决定是否立案；

（二）对刑事自诉，应当在收到自诉状次日起十五日内决定是否立案；

（三）对第三人撤销之诉，应当在收到起诉状之日起三十日内决定是否立案；

（四）对执行异议之诉，应当在收到起诉状之日起十五日内决定是否立案。

人民法院在法定期间内不能判定起诉、自诉是否符合法律规定的，应当先行立案。

第九条　人民法院对起诉、自诉不予受理或者不予立案的，应当出具书面裁定或者决定，并载明理由。

第十条　人民法院对下列起诉、自诉不予登记立案：

（一）违法起诉或者不符合法律规定的；

（二）涉及危害国家主权和领土完整的；

（三）危害国家安全的；

（四）破坏国家统一和民族团结的；

（五）破坏国家宗教政策的；

（六）所诉事项不属于人民法院主管的。

第十一条　登记立案后，当事人未在法定期限内交纳诉讼费的，按撤诉处理，但符合法律规定的缓、减、免交诉讼费条件的除外。

第十二条　登记立案后，人民法院立案庭应当及时将案件移送审判庭审理。

第十三条　对立案工作中存在的不接收诉状、接收诉状后不出具书面凭证，不一次性告知当事人补正诉状内容，以及有案不立、拖延立案、干扰立案、既不立案又不作出裁定或者决定等违法违纪情形，当事人可以向受诉人民法院或者上级人民法院投诉。

人民法院应当在受理投诉之日起十五日内，查明事实，并将情况反馈当事人。发现违法违纪行为的，依法依纪追究相关人员责任；构成犯罪的，依法追究刑事责任。

第十四条　为方便当事人行使诉权，人民法院提供网上立案、预约立案、巡回立案等诉讼服务。

第十五条　人民法院推动多元化纠纷解决机制建设，尊重当事人选择人民调解、行政调解、行业调解、仲裁等多种方式维护权益，化解纠纷。

第十六条　人民法院依法维护登记立案秩序，推进诉讼诚信建设。对干扰立案秩序、虚假诉讼的，根据民事诉讼法、行政诉讼法有关规定予以罚款、拘留；构成犯罪的，依法追究刑事责任。

第十七条　本规定的"起诉"，是指当事人提起民事、行政诉讼；"自诉"，是指当事人提起刑事自诉。

第十八条　强制执行和国家赔偿申请登记立案工作，按照本规定执行。

上诉、申请再审、刑事申诉、执行复议和国家赔偿申诉案件立案工作，不适用本规定。

第十九条　人民法庭登记立案工作，按照本规定执行。

第二十条　本规定自 2015 年 5 月 1 日起施行。以前有关立案的规定与本规定不一致的，按照本规定执行。

最高人民法院关于民事诉讼证据的若干规定

［2001 年 12 月 6 日最高人民法院审判委员会第 1201 次会议通过、2001 年 12 月 21 日公布、自 2002 年 4 月 1 日起施行（法释〔2001〕33 号）　根据 2019 年 10 月 14 日最高人民法院审判委员会第 1777 次会议通过、2019 年 12 月 25 日公布、自 2020 年 5 月 1 日起施行的《最高人民法院关于修改〈关于民事诉讼证据的若干规定〉的决定》（法释〔2019〕19 号）修正］

为保证人民法院正确认定案件事实，公正、及时审理民事案件，保障和便利当事人依法行使诉讼权利，根据《中华人民共和国民事诉讼法》（以下简称民事诉讼法）等有关法律的规定，结合民事审判经验和实际情况，制定本规定。

一、当事人举证

第一条　原告向人民法院起诉或者被告提出反诉，应当提供符合起诉条件的相应的证据。

第二条　人民法院应当向当事人说明举证的要求及法律后果，促使当事人在合理期限内积极、全面、正确、诚实地完成举证。

当事人因客观原因不能自行收集的证据，可申请人民法院调查收集。

第三条　在诉讼过程中，一方当事人陈述的于己不利的事实，或者对于己不利的事实明确表示承认的，另一方当事人无需举证证明。

在证据交换、询问、调查过程中，或者在起诉状、答辩状、代理词等书面材料中，当事人明确承认于己不利的事实的，适用前款规定。

第四条　一方当事人对于另一方当事人主张的于己不利的事实既不承认也不否认，经审判人员说明并询问后，其仍然不明确表示肯定或者否定的，视为对该事实的承认。

第五条 当事人委托诉讼代理人参加诉讼的,除授权委托书明确排除的事项外,诉讼代理人的自认视为当事人的自认。

当事人在场对诉讼代理人的自认明确否认的,不视为自认。

第六条 普通共同诉讼中,共同诉讼人中一人或者数人作出的自认,对作出自认的当事人发生效力。

必要共同诉讼中,共同诉讼人中一人或者数人作出自认而其他共同诉讼人予以否认的,不发生自认的效力。其他共同诉讼人既不承认也不否认,经审判人员说明并询问后仍然不明确表示意见的,视为全体共同诉讼人的自认。

第七条 一方当事人对于另一方当事人主张的于己不利的事实有所限制或者附加条件予以承认的,由人民法院综合案件情况决定是否构成自认。

第八条 《最高人民法院关于适用〈中华人民共和国民事诉讼法〉的解释》第九十六条第一款规定的事实,不适用有关自认的规定。

自认的事实与已经查明的事实不符的,人民法院不予确认。

第九条 有下列情形之一,当事人在法庭辩论终结前撤销自认的,人民法院应当准许:

(一)经对方当事人同意的;

(二)自认是在受胁迫或者重大误解情况下作出的。

人民法院准许当事人撤销自认的,应当作出口头或者书面裁定。

第十条 下列事实,当事人无须举证证明:

(一)自然规律以及定理、定律;

(二)众所周知的事实;

(三)根据法律规定推定的事实;

(四)根据已知的事实和日常生活经验法则推定出的另一事实;

(五)已为仲裁机构的生效裁决所确认的事实;

(六)已为人民法院发生法律效力的裁判所确认的基本事实;

(七)已为有效公证文书所证明的事实。

前款第二项至第五项事实,当事人有相反证据足以反驳的除外;第六项、第七项事实,当事人有相反证据足以推翻的除外。

第十一条 当事人向人民法院提供证据,应当提供原件或者原物。如需自己保存证据原件、原物或者提供原件、原物确有困难的,可以提供经人民法院核对无异的复制件或者复制品。

第十二条 以动产作为证据的,应当将原物提交人民法院。原物不宜搬移或者不宜保存的,当事人可以提供复制品、影像资料或者其他替代品。

人民法院在收到当事人提交的动产或者替代品后,应当及时通知双方当事人到人民法院或者保存现场查验。

第十三条 当事人以不动产作为证据的,应当向人民法院提供该不动产的影像资料。

人民法院认为有必要的,应当通知双方当事人到场进行查验。

第十四条 电子数据包括下列信息、电子文件:

(一)网页、博客、微博客等网络平台发布的信息;

(二)手机短信、电子邮件、即时通信、通讯群组等网络应用服务的通信信息;

(三)用户注册信息、身份认证信息、电子交易记录、通信记录、登录日志等信息;

(四)文档、图片、音频、视频、数字证书、计算机程序等电子文件;

(五)其他以数字化形式存储、处理、传输的能够证明案件事实的信息。

第十五条 当事人以视听资料作为证据的,应当提供存储该视听资料的原始载体。

当事人以电子数据作为证据的,应当提供原件。电子数据的制作者制作的与原件一致的副本,或者直接来源于电子数据的打印件或其他可以显示、识别的输出介质,视为电子数据的原件。

第十六条 当事人提供的公文书证系在中华人民共和国领域外形成的,该证据应当经所在国公证机关证明,或者履行中华人民共和国与该所在国订立的有关条约中规定的证明手续。

中华人民共和国领域外形成的涉及身份关系的证据,应当经所在国公证机关证明并经中华人民共和国驻该国使领馆认证,或者履行中华人民共和国与该所在国订立的有关条约中规定的证明手续。

当事人向人民法院提供的证据是在香港、澳门、台湾地区形成的,应当履行相关的证明手续。

第十七条 当事人向人民法院提供外文书证或者外文说明资料,应当附有中文译本。

第十八条　双方当事人无争议的事实符合《最高人民法院关于适用〈中华人民共和国民事诉讼法〉的解释》第九十六条第一款规定情形的，人民法院可以责令当事人提供有关证据。

第十九条　当事人应当对其提交的证据材料逐一分类编号，对证据材料的来源、证明对象和内容作简要说明，签名盖章，注明提交日期，并依照对方当事人人数提出副本。

人民法院收到当事人提交的证据材料，应当出具收据，注明证据的名称、份数和页数以及收到的时间，由经办人员签名或者盖章。

二、证据的调查收集和保全

第二十条　当事人及其诉讼代理人申请人民法院调查收集证据，应当在举证期限届满前提交书面申请。

申请书应当载明被调查人的姓名或者单位名称、住所地等基本情况、所要调查收集的证据名称或者内容、需要由人民法院调查收集证据的原因及其要证明的事实以及明确的线索。

第二十一条　人民法院调查收集的书证，可以是原件，也可以是经核对无误的副本或者复制件。是副本或者复制件的，应当在调查笔录中说明来源和取证情况。

第二十二条　人民法院调查收集的物证应当是原物。被调查人提供原物确有困难的，可以提供复制品或者影像资料。提供复制品或者影像资料的，应当在调查笔录中说明取证情况。

第二十三条　人民法院调查收集视听资料、电子数据，应当要求被调查人提供原始载体。

提供原始载体确有困难的，可以提供复制件。提供复制件的，人民法院应当在调查笔录中说明其来源和制作经过。

人民法院对视听资料、电子数据采取证据保全措施的，适用前款规定。

第二十四条　人民法院调查收集可能需要鉴定的证据，应当遵守相关技术规范，确保证据不被污染。

第二十五条　当事人或者利害关系人根据民事诉讼法第八十一条的规定申请证据保全的，申请书应当载明需要保全的证据的基本情况、申请保全的理由以及采取何种保全措施等内容。

当事人根据民事诉讼法第八十一条第一款的规定申请证据保全的,应当在举证期限届满前向人民法院提出。

法律、司法解释对诉前证据保全有规定的,依照其规定办理。

第二十六条 当事人或者利害关系人申请采取查封、扣押等限制保全标的物使用、流通等保全措施,或者保全可能对证据持有人造成损失的,人民法院应当责令申请人提供相应的担保。

担保方式或者数额由人民法院根据保全措施对证据持有人的影响、保全标的物的价值、当事人或者利害关系人争议的诉讼标的金额等因素综合确定。

第二十七条 人民法院进行证据保全,可以要求当事人或者诉讼代理人到场。

根据当事人的申请和具体情况,人民法院可以采取查封、扣押、录音、录像、复制、鉴定、勘验等方法进行证据保全,并制作笔录。

在符合证据保全目的的情况下,人民法院应当选择对证据持有人利益影响最小的保全措施。

第二十八条 申请证据保全错误造成财产损失,当事人请求申请人承担赔偿责任的,人民法院应予支持。

第二十九条 人民法院采取诉前证据保全措施后,当事人向其他有管辖权的人民法院提起诉讼的,采取保全措施的人民法院应当根据当事人的申请,将保全的证据及时移交受理案件的人民法院。

第三十条 人民法院在审理案件过程中认为待证事实需要通过鉴定意见证明的,应当向当事人释明,并指定提出鉴定申请的期间。

符合《最高人民法院关于适用〈中华人民共和国民事诉讼法〉的解释》第九十六条第一款规定情形的,人民法院应当依职权委托鉴定。

第三十一条 当事人申请鉴定,应当在人民法院指定期间内提出,并预交鉴定费用。逾期不提出申请或者不预交鉴定费用的,视为放弃申请。

对需要鉴定的待证事实负有举证责任的当事人,在人民法院指定期间内无正当理由不提出鉴定申请或者不预交鉴定费用,或者拒不提供相关材料,致使待证事实无法查明的,应当承担举证不能的法律后果。

第三十二条 人民法院准许鉴定申请的,应当组织双方当事人协商确定具备相应资格的鉴定人。当事人协商不成的,由人民法院指定。

人民法院依职权委托鉴定的,可以在询问当事人的意见后,指定具备相应资格的鉴定人。

人民法院在确定鉴定人后应当出具委托书,委托书中应当载明鉴定事项、鉴定范围、鉴定目的和鉴定期限。

第三十三条　鉴定开始之前,人民法院应当要求鉴定人签署承诺书。承诺书中应当载明鉴定人保证客观、公正、诚实地进行鉴定,保证出庭作证,如作虚假鉴定应当承担法律责任等内容。

鉴定人故意作虚假鉴定的,人民法院应当责令其退还鉴定费用,并根据情节,依照民事诉讼法第一百一十一条的规定进行处罚。

第三十四条　人民法院应当组织当事人对鉴定材料进行质证。未经质证的材料,不得作为鉴定的根据。

经人民法院准许,鉴定人可以调取证据、勘验物证和现场、询问当事人或者证人。

第三十五条　鉴定人应当在人民法院确定的期限内完成鉴定,并提交鉴定书。

鉴定人无正当理由未按期提交鉴定书的,当事人可以申请人民法院另行委托鉴定人进行鉴定。人民法院准许的,原鉴定人已经收取的鉴定费用应当退还;拒不退还的,依照本规定第八十一条第二款的规定处理。

第三十六条　人民法院对鉴定人出具的鉴定书,应当审查是否具有下列内容:

(一)委托法院的名称;

(二)委托鉴定的内容、要求;

(三)鉴定材料;

(四)鉴定所依据的原理、方法;

(五)对鉴定过程的说明;

(六)鉴定意见;

(七)承诺书。

鉴定书应当由鉴定人签名或者盖章,并附鉴定人的相应资格证明。委托机构鉴定的,鉴定书应当由鉴定机构盖章,并由从事鉴定的人员签名。

第三十七条　人民法院收到鉴定书后,应当及时将副本送交当事人。

当事人对鉴定书的内容有异议的,应当在人民法院指定期间内以书面方式提出。

对于当事人的异议,人民法院应当要求鉴定人作出解释、说明或者补充。人民法院认为有必要的,可以要求鉴定人对当事人未提出异议的内容进行解释、说明或者补充。

第三十八条 当事人在收到鉴定人的书面答复后仍有异议的,人民法院应当根据《诉讼费用交纳办法》第十一条的规定,通知有异议的当事人预交鉴定人出庭费用,并通知鉴定人出庭。有异议的当事人不预交鉴定人出庭费用的,视为放弃异议。

双方当事人对鉴定意见均有异议的,分摊预交鉴定人出庭费用。

第三十九条 鉴定人出庭费用按照证人出庭作证费用的标准计算,由败诉的当事人负担。因鉴定意见不明确或者有瑕疵需要鉴定人出庭的,出庭费用由其自行负担。

人民法院委托鉴定时已经确定鉴定人出庭费用包含在鉴定费用中的,不再通知当事人预交。

第四十条 当事人申请重新鉴定,存在下列情形之一的,人民法院应当准许:

(一)鉴定人不具备相应资格的;

(二)鉴定程序严重违法的;

(三)鉴定意见明显依据不足的;

(四)鉴定意见不能作为证据使用的其他情形。

存在前款第一项至第三项情形的,鉴定人已经收取的鉴定费用应当退还。拒不退还的,依照本规定第八十一条第二款的规定处理。

对鉴定意见的瑕疵,可以通过补正、补充鉴定或者补充质证、重新质证等方法解决的,人民法院不予准许重新鉴定的申请。

重新鉴定的,原鉴定意见不得作为认定案件事实的根据。

第四十一条 对于一方当事人就专门性问题自行委托有关机构或者人员出具的意见,另一方当事人有证据或者理由足以反驳并申请鉴定的,人民法院应予准许。

第四十二条 鉴定意见被采信后,鉴定人无正当理由撤销鉴定意见的,人民法院应当责令其退还鉴定费用,并可以根据情节,依照民事诉讼法第一百一十一条的规定对鉴定人进行处罚。当事人主张鉴定人负担由此增加的合理费用的，人民法院应予支持。

人民法院采信鉴定意见后准许鉴定人撤销的，应当责令其退还鉴定费用。

第四十三条　人民法院应当在勘验前将勘验的时间和地点通知当事人。当事人不参加的，不影响勘验进行。

当事人可以就勘验事项向人民法院进行解释和说明，可以请求人民法院注意勘验中的重要事项。

人民法院勘验物证或者现场，应当制作笔录，记录勘验的时间、地点、勘验人、在场人、勘验的经过、结果，由勘验人、在场人签名或者盖章。对于绘制的现场图应当注明绘制的时间、方位、测绘人姓名、身份等内容。

第四十四条　摘录有关单位制作的与案件事实相关的文件、材料，应当注明出处，并加盖制作单位或者保管单位的印章，摘录人和其他调查人员应当在摘录件上签名或者盖章。

摘录文件、材料应当保持内容相应的完整性。

第四十五条　当事人根据《最高人民法院关于适用〈中华人民共和国民事诉讼法〉的解释》第一百一十二条的规定申请人民法院责令对方当事人提交书证的，申请书应当载明所申请提交的书证名称或者内容、需要以该书证证明的事实及事实的重要性、对方当事人控制该书证的根据以及应当提交该书证的理由。

对方当事人否认控制书证的，人民法院应当根据法律规定、习惯等因素，结合案件的事实、证据，对于书证是否在对方当事人控制之下的事实作出综合判断。

第四十六条　人民法院对当事人提交书证的申请进行审查时，应当听取对方当事人的意见，必要时可以要求双方当事人提供证据、进行辩论。

当事人申请提交的书证不明确、书证对于待证事实的证明无必要、待证事实对于裁判结果无实质性影响、书证未在对方当事人控制之下或者不符合本规定第四十七条情形的，人民法院不予准许。

当事人申请理由成立的，人民法院应当作出裁定，责令对方当事人提交书证；理由不成立的，通知申请人。

第四十七条　下列情形，控制书证的当事人应当提交书证：

（一）控制书证的当事人在诉讼中曾经引用过的书证；

（二）为对方当事人的利益制作的书证；

（三）对方当事人依照法律规定有权查阅、获取的书证；

（四）账簿、记账原始凭证；

（五）人民法院认为应当提交书证的其他情形。

前款所列书证，涉及国家秘密、商业秘密、当事人或第三人的隐私，或者存在法律规定应当保密的情形的，提交后不得公开质证。

第四十八条 控制书证的当事人无正当理由拒不提交书证的，人民法院可以认定对方当事人所主张的书证内容为真实。

控制书证的当事人存在《最高人民法院关于适用〈中华人民共和国民事诉讼法〉的解释》第一百一十三条规定情形的，人民法院可以认定对方当事人主张以该书证证明的事实为真实。

三、举证时限与证据交换

第四十九条 被告应当在答辩期届满前提出书面答辩，阐明其对原告诉讼请求及所依据的事实和理由的意见。

第五十条 人民法院应当在审理前的准备阶段向当事人送达举证通知书。

举证通知书应当载明举证责任的分配原则和要求、可以向人民法院申请调查收集证据的情形、人民法院根据案件情况指定的举证期限以及逾期提供证据的法律后果等内容。

第五十一条 举证期限可以由当事人协商，并经人民法院准许。

人民法院指定举证期限的，适用第一审普通程序审理的案件不得少于十五日，当事人提供新的证据的第二审案件不得少于十日。适用简易程序审理的案件不得超过十五日，小额诉讼案件的举证期限一般不得超过七日。

举证期限届满后，当事人提供反驳证据或者对已经提供的证据的来源、形式等方面的瑕疵进行补正的，人民法院可以酌情再次确定举证期限，该期限不受前款规定的期间限制。

第五十二条 当事人在举证期限内提供证据存在客观障碍，属于民事诉讼法第六十五条第二款规定的“当事人在该期限内提供证据确有困难”的情形。

前款情形，人民法院应当根据当事人的举证能力、不能在举证期限内提供证据的原因等因素综合判断。必要时,可以听取对方当事人的意见。

第五十三条 诉讼过程中,当事人主张的法律关系性质或者民事行为效力与人民法院根据案件事实作出的认定不一致的,人民法院应当将法律关系性质或者民事行为效力作为焦点问题进行审理。但法律关系性质对裁判理由及结果没有影响,或者有关问题已经当事人充分辩论的除外。

存在前款情形,当事人根据法庭审理情况变更诉讼请求的,人民法院应当准许并可以根据案件的具体情况重新指定举证期限。

第五十四条 当事人申请延长举证期限的,应当在举证期限届满前向人民法院提出书面申请。

申请理由成立的,人民法院应当准许,适当延长举证期限,并通知其他当事人。延长的举证期限适用于其他当事人。

申请理由不成立的,人民法院不予准许,并通知申请人。

第五十五条 存在下列情形的,举证期限按照如下方式确定:

(一)当事人依照民事诉讼法第一百二十七条规定提出管辖权异议的,举证期限中止,自驳回管辖权异议的裁定生效之日起恢复计算;

(二)追加当事人、有独立请求权的第三人参加诉讼或者无独立请求权的第三人经人民法院通知参加诉讼的,人民法院应当依照本规定第五十一条的规定为新参加诉讼的当事人确定举证期限,该举证期限适用于其他当事人;

(三)发回重审的案件,第一审人民法院可以结合案件具体情况和发回重审的原因,酌情确定举证期限;

(四)当事人增加、变更诉讼请求或者提出反诉的,人民法院应当根据案件具体情况重新确定举证期限;

(五)公告送达的,举证期限自公告期届满之次日起计算。

第五十六条 人民法院依照民事诉讼法第一百三十三条第四项的规定,通过组织证据交换进行审理前准备的,证据交换之日举证期限届满。

证据交换的时间可以由当事人协商一致并经人民法院认可,也可以由人民法院指定。当事人申请延期举证经人民法院准许的,证据交换日相应顺延。

第五十七条 证据交换应当在审判人员的主持下进行。

在证据交换的过程中,审判人员对当事人无异议的事实、证据应当记录在卷;对有异议的证据,按照需要证明的事实分类记录在卷,并记载异议的理由。通过证据交换,确定双方当事人争议的主要问题。

第五十八条 当事人收到对方的证据后有反驳证据需要提交的,人民法院应当再次组织证据交换。

第五十九条 人民法院对逾期提供证据的当事人处以罚款的,可以结合当事人逾期提供证据的主观过错程度、导致诉讼迟延的情况、诉讼标的金额等因素,确定罚款数额。

四、质　　证

第六十条 当事人在审理前的准备阶段或者人民法院调查、询问过程中发表过质证意见的证据,视为质证过的证据。

当事人要求以书面方式发表质证意见,人民法院在听取对方当事人意见后认为有必要的,可以准许。人民法院应当及时将书面质证意见送交对方当事人。

第六十一条 对书证、物证、视听资料进行质证时,当事人应当出示证据的原件或者原物。但有下列情形之一的除外:

(一)出示原件或者原物确有困难并经人民法院准许出示复制件或者复制品的;

(二)原件或者原物已不存在,但有证据证明复制件、复制品与原件或者原物一致的。

第六十二条 质证一般按下列顺序进行:

(一)原告出示证据,被告、第三人与原告进行质证;

(二)被告出示证据,原告、第三人与被告进行质证;

(三)第三人出示证据,原告、被告与第三人进行质证。

人民法院根据当事人申请调查收集的证据,审判人员对调查收集证据的情况进行说明后,由提出申请的当事人与对方当事人、第三人进行质证。

人民法院依职权调查收集的证据,由审判人员对调查收集证据的情况进行说明后,听取当事人的意见。

第六十三条 当事人应当就案件事实作真实、完整的陈述。

当事人的陈述与此前陈述不一致的,人民法院应当责令其说明理由,并结合当事人的诉讼能力、证据和案件具体情况进行审查认定。

当事人故意作虚假陈述妨碍人民法院审理的，人民法院应当根据情节，依照民事诉讼法第一百一十一条的规定进行处罚。

第六十四条　人民法院认为有必要的，可以要求当事人本人到场，就案件的有关事实接受询问。

人民法院要求当事人到场接受询问的，应当通知当事人询问的时间、地点、拒不到场的后果等内容。

第六十五条　人民法院应当在询问前责令当事人签署保证书并宣读保证书的内容。

保证书应当载明保证据实陈述，绝无隐瞒、歪曲、增减，如有虚假陈述应当接受处罚等内容。当事人应当在保证书上签名、捺印。

当事人有正当理由不能宣读保证书的，由书记员宣读并进行说明。

第六十六条　当事人无正当理由拒不到场、拒不签署或宣读保证书或者拒不接受询问的，人民法院应当综合案件情况，判断待证事实的真伪。待证事实无其他证据证明的，人民法院应当作出不利于该当事人的认定。

第六十七条　不能正确表达意思的人，不能作为证人。

待证事实与其年龄、智力状况或者精神健康状况相适应的无民事行为能力人和限制民事行为能力人，可以作为证人。

第六十八条　人民法院应当要求证人出庭作证，接受审判人员和当事人的询问。证人在审理前的准备阶段或者人民法院调查、询问等双方当事人在场时陈述证言的，视为出庭作证。

双方当事人同意证人以其他方式作证并经人民法院准许的，证人可以不出庭作证。

无正当理由未出庭的证人以书面等方式提供的证言，不得作为认定案件事实的根据。

第六十九条　当事人申请证人出庭作证的，应当在举证期限届满前向人民法院提交申请书。

申请书应当载明证人的姓名、职业、住所、联系方式，作证的主要内容，作证内容与待证事实的关联性，以及证人出庭作证的必要性。

符合《最高人民法院关于适用〈中华人民共和国民事诉讼法〉的解释》第九十六条第一款规定情形的，人民法院应当依职权通知证人出庭作证。

第七十条　人民法院准许证人出庭作证申请的，应当向证人送达通知书并告知双方当事人。通知书中应当载明证人作证的时间、地点,作证的事项、要求以及作伪证的法律后果等内容。

当事人申请证人出庭作证的事项与待证事实无关,或者没有通知证人出庭作证必要的,人民法院不予准许当事人的申请。

第七十一条 人民法院应当要求证人在作证之前签署保证书,并在法庭上宣读保证书的内容。但无民事行为能力人和限制民事行为能力人作为证人的除外。

证人确有正当理由不能宣读保证书的,由书记员代为宣读并进行说明。

证人拒绝签署或者宣读保证书的,不得作证,并自行承担相关费用。

证人保证书的内容适用当事人保证书的规定。

第七十二条 证人应当客观陈述其亲身感知的事实,作证时不得使用猜测、推断或者评论性语言。

证人作证前不得旁听法庭审理,作证时不得以宣读事先准备的书面材料的方式陈述证言。

证人言辞表达有障碍的,可以通过其他表达方式作证。

第七十三条 证人应当就其作证的事项进行连续陈述。

当事人及其法定代理人、诉讼代理人或者旁听人员干扰证人陈述的,人民法院应当及时制止,必要时可以依照民事诉讼法第一百一十条的规定进行处罚。

第七十四条 审判人员可以对证人进行询问。当事人及其诉讼代理人经审判人员许可后可以询问证人。

询问证人时其他证人不得在场。

人民法院认为有必要的,可以要求证人之间进行对质。

第七十五条 证人出庭作证后,可以向人民法院申请支付证人出庭作证费用。证人有困难需要预先支取出庭作证费用的,人民法院可以根据证人的申请在出庭作证前支付。

第七十六条 证人确有困难不能出庭作证,申请以书面证言、视听传输技术或者视听资料等方式作证的,应当向人民法院提交申请书。申请书中应当载明不能出庭的具体原因。

符合民事诉讼法第七十三条规定情形的,人民法院应当准许。

第七十七条 证人经人民法院准许,以书面证言方式作证的,应当签署保证书;以视听传输技术或者视听资料方式作证的,应当签署保证书并宣读保证书的内容。

第七十八条 当事人及其诉讼代理人对证人的询问与待证事实无关,或者存在威胁、侮辱证人或不适当引导等情形的,审判人员应当及时制止。必要时可以依照民事诉讼法第一百一十条、第一百一十一条的规定进行处罚。

证人故意作虚假陈述,诉讼参与人或者其他人以暴力、威胁、贿买等方法妨碍证人作证,或者在证人作证后以侮辱、诽谤、诬陷、恐吓、殴打等方式对证人打击报复的,人民法院应当根据情节,依照民事诉讼法第一百一十一条的规定,对行为人进行处罚。

第七十九条 鉴定人依照民事诉讼法第七十八条的规定出庭作证的,人民法院应当在开庭审理三日前将出庭的时间、地点及要求通知鉴定人。

委托机构鉴定的,应当由从事鉴定的人员代表机构出庭。

第八十条 鉴定人应当就鉴定事项如实答复当事人的异议和审判人员的询问。当庭答复确有困难的,经人民法院准许,可以在庭审结束后书面答复。

人民法院应当及时将书面答复送交当事人,并听取当事人的意见。必要时,可以再次组织质证。

第八十一条 鉴定人拒不出庭作证的,鉴定意见不得作为认定案件事实的根据。人民法院应当建议有关主管部门或者组织对拒不出庭作证的鉴定人予以处罚。

当事人要求退还鉴定费用的,人民法院应当在三日内作出裁定,责令鉴定人退还;拒不退还的,由人民法院依法执行。

当事人因鉴定人拒不出庭作证申请重新鉴定的,人民法院应当准许。

第八十二条 经法庭许可,当事人可以询问鉴定人、勘验人。

询问鉴定人、勘验人不得使用威胁、侮辱等不适当的言语和方式。

第八十三条 当事人依照民事诉讼法第七十九条和《最高人民法院关于适用〈中华人民共和国民事诉讼法〉的解释》第一百二十二条的规定,申请有专门知识的人出庭的,申请书中应当载明有专门知识的人的基本情况和申请的目的。

人民法院准许当事人申请的,应当通知双方当事人。

第八十四条 审判人员可以对有专门知识的人进行询问。经法庭准许,当事人可以对有专门知识的人进行询问，当事人各自申请的有专门知识的人可以就案件中的有关问题进行对质。

有专门知识的人不得参与对鉴定意见质证或者就专业问题发表意见之外的法庭审理活动。

五、证据的审核认定

第八十五条 人民法院应当以证据能够证明的案件事实为根据依法作出裁判。

审判人员应当依照法定程序，全面、客观地审核证据，依据法律的规定，遵循法官职业道德，运用逻辑推理和日常生活经验，对证据有无证明力和证明力大小独立进行判断，并公开判断的理由和结果。

第八十六条 当事人对于欺诈、胁迫、恶意串通事实的证明，以及对于口头遗嘱或赠与事实的证明，人民法院确信该待证事实存在的可能性能够排除合理怀疑的，应当认定该事实存在。

与诉讼保全、回避等程序事项有关的事实，人民法院结合当事人的说明及相关证据，认为有关事实存在的可能性较大的，可以认定该事实存在。

第八十七条 审判人员对单一证据可以从下列方面进行审核认定：

（一）证据是否为原件、原物，复制件、复制品与原件、原物是否相符；

（二）证据与本案事实是否相关；

（三）证据的形式、来源是否符合法律规定；

（四）证据的内容是否真实；

（五）证人或者提供证据的人与当事人有无利害关系。

第八十八条 审判人员对案件的全部证据，应当从各证据与案件事实的关联程度、各证据之间的联系等方面进行综合审查判断。

第八十九条 当事人在诉讼过程中认可的证据，人民法院应当予以确认。但法律、司法解释另有规定的除外。

当事人对认可的证据反悔的，参照《最高人民法院关于适用〈中华人民共和国民事诉讼法〉的解释》第二百二十九条的规定处理。

第九十条 下列证据不能单独作为认定案件事实的根据：

（一）当事人的陈述；

（二）无民事行为能力人或者限制民事行为能力人所作的与其年龄、智力状况或者精神健康状况不相当的证言；

（三）与一方当事人或者其代理人有利害关系的证人陈述的证言；

（四）存有疑点的视听资料、电子数据；

（五）无法与原件、原物核对的复制件、复制品。

第九十一条 公文书证的制作者根据文书原件制作的载有部分或者全部内容的副本，与正本具有相同的证明力。

在国家机关存档的文件，其复制件、副本、节录本经档案部门或者制作原本的机关证明其内容与原本一致的，该复制件、副本、节录本具有与原本相同的证明力。

第九十二条 私文书证的真实性，由主张以私文书证证明案件事实的当事人承担举证责任。

私文书证由制作者或者其代理人签名、盖章或捺印的，推定为真实。

私文书证上有删除、涂改、增添或者其他形式瑕疵的，人民法院应当综合案件的具体情况判断其证明力。

第九十三条 人民法院对于电子数据的真实性，应当结合下列因素综合判断：

（一）电子数据的生成、存储、传输所依赖的计算机系统的硬件、软件环境是否完整、可靠；

（二）电子数据的生成、存储、传输所依赖的计算机系统的硬件、软件环境是否处于正常运行状态，或者不处于正常运行状态时对电子数据的生成、存储、传输是否有影响；

（三）电子数据的生成、存储、传输所依赖的计算机系统的硬件、软件环境是否具备有效的防止出错的监测、核查手段；

（四）电子数据是否被完整地保存、传输、提取，保存、传输、提取的方法是否可靠；

（五）电子数据是否在正常的往来活动中形成和存储；

（六）保存、传输、提取电子数据的主体是否适当；

（七）影响电子数据完整性和可靠性的其他因素。

人民法院认为有必要的，可以通过鉴定或者勘验等方法，审查判断电子数据的真实性。

第九十四条 电子数据存在下列情形的，人民法院可以确认其真实性，但有足以反驳的相反证据的除外：

（一）由当事人提交或者保管的于己不利的电子数据；

（二）由记录和保存电子数据的中立第三方平台提供或者确认的；

（三）在正常业务活动中形成的；

（四）以档案管理方式保管的；

（五）以当事人约定的方式保存、传输、提取的。

电子数据的内容经公证机关公证的，人民法院应当确认其真实性，但有相反证据足以推翻的除外。

第九十五条 一方当事人控制证据无正当理由拒不提交，对待证事实负有举证责任的当事人主张该证据的内容不利于控制人的，人民法院可以认定该主张成立。

第九十六条 人民法院认定证人证言，可以通过对证人的智力状况、品德、知识、经验、法律意识和专业技能等的综合分析作出判断。

第九十七条 人民法院应当在裁判文书中阐明证据是否采纳的理由。

对当事人无争议的证据，是否采纳的理由可以不在裁判文书中表述。

六、其　　他

第九十八条 对证人、鉴定人、勘验人的合法权益依法予以保护。

当事人或者其他诉讼参与人伪造、毁灭证据，提供虚假证据，阻止证人作证，指使、贿买、胁迫他人作伪证，或者对证人、鉴定人、勘验人打击报复的，依照民事诉讼法第一百一十条、第一百一十一条的规定进行处罚。

第九十九条 本规定对证据保全没有规定的，参照适用法律、司法解释关于财产保全的规定。

除法律、司法解释另有规定外，对当事人、鉴定人、有专门知识的人的询问参照适用本规定中关于询问证人的规定；关于书证的规定适用于视听资料、电子数据；存储在电子计算机等电子介质中的视听资料，适用电子数据的规定。

第一百条 本规定自2020年5月1日起施行。

本规定公布施行后，最高人民法院以前发布的司法解释与本规定不一致的，不再适用。

最高人民法院关于适用《中华人民共和国民事诉讼法》审判监督程序若干问题的解释

［2008年11月10日最高人民法院审判委员会第1453次会议通过、2008年11月25日公布、自2008年12月1日起施行(法释〔2008〕14号)　根据2020年12月23日最高人民法院审判委员会第1823次会议通过、2020年12月29日公布、自2021年1月1日起施行的《最高人民法院关于修改〈最高人民法院关于人民法院民事调解工作若干问题的规定〉等十九件民事诉讼类司法解释的决定》(法释〔2020〕20号)修正］

为了保障当事人申请再审权利,规范审判监督程序,维护各方当事人的合法权益,根据《中华人民共和国民事诉讼法》,结合审判实践,对审判监督程序中适用法律的若干问题作出如下解释:

第一条　当事人在民事诉讼法第二百零五条规定的期限内,以民事诉讼法第二百条所列明的再审事由,向原审人民法院的上一级人民法院申请再审的,上一级人民法院应当依法受理。

第二条　民事诉讼法第二百零五条规定的申请再审期间不适用中止、中断和延长的规定。

第三条　当事人申请再审,应当向人民法院提交再审申请书,并按照对方当事人人数提出副本。

人民法院应当审查再审申请书是否载明下列事项:

(一)申请再审人与对方当事人的姓名、住所及有效联系方式等基本情况;法人或其他组织的名称、住所和法定代表人或主要负责人的姓名、职务及有效联系方式等基本情况;

(二)原审人民法院的名称,原判决、裁定、调解文书案号;

(三)申请再审的法定情形及具体事实、理由;

(四)具体的再审请求。

第四条 当事人申请再审,应当向人民法院提交已经发生法律效力的判决书、裁定书、调解书,身份证明及相关证据材料。

第五条 申请再审人提交的再审申请书或者其他材料不符合本解释第三条、第四条的规定,或者有人身攻击等内容,可能引起矛盾激化的,人民法院应当要求申请再审人补充或改正。

第六条 人民法院应当自收到符合条件的再审申请书等材料后五日内完成向申请再审人发送受理通知书等受理登记手续,并向对方当事人发送受理通知书及再审申请书副本。

第七条 人民法院受理再审申请后,应当组成合议庭予以审查。

第八条 人民法院对再审申请的审查,应当围绕再审事由是否成立进行。

第九条 民事诉讼法第二百条第(五)项规定的"对审理案件需要的主要证据",是指人民法院认定案件基本事实所必须的证据。

第十条 原判决、裁定对基本事实和案件性质的认定系根据其他法律文书作出,而上述其他法律文书被撤销或变更的,人民法院可以认定为民事诉讼法第二百条第(十二)项规定的情形。

第十一条 人民法院经审查再审申请书等材料,认为申请再审事由成立的,应当进行裁定再审。

当事人申请再审超过民事诉讼法第二百零五条规定的期限,或者超出民事诉讼法第二百条所列明的再审事由范围的,人民法院应当裁定驳回再审申请。

第十二条 人民法院认为仅审查再审申请书等材料难以作出裁定的,应当调阅原审卷宗予以审查。

第十三条 人民法院可以根据案情需要决定是否询问当事人。

以有新的证据足以推翻原判决、裁定为由申请再审的,人民法院应当询问当事人。

第十四条 在审查再审申请过程中,对方当事人也申请再审的,人民法院应当将其列为申请再审人,对其提出的再审申请一并审查。

第十五条 申请再审人在案件审查期间申请撤回再审申请的,是否准许，由人民法院裁定。

申请再审人经传票传唤，无正当理由拒不接受询问，可以裁定按撤回再审申请处理。

第十六条 人民法院经审查认为申请再审事由不成立的，应当裁定驳回再审申请。

驳回再审申请的裁定一经送达，即发生法律效力。

第十七条 人民法院审查再审申请期间，人民检察院对该案提出抗诉的，人民法院应依照民事诉讼法第二百一十一条的规定裁定再审。申请再审人提出的具体再审请求应纳入审理范围。

第十八条 上一级人民法院经审查认为申请再审事由成立的，一般由本院提审。最高人民法院、高级人民法院也可以指定与原审人民法院同级的其他人民法院再审，或者指令原审人民法院再审。

第十九条 上一级人民法院可以根据案件的影响程度以及案件参与人等情况，决定是否指定再审。需要指定再审的，应当考虑便利当事人行使诉讼权利以及便利人民法院审理等因素。

接受指定再审的人民法院，应当按照民事诉讼法第二百零七条第一款规定的程序审理。

第二十条 有下列情形之一的，不得指令原审人民法院再审：

（一）原审人民法院对该案无管辖权的；

（二）审判人员在审理该案件时有贪污受贿，徇私舞弊，枉法裁判行为的；

（三）原判决、裁定系经原审人民法院审判委员会讨论作出的；

（四）其他不宜指令原审人民法院再审的。

第二十一条 当事人未申请再审、人民检察院未抗诉的案件，人民法院发现原判决、裁定、调解协议有损害国家利益、社会公共利益等确有错误情形的；应当依照民事诉讼法第一百九十八条的规定提起再审。

第二十二条 人民法院应当依照民事诉讼法第二百零七条的规定，按照第一审程序或者第二审程序审理再审案件。

人民法院审理再审案件应当开庭审理。但按照第二审程序审理的，双方当事人已经其他方式充分表达意见，且书面同意不开庭审理的除外。

第二十三条 申请再审人在再审期间撤回再审申请的，是否准许由人民法院裁定。裁定准许的,应终结再审程序。申请再审人经传票传唤,无正当理由拒不到庭的,或者未经法庭许可中途退庭的,可以裁定按自动撤回再审申请处理。

人民检察院抗诉再审的案件,申请抗诉的当事人有前款规定的情形,且不损害国家利益、社会公共利益或第三人利益的,人民法院应当裁定终结再审程序;人民检察院撤回抗诉的,应当准予。

终结再审程序的,恢复原判决的执行。

第二十四条 按照第一审程序审理再审案件时,一审原告申请撤回起诉的,是否准许由人民法院裁定。裁定准许的,应当同时裁定撤销原判决、裁定、调解书。

第二十五条 当事人在再审审理中经调解达成协议的,人民法院应当制作调解书。调解书经各方当事人签收后,即具有法律效力,原判决、裁定视为被撤销。

第二十六条 人民法院经再审审理认为,原判决、裁定认定事实清楚、适用法律正确的,应予维持;原判决、裁定在认定事实、适用法律、阐述理由方面虽有瑕疵,但裁判结果正确的,人民法院应在再审判决、裁定中纠正上述瑕疵后予以维持。

第二十七条 人民法院按照第二审程序审理再审案件,发现原判决认定事实错误或者认定事实不清的,应当在查清事实后改判。但原审人民法院便于查清事实,化解纠纷的,可以裁定撤销原判决,发回重审;原审程序遗漏必须参加诉讼的当事人且无法达成调解协议,以及其他违反法定程序不宜在再审程序中直接作出实体处理的,应当裁定撤销原判决,发回重审。

第二十八条 人民法院以调解方式审结的案件裁定再审后,经审理发现申请再审人提出的调解违反自愿原则的事由不成立,且调解协议的内容不违反法律强制性规定的,应当裁定驳回再审申请,并恢复原调解书的执行。

第二十九条 民事再审案件的当事人应为原审案件的当事人。原审案件当事人死亡或者终止的,其权利义务承受人可以申请再审并参加再审诉讼。

第三十条 本院以前发布的司法解释与本解释不一致的,以本解释为准。本解释未作规定的,按照以前的规定执行。

最高人民法院关于适用《中华人民共和国民事诉讼法》执行程序若干问题的解释

［2008年9月8日最高人民法院审判委员会第1452次会议通过、2008年11月3日公布、自2009年1月1日起施行（法释〔2008〕13号）　根据2020年12月23日最高人民法院审判委员会第1823次会议通过、2020年12月29日公布、自2021年1月1日起施行的《最高人民法院关于修改〈最高人民法院关于人民法院扣押铁路运输货物若干问题的规定〉等十八件执行类司法解释的决定》（法释〔2020〕21号）修正］

为了依法及时有效地执行生效法律文书，维护当事人的合法权益，根据《中华人民共和国民事诉讼法》（以下简称民事诉讼法），结合人民法院执行工作实际，对执行程序中适用法律的若干问题作出如下解释：

第一条　申请执行人向被执行的财产所在地人民法院申请执行的，应当提供该人民法院辖区有可供执行财产的证明材料。

第二条　对两个以上人民法院都有管辖权的执行案件，人民法院在立案前发现其他有管辖权的人民法院已经立案的，不得重复立案。

立案后发现其他有管辖权的人民法院已经立案的，应当撤销案件；已经采取执行措施的，应当将控制的财产交先立案的执行法院处理。

第三条　人民法院受理执行申请后，当事人对管辖权有异议的，应当自收到执行通知书之日起十日内提出。

人民法院对当事人提出的异议，应当审查。异议成立的，应当撤销执行案件，并告知当事人向有管辖权的人民法院申请执行；异议不成立的，裁定驳回。当事人对裁定不服的，可以向上一级人民法院申请复议。

管辖权异议审查和复议期间，不停止执行。

第四条 对人民法院采取财产保全措施的案件,申请执行人向采取保全措施的人民法院以外的其他有管辖权的人民法院申请执行的,采取保全措施的人民法院应当将保全的财产交执行法院处理。

第五条 执行过程中,当事人、利害关系人认为执行法院的执行行为违反法律规定的,可以依照民事诉讼法第二百二十五条的规定提出异议。

执行法院审查处理执行异议,应当自收到书面异议之日起十五日内作出裁定。

第六条 当事人、利害关系人依照民事诉讼法第二百二十五条规定申请复议的,应当采取书面形式。

第七条 当事人、利害关系人申请复议的书面材料,可以通过执行法院转交,也可以直接向执行法院的上一级人民法院提交。

执行法院收到复议申请后,应当在五日内将复议所需的案卷材料报送上一级人民法院;上一级人民法院收到复议申请后,应当通知执行法院在五日内报送复议所需的案卷材料。

第八条 当事人、利害关系人依照民事诉讼法第二百二十五条规定申请复议的,上一级人民法院应当自收到复议申请之日起三十日内审查完毕,并作出裁定。有特殊情况需要延长的,经本院院长批准,可以延长,延长的期限不得超过三十日。

第九条 执行异议审查和复议期间,不停止执行。

被执行人、利害关系人提供充分、有效的担保请求停止相应处分措施的,人民法院可以准许;申请执行人提供充分、有效的担保请求继续执行的,应当继续执行。

第十条 依照民事诉讼法第二百二十六条的规定,有下列情形之一的,上一级人民法院可以根据申请执行人的申请,责令执行法院限期执行或者变更执行法院:

(一)债权人申请执行时被执行人有可供执行的财产,执行法院自收到申请执行书之日起超过六个月对该财产未执行完结的;

(二)执行过程中发现被执行人可供执行的财产,执行法院自发现财产之日起超过六个月对该财产未执行完结的;

(三)对法律文书确定的行为义务的执行,执行法院自收到申请执行书之日起超过六个月未依法采取相应执行措施的;

（四）其他有条件执行超过六个月未执行的。

第十一条　上一级人民法院依照民事诉讼法第二百二十六条规定责令执行法院限期执行的，应当向其发出督促执行令，并将有关情况书面通知申请执行人。

上一级人民法院决定由本院执行或者指令本辖区其他人民法院执行的，应当作出裁定，送达当事人并通知有关人民法院。

第十二条　上一级人民法院责令执行法院限期执行，执行法院在指定期间内无正当理由仍未执行完结的，上一级人民法院应当裁定由本院执行或者指令本辖区其他人民法院执行。

第十三条　民事诉讼法第二百二十六条规定的六个月期间，不应当计算执行中的公告期间、鉴定评估期间、管辖争议处理期间、执行争议协调期间、暂缓执行期间以及中止执行期间。

第十四条　案外人对执行标的主张所有权或者有其他足以阻止执行标的转让、交付的实体权利的，可以依照民事诉讼法第二百二十七条的规定，向执行法院提出异议。

第十五条　案外人异议审查期间，人民法院不得对执行标的进行处分。

案外人向人民法院提供充分、有效的担保请求解除对异议标的的查封、扣押、冻结的，人民法院可以准许；申请执行人提供充分、有效的担保请求继续执行的，应当继续执行。

因案外人提供担保解除查封、扣押、冻结有错误，致使该标的无法执行的，人民法院可以直接执行担保财产；申请执行人提供担保请求继续执行有错误，给对方造成损失的，应当予以赔偿。

第十六条　案外人执行异议之诉审理期间，人民法院不得对执行标的进行处分。申请执行人请求人民法院继续执行并提供相应担保的，人民法院可以准许。

案外人请求解除查封、扣押、冻结或者申请执行人请求继续执行有错误，给对方造成损失的，应当予以赔偿。

第十七条　多个债权人对同一被执行人申请执行或者对执行财产申请参与分配的，执行法院应当制作财产分配方案，并送达各债权人和被执行人。债权人或者被执行人对分配方案有异议的，应当自收到分配方案之日起十五日内向执行法院提出书面异议。

第十八条 债权人或者被执行人对分配方案提出书面异议的，执行法院应当通知未提出异议的债权人或被执行人。

未提出异议的债权人、被执行人收到通知之日起十五日内未提出反对意见的，执行法院依异议人的意见对分配方案审查修正后进行分配；提出反对意见的，应当通知异议人。异议人可以自收到通知之日起十五日内，以提出反对意见的债权人、被执行人为被告，向执行法院提起诉讼；异议人逾期未提起诉讼的，执行法院依原分配方案进行分配。

诉讼期间进行分配的，执行法院应当将与争议债权数额相应的款项予以提存。

第十九条 在申请执行时效期间的最后六个月内，因不可抗力或者其他障碍不能行使请求权的，申请执行时效中止。从中止时效的原因消除之日起，申请执行时效期间继续计算。

第二十条 申请执行时效因申请执行、当事人双方达成和解协议、当事人一方提出履行要求或者同意履行义务而中断。从中断时起，申请执行时效期间重新计算。

第二十一条 生效法律文书规定债务人负有不作为义务的，申请执行时效期间从债务人违反不作为义务之日起计算。

第二十二条 执行员依照民事诉讼法第二百四十条规定立即采取强制执行措施的，可以同时或者自采取强制执行措施之日起三日内发送执行通知书。

第二十三条 依照民事诉讼法第二百五十五条规定对被执行人限制出境的，应当由申请执行人向执行法院提出书面申请；必要时，执行法院可以依职权决定。

第二十四条 被执行人为单位的，可以对其法定代表人、主要负责人或者影响债务履行的直接责任人员限制出境。

被执行人为无民事行为能力人或者限制民事行为能力人的，可以对其法定代理人限制出境。

第二十五条 在限制出境期间，被执行人履行法律文书确定的全部债务的，执行法院应当及时解除限制出境措施；被执行人提供充分、有效的担保或者申请执行人同意的，可以解除限制出境措施。

第二十六条 依照民事诉讼法第二百五十五条的规定，执行法院可以依职权或者依申请执行人的申请，将被执行人不履行法律文书确定义务的信息，通过报纸、广播、电视、互联网等媒体公布。

媒体公布的有关费用，由被执行人负担；申请执行人申请在媒体公布的，应当垫付有关费用。

第二十七条　本解释施行前本院公布的司法解释与本解释不一致的，以本解释为准。

人民检察院民事诉讼监督规则

（2021年2月9日最高人民检察院第十三届检察委员会第六十二次会议通过　2021年6月26日公布　高检发释字〔2021〕1号　自2021年8月1日起施行）

第一章　总　　则

第一条　为了保障和规范人民检察院依法履行民事检察职责，根据《中华人民共和国民事诉讼法》《中华人民共和国人民检察院组织法》和其他有关规定，结合人民检察院工作实际，制定本规则。

第二条　人民检察院依法独立行使检察权，通过办理民事诉讼监督案件，维护司法公正和司法权威，维护国家利益和社会公共利益，维护自然人、法人和非法人组织的合法权益，保障国家法律的统一正确实施。

第三条　人民检察院通过抗诉、检察建议等方式，对民事诉讼活动实行法律监督。

第四条　人民检察院办理民事诉讼监督案件，应当以事实为根据，以法律为准绳，坚持公开、公平、公正和诚实信用原则，尊重和保障当事人的诉讼权利，监督和支持人民法院依法行使审判权和执行权。

第五条　负责控告申诉检察、民事检察、案件管理的部门分别承担民事诉讼监督案件的受理、办理、管理工作，各部门互相配合，互相制约。

第六条　人民检察院办理民事诉讼监督案件，实行检察官办案责任制，由检察官、检察长、检察委员会在各自职权范围内对办案事项作出决定，并依照规定承担相应司法责任。

第七条 人民检察院办理民事诉讼监督案件,根据案件情况,可以由一名检察官独任办理,也可以由两名以上检察官组成办案组办理。由检察官办案组办理的,检察长应当指定一名检察官担任主办检察官,组织、指挥办案组办理案件。

检察官办理案件,可以根据需要配备检察官助理、书记员、司法警察、检察技术人员等检察辅助人员。检察辅助人员依照有关规定承担相应的检察辅助事务。

第八条 最高人民检察院领导地方各级人民检察院和专门人民检察院的民事诉讼监督工作,上级人民检察院领导下级人民检察院的民事诉讼监督工作。

上级人民检察院认为下级人民检察院的决定错误的,有权指令下级人民检察院纠正,或者依法撤销、变更。上级人民检察院的决定,应当以书面形式作出,下级人民检察院应当执行。下级人民检察院对上级人民检察院的决定有不同意见的,可以在执行的同时向上级人民检察院报告。

上级人民检察院可以依法统一调用辖区的检察人员办理民事诉讼监督案件,调用的决定应当以书面形式作出。被调用的检察官可以代表办理案件的人民检察院履行相关检察职责。

第九条 人民检察院检察长或者检察长委托的副检察长在同级人民法院审判委员会讨论民事抗诉案件或者其他与民事诉讼监督工作有关的议题时,可以依照有关规定列席会议。

第十条 人民检察院办理民事诉讼监督案件,实行回避制度。

第十一条 检察人员办理民事诉讼监督案件,应当秉持客观公正的立场,自觉接受监督。

检察人员不得接受当事人及其诉讼代理人、特定关系人、中介组织请客送礼或者其他利益,不得违反规定会见当事人及其委托的人。

检察人员有收受贿赂、徇私枉法等行为的,应当追究纪律责任和法律责任。

检察人员对过问或者干预、插手民事诉讼监督案件办理等重大事项的行为,应当按照有关规定全面、如实、及时记录、报告。

第二章　回　　避

第十二条　检察人员有《中华人民共和国民事诉讼法》第四十四条规定情形之一的，应当自行回避，当事人有权申请他们回避。

前款规定，适用于书记员、翻译人员、鉴定人、勘验人等。

第十三条　检察人员自行回避的，可以口头或者书面方式提出，并说明理由。口头提出申请的，应当记录在卷。

第十四条　当事人申请回避，应当在人民检察院作出提出抗诉或者检察建议等决定前以口头或者书面方式提出，并说明理由。口头提出申请的，应当记录在卷。根据《中华人民共和国民事诉讼法》第四十四条第二款规定提出回避申请的，应当提供相关证据。

被申请回避的人员在人民检察院作出是否回避的决定前，应当暂停参与本案工作，但案件需要采取紧急措施的除外。

第十五条　检察人员有应当回避的情形，没有自行回避，当事人也没有申请其回避的，由检察长或者检察委员会决定其回避。

第十六条　检察长的回避，由检察委员会讨论决定；检察人员和其他人员的回避，由检察长决定。检察委员会讨论检察长回避问题时，由副检察长主持，检察长不得参加。

第十七条　人民检察院对当事人提出的回避申请，应当在三日内作出决定，并通知申请人。申请人对决定不服的，可以在接到决定时向原决定机关申请复议一次。人民检察院应当在三日内作出复议决定，并通知复议申请人。复议期间，被申请回避的人员不停止参与本案工作。

第三章　受　　理

第十八条　民事诉讼监督案件的来源包括：

（一）当事人向人民检察院申请监督；

（二）当事人以外的自然人、法人和非法人组织向人民检察院控告；

（三）人民检察院在履行职责中发现。

第十九条　有下列情形之一的，当事人可以向人民检察院申请监督：

（一）已经发生法律效力的民事判决、裁定、调解书符合《中华人民共和国民事诉讼法》第二百零九条第一款规定的；

（二）认为民事审判程序中审判人员存在违法行为的；

（三）认为民事执行活动存在违法情形的。

第二十条 当事人依照本规则第十九条第一项规定向人民检察院申请监督，应当在人民法院作出驳回再审申请裁定或者再审判决、裁定发生法律效力之日起两年内提出。

本条规定的期间为不变期间，不适用中止、中断、延长的规定。

人民检察院依职权启动监督程序的案件，不受本条第一款规定期限的限制。

第二十一条 当事人向人民检察院申请监督，应当提交监督申请书、身份证明、相关法律文书及证据材料。提交证据材料的，应当附证据清单。

申请监督材料不齐备的，人民检察院应当要求申请人限期补齐，并一次性明确告知应补齐的全部材料。申请人逾期未补齐的，视为撤回监督申请。

第二十二条 本规则第二十一条规定的监督申请书应当记明下列事项：

（一）申请人的姓名、性别、年龄、民族、职业、工作单位、住所、有效联系方式，法人或者非法人组织的名称、住所和法定代表人或者主要负责人的姓名、职务、有效联系方式；

（二）其他当事人的姓名、性别、工作单位、住所、有效联系方式等信息，法人或者非法人组织的名称、住所、负责人、有效联系方式等信息；

（三）申请监督请求；

（四）申请监督的具体法定情形及事实、理由。

申请人应当按照其他当事人的人数提交监督申请书副本。

第二十三条 本规则第二十一条规定的身份证明包括：

（一）自然人的居民身份证、军官证、士兵证、护照等能够证明本人身份的有效证件；

（二）法人或者非法人组织的统一社会信用代码证书或者营业执照副本、组织机构代码证书和法定代表人或者主要负责人的身份证明等有效证照。

对当事人提交的身份证明，人民检察院经核对无误留存复印件。

第二十四条 本规则第二十一条规定的相关法律文书是指人民法院在该案件诉讼过程中作出的全部判决书、裁定书、决定书、调解书等法律文书。

第二十五条 当事人申请监督，可以依照《中华人民共和国民事诉讼法》的规定委托诉讼代理人。

第二十六条 当事人申请监督符合下列条件的,人民检察院应当受理:

(一)符合本规则第十九条的规定;

(二)申请人提供的材料符合本规则第二十一条至第二十四条的规定;

(三)属于本院受理案件范围;

(四)不具有本规则规定的不予受理情形。

第二十七条 当事人根据《中华人民共和国民事诉讼法》第二百零九条第一款的规定向人民检察院申请监督,有下列情形之一的,人民检察院不予受理:

(一)当事人未向人民法院申请再审的;

(二)当事人申请再审超过法律规定的期限的,但不可归责于其自身原因的除外;

(三)人民法院在法定期限内正在对民事再审申请进行审查的;

(四)人民法院已经裁定再审且尚未审结的;

(五)判决、调解解除婚姻关系的,但对财产分割部分不服的除外;

(六)人民检察院已经审查终结作出决定的;

(七)民事判决、裁定、调解书是人民法院根据人民检察院的抗诉或者再审检察建议再审后作出的;

(八)申请监督超过本规则第二十条规定的期限的;

(九)其他不应受理的情形。

第二十八条 当事人认为民事审判程序或者执行活动存在违法情形,向人民检察院申请监督,有下列情形之一的,人民检察院不予受理:

(一)法律规定可以提出异议、申请复议或者提起诉讼,当事人没有提出异议、申请复议或者提起诉讼的,但有正当理由的除外;

(二)当事人提出异议、申请复议或者提起诉讼后,人民法院已经受理并正在审查处理的,但超过法定期限未作出处理的除外;

(三)其他不应受理的情形。

当事人对审判、执行人员违法行为申请监督的,不受前款规定的限制。

第二十九条 当事人根据《中华人民共和国民事诉讼法》第二百零九条第一款的规定向人民检察院申请检察建议或者抗诉,由作出生效民事判决、裁定、调解书的人民法院所在地同级人民检察院负责控告申诉检察的部门受理。

人民法院裁定驳回再审申请或者逾期未对再审申请作出裁定，当事人向人民检察院申请监督的，由作出原生效民事判决、裁定、调解书的人民法院所在地同级人民检察院受理。

第三十条　当事人认为民事审判程序中审判人员存在违法行为或者民事执行活动存在违法情形，向人民检察院申请监督的，由审理、执行案件的人民法院所在地同级人民检察院负责控告申诉检察的部门受理。

当事人不服上级人民法院作出的复议裁定、决定等，提出监督申请的，由上级人民法院所在地同级人民检察院受理。人民检察院受理后，可以根据需要依照本规则有关规定将案件交由原审理、执行案件的人民法院所在地同级人民检察院办理。

第三十一条　当事人认为人民检察院不依法受理其监督申请的，可以向上一级人民检察院申请监督。上一级人民检察院认为当事人监督申请符合受理条件的，应当指令下一级人民检察院受理，必要时也可以直接受理。

第三十二条　人民检察院负责控告申诉检察的部门对监督申请，应当根据以下情形作出处理：

（一）符合受理条件的，应当依照本规则规定作出受理决定；

（二）不属于本院受理案件范围的，应当告知申请人向有关人民检察院申请监督；

（三）不属于人民检察院主管范围的，应当告知申请人向有关机关反映；

（四）不符合受理条件，且申请人不撤回监督申请的，可以决定不予受理。

第三十三条　负责控告申诉检察的部门应当在决定受理之日起三日内制作《受理通知书》，发送申请人，并告知其权利义务；同时将《受理通知书》和监督申请书副本发送其他当事人，并告知其权利义务。其他当事人可以在收到监督申请书副本之日起十五日内提出书面意见，不提出意见的不影响人民检察院对案件的审查。

第三十四条　负责控告申诉检察的部门应当在决定受理之日起三日内将案件材料移送本院负责民事检察的部门，同时将《受理通知书》抄送本院负责案件管理的部门。负责控告申诉检察的部门收到其他当事人提交的书面意见等材料，应当及时移送负责民事检察的部门。

第三十五条　当事人以外的自然人、法人和非法人组织认为人民法院民事审判程序中审判人员存在违法行为或者民事执行活动存在违法情形等，可以向同级人民检察院控告。控告由人民检察院负责控告申诉检察的部门受理。

负责控告申诉检察的部门对收到的控告,应当依据《人民检察院信访工作规定》等办理。

第三十六条　负责控告申诉检察的部门可以依据《人民检察院信访工作规定》,向下级人民检察院交办涉及民事诉讼监督的信访案件。

第三十七条　人民检察院在履行职责中发现民事案件有下列情形之一的,应当依职权启动监督程序:

(一)损害国家利益或者社会公共利益的;

(二)审判、执行人员有贪污受贿,徇私舞弊,枉法裁判等违法行为的;

(三)当事人存在虚假诉讼等妨害司法秩序行为的;

(四)人民法院作出的已经发生法律效力的民事公益诉讼判决、裁定、调解书确有错误,审判程序中审判人员存在违法行为,或者执行活动存在违法情形的;

(五)依照有关规定需要人民检察院跟进监督的;

(六)具有重大社会影响等确有必要进行监督的情形。

人民检察院对民事案件依职权启动监督程序,不受当事人是否申请再审的限制。

第三十八条　下级人民检察院提请抗诉、提请其他监督等案件,由上一级人民检察院负责案件管理的部门受理。

依职权启动监督程序的民事诉讼监督案件,负责民事检察的部门应当到负责案件管理的部门登记受理。

第三十九条　负责案件管理的部门接收案件材料后,应当在三日内登记并将案件材料和案件登记表移送负责民事检察的部门;案件材料不符合规定的,应当要求补齐。

负责案件管理的部门登记受理后,需要通知当事人的,负责民事检察的部门应当制作《受理通知书》,并在三日内发送当事人。

第四章　审　　查

第一节　一般规定

第四十条　受理后的民事诉讼监督案件由负责民事检察的部门进行

审查。

第四十一条 上级人民检察院认为确有必要的,可以办理下级人民检察院受理的民事诉讼监督案件。

下级人民检察院对受理的民事诉讼监督案件,认为需要由上级人民检察院办理的,可以报请上级人民检察院办理。

第四十二条 上级人民检察院可以将受理的民事诉讼监督案件交由下级人民检察院办理,并限定办理期限。交办的案件应当制作《交办通知书》,并将有关材料移送下级人民检察院。下级人民检察院应当依法办理,不得将案件再行交办。除本规则第一百零七条规定外,下级人民检察院应当在规定期限内提出处理意见并报送上级人民检察院,上级人民检察院应当在法定期限内作出决定。

交办案件需要通知当事人的,应当制作《通知书》,并发送当事人。

第四十三条 人民检察院审查民事诉讼监督案件,应当围绕申请人的申请监督请求、争议焦点以及本规则第三十七条规定的情形,对人民法院民事诉讼活动是否合法进行全面审查。其他当事人在人民检察院作出决定前也申请监督的,应当将其列为申请人,对其申请监督请求一并审查。

第四十四条 申请人或者其他当事人对提出的主张,应当提供证据材料。人民检察院收到当事人提交的证据材料,应当出具收据。

第四十五条 人民检察院应当告知当事人有申请回避的权利,并告知办理案件的检察人员、书记员等的姓名、法律职务。

第四十六条 人民检察院审查案件,应当通过适当方式听取当事人意见,必要时可以听证或者调查核实有关情况,也可以依照有关规定组织专家咨询论证。

第四十七条 人民检察院审查案件,可以依照有关规定调阅人民法院的诉讼卷宗。

通过拷贝电子卷、查阅、复制、摘录等方式能够满足办案需要的,可以不调阅诉讼卷宗。

人民检察院认为确有必要,可以依照有关规定调阅人民法院的诉讼卷宗副卷,并采取严格保密措施。

第四十八条 承办检察官审查终结后,应当制作审查终结报告。审查终结报告应当全面、客观、公正地叙述案件事实,依据法律提出处理建议或者意见。

承办检察官通过审查监督申请书等材料即可以认定案件事实的，可以直接制作审查终结报告，提出处理建议或者意见。

第四十九条　承办检察官办理案件过程中，可以提请部门负责人召集检察官联席会议讨论。检察长、部门负责人在审核或者决定案件时，也可以召集检察官联席会议讨论。

检察官联席会议讨论情况和意见应当如实记录，由参加会议的检察官签名后附卷保存。部门负责人或者承办检察官不同意检察官联席会议多数人意见的，部门负责人应当报请检察长决定。

检察长认为必要的，可以提请检察委员会讨论决定。检察长、检察委员会对案件作出的决定，承办检察官应当执行。

第五十条　人民检察院对审查终结的案件，应当区分情况作出下列决定：

（一）提出再审检察建议；

（二）提请抗诉或者提请其他监督；

（三）提出抗诉；

（四）提出检察建议；

（五）终结审查；

（六）不支持监督申请；

（七）复查维持。

负责控告申诉检察的部门受理的案件，负责民事检察的部门应当将案件办理结果告知负责控告申诉检察的部门。

第五十一条　人民检察院在办理民事诉讼监督案件过程中，当事人有和解意愿的，可以引导当事人自行和解。

第五十二条　人民检察院受理当事人申请对人民法院已经发生法律效力的民事判决、裁定、调解书监督的案件，应当在三个月内审查终结并作出决定，但调卷、鉴定、评估、审计、专家咨询等期间不计入审查期限。

对民事审判程序中审判人员违法行为监督案件和对民事执行活动监督案件的审查期限，参照前款规定执行。

第五十三条　人民检察院办理民事诉讼监督案件，可以依照有关规定指派司法警察协助承办检察官履行调查核实、听证等职责。

第二节 听 证

第五十四条 人民检察院审查民事诉讼监督案件,认为确有必要的,可以组织有关当事人听证。

人民检察院审查民事诉讼监督案件,可以邀请与案件没有利害关系的人大代表、政协委员、人民监督员、特约检察员、专家咨询委员、人民调解员或者当事人所在单位、居住地的居民委员会、村民委员会成员以及专家、学者等其他社会人士参加公开听证,但该民事案件涉及国家秘密、个人隐私或者法律另有规定不得公开的除外。

第五十五条 人民检察院组织听证,由承办检察官主持,书记员负责记录。

听证一般在人民检察院专门听证场所内进行。

第五十六条 人民检察院组织听证,应当在听证三日前告知听证会参加人案由、听证时间和地点。

第五十七条 参加听证的当事人和其他相关人员应当按时参加听证,当事人无正当理由缺席或者未经许可中途退席的,不影响听证程序的进行。

第五十八条 听证应当围绕民事诉讼监督案件中的事实认定和法律适用等问题进行。

对当事人提交的证据材料和人民检察院调查取得的证据,应当充分听取各方当事人的意见。

第五十九条 听证会一般按照下列步骤进行:

(一)承办案件的检察官介绍案件情况和需要听证的问题;

(二)当事人及其他参加人就需要听证的问题分别说明情况;

(三)听证员向当事人或者其他参加人提问;

(四)主持人宣布休会,听证员就听证事项进行讨论;

(五)主持人宣布复会,根据案件情况,可以由听证员或者听证员代表发表意见;

(六)当事人发表最后陈述意见;

(七)主持人对听证会进行总结。

第六十条 听证应当制作笔录,经当事人校阅后,由当事人签名或者盖章。拒绝签名盖章的,应当记明情况。

第六十一条　参加听证的人员应当服从听证主持人指挥。

对违反听证秩序的，人民检察院可以予以批评教育，责令退出听证场所；对哄闹、冲击听证场所，侮辱、诽谤、威胁、殴打检察人员等严重扰乱听证秩序的，依法追究相应法律责任。

第三节　调 查 核 实

第六十二条　人民检察院因履行法律监督职责的需要，有下列情形之一的，可以向当事人或者案外人调查核实有关情况：

（一）民事判决、裁定、调解书可能存在法律规定需要监督的情形，仅通过阅卷及审查现有材料难以认定的；

（二）民事审判程序中审判人员可能存在违法行为的；

（三）民事执行活动可能存在违法情形的；

（四）其他需要调查核实的情形。

第六十三条　人民检察院可以采取以下调查核实措施：

（一）查询、调取、复制相关证据材料；

（二）询问当事人或者案外人；

（三）咨询专业人员、相关部门或者行业协会等对专门问题的意见；

（四）委托鉴定、评估、审计；

（五）勘验物证、现场；

（六）查明案件事实所需要采取的其他措施。

人民检察院调查核实，不得采取限制人身自由和查封、扣押、冻结财产等强制性措施。

第六十四条　有下列情形之一的，人民检察院可以向银行业金融机构查询、调取、复制相关证据材料：

（一）可能损害国家利益、社会公共利益的；

（二）审判、执行人员可能存在违法行为的；

（三）涉及《中华人民共和国民事诉讼法》第五十五条规定诉讼的；

（四）当事人有伪造证据、恶意串通损害他人合法权益可能的。

人民检察院可以依照有关规定指派具备相应资格的检察技术人员对民事诉讼监督案件中的鉴定意见等技术性证据进行专门审查，并出具审查意见。

第六十五条 人民检察院可以就专门性问题书面或者口头咨询有关专业人员、相关部门或者行业协会的意见。口头咨询的，应当制作笔录，由接受咨询的专业人员签名或者盖章。拒绝签名盖章的，应当记明情况。

第六十六条 人民检察院对专门性问题认为需要鉴定、评估、审计的，可以委托具备资格的机构进行鉴定、评估、审计。

在诉讼过程中已经进行过鉴定、评估、审计的，一般不再委托鉴定、评估、审计。

第六十七条 人民检察院认为确有必要的，可以勘验物证或者现场。勘验人应当出示人民检察院的证件，并邀请当地基层组织或者当事人所在单位派人参加。当事人或者当事人的成年家属应当到场，拒不到场的，不影响勘验的进行。

勘验人应当将勘验情况和结果制作笔录，由勘验人、当事人和被邀参加人签名或者盖章。

第六十八条 需要调查核实的，由承办检察官在职权范围内决定，或者报检察长决定。

第六十九条 人民检察院调查核实，应当由二人以上共同进行。

调查笔录经被调查人校阅后，由调查人、被调查人签名或者盖章。被调查人拒绝签名盖章的，应当记明情况。

第七十条 人民检察院可以指令下级人民检察院或者委托外地人民检察院调查核实。

人民检察院指令调查或者委托调查的，应当发送《指令调查通知书》或者《委托调查函》，载明调查核实事项、证据线索及要求。受指令或者受委托人民检察院收到《指令调查通知书》或者《委托调查函》后，应当在十五日内完成调查核实工作并书面回复。因客观原因不能完成调查的，应当在上述期限内书面回复指令或者委托的人民检察院。

人民检察院到外地调查的，当地人民检察院应当配合。

第七十一条 人民检察院调查核实，有关单位和个人应当配合。拒绝或者妨碍人民检察院调查核实的，人民检察院可以向有关单位或者其上级主管部门提出检察建议，责令纠正；涉嫌违纪违法犯罪的，依照规定移送有关机关处理。

第四节　中止审查和终结审查

第七十二条　有下列情形之一的，人民检察院可以中止审查：

（一）申请监督的自然人死亡，需要等待继承人表明是否继续申请监督的；

（二）申请监督的法人或者非法人组织终止，尚未确定权利义务承受人的；

（三）本案必须以另一案的处理结果为依据，而另一案尚未审结的；

（四）其他可以中止审查的情形。

中止审查的，应当制作《中止审查决定书》，并发送当事人。中止审查的原因消除后，应当及时恢复审查。

第七十三条　有下列情形之一的，人民检察院应当终结审查：

（一）人民法院已经裁定再审或者已经纠正违法行为的；

（二）申请人撤回监督申请，且不损害国家利益、社会公共利益或者他人合法权益的；

（三）申请人在与其他当事人达成的和解协议中声明放弃申请监督权利，且不损害国家利益、社会公共利益或者他人合法权益的；

（四）申请监督的自然人死亡，没有继承人或者继承人放弃申请，且没有发现其他应当监督的违法情形的；

（五）申请监督的法人或者非法人组织终止，没有权利义务承受人或者权利义务承受人放弃申请，且没有发现其他应当监督的违法情形的；

（六）发现已经受理的案件不符合受理条件的；

（七）人民检察院依职权启动监督程序的案件，经审查不需要采取监督措施的；

（八）其他应当终结审查的情形。

终结审查的，应当制作《终结审查决定书》，需要通知当事人的，发送当事人。

第五章　对生效判决、裁定、调解书的监督

第一节　一 般 规 定

第七十四条　人民检察院发现人民法院已经发生法律效力的民事判决、

裁定有《中华人民共和国民事诉讼法》第二百条规定情形之一的，依法向人民法院提出再审检察建议或者抗诉。

第七十五条 人民检察院发现民事调解书损害国家利益、社会公共利益的，依法向人民法院提出再审检察建议或者抗诉。

人民检察院对当事人通过虚假诉讼获得的民事调解书应当依照前款规定监督。

第七十六条 当事人因故意或者重大过失逾期提供的证据，人民检察院不予采纳。但该证据与案件基本事实有关并且能够证明原判决、裁定确有错误的，应当认定为《中华人民共和国民事诉讼法》第二百条第一项规定的情形。

人民检察院依照本规则第六十三条、第六十四条规定调查取得的证据，与案件基本事实有关并且能够证明原判决、裁定确有错误的，应当认定为《中华人民共和国民事诉讼法》第二百条第一项规定的情形。

第七十七条 有下列情形之一的，应当认定为《中华人民共和国民事诉讼法》第二百条第二项规定的"认定的基本事实缺乏证据证明"：

(一)认定的基本事实没有证据支持，或者认定的基本事实所依据的证据虚假、缺乏证明力的；

(二)认定的基本事实所依据的证据不合法的；

(三)对基本事实的认定违反逻辑推理或者日常生活法则的；

(四)认定的基本事实缺乏证据证明的其他情形。

第七十八条 有下列情形之一，导致原判决、裁定结果错误的，应当认定为《中华人民共和国民事诉讼法》第二百条第六项规定的"适用法律确有错误"：

(一)适用的法律与案件性质明显不符的；

(二)确定民事责任明显违背当事人约定或者法律规定的；

(三)适用已经失效或者尚未施行的法律的；

(四)违反法律溯及力规定的；

(五)违反法律适用规则的；

(六)明显违背立法原意的；

(七)适用法律错误的其他情形。

第七十九条 有下列情形之一的，应当认定为《中华人民共和国民事诉讼法》第二百条第七项规定的“审判组织的组成不合法”：

（一）应当组成合议庭审理的案件独任审判的；

（二）人民陪审员参与第二审案件审理的；

（三）再审、发回重审的案件没有另行组成合议庭的；

（四）审理案件的人员不具有审判资格的；

（五）审判组织或者人员不合法的其他情形。

第八十条　有下列情形之一的，应当认定为《中华人民共和国民事诉讼法》第二百条第九项规定的“违反法律规定，剥夺当事人辩论权利”：

（一）不允许或者严重限制当事人行使辩论权利的；

（二）应当开庭审理而未开庭审理的；

（三）违反法律规定送达起诉状副本或者上诉状副本，致使当事人无法行使辩论权利的；

（四）违法剥夺当事人辩论权利的其他情形。

第二节　再审检察建议和提请抗诉

第八十一条　地方各级人民检察院发现同级人民法院已经发生法律效力的民事判决、裁定有下列情形之一的，可以向同级人民法院提出再审检察建议：

（一）有新的证据，足以推翻原判决、裁定的；

（二）原判决、裁定认定的基本事实缺乏证据证明的；

（三）原判决、裁定认定事实的主要证据是伪造的；

（四）原判决、裁定认定事实的主要证据未经质证的；

（五）对审理案件需要的主要证据，当事人因客观原因不能自行收集，书面申请人民法院调查收集，人民法院未调查收集的；

（六）审判组织的组成不合法或者依法应当回避的审判人员没有回避的；

（七）无诉讼行为能力人未经法定代理人代为诉讼或者应当参加诉讼的当事人，因不能归责于本人或者其诉讼代理人的事由，未参加诉讼的；

（八）违反法律规定，剥夺当事人辩论权利的；

（九）未经传票传唤，缺席判决的；

（十）原判决、裁定遗漏或者超出诉讼请求的；

（十一）据以作出原判决、裁定的法律文书被撤销或者变更的。

第八十二条 符合本规则第八十一条规定的案件有下列情形之一的，地方各级人民检察院一般应当提请上一级人民检察院抗诉：

（一）判决、裁定是经同级人民法院再审后作出的；

（二）判决、裁定是经同级人民法院审判委员会讨论作出的。

第八十三条 地方各级人民检察院发现同级人民法院已经发生法律效力的民事判决、裁定有下列情形之一的，一般应当提请上一级人民检察院抗诉：

（一）原判决、裁定适用法律确有错误的；

（二）审判人员在审理该案件时有贪污受贿，徇私舞弊，枉法裁判行为的。

第八十四条 符合本规则第八十二条、第八十三条规定的案件，适宜由同级人民法院再审纠正的，地方各级人民检察院可以向同级人民法院提出再审检察建议。

第八十五条 地方各级人民检察院发现民事调解书损害国家利益、社会公共利益的，可以向同级人民法院提出再审检察建议，也可以提请上一级人民检察院抗诉。

第八十六条 对人民法院已经采纳再审检察建议进行再审的案件，提出再审检察建议的人民检察院一般不得再向上级人民检察院提请抗诉。

第八十七条 人民检察院提出再审检察建议，应当制作《再审检察建议书》，在决定提出再审检察建议之日起十五日内将《再审检察建议书》连同案件卷宗移送同级人民法院，并制作决定提出再审检察建议的《通知书》，发送当事人。

人民检察院提出再审检察建议，应当经本院检察委员会决定，并将《再审检察建议书》报上一级人民检察院备案。

第八十八条 人民检察院提请抗诉，应当制作《提请抗诉报告书》，在决定提请抗诉之日起十五日内将《提请抗诉报告书》连同案件卷宗报送上一级人民检察院，并制作决定提请抗诉的《通知书》，发送当事人。

第八十九条 人民检察院认为当事人的监督申请不符合提出再审检察建议或者提请抗诉条件的，应当作出不支持监督申请的决定，并在决定之日起十五日内制作《不支持监督申请决定书》，发送当事人。

第三节 抗 诉

第九十条 最高人民检察院对各级人民法院已经发生法律效力的民事判决、裁定、调解书，上级人民检察院对下级人民法院已经发生法律效力的民事判决、裁定、调解书，发现有《中华人民共和国民事诉讼法》第二百条、第二百零八条规定情形的，应当向同级人民法院提出抗诉。

第九十一条 人民检察院提出抗诉的案件，接受抗诉的人民法院将案件交下一级人民法院再审，下一级人民法院审理后作出的再审判决、裁定仍有明显错误的，原提出抗诉的人民检察院可以依职权再次提出抗诉。

第九十二条 人民检察院提出抗诉，应当制作《抗诉书》，在决定抗诉之日起十五日内将《抗诉书》连同案件卷宗移送同级人民法院，并由接受抗诉的人民法院向当事人送达再审裁定时一并送达《抗诉书》。

人民检察院应当制作决定抗诉的《通知书》，发送当事人。上级人民检察院可以委托提请抗诉的人民检察院将决定抗诉的《通知书》发送当事人。

第九十三条 人民检察院认为当事人的监督申请不符合抗诉条件的，应当作出不支持监督申请的决定，并在决定之日起十五日内制作《不支持监督申请决定书》，发送当事人。上级人民检察院可以委托提请抗诉的人民检察院将《不支持监督申请决定书》发送当事人。

第四节 出 庭

第九十四条 人民检察院提出抗诉的案件，人民法院再审时，人民检察院应当派员出席法庭。

必要时，人民检察院可以协调人民法院安排人民监督员旁听。

第九十五条 接受抗诉的人民法院将抗诉案件交下级人民法院再审的，提出抗诉的人民检察院可以指令再审人民法院的同级人民检察院派员出庭。

第九十六条 检察人员出席再审法庭的任务是：

（一）宣读抗诉书；

（二）对人民检察院调查取得的证据予以出示和说明；

（三）庭审结束时，经审判长许可，可以发表法律监督意见；

（四）对法庭审理中违反诉讼程序的情况予以记录。

检察人员发现庭审活动违法的，应当待休庭或者庭审结束之后，以人民检察院的名义提出检察建议。

出庭检察人员应当全程参加庭审。

第九十七条 当事人或者其他参加庭审人员在庭审中对检察机关或者出庭检察人员有侮辱、诽谤、威胁等不当言论或者行为的，出庭检察人员应当建议法庭即时予以制止；情节严重的，应当建议法庭依照规定予以处理，并在庭审结束后向检察长报告。

第六章 对审判程序中审判人员违法行为的监督

第九十八条 《中华人民共和国民事诉讼法》第二百零八条第三款规定的审判程序包括：

（一）第一审普通程序；

（二）简易程序；

（三）第二审程序；

（四）特别程序；

（五）审判监督程序；

（六）督促程序；

（七）公示催告程序；

（八）海事诉讼特别程序；

（九）破产程序。

第九十九条 《中华人民共和国民事诉讼法》第二百零八条第三款的规定适用于法官、人民陪审员、法官助理、书记员。

第一百条 人民检察院发现同级人民法院民事审判程序中有下列情形之一的，应当向同级人民法院提出检察建议：

（一）判决、裁定确有错误，但不适用再审程序纠正的；

（二）调解违反自愿原则或者调解协议的内容违反法律的；

（三）符合法律规定的起诉和受理条件，应当立案而不立案的；

（四）审理案件适用审判程序错误的；

（五）保全和先予执行违反法律规定的；

（六）支付令违反法律规定的；

（七）诉讼中止或者诉讼终结违反法律规定的；

（八）违反法定审理期限的；

（九）对当事人采取罚款、拘留等妨害民事诉讼的强制措施违反法律规定的；

（十）违反法律规定送达的；

（十一）其他违反法律规定的情形。

第一百零一条　人民检察院发现同级人民法院民事审判程序中审判人员有《中华人民共和国法官法》第四十六条等规定的违法行为且可能影响案件公正审判、执行的，应当向同级人民法院提出检察建议。

第一百零二条　人民检察院依照本章规定提出检察建议的，应当制作《检察建议书》，在决定提出检察建议之日起十五日内将《检察建议书》连同案件卷宗移送同级人民法院，并制作决定提出检察建议的《通知书》，发送申请人。

第一百零三条　人民检察院认为当事人申请监督的审判程序中审判人员违法行为认定依据不足的，应当作出不支持监督申请的决定，并在决定之日起十五日内制作《不支持监督申请决定书》，发送申请人。

第七章　对执行活动的监督

第一百零四条　人民检察院对人民法院执行生效民事判决、裁定、调解书、支付令、仲裁裁决以及公证债权文书等法律文书的活动实行法律监督。

第一百零五条　人民检察院认为人民法院在执行活动中可能存在怠于履行职责情形的，可以依照有关规定向人民法院发出《说明案件执行情况通知书》，要求说明案件的执行情况及理由。

第一百零六条　人民检察院发现人民法院在执行活动中有下列情形之一的，应当向同级人民法院提出检察建议：

（一）决定是否受理、执行管辖权的移转以及审查和处理执行异议、复议、申诉等执行审查活动存在违法、错误情形的；

（二）实施财产调查、控制、处分、交付和分配以及罚款、拘留、信用惩戒措施等执行实施活动存在违法、错误情形的；

（三）存在消极执行、拖延执行等情形的；

（四）其他执行违法、错误情形。

第一百零七条　人民检察院依照本规则第三十条第二款规定受理后交办的案件，下级人民检察院经审查认为人民法院作出的执行复议裁定、决定等存在违法、错误情形的，应当提请上级人民检察院监督；认为人民法院作出的执行复议裁定、决定等正确的，应当作出不支持监督申请的决定。

第一百零八条 人民检察院对执行活动提出检察建议的，应当经检察长或者检察委员会决定，制作《检察建议书》，在决定之日起十五日内将《检察建议书》连同案件卷宗移送同级人民法院，并制作决定提出检察建议的《通知书》，发送当事人。

第一百零九条 人民检察院认为当事人申请监督的人民法院执行活动不存在违法情形的，应当作出不支持监督申请的决定，并在决定之日起十五日内制作《不支持监督申请决定书》，发送申请人。

第一百一十条 人民检察院发现同级人民法院执行活动中执行人员存在违法行为的，参照本规则第六章有关规定执行。

第八章 案件管理

第一百一十一条 人民检察院负责案件管理的部门对民事诉讼监督案件的受理、期限、程序、质量等进行管理、监督、预警。

第一百一十二条 负责案件管理的部门发现本院办案活动有下列情形之一的，应当及时提出纠正意见：

（一）法律文书制作、使用不符合法律和有关规定的；

（二）违反办案期限有关规定的；

（三）侵害当事人、诉讼代理人诉讼权利的；

（四）未依法对民事审判活动以及执行活动中的违法行为履行法律监督职责的；

（五）其他应当提出纠正意见的情形。

情节轻微的，可以口头提示；情节较重的，应当发送《案件流程监控通知书》，提示办案部门及时查明情况并予以纠正；情节严重的，应当同时向检察长报告。

办案部门收到《案件流程监控通知书》后，应当在十日内将核查情况书面回复负责案件管理的部门。

第一百一十三条 负责案件管理的部门对以本院名义制发民事诉讼监督法律文书实施监督管理。

第一百一十四条 人民检察院办理的民事诉讼监督案件，办结后需要向其他单位移送案卷材料的，统一由负责案件管理的部门审核移送材料是否规范、齐备。负责案件管理的部门认为材料规范、齐备，符合移送条件的，应当立即由办案部门按照规定移送；认为材料不符合要求的，应当及时通知办案部门补送、更正。

第一百一十五条　人民法院向人民检察院送达的民事判决书、裁定书或者调解书等法律文书，由负责案件管理的部门负责接收，并即时登记移送负责民事检察的部门。

第一百一十六条　人民检察院在办理民事诉讼监督案件过程中，当事人及其诉讼代理人提出有关申请、要求或者提交有关书面材料的，由负责案件管理的部门负责接收，需要出具相关手续的，负责案件管理的部门应当出具。负责案件管理的部门接收材料后应当及时移送负责民事检察的部门。

第九章　其他规定

第一百一十七条　人民检察院发现人民法院在多起同一类型民事案件中有下列情形之一的，可以提出检察建议：

（一）同类问题适用法律不一致的；

（二）适用法律存在同类错误的；

（三）其他同类违法行为。

人民检察院发现有关单位的工作制度、管理方法、工作程序违法或者不当，需要改正、改进的，可以提出检察建议。

第一百一十八条　申请人向人民检察院提交的新证据是伪造的，或者对案件重要事实作虚假陈述的，人民检察院应当予以批评教育，并可以终结审查，但确有必要进行监督的除外；涉嫌违纪违法犯罪的，依照规定移送有关机关处理。

其他当事人有前款规定情形的，人民检察院应当予以批评教育；涉嫌违纪违法犯罪的，依照规定移送有关机关处理。

第一百一十九条　人民检察院发现人民法院审查和处理当事人申请执行、撤销仲裁裁决或者申请执行公证债权文书存在违法、错误情形的，参照本规则第六章、第七章有关规定执行。

第一百二十条　负责民事检察的部门在履行职责过程中，发现涉嫌违纪违法犯罪以及需要追究司法责任的行为，应当报检察长决定，及时将相关线索及材料移送有管辖权的机关或者部门。

人民检察院其他职能部门在履行职责中发现符合本规则规定的应当依职权启动监督程序的民事诉讼监督案件线索，应当及时向负责民事检察的部门通报。

第一百二十一条 人民检察院发现作出的相关决定确有错误需要纠正或者有其他情形需要撤回的，应当经本院检察长或者检察委员会决定。

第一百二十二条 人民法院对人民检察院监督行为提出建议的，人民检察院应当在一个月内将处理结果书面回复人民法院。人民法院对回复意见有异议，并通过上一级人民法院向上一级人民检察院提出的，上一级人民检察院认为人民法院建议正确，应当要求下级人民检察院及时纠正。

第一百二十三条 人民法院对民事诉讼监督案件作出再审判决、裁定或者其他处理决定后，提出监督意见的人民检察院应当对处理结果进行审查，并填写《民事诉讼监督案件处理结果审查登记表》。

第一百二十四条 有下列情形之一的，人民检察院可以按照有关规定再次监督或者提请上级人民检察院监督：

（一）人民法院审理民事抗诉案件作出的判决、裁定、调解书仍有明显错误的；

（二）人民法院对检察建议未在规定的期限内作出处理并书面回复的；

（三）人民法院对检察建议的处理结果错误的。

第一百二十五条 地方各级人民检察院对适用法律确属疑难、复杂，本院难以决断的重大民事诉讼监督案件，可以向上一级人民检察院请示。

请示案件依照最高人民检察院关于办理下级人民检察院请示件、下级人民检察院向最高人民检察院报送公文的相关规定办理。

第一百二十六条 当事人认为人民检察院对同级人民法院已经发生法律效力的民事判决、裁定、调解书作出的不支持监督申请决定存在明显错误的，可以在不支持监督申请决定作出之日起一年内向上一级人民检察院申请复查一次。负责控告申诉检察的部门经初核，发现可能有以下情形之一的，可以移送本院负责民事检察的部门审查处理：

（一）有新的证据，足以推翻原判决、裁定的；

（二）有证据证明原判决、裁定认定事实的主要证据是伪造的；

（三）据以作出原判决、裁定的法律文书被撤销或者变更的；

（四）有证据证明审判人员审理该案件时有贪污受贿，徇私舞弊，枉法裁判等行为的；

（五）有证据证明检察人员办理该案件时有贪污受贿，徇私舞弊，滥用职权等行为的；

（六）其他确有必要进行复查的。

负责民事检察的部门审查后，认为下一级人民检察院不支持监督申请决定错误，应当以人民检察院的名义予以撤销并依法提出抗诉；认为不存在错误，应当决定复查维持，并制作《复查决定书》，发送申请人。

上级人民检察院可以依职权复查下级人民检察院对同级人民法院已经发生法律效力的民事判决、裁定、调解书作出不支持监督申请决定的案件。

对复查案件的审查期限，参照本规则第五十二条第一款规定执行。

第一百二十七条　制作民事诉讼监督法律文书，应当符合规定的格式。

民事诉讼监督法律文书的格式另行制定。

第一百二十八条　人民检察院可以参照《中华人民共和国民事诉讼法》有关规定发送法律文书。

第一百二十九条　人民检察院发现制作的法律文书存在笔误的，应当作出《补正决定书》予以补正。

第一百三十条　人民检察院办理民事诉讼监督案件，应当按照规定建立民事诉讼监督案卷。

第一百三十一条　人民检察院办理民事诉讼监督案件，不收取案件受理费。申请复印、鉴定、审计、勘验等产生的费用由申请人直接支付给有关机构或者单位，人民检察院不得代收代付。

第十章　附　　则

第一百三十二条　检察建议案件的办理，本规则未规定的，适用《人民检察院检察建议工作规定》。

第一百三十三条　民事公益诉讼监督案件的办理，适用本规则及有关公益诉讼检察司法解释的规定。

第一百三十四条　军事检察院等专门人民检察院对民事诉讼监督案件的办理，以及人民检察院对其他专门人民法院的民事诉讼监督案件的办理，适用本规则和其他有关规定。

第一百三十五条　本规则自2021年8月1日起施行，《人民检察院民事诉讼监督规则（试行）》同时废止。本院之前公布的其他规定与本规则内容不一致的，以本规则为准。

附录二

《民事诉讼法》新旧条文序号对照表[①]

1991 年文本	2007 年修正文本	2012/2017 年修正文本	2021 年修正文本	2023 年修正文本
第 1 条	第 1 条	第 1 条	第 1 条	第 1 条
第 2 条	第 2 条	第 2 条	第 2 条	第 2 条
第 3 条	第 3 条	第 3 条	第 3 条	第 3 条
第 4 条	第 4 条	第 4 条	第 4 条	第 4 条
第 5 条	第 5 条	第 5 条	第 5 条	第 5 条
第 6 条	第 6 条	第 6 条	第 6 条	第 6 条
第 7 条	第 7 条	第 7 条	第 7 条	第 7 条
第 8 条	第 8 条	第 8 条	第 8 条	第 8 条
第 9 条	第 9 条	第 9 条	第 9 条	第 9 条
第 10 条	第 10 条	第 10 条	第 10 条	第 10 条
第 11 条	第 11 条	第 11 条	第 11 条	第 11 条
第 12 条	第 12 条	第 12 条	第 12 条	第 12 条
第 13 条	第 13 条	第 13 条	第 13 条	第 13 条
第 14 条	第 14 条	第 14 条	第 14 条	第 14 条
第 15 条	第 15 条	第 15 条	第 15 条	第 15 条

① 2017 年《民事诉讼法》修改时只有部分条文内容发生了变动，条文序号没有变化，同 2012 年修正文本一致。——编者注

续表

1991 年文本	2007 年修正文本	2012/2017 年修正文本	2021 年修正文本	2023 年修正文本
第 16 条	第 16 条			
			第 16 条	第 16 条
第 17 条	第 17 条	第 16 条	第 17 条	第 17 条
第 18 条	第 18 条	第 17 条	第 18 条	第 18 条
第 19 条	第 19 条	第 18 条	第 19 条	第 19 条
第 20 条	第 20 条	第 19 条	第 20 条	第 20 条
第 21 条	第 21 条	第 20 条	第 21 条	第 21 条
第 22 条	第 22 条	第 21 条	第 22 条	第 22 条
第 23 条	第 23 条	第 22 条	第 23 条	第 23 条
第 24 条	第 24 条	第 23 条	第 24 条	第 24 条
第 25 条	第 25 条	（第 34 条）		
第 26 条	第 26 条	第 24 条	第 25 条	第 25 条
第 27 条	第 27 条	第 25 条	第 26 条	第 26 条
		第 26 条	第 27 条	第 27 条
第 28 条	第 28 条	第 27 条	第 28 条	第 28 条
第 29 条	第 29 条	第 28 条	第 29 条	第 29 条
第 30 条	第 30 条	第 29 条	第 30 条	第 30 条
第 31 条	第 31 条	第 30 条	第 31 条	第 31 条
第 32 条	第 32 条	第 31 条	第 32 条	第 32 条
第 33 条	第 33 条	第 32 条	第 33 条	第 33 条
第 34 条	第 34 条	第 33 条	第 34 条	第 34 条
（第 25 条）	（第 25 条）	第 34 条	第 35 条	第 35 条
第 35 条	第 35 条	第 35 条	第 36 条	第 36 条

续表

1991 年文本	2007 年修正文本	2012/2017 年修正文本	2021 年修正文本	2023 年修正文本
第 36 条	第 36 条	第 36 条	第 37 条	第 37 条
第 37 条	第 37 条	第 37 条	第 38 条	第 38 条
第 38 条	第 38 条	（第 127 条）		
第 39 条	第 39 条	第 38 条	第 39 条	第 39 条
第 40 条	第 40 条	第 39 条	第 40 条	第 40 条
第 41 条	第 41 条	第 40 条	第 41 条	第 41 条
			第 42、43 条	第 42、43 条
第 42 条	第 42 条	第 41 条	第 44 条	第 44 条
第 43 条	第 43 条	第 42 条	第 45 条	第 45 条
第 44 条	第 44 条	第 43 条	第 46 条	第 46 条
第 45 条	第 45 条	第 44 条	第 47 条	第 47 条
第 46 条	第 46 条	第 45 条	第 48 条	第 48 条
第 47 条	第 47 条	第 46 条	第 49 条	第 49 条
第 48 条	第 48 条	第 47 条	第 50 条	第 50 条
第 49 条	第 49 条	第 48 条	第 51 条	第 51 条
第 50 条	第 50 条	第 49 条	第 52 条	第 52 条
第 51 条	第 51 条	第 50 条	第 53 条	第 53 条
第 52 条	第 52 条	第 51 条	第 54 条	第 54 条
第 53 条	第 53 条	第 52 条	第 55 条	第 55 条
第 54 条	第 54 条	第 53 条	第 56 条	第 56 条
第 55 条	第 55 条	第 54 条	第 57 条	第 57 条
		第 55 条	第 58 条	第 58 条
第 56 条	第 56 条	第 56 条	第 59 条	第 59 条

续表

1991 年文本	2007 年修正文本	2012/2017 年修正文本	2021 年修正文本	2023 年修正文本
第 57 条	第 57 条	第 57 条	第 60 条	第 60 条
第 58 条	第 58 条	第 58 条	第 61 条	第 61 条
第 59 条	第 59 条	第 59 条	第 62 条	第 62 条
第 60 条	第 60 条	第 60 条	第 63 条	第 63 条
第 61 条	第 61 条	第 61 条	第 64 条	第 64 条
第 62 条	第 62 条	第 62 条	第 65 条	第 65 条
第 63 条	第 63 条	第 63 条	第 66 条	第 66 条
第 64 条	第 64 条	第 64 条	第 67 条	第 67 条
		第 65 条	第 68 条	第 68 条
		第 66 条	第 69 条	第 69 条
第 65 条	第 65 条	第 67 条	第 70 条	第 70 条
第 66 条	第 66 条	第 68 条	第 71 条	第 71 条
第 67 条	第 67 条	第 69 条	第 72 条	第 72 条
第 68 条	第 68 条	第 70 条	第 73 条	第 73 条
第 69 条	第 69 条	第 71 条	第 74 条	第 74 条
第 70 条	第 70 条	第 72 ~ 74 条	第 75 ~ 77 条	第 75 ~ 77 条
第 71 条	第 71 条	第 75 条	第 78 条	第 78 条
第 72 条	第 72 条	第 76 ~ 78 条	第 79 ~ 81 条	第 79 ~ 81 条
		第 79 条	第 82 条	第 82 条
第 73 条	第 73 条	第 80 条	第 83 条	第 83 条
第 74 条	第 74 条	第 81 条	第 84 条	第 84 条
第 75 条	第 75 条	第 82 条	第 85 条	第 85 条
第 76 条	第 76 条	第 83 条	第 86 条	第 86 条

续表

1991 年文本	2007 年修正文本	2012/2017 年修正文本	2021 年修正文本	2023 年修正文本
第 77 条	第 77 条	第 84 条	第 87 条	第 87 条
第 78 条	第 78 条	第 85 条	第 88 条	第 88 条
第 79 条	第 79 条	第 86 条	第 89 条	第 89 条
		第 87 条	第 90 条	第 90 条
第 80 条	第 80 条	第 88 条	第 91 条	第 91 条
第 81 条	第 81 条	第 89 条	第 92 条	第 92 条
第 82 条	第 82 条	第 90 条	第 93 条	第 93 条
第 83 条	第 83 条	第 91 条	第 94 条	第 94 条
第 84 条	第 84 条	第 92 条	第 95 条	第 95 条
第 85 条	第 85 条	第 93 条	第 96 条	第 96 条
第 86 条	第 86 条	第 94 条	第 97 条	第 97 条
第 87 条	第 87 条	第 95 条	第 98 条	第 98 条
第 88 条	第 88 条	第 96 条	第 99 条	第 99 条
第 89 条	第 89 条	第 97 条	第 100 条	第 100 条
第 90 条	第 90 条	第 98 条	第 101 条	第 101 条
第 91 条	第 91 条	第 99 条	第 102 条	第 102 条
第 92 条	第 92 条	第 100 条	第 103 条	第 103 条
第 93 条	第 93 条	第 101 条	第 104 条	第 104 条
第 94 条第 1 款	第 94 条第 1 款	第 102 条	第 105 条	第 105 条
第 94 条第 2、3、4 款	第 94 条第 2、3、4 款	第 103 条	第 106 条	第 106 条
第 95 条	第 95 条	第 104 条	第 107 条	第 107 条
第 96 条	第 96 条	第 105 条	第 108 条	第 108 条

续表

1991 年文本	2007 年修正文本	2012/2017 年修正文本	2021 年修正文本	2023 年修正文本
第 97 条	第 97 条	第 106 条	第 109 条	第 109 条
第 98 条	第 98 条	第 107 条	第 110 条	第 110 条
第 99 条	第 99 条	第 108 条	第 111 条	第 111 条
第 100 条	第 100 条	第 109 条	第 112 条	第 112 条
第 101 条	第 101 条	第 110 条	第 113 条	第 113 条
第 102 条	第 102 条	第 111 条	第 114 条	第 114 条
		第 112 条	第 115 条	第 115 条
		第 113 条	第 116 条	第 116 条
第 103 条	第 103 条	第 114 条	第 117 条	第 117 条
第 104 条	第 104 条	第 115 条	第 118 条	第 118 条
第 105 条	第 105 条	第 116 条	第 119 条	第 119 条
第 106 条	第 106 条	第 117 条	第 120 条	第 120 条
第 107 条	第 107 条	第 118 条	第 121 条	第 121 条
第 108 条	第 108 条	第 119 条	第 122 条	第 122 条
第 109 条	第 109 条	第 120 条	第 123 条	第 123 条
第 110 条	第 110 条	第 121 条	第 124 条	第 124 条
		第 122 条	第 125 条	第 125 条
第 112 条	第 112 条	第 123 条	第 126 条	第 126 条
第 111 条	第 111 条	第 124 条	第 127 条	第 127 条
第 113 条	第 113 条	第 125 条	第 128 条	第 128 条
第 114 条	第 114 条	第 126 条	第 129 条	第 129 条
(第 38 条)	(第 38 条)	第 127 条	第 130 条	第 130 条
第 115 条	第 115 条	第 128 条	第 131 条	第 131 条

续表

1991 年文本	2007 年修正文本	2012/2017 年修正文本	2021 年修正文本	2023 年修正文本
第 116 条	第 116 条	第 129 条	第 132 条	第 132 条
第 117 条	第 117 条	第 130 条	第 133 条	第 133 条
第 118 条	第 118 条	第 131 条	第 134 条	第 134 条
第 119 条	第 119 条	第 132 条	第 135 条	第 135 条
		第 133 条	第 136 条	第 136 条
第 120 条	第 120 条	第 134 条	第 137 条	第 137 条
第 121 条	第 121 条	第 135 条	第 138 条	第 138 条
第 122 条	第 122 条	第 136 条	第 139 条	第 139 条
第 123 条	第 123 条	第 137 条	第 140 条	第 140 条
第 124 条	第 124 条	第 138 条	第 141 条	第 141 条
第 125 条	第 125 条	第 139 条	第 142 条	第 142 条
第 126 条	第 126 条	第 140 条	第 143 条	第 143 条
第 127 条	第 127 条	第 141 条	第 144 条	第 144 条
第 128 条	第 128 条	第 142 条	第 145 条	第 145 条
第 129 条	第 129 条	第 143 条	第 146 条	第 146 条
第 130 条	第 130 条	第 144 条	第 147 条	第 147 条
第 131 条	第 131 条	第 145 条	第 148 条	第 148 条
第 132 条	第 132 条	第 146 条	第 149 条	第 149 条
第 133 条	第 133 条	第 147 条	第 150 条	第 150 条
第 134 条	第 134 条	第 148 条	第 151 条	第 151 条
第 135 条	第 135 条	第 149 条	第 152 条	第 152 条
第 136 条	第 136 条	第 150 条	第 153 条	第 153 条
第 137 条	第 137 条	第 151 条	第 154 条	第 154 条

续表

1991 年文本	2007 年修正文本	2012/2017 年修正文本	2021 年修正文本	2023 年修正文本
第 138 条	第 138 条	第 152 条	第 155 条	第 155 条
第 139 条	第 139 条	第 153 条	第 156 条	第 156 条
第 140 条	第 140 条	第 154 条	第 157 条	第 157 条
第 141 条	第 141 条	第 155 条	第 158 条	第 158 条
		第 156 条	第 159 条	第 159 条
第 142 条	第 142 条	第 157 条	第 160 条	第 160 条
第 143 条	第 143 条	第 158 条	第 161 条	第 161 条
第 144 条	第 144 条	第 159 条	第 162 条	第 162 条
第 145 条	第 145 条	第 160 条	第 163 条	第 163 条
第 146 条	第 146 条	第 161 条	第 164 条	第 164 条
		第 162 条	第 165 条	第 165 条
			第 166 ~ 169 条	第 166 ~ 169 条
		第 163 条	第 170 条	第 170 条
第 147 条	第 147 条	第 164 条	第 171 条	第 171 条
第 148 条	第 148 条	第 165 条	第 172 条	第 172 条
第 149 条	第 149 条	第 166 条	第 173 条	第 173 条
第 150 条	第 150 条	第 167 条	第 174 条	第 174 条
第 151 条	第 151 条	第 168 条	第 175 条	第 175 条
第 152 条	第 152 条	第 169 条	第 176 条	第 176 条
第 153 条	第 153 条	第 170 条	第 177 条	第 177 条
第 154 条	第 154 条	第 171 条	第 178 条	第 178 条
第 155 条	第 155 条	第 172 条	第 179 条	第 179 条
第 156 条	第 156 条	第 173 条	第 180 条	第 180 条

续表

1991 年文本	2007 年修正文本	2012/2017 年修正文本	2021 年修正文本	2023 年修正文本
第 157 条	第 157 条	第 174 条	第 181 条	第 181 条
第 158 条	第 158 条	第 175 条	第 182 条	第 182 条
第 159 条	第 159 条	第 176 条	第 183 条	第 183 条
第 160 条	第 160 条	第 177 条	第 184 条	第 184 条
第 161 条	第 161 条	第 178 条	第 185 条	第 185 条
第 162 条	第 162 条	第 179 条	第 186 条	第 186 条
第 163 条	第 163 条	第 180 条	第 187 条	第 187 条
第 164 条	第 164 条	第 181 条	第 188 条	第 188 条
第 165 条	第 165 条	第 182 条	第 189 条	第 189 条
第 166 条	第 166 条	第 183 条	第 190 条	第 190 条
第 167 条	第 167 条	第 184 条	第 191 条	第 191 条
第 168 条	第 168 条	第 185 条	第 192 条	第 192 条
第 169 条	第 169 条	第 186 条	第 193 条	第 193 条
				第 194 ~ 197 条
第 170 条	第 170 条	第 187 条	第 194 条	第 198 条
第 171 条	第 171 条	第 188 条	第 195 条	第 199 条
第 172 条	第 172 条	第 189 条	第 196 条	第 200 条
第 173 条	第 173 条	第 190 条	第 197 条	第 201 条
第 174 条	第 174 条	第 191 条	第 198 条	第 202 条
第 175 条	第 175 条	第 192 条	第 199 条	第 203 条
第 176 条	第 176 条	第 193 条	第 200 条	第 204 条
		第 194 条	第 201 条	第 205 条
		第 195 条	第 202 条	第 206 条

续表

1991 年文本	2007 年修正文本	2012/2017 年修正文本	2021 年修正文本	2023 年修正文本
		第 196 条	第 203 条	第 207 条
		第 197 条	第 204 条	第 208 条
第 177 条	第 177 条	第 198 条	第 205 条	第 209 条
第 178 条	第 178 条	第 199 条	第 206 条	第 210 条
第 179 条第 1 款	第 179 条	第 200 条	第 207 条	第 211 条
第 180 条	第 182 条	第 201 条	第 208 条	第 212 条
第 181 条	第 183 条	第 202 条	第 209 条	第 213 条
	第 180 条	第 203 条	第 210 条	第 214 条
第 179 条第 2 款	第 181 条	第 204 条	第 211 条	第 215 条
第 182 条	第 184 条	第 205 条	第 212 条	第 216 条
第 183 条	第 185 条	第 206 条	第 213 条	第 217 条
第 184 条	第 186 条	第 207 条	第 214 条	第 218 条
第 185 条	第 187 条	第 208 条	第 215 条	第 219 条
		第 209 条	第 216 条	第 220 条
		第 210 条	第 217 条	第 221 条
第 186 条	第 188 条	第 211 条	第 218 条	第 222 条
第 187 条	第 189 条	第 212 条	第 219 条	第 223 条
第 188 条	第 190 条	第 213 条	第 220 条	第 224 条
第 189 条	第 191 条	第 214 条	第 221 条	第 225 条
第 190 条	第 192 条	第 215 条	第 222 条	第 226 条
第 191 条	第 193 条	第 216 条	第 223 条	第 227 条
第 192 条	第 194 条	第 217 条	第 224 条	第 228 条
第 193 条	第 195 条	第 218 条	第 225 条	第 229 条

续表

1991 年文本	2007 年 修正文本	2012/2017 年 修正文本	2021 年 修正文本	2023 年 修正文本
第 194 条	第 196 条	第 219 条	第 226 条	第 230 条
第 195 条	第 197 条	第 220 条	第 227 条	第 231 条
第 196 条	第 198 条	第 221 条	第 228 条	第 232 条
第 197 条	第 199 条	第 222 条	第 229 条	第 233 条
第 198 条	第 200 条	第 223 条	第 230 条	第 234 条
第 199～206 条				
第 207 条	第 201 条	第 224 条	第 231 条	第 235 条
	第 202 条	第 225 条	第 232 条	第 236 条
	第 203 条	第 226 条	第 233 条	第 237 条
第 208 条	第 204 条	第 227 条	第 234 条	第 238 条
第 209 条	第 205 条	第 228 条	第 235 条	第 239 条
第 210 条	第 206 条	第 229 条	第 236 条	第 240 条
第 211 条	第 207 条	第 230 条	第 237 条	第 241 条
第 212 条	第 208 条	第 231 条	第 238 条	第 242 条
第 213 条	第 209 条	第 232 条	第 239 条	第 243 条
第 214 条	第 210 条	第 233 条	第 240 条	第 244 条
第 215 条	第 211 条	第 234 条	第 241 条	第 245 条
		第 235 条	第 242 条	第 246 条
第 216 条	第 212 条	第 236 条	第 243 条	第 247 条
第 217 条	第 213 条	第 237 条	第 244 条	第 248 条
第 218 条	第 214 条	第 238 条	第 245 条	第 249 条
第 219 条	第 215 条	第 239 条	第 246 条	第 250 条
第 220 条	第 216 条	第 240 条	第 247 条	第 251 条

续表

1991年文本	2007年修正文本	2012/2017年修正文本	2021年修正文本	2023年修正文本
	第217条	第241条	第248条	第252条
第221条	第218条	第242条	第249条	第253条
第222条	第219条	第243条	第250条	第254条
第223条	第220条	第244条	第251条	第255条
第224条	第221条	第245条	第252条	第256条
第225条	第222条	第246条	第253条	第257条
第226条	第223条	第247条	第254条	第258条
第227条	第224条	第248条	第255条	第259条
第228条	第225条	第249条	第256条	第260条
第229条	第226条	第250条	第257条	第261条
第230条	第227条	第251条	第258条	第262条
第231条	第228条	第252条	第259条	第263条
第232条	第229条	第253条	第260条	第264条
第233条	第230条	第254条	第261条	第265条
	第231条	第255条	第262条	第266条
第234条	第232条	第256条	第263条	第267条
第235条	第233条	第257条	第264条	第268条
第236条	第234条	第258条	第265条	第269条
第237条	第235条	第259条	第266条	第270条
第238条	第236条	第260条	第267条	第271条
第239条	第237条	第261条	第268条	第272条
第240条	第238条	第262条	第269条	第273条
第241条	第239条	第263条	第270条	第274条

续表

1991年文本	2007年修正文本	2012/2017年修正文本	2021年修正文本	2023年修正文本
第242条	第240条	第264条	第271条	第275条
第243条	第241条	第265条	第272条	第276条
				第277、278条
第244条	第242条			
第245条	第243条			
第246条	第244条	第266条	第273条	第279条
				第280～282条
第247条	第245条	第267条	第274条	第283条
				第284条
第248条	第246条	第268条	第275条	第285条
第249条	第247条	第269条	第276条	第286条
第250条	第248条	第270条	第277条	第287条
第251条	第249条			
第252条	第250条			
第253条	第251条			
第254条	第252条			
第255条	第253条			
第256条	第254条			
第257条	第255条	第271条	第278条	第288条
第258条	第256条	第272条	第279条	第289条
第259条	第257条	第273条	第280条	第290条
第260条	第258条	第274条	第281条	第291条
第261条	第259条	第275条	第282条	第292条

续表

1991 年文本	2007 年修正文本	2012/2017 年修正文本	2021 年修正文本	2023 年修正文本
第 262 条	第 260 条	第 276 条	第 283 条	第 293 条
第 263 条	第 261 条	第 277 条	第 284 条	第 294 条
第 264 条	第 262 条	第 278 条	第 285 条	第 295 条
第 265 条	第 263 条	第 279 条	第 286 条	第 296 条
第 266 条	第 264 条	第 280 条	第 287 条	第 297 条
第 267 条	第 265 条	第 281 条	第 288 条	第 298 条
第 268 条	第 266 条	第 282 条	第 289 条	第 299 条
				第 300 ~ 303 条
第 269 条	第 267 条	第 283 条	第 290 条	第 304 条
				第 305 条
第 270 条	第 268 条	第 284 条	第 291 条	第 306 条